长久物流国际业务介绍

长久物流（股票代码603569）始于1992年，是一家专注于汽车供应链的科技创新型汽车物流企业及国内领先的第三方汽车物流公司。公司注重国际化发展，积极响应"一带一路"倡议，逐步完成国内外布点及网络布局，目前已建成长久国际、德国长久、香港长久、波兰长久、俄罗斯长久等主要国际业务主体，并收购ADP SA股份；在持续加强自身服务能力的同时，与国际化头部企业展开合作，业务范围覆盖欧洲、中亚、非洲、美洲、东南亚等地。提供海运、铁路、空运、公路及多式联运跨境运输服务、仓储服务、包装服务，以及境外代理服务与其他增值服务。

国际铁路运输线路

"一带一路"沿线国家和地区汽车物流领军者，整车、零部件国际铁路运输专家

站到站线路

- 国内站点：成都、武汉、哈尔滨、重庆、西安、沈阳、合肥、郑州、大连、珲春等
- 国外站点：汉堡、杜伊斯堡、马拉、纽伦堡、蒂尔堡、杜尔日、布达佩斯、莫斯科、新西伯利亚、阿拉木图、塔什干等

境外代理线路

- 进出口口岸：满洲里、绥芬河、二连浩特、阿拉山口、霍尔果斯
- 国外站点：汉堡、杜伊斯堡、马拉、纽伦堡、蒂尔堡、杜尔日、布达佩斯、莫斯科、新西伯利亚等

国际海运线路覆盖区域

- 国内基本港：天津、上海、烟台、大连、广州、深圳、宁波、钦州、南沙
- 国外目的国：泰国、越南、印度尼西亚、马来西亚、俄罗斯、南非、智利

国际空运线路覆盖区域

- 国内空港：上海、成都、重庆、南京等
- 覆盖国家：英国、荷兰、德国

99 Shigezhuang Road, Chaoyang District, Beijing, China
Hamburg. Grobe Elbstrbe 45, 7.OC, 22767 Hamburg, Germany
www.changjiulogistics.global
+49 (0) 40 8090 06950
Info.de@changjiulogistics.com

与时间

技术驱动
创新发展

一汽物流 · 智赢未来

企业简介

一汽物流有限公司（以下简称“公司”）前身是1952年成立的“第一汽车制造厂”筹备组运输科；2006年，重组成立陆捷物流有限公司；2010年，更名为一汽物流有限公司，成为一汽集团全资子公司。2017年，公司整合中国一汽进出口公司零部件物流体系6个板块，实现为客户提供产前、产中、产后一体化全价值链的物流服务，营业收入突破100亿元，位列汽车物流行业第2位，并致力成为“国内顶级、世界一流”汽车物流综合解决方案提供者。

公司总部现位于长春市汽车经济技术开发区富民大路7756号，拥有员工12000多人。公司设立战略发展部、运营管理部（安全部）、综合管理部等9个职能部门，1个智能物流技术研发院；设有整车物流事业部、零部件物流事业部；分别在长春、天津、青岛、成都、佛山等地设有8个分、子公司。

企业布局

覆盖全国五大基地24个分拨中心，整车仓储面积达700万平方米，全国10余个零备件集散中心，仓储面积超100万平方米。使用自动化立体库等先进的物流设备，搭配库房管理系统，为各主机公司提供零部件仓储、包装及配送等服务。采用公铁水联运方式，优化物流成本，保障物流质量及交付效率。铁路自有站台1个、在用24个，水路自有汽车码头2个、在用10个，形成覆盖全国的“五横五纵”物流网络布局。公路可控运力10000余辆，商品车日均运能1.6万辆、零备件日均运能1.5万立方米。

地址：吉林省长春市汽车经济技术开发区富民大路7756号
电话：0431-82025700
邮编：130011

FAW LOGISTICS CO.,LTD.

企业愿景

致力成为“国内顶级、世界一流”汽车物流综合解决方案提供者。

企业荣誉

- 国家高新技术企业
- 中国物流企业50强
- 智慧物流创新企业
- 全国智慧物流仓储示范基地
- 中物联物流技术创新奖
- 中物联科技进步奖

……

公司大力发展标准化建设、知识产权申报，累计推进国标、行标、团标20余项，申报知识产权200余项，获得荣誉60余项，并与北京交通大学、吉林大学等国内多所高校建立了产学研合作关系，广泛开展人才培养、经验分享与科研成果转化等方面的合作。

全国首个商品车物流专用通道——一汽物流智慧枢纽专用通道

全国第一座汽车零部件总装线边穿梭车智能立体库，实现了汽车零部件配送的智能化

一汽物流智能物流实验室，搭建了公司技术验证及赋能的基础性平台

整车板块应用RFID溯源系统，行业内首例基于RFID技术打通全链条，实现单商品车全程溯源可视

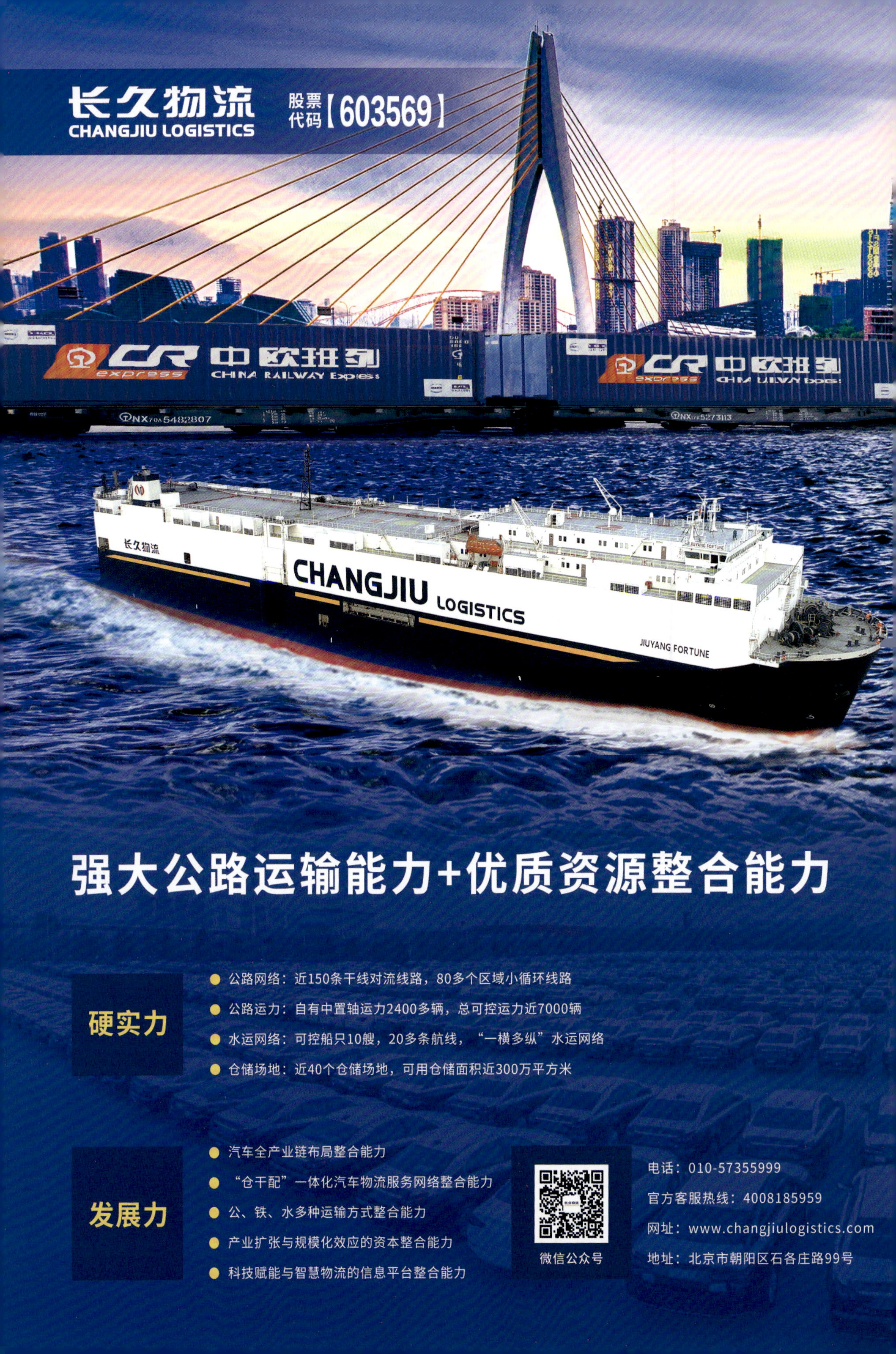

长久物流
CHANGJIU LOGISTICS
股票代码【603569】

强大公路运输能力+优质资源整合能力

硬实力

- 公路网络：近150条干线对流线路，80多个区域小循环线路
- 公路运力：自有中置轴运力2400多辆，总可控运力近7000辆
- 水运网络：可控船只10艘，20多条航线，“一横多纵”水运网络
- 仓储场地：近40个仓储场地，可用仓储面积近300万平方米

发展力

- 汽车全产业链布局整合能力
- “仓干配”一体化汽车物流服务网络整合能力
- 公、铁、水多种运输方式整合能力
- 产业扩张与规模化效应的资本整合能力
- 科技赋能与智慧物流的信息平台整合能力

微信公众号

电话：010-57355999
官方客服热线：4008185959
网址：www.changjiulogistics.com
地址：北京市朝阳区石各庄路99号

中都物流有限公司
CHINA CAPITAL LOGISTICS CO.,LTD.
世界之大·咫尺之间
这一场“战役”
跑的
fighting
我们都在努力奔跑
Together for a Shared Future

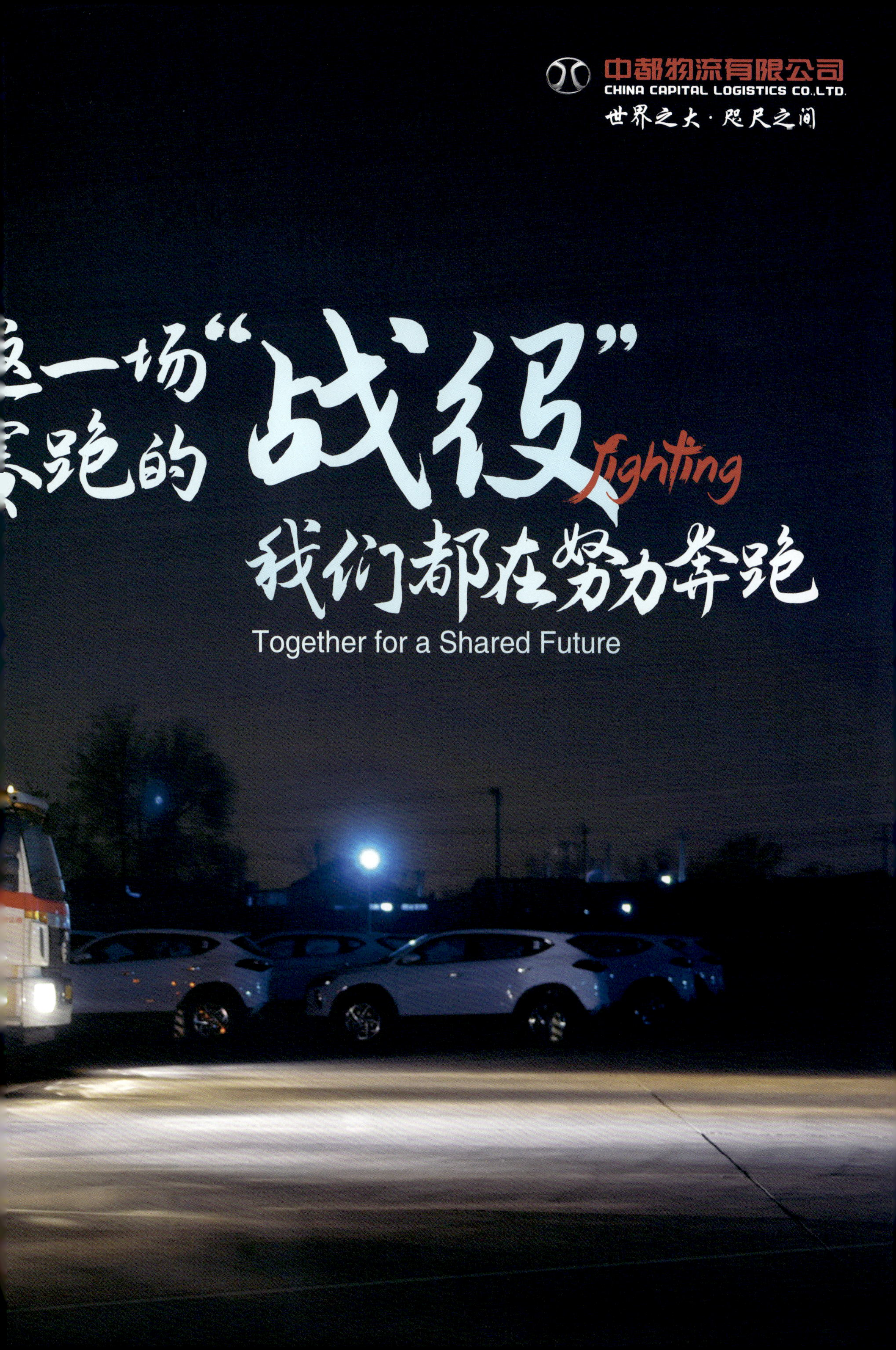

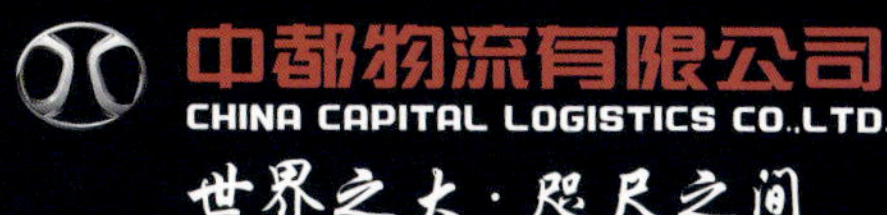

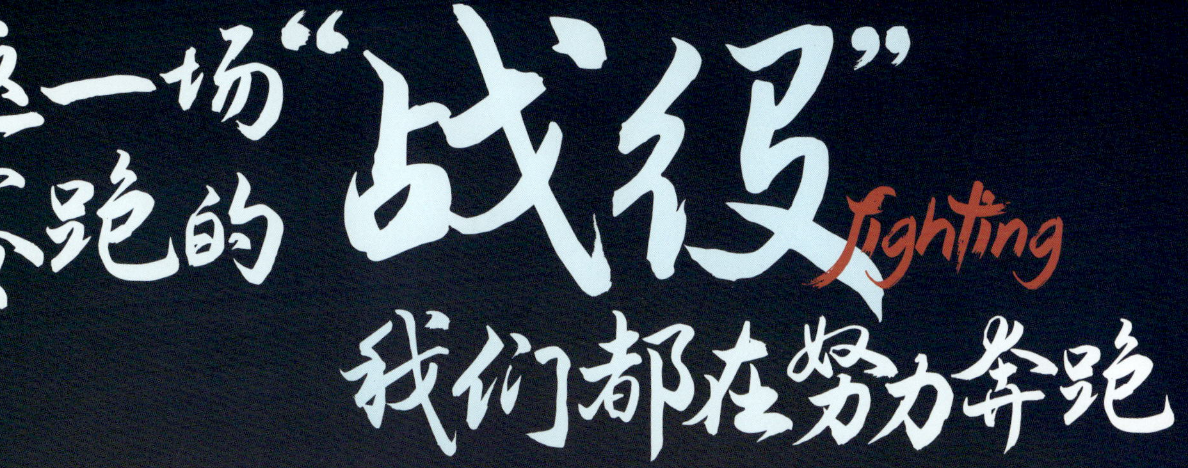

货安达®循环包装智能化解决方案

资产投入减少20% | 丢失率<1% | 周转效率提升15%+

从供应商到主机厂，物流供应链全链路数智化

每日全网实时盘点0成本，实现小时级库存管控

1 服务零部件厂商

实现从供应链零部件下线、包装、运输到整车厂出库全过程可视化

提升物流规划能力，有效管控物流风险，降低循环使用成本

2 服务主机厂厂商

随时掌控投入器具的使用和位置状态，在线无人化盘点资产

降低库存弹性，拉动节拍管理，支持精益生产

3 服务第三方物流

分析空满箱利用率，促进空箱及时周转与回收

消除上下游空箱信息不对称，提升调拨效率、运输效率及装载率

保证取货与到货的准时合理性，降低物流成本

4G/Cat1
物联网通信技术
保证数据传输无死角、无断点

独有超低功耗技术
保证物流资产全生命
周期持续供电

非接触传感器状态捕捉技术
动态识别资产使用状态
监测产品使用/空闲

AI可视化物流供应链云平台
实时监测资产/货品的入库、
出库、发运、交付

货安达智能标签

适用范围包括
各规格围板箱

适用范围包括
各类材质托盘

适用范围包括
EU箱小型包装

适用范围包括
铁质物流器具

实时监测全程动态管理

- 干线、支线、配送运输全程监控
- 支持路线设置，优化多点配送
- 跟踪运输路线，支持偏离报警
- 监控当前位置，预测到达时间
- 精准化管理JIT时间窗口和作业序列

一站式云平台可视化管理

- 资产管理智能化：自动智能调度
- 零部件物料数据采集智能化：一键绑定、全程智能交接
- 仓储管理智能化：收发货确认自动化、库存盘点无人化
- 实现供应商生产装箱、物流仓储供应链、厂内物流数据的数字孪生

智能化供应链解决方案

- 智能循环包装可租可售
- 智能循环包装资产管理PaaS（平台 / 包装即服务）
- 通过接口推送数据可实现零部件供应链管理数智化
- 建立主机厂 / 供应商产品全生命周期碳足迹追踪体系

智能循环包装

智能循环托盘

智能循环围板箱

智能循环料架

智能循环EU箱

中包物联网科技有限公司
China National Packaging IoT Tech. Co.,Ltd.
北京：北京市朝阳区东三环北路3号幸福大厦B座15层1511室
天津：天津市河北区海河东路78号茂业大厦2602室
测试中心：天津经济技术开发区黄海路海川街2号
电话：010-65682908（北京）022-24459896（天津）
邮箱：service@packagetest.cn

烟台港
Yantai Port

烟台港滚装物流有限公司
烟台港股份有限公司汽车码头分公司

企业介绍

烟台港滚装物流有限公司自2010年开展商品车物流业务，对外加挂烟台港股份有限公司汽车码头分公司，生产经营一体化，是山东省内主要的专业化的汽车码头。

公司配备**60万平方米**专业化堆场，**4个**滚装专用泊位，**2个**通用泊位，**0.6万平方米**室内综合服务区，**2条**PDI检测线，**2个**新能源充电桩，并建有铁路专用卸车平台。

高速公路、铁路专用线直通商品车堆场内，具备公路、铁路、水路多式联运的服务能力，可为全国汽车生产商以及物流商提供商品车装卸、仓储、保税、运输、中转等多元化物流服务及专业化的码头服务。

优先靠泊	95%以上	160台/小时
滚装船	船舶准班率	作业效率

服务+高效率　　服务+标准化

服务品牌

服务+个性化　　服务+低成本

外贸

航线	班期	
南美	1~2班/月	安
东非	2~3班/月	
西非	2~3班/月	
北美西	3~4班/月	
北美东	1~2班/月	
墨西哥	3~4班/月	
菲律宾	1班/月	安
欧洲	1~2班/月	
中东	1~2班/月	
几内亚（散货吊装）	4~6班/月	

烟台至南
非、西非
“日韩—

打造中

可覆盖全球

目的地
卡亚俄、伊基克、维多利亚、桑托斯等
达累斯萨拉姆、蒙巴萨、德班、马普托等
特马、阿比让、拉各斯、罗安达、杜阿拉等
美国、加拿大西岸
美国、加拿大东岸
墨西哥
菲律宾
泽布吕赫、安特卫普、汉堡、南安普敦等
达曼、索哈尔、迪拜、阿布扎比等
几内亚（博凯）

内贸航线 可串联国内主要沿海港口，辐射国内主要经济带

航线	班期	船公司	目的地
大连（客运滚装）	8班/天	渤海轮渡 中海海客	大连
广州—烟台—大连	4~5班/周	深圳招商滚装 安吉中远海特	广州 大连
上海	2~3班/周	安吉中远海特	上海
天津	1班/周	安吉中远海特	天津
宁波	1班/周	新中甫	宁波

北美东、墨西哥、菲律宾、东
东9条外贸滚装班轮航线。打通
水铁联运过境通道。

国内航线 烟台至大连、天津、上海、宁波、广州5条内贸滚装班轮航线，烟台—大连平均每日往返10班客滚航线。

方
车中转枢纽港

烟台港滚装物流有限公司

地址：烟台芝罘区海港路23号内2号

电话：0535-6743669

传真：0535-6743369

邮编：264000

邮箱：ytggzwl@163.com

网址：http://www.yantaiport.com.cn

长春富晟汽车生态科技集团有限公司

Changchun Fusheng Automobile Ecological Technology Group Co.,Ltd.

· 企业介绍

伴随中国经济的快速发展，物流领域、技术、模式正以供应链双循环与数智化为标准，催生着行业由传统型向创新型转变。站在创新潮头，富晟物流奋起蝶变，乘势跃迁为长春富晟汽车生态科技集团有限公司。

富晟物流，是集团专注于汽车物流的核心子品牌，荣膺国家5A级物流企业，业务涵盖整车物流、产前零部件物流及售后备品物流，并持续向汽车后市场领域深度延展。深耕汽车物流二十载，公司目前已拥有仓储物流基地19个，仓储总面积超过70万平方米，干线运输线路60余条，区域配送线路800余条，自有及可控运力1500余台，“仓储、运输、包装”三大主营业务始终保持跨越式增长。业务规模与服务水平逐年攀升，综合实力不断壮大，前行脚步奋进不止。

· 前行 源于不断奋进

60余条
干线运输线路

800余条
区域配送线路

全国建立RDC**19**个
（区域分发中心）

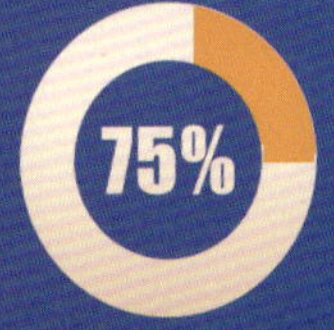

24h达成率

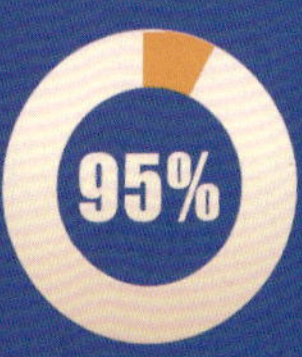

48h达成率

服务一汽红旗的售后服务备件业务

服务一汽大众的售后服务备件业务

· 专业 铸就服务匠心

核心产品

仓储

运输

包装

软件系统

智能设备

方案集成

设备租赁

改装

文创

金融

贸易

服务对象/合作伙伴

长春富晟汽车生态科技集团有限公司

Changchun Fusheng Automobile Ecological Technology Group Co.,Ltd.

· 创新 筑梦数智未来

一个中心：数智物流技术研发中心

发展方向 ＞ 新业务方案规划与项目承接　场景需求扫描与技术匹配　专业化人才培养与课题攻关　技术引进与平台对接

技 术 包 ＞ 数字化系统　智能化装备　仓储技术包　包装技术包　运输技术包　管理技术包　规划技术包

两个实验室：智能装备实验室、包装研发实验室

研究课题 ＞ MEC边缘计算　基于5G的AR虚拟现实　全自动堆码垛机器人　运营驾驶舱　可循环包装研究　新型包材设计　CCR控制中心　智能调度大脑　智能装备课题研究　包装课题研究

四大能力

精益化的规划能力　精细化的运营能力　近地化的服务能力　数字化的品牌影响力

· 数智云舱

“数智云舱”配以5G专网，实现全库5G覆盖，共计包含智能仓储可视化数字孪生系统、SCV运营驾驶舱、WMS仓储管理系统、多穿智能存储等11项智慧物流技术，同时辅以现具备的TMS运输管理系统、PMS包材管理系统、备件检视系统、旗晟跟单App等，实现仓储入、存、出全流程，仓储、运输、包装三大技术的全面数智化赋能升级。

价值

节约仓储面积6791平方米、整体效率提升70%、节约管理作业人员20%。在面积人员不增加的前提下出库量翻一倍。在未来三年，年吞吐能力可达到4500万件，将为全国34个地区共计315家红旗经销商、700余家供应商，提供低成本、高成效、低消耗、高收益的数智供应链服务。

· 远见 冲破行业边界

强化汽车供应链物流业务客户开发，发挥整体物流协同效应，进一步扩大业务基盘和增量；全力培植汽车后市场业务，激发第二曲线。

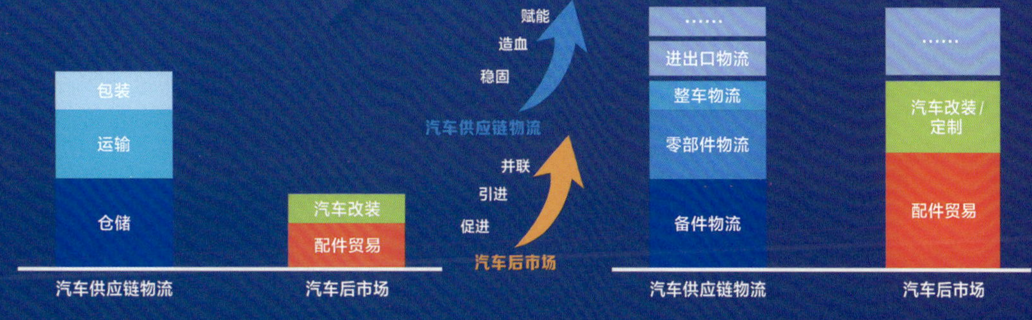

TBL华清科盛
构建数智物流新世界

TBL华清科盛始终以“让运营因智慧而简单”为己任，专注科技研发和场景应用，引领场域全要素的数智化变革。

300+	30+	100+	100+
年产值百亿以上大客户300+	涉足行业30+	超过100项专利及知识产权	超过100家生态合作伙伴

典型场景
PTL+X零件物料拣选　Call Button车间物料无线呼叫拉动　透明感知仓库RFID存取指引和实时盘点　UWB地堆货物定位管理
PTL+X线边物料自动无线呼叫　RFID在制品跟踪管理　RFID物流通道　RFID物流器具跟踪管理　UWB成品车辆定位管理

业务板块
物流资源调度：物流人员/车辆/设施统一调度
生产运行保障：生产设备/器具/物料 工序/参数自动匹配
运营要素优化：运营人员/设施/场地降本增效
资产管理：文件/资产/抵押物管理授权
安全管理：人/车防疫、救援和防碰撞

解决方案
综合数字化 IoT 解决方案：数据采集|大数据处理|设备联网
数智物流 解决方案|数智物流 运营服务：智能物流一体化|数智化运营优化
场域要素 数智优化 解决方案：数字孪生|数据分析|资源优化 运筹优化|视角共享|实时调度

IoT硬件及设备
UHF RFID　无源阵列/智能拣选　车联网IoT　E-Ink墨水屏　智能感知叉车　智能感知货架　智能识别一体机
可穿戴IoT　OCR识别　UWB融合定位　无线MESH网络　智能拣选车　智能无人值守通道　智能盘点器具柜

数字化平台
NOAH 物联网平台：IoT协同|IoT数据融合 可视化IoT建模与智能维护
LES/SPS/WMS 内物流平台：物流流程自动化|多业务模式支撑 智能硬件集成
Wisdom 场域要素数智优化平台：要素数字化|指标分析|数字孪生 数智决策|自主改善

华清科盛（北京）信息技术有限公司　www.techbloom.net

Wisdom场域要素数智优化平台

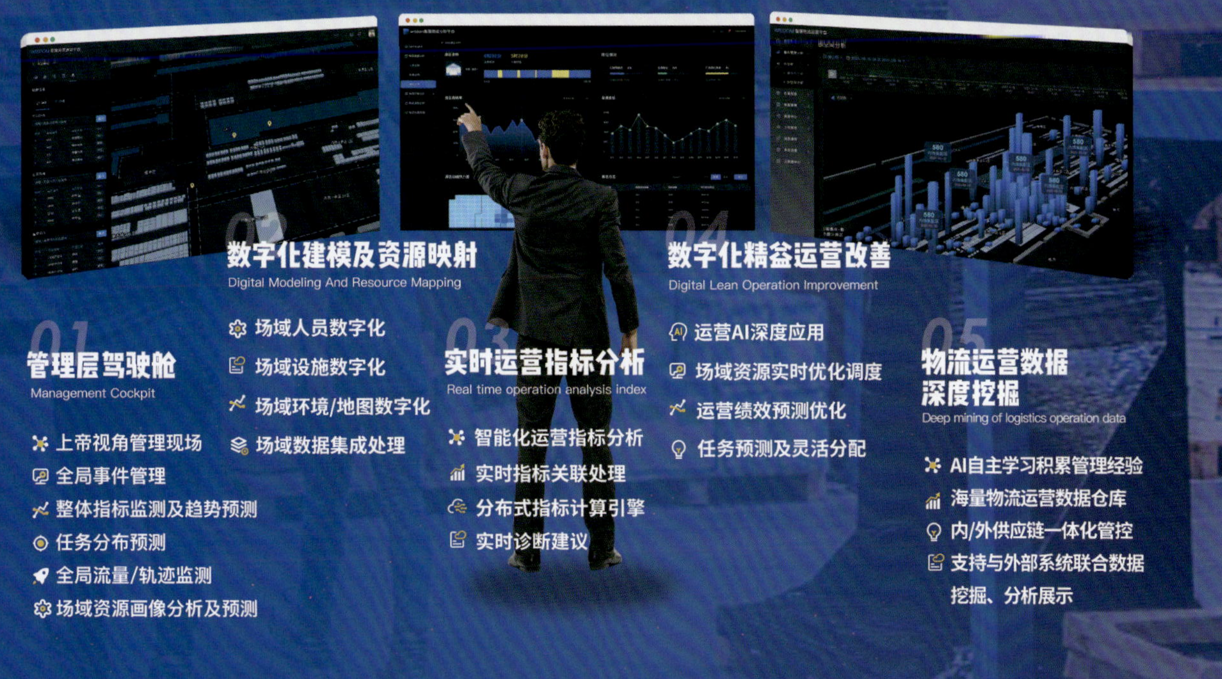

全方位价值回报

01 优化人员投入

减少**30%**的供应商驻厂人员：减少各个供应商分别驻厂的低效作业模式，降低供应商零部件报价中的服务成本。

02 节约固定资产

降低**20%**的固定资产购买及维保费用：例如按照折旧年限优化或迭代器具。

03 优化空间利用

减少**20%**的场域面积使用：提高库区/库位利用率，减少呆滞库区/库位数量，把更多高值空间留给生产设备。

04 降低库存

减少**10%**的在制品和原料库存：进一步减少场域周转容器与库位的占用。

05 优化资金配置

优化PFEP：减少通用低值物料的月度采购安全量，即减少**5%**的采购资金占用。

06 降低停线风险

优化窗口时间：提高场内物流平准性，降低**绝大部分**因外部运输不平准、供货不及时导致的停线风险。

07 避免资源闲置

共享物流资源：减少**25%**因市场波动导致关厂/停产所带来的人员和资产闲置成本。

08 提高资源利用率

提高零部件与成品容器通用性：在运输返空端实现“大循环”返空。容器总投入量可降低**15%**以上，车辆空驶率降低**20%**以上。

400-0667-887　　marketing@techbloom.net

中国汽车物流发展报告

China Automotive Logistics Development Report

(2022)

中国物流与采购联合会汽车物流分会
China Automotive Logistics Association of CFLP

中国财富出版社有限公司

图书在版编目（CIP）数据

中国汽车物流发展报告．2022／中国物流与采购联合会汽车物流分会编著．—北京：中国财富出版社有限公司，2022.12

ISBN 978－7－5047－7822－2

Ⅰ．①中…　Ⅱ．①中…　Ⅲ．①汽车工业—物流—产业发展—研究报告—中国—2022　Ⅳ．①F426.471.6

中国版本图书馆CIP数据核字（2022）第222164号

策划编辑	郑欣怡	**责任编辑**	白　昕　陈　嘉	**版权编辑**	李　洋
责任印制	尚立业	**责任校对**	卓闪闪	**责任发行**	敬　东

出版发行	中国财富出版社有限公司		
社　　址	北京市丰台区南四环西路188号5区20楼	**邮政编码**	100070
电　　话	010－52227588转2098（发行部）		010－52227588转321（总编室）
	010－52227566（24小时读者服务）		010－52227588转305（质检部）
网　　址	http：//www.cfpress.com.cn	**排　　版**	宝蕾元
经　　销	新华书店	**印　　刷**	宝蕾元仁浩（天津）印刷有限公司
书　　号	ISBN 978－7－5047－7822－2/F·3491		
开　　本	787mm×1092mm　1/16	**版　　次**	2022年12月第1版
印　　张	22.75　**彩　插**　1	**印　　次**	2022年12月第1次印刷
字　　数	492千字	**定　　价**	218.00元

版权所有·侵权必究·印装差错·负责调换

《中国汽车物流发展报告》
（2022）

编 委 会

编委会主任

蔡　进　中国物流与采购联合会

编委会副主任

沈进军　中国汽车流通协会
赵方宽　中国第一汽车集团公司
王泽民　上汽安吉物流股份有限公司
薄世久　北京长久物流股份有限公司
邱　枫　一汽物流有限公司

编委会委员（按姓氏笔画排序）

马增荣　中国物流与采购联合会
王彦乐　保定市长城蚂蚁物流有限公司
朱励光　中都物流有限公司
朱晓亮　上海德真瑞供应链管理有限公司
朱燕阳　西上海汽车服务股份有限公司
刘　海　武汉中原发展汽车物流股份有限公司
刘永杰　北京诚通物流有限公司
李　伟　华通汽车物流有限公司
李　昕　广汽商贸有限公司
李延春　吉林省长久实业集团有限公司
李艳东　中国物流与采购联合会汽车物流分会
杨晓宇　百川物流（北京）集团有限公司
沈　飞　安吉智行物流有限公司
张振鹏　中世国际物流有限公司
张晓东　北京交通大学
张爱国　深圳招商滚装运输有限公司

陈兹武　北京牛卡福网络科技有限公司
荆青春　长春一汽富晟集团有限公司
顾光明　中铁特货物流股份有限公司
翁运忠　东风物流集团股份有限公司
黄　浩　浙江吉速物流有限公司
黄影明　上海元初国际物流有限公司
盛晔华　一汽－大众销售有限责任公司
程贤文　集保物流设备（中国）有限公司
谢世康　重庆长安民生物流股份有限公司
谭振国　北京普田物流有限公司
薛　民　上海能运物流有限公司

《中国汽车物流发展报告》
（2022）

编　辑　部

主　　　编： 左新宇

副　主　编： 宋夏虹　张晋姝（执行）　王　萌（执行）

编辑人员： 冯　拓　张　璐　刘天硕　王欣怡

联系方式：

汽车物流网：www. auto56. org

电　　　话：18518669270　18518669252

邮　　　箱：qichewuliu@ auto56. org

地　　　址：北京市丰台区丽泽路 16 号院 2 号楼铭丰大厦 1216、1217

前　言

2021 年是党和国家历史上具有里程碑意义的一年，我们隆重庆祝中国共产党成立一百周年，实现第一个百年奋斗目标，开启向第二个百年奋斗目标进军新征程。这一年，中国汽车产业蓬勃发展，汽车产销量结束了自 2018 年以来连续三年下降的局面，为我国工业经济持续恢复发展、稳定宏观经济增长贡献了重要力量。随着汽车市场逐渐恢复，2021 年汽车物流行业整体运行稳定，整车物流运输结构优化，综合服务能力提升；汽车供应链服务体系逐渐完善，市场发展前景广阔；行业企业积极拓展海外市场，提升国际物流服务能力；企业整合持续推进，行业合作不断推陈出新；汽车物流标准体系不断完善，推动汽车物流健康发展。

《中国汽车物流发展报告（2022）》是由中国物流与采购联合会汽车物流分会组织会员单位共同编写，包括 2021—2022 年我国汽车物流发展特点、面临的问题及发展趋势等内容，体现我国汽车物流行业发展状况，总结汽车物流供应链各环节发展特点，以及先进技术与装备在汽车物流领域的应用。《中国汽车物流发展报告（2022）》深入研究发展过程中的热点与难点问题，探索未来发展方向，为政府、企业和研究单位了解中国汽车物流的发展提供一些参考。

本报告共分为四篇，一是综合报告篇，内容包括我国汽车物流总体发展环境、发展现状以及发展趋势，同时编入行业统计情况，全景展现了汽车物流行业现状；二是专题报告篇，深入分析行业重点、热点内容，从零部件、整车、进出口等方面专题分析行业发展情况；三是创新成果篇，收录了多个企业 2021 年汽车物流创新成果获奖项目，展现了零部件、整车等多个方面新技术、新方法、新装备的创新应用；四是资料汇编篇，收录了行业重要文件。

本报告在编制过程中，得到了汽车物流分会部分会员企业的大力支持，尤其是第二篇专题报告篇，收录了 16 家特邀撰稿单位及撰稿人提供的稿件，在此感谢这些企业和行业专家们对于行业工作的支持与帮助。本报告旨在梳理汽车物流行业年度情况，全景展示年度行业发展情况，供读者参考和借鉴。内容难免有疏漏之处，敬请广大读者批评指正。

编委会

2022 年 8 月

目　录
CONTENTS

综合报告篇

专题报告篇

创新成果篇

资料汇编篇

综合报告篇

第一章　中国汽车物流发展环境分析

第一节　中国汽车物流发展的外部环境

2021 年是党和国家历史上具有里程碑意义的一年。我们隆重庆祝中国共产党成立一百周年，实现第一个百年奋斗目标，开启向第二个百年奋斗目标进军新征程，沉着应对百年变局和新冠肺炎疫情，构建新发展格局迈出新步伐，高质量发展取得新成效，实现了“十四五”良好开局。在中共中央、国务院的领导下，我国经济发展保持全球领先地位，产业链韧性得到提升，为我国物流业平稳健康发展营造了良好的环境。

一、经济发展环境①

（一）国民经济保持平稳增长

2021 年全年国内生产总值 1143670 亿元，比上年增长 8.1%（见图 1－1）。两年平均增长 5.1%。其中，第一产业增加值 83086 亿元，比上年增长 7.1%；第二产业增加值 450904 亿元，比上年增长 8.2%；第三产业增加值 609680 亿元，比上年增长 8.2%。第一产业增加值占国内生产总值的比重为 7.3%，第二产业增加值占国内生产总值的比重为 39.4%，第三产业增加值占国内生产总值的比重为 53.3%。全年最终消费支出拉动国内生产总值增长 5.3 个百分点，资本形成总额拉动国内生产总值增长 1.1 个百分点，货物和服务净出口拉动国内生产总值增长 1.7 个百分点。全年人均国内生产总值 80976 元，比上年增长 8.0%。国民总收入 1133518 亿元，比上年增长 7.9%。全员劳动生产率为 146380 元/人，比上年提高 8.7%。

① 资料来源：《中华人民共和国 2021 年国民经济和社会发展统计公报》。

2017—2021 年国内生产总值及增长率如图 1－1 所示。

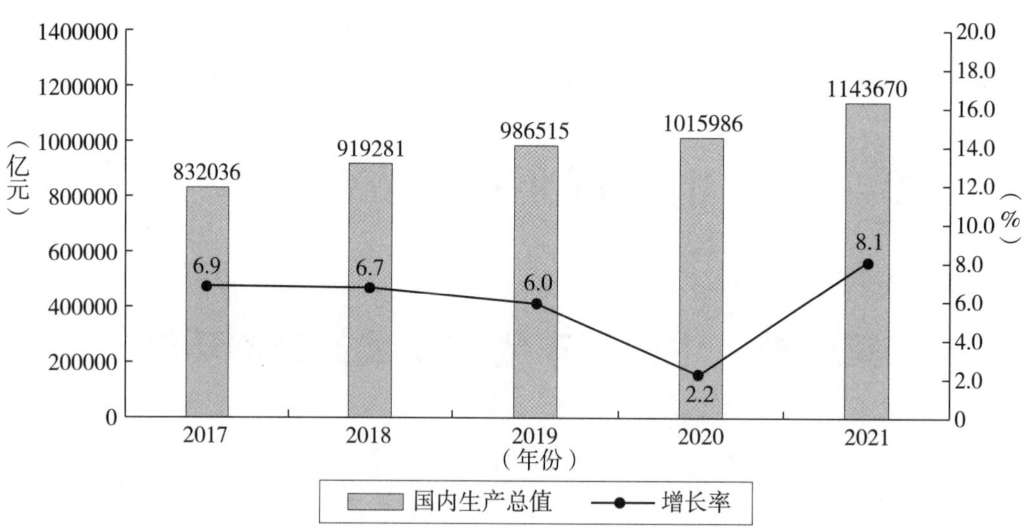

图 1－1　2017—2021 年国内生产总值及增长率

资料来源：国家统计局

从不同产业的角度来看，面对国内新冠肺炎疫情的反复，2021 年服务业仍然保持恢复性增长态势，尽显强大韧性，全年第三产业占 GDP 的比重达到 53.3%，发挥了国民经济“稳定器”的重要作用。从总体来看，服务业始终保持稳定恢复，表现在增长快、出口多、贡献大；从结构来看，服务业继续推进高质量发展，表现在新动能持续激发、新兴领域不断涌现、两业融合继续深化；从趋势来看，服务业继续复苏的动力和阻力并存，表现在预期好、潜力大、信心足，但也面临着波动大、恢复难的问题。2017—2021 年三次产业增加值占国内生产总值比重如图 1－2 所示。

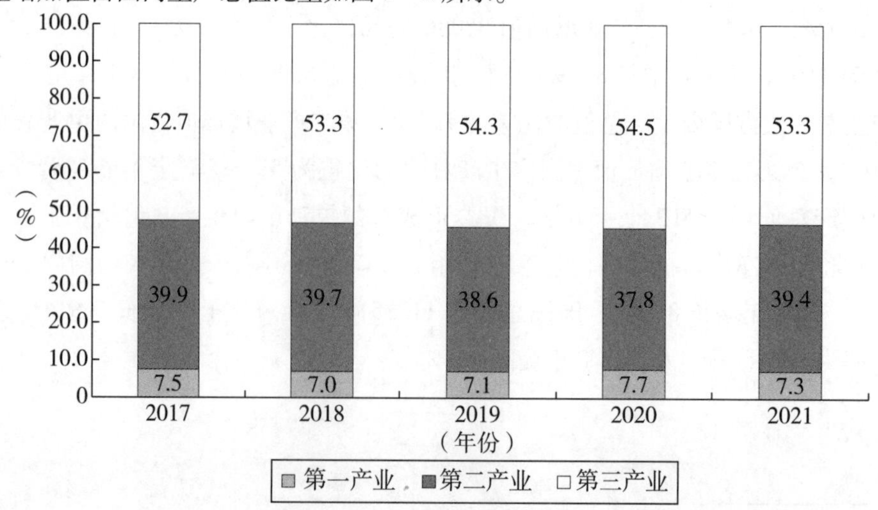

图 1－2　2017—2021 年三次产业增加值占国内生产总值比重

资料来源：国家统计局

（二）工业生产持续发展

2021 年，全年全部工业增加值 372575 亿元，比上年增长 9.6%。规模以上工业增加值增长 9.6%。在规模以上工业中，分经济类型看，国有控股企业增加值增长 8.0%；股份制企业增长 9.8%，外商及港澳台商投资企业增长 8.9%；私营企业增长 10.2%。分门类看，采矿业增长 5.3%，制造业增长 9.8%，电力、热力、燃气及水生产和供应业增长 11.4%。2017—2021 年国内总工业增加值及增长率如图 1-3 所示。

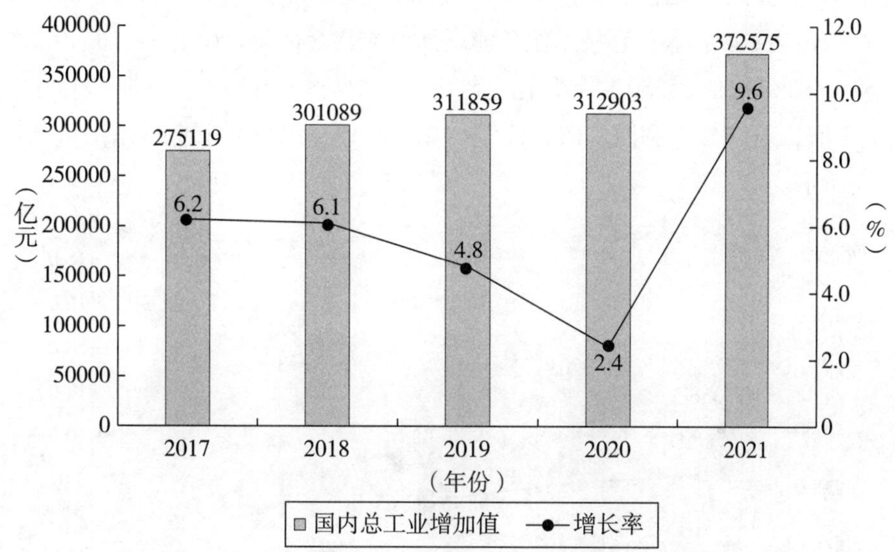

图 1-3　2017—2021 年国内总工业增加值及增长率

资料来源：国家统计局

全年规模以上工业中，农副食品加工业增加值比上年增长 7.7%，纺织业增长 1.4%，化学原料和化学制品制造业增长 7.7%，非金属矿物制品业增长 8.0%，黑色金属冶炼和压延加工业增长 1.2%，通用设备制造业增长 12.4%，专用设备制造业增长 12.6%，汽车制造业增长 5.5%，电气机械和器材制造业增长 16.8%，计算机、通信和其他电子设备制造业增长 15.7%，电力、热力生产和供应业增长 10.9%。

全年，工业转型升级稳步推进，新动能引领作用不断加强。以高技术制造业和装备制造业为代表的新动能对工业增长的引领带动作用持续增强。2021 年，装备制造业增加值比上年增长 12.9%，高于全部规模以上工业平均水平 3.3 个百分点，对全部规模以上工业增长贡献率为 45.0%。高技术制造业保持快速增长。2021 年，高技术制造业增加值比上年增长 18.2%，高于全部规模以上工业平均水平 8.6 个百分点，对规模以上工业增长的贡献率为 28.6%。

总体来说，工业增加值稳步增长说明我国工业生产活动平稳向好，给物流行业带来旺盛的需求及充足的发展空间。

（三）服务业实现良好开局，稳定器作用明显

1. 服务业增加值情况

2021 年服务业增加值 609680 亿元，比上年增长 8.2%，其中，全年批发和零售业增加值 110493 亿元，比上年增长 11.3%；交通运输、仓储和邮政业增加值 47061 亿元，比上年增长 12.1%；住宿和餐饮业增加值 17853 亿元，比上年增长 14.5%；金融业增加值 91206 亿元，比上年增长 4.8%；房地产业增加值 77561 亿元，比上年增长 5.2%；信息传输、软件和信息技术服务业增加值 43956 亿元，比上年增长 17.2%；租赁和商务服务业增加值 35350 亿元，比上年增长 6.2%。全年规模以上服务业企业营业收入比上年增长 18.7%，利润总额增长 13.4%。2017—2021 年服务业增加值及增长率如图 1－4 所示。

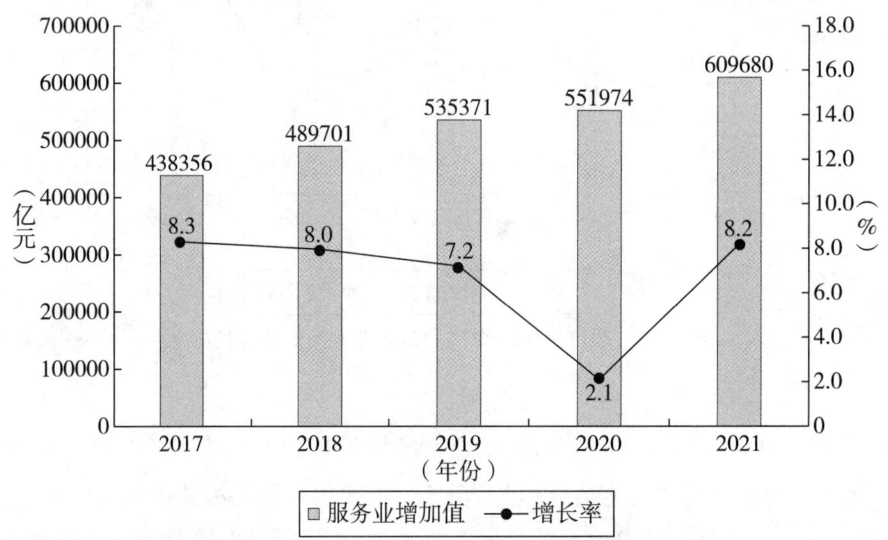

图 1－4　2017—2021 年服务业增加值及增长率

资料来源：国家统计局

2017—2021 年交通运输、仓储和邮政业增加值及增长率如图 1－5 所示。

由图 1－4 和图 1－5 比较可知，2021 年交通运输、仓储和邮政业增加值的增长率高于服务业增加值的增长率。

2. 全年货物运输情况

2021 年，全年货物运输总量 530 亿吨，货物运输周转量 223574 亿吨公里。全年港口完成货物吞吐量 155 亿吨，比上年增长 6.8%，其中，外贸货物吞吐量 47 亿吨，增长 4.5%。港口集装箱吞吐量 28272 万标准箱，增长 7.0%。2021 年各种运输方式完成

货物运输量及增长率如表 1－1 所示。

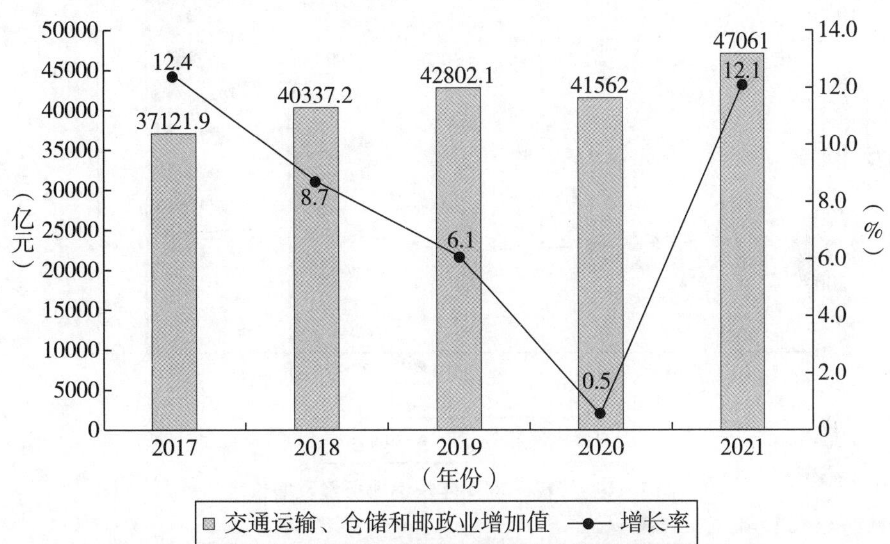

图 1－5　2017—2021 年交通运输、仓储和邮政业增加值及增长率

资料来源：国家统计局

表 1－1　　2021 年各种运输方式完成货物运输量及增长率

指标	单位	绝对数	比上年增长（%）
货物运输总量	亿吨	529.7	12.3
铁路	亿吨	47.2	5.9
公路	亿吨	391.4	14.2
水运	亿吨	82.4	8.2
民航	万吨	731.8	8.2
货物运输周转量	亿吨公里	223574.4	13.7
铁路	亿吨公里	33190.7	9.3
公路	亿吨公里	69087.7	14.8
水运	亿吨公里	115577.5	9.2
民航	亿吨公里	278.2	15.8

2021 年，全年完成邮政行业业务总量 13698 亿元，比上年增长 25.1%。邮政业全年完成邮政函件业务 10.9 亿件，包裹业务 0.2 亿件，快递业务量 1083.0 亿件，快递业务收入 10332 亿元。2017—2021 年快递业务量及增长率如图 1－6 所示。

（四）物流相关固定资产投入稳定

2021 年，全年全社会固定资产投资 552884 亿元，比上年增长 4.9%。其中，固定

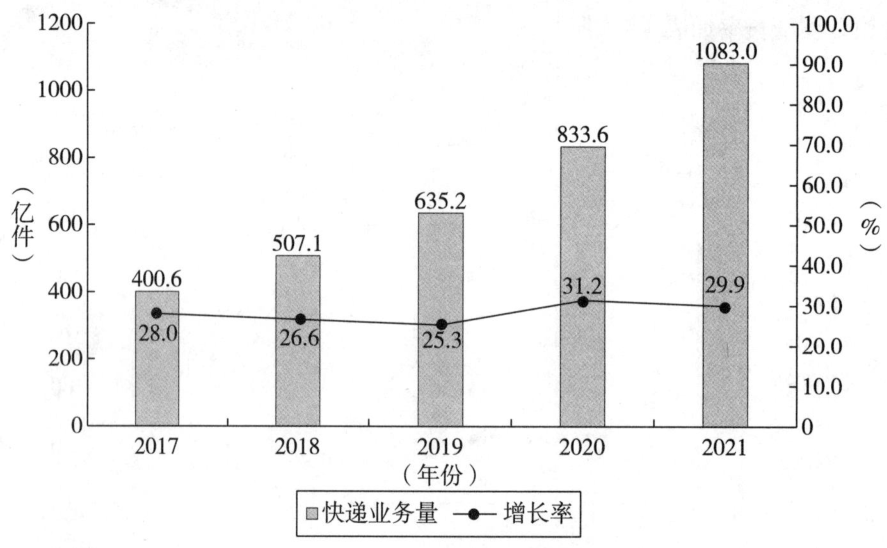

图 1－6　2017—2021 年快递业务量及增长率

资料来源：国家统计局

资产投资（不含农户）544547 亿元，增长 4.9%，第一产业投资 14275 亿元，比上年增长 9.1%；第二产业投资 167395 亿元，增长 11.3%；第三产业投资 362877 亿元，增长 2.1%。民间固定资产投资 307659 亿元，增长 7.0%。基础设施投资增长 0.4%。

其中，2021 年我国物流业相关的交通运输、仓储和邮政业全社会固定资产投资同比增长 1.6%，与上年相比略有增长。2017—2021 年交通运输、仓储和邮政业全社会固定资产投资增长率如图 1－7 所示。

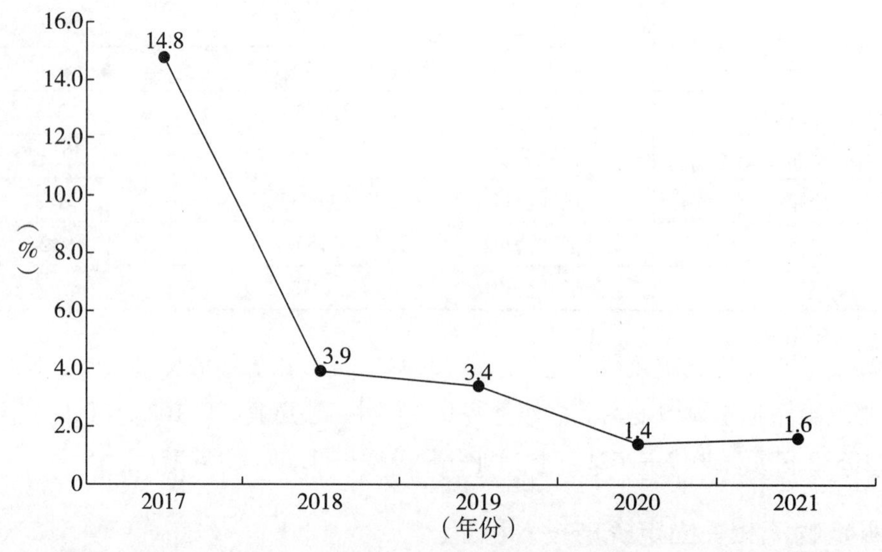

图 1－7　2017—2021 年交通运输、仓储和邮政业全社会固定资产投资增长率

资料来源：国家统计局

二、政策发展环境

（一）汽车产业相关政策

2021 年汽车产业相关政策如表 1－2 所示。

表 1－2　　2021 年汽车产业相关政策

发布时间	政策	内容摘要	印发部门
2021 年 1 月	《商务部等 12 部门印发〈关于提振大宗消费重点消费促进释放农村消费潜力若干措施的通知〉》	通知指出，稳定和扩大汽车消费，包括：释放汽车消费潜力，鼓励有关城市优化限购措施，增加号牌指标投放；开展新一轮汽车下乡和以旧换新，鼓励有条件的地区对农村居民购买 3.5 吨及以下货车、1.6 升及以下排量乘用车；对居民淘汰国三及以下排放标准汽车并购买新车，给予补贴；改善汽车使用条件，加强停车场、充电桩等设施建设，鼓励充电桩运营企业适当下调充电服务费	商务部等 12 部门
2021 年 2 月	《商务部办公厅关于印发商务领域促进汽车消费工作指引和部分地方经验做法的通知》	通知指出，全面取消二手车限迁政策，除大气污染防治重点区域外，不得限制符合在用车排放标准的二手车迁入；便利二手车交易，细化“跨省通办”配套举措，保障小型非营运二手车异地交易在转入地开具发票并办理转移登记手续政策落地落实；推动二手车信息开放共享，各地加强二手车信息互联互通和共享运用；创新二手车流通模式，加强二手车诚信体系建设与应用	商务部办公厅
2021 年 3 月	《关于 2020 年中央和地方预算执行情况与 2021 年中央和地方预算草案的报告》	2021 年主要支出政策包含：完善新能源汽车购置补贴政策，支持充电基础设施建设和新能源公交车运营。支持做好碳达峰、碳中和工作。推动优化产业结构和能源结构，进一步支持风电、光伏等可再生能源发展和非常规天然气开采利用，增加可再生、清洁能源供给	财政部
2021 年 4 月	《国务院办公厅关于服务“六稳”“六保”进一步做好“放管服”改革有关工作的意见》	意见提出，加快修订《二手车流通管理办法》，推动各地区彻底清理违规设置的二手车迁入限制，放宽二手车经营条件。规范报废机动车回收拆解企业资质认定，支持具备条件的企业进入回收拆解市场，依法查处非法拆解行为	国务院办公厅

续 表

发布时间	政策	内容摘要	印发部门
2021 年 4 月	《商务部办公厅 公安部办公厅 税务总局办公厅关于推进二手车交易登记跨省通办 便利二手车异地交易的通知》	通知要求，促进二手车便利交易，助力二手车市场繁荣发展。推行二手车异地交易，对已登记的小微型非营运载客汽车，买卖双方可以选择在车辆转出地或者转入地进行交易；便利二手车转移登记，明确小型非营运二手车转移登记实行档案资料电子化网上转递；规范二手车交易行为，进一步强化了经营主体责任，确保交易安全，维护交易各方合法权益。通知还对政策落地实施进度做了具体部署，明确 2021 年 6 月 1 日起，在天津、太原、沈阳、上海等 20 个城市，试点推行小型非营运二手车异地交易登记；自 2021 年 9 月 1 日起，直辖市、省会市、自治区首府市、计划单列市全部推行；2022 年全国全面推行	商务部办公厅、公安部办公厅、税务总局办公厅
2021 年 5 月	《机动车排放召回管理规定》	规定要求，机动车存在排放危害的，其生产者应当实施召回；如果机动车存在排放危害，车企和零部件厂将会被调查。该规定于 2021 年 7 月 1 日实施	国家市场监管总局、生态环境部
2021 年 5 月	《关于调整免征车辆购置税新能源汽车产品技术要求的公告》	公告称，为适应新能源汽车技术标准变化，做好新能源汽车免征车辆购置税政策执行工作，对免征购置税的新能源汽车的技术要求做出调整。从 10 月 1 日起，对于免征车辆购置税新能源汽车产品的续航里程进行调整，插电式（含增程式）混合动力乘用车纯电动续驶里程应满足有条件的等效全电里程调整为不低于 43 公里。而在此之前，根据财务部 2017 年发布的《关于免征新能源汽车车辆购置税的公告》，插电式（含增程式）混合动力乘用车的纯电动续驶里程只要在 50 公里以上就可以免征车辆购置税。从这一点来说新规算是降低了免征税的要求	工业和信息化部、财政部、税务总局

续　表

发布时间	政策	内容摘要	印发部门
2021年7月	《家用汽车产品修理更换退货责任规定》	该规定将于2022年1月1日起施行。新版规定扩大“三包”范围，将动力蓄电池、行驶驱动电机等专用零部件质量问题纳入“三包”退换车条款，使新能源车型的质量问题同样适用于“7日退换”规定；对家用皮卡车实施“三包”，保护皮卡车消费者权益，促进皮卡车行业快速发展；将家用汽车污染控制装置的主要零部件纳入重大质量问题退换车条款，加大对机动车排放污染的防治力度	市场监管总局
2021年10月	《关于进一步加强新能源汽车企业安全体系建设的指导意见》	意见指出，对于因产品质量引起召回的情况，企业应及时对相应供应商进行重新评估，鼓励关键零部件供应商开放与产品安全质量分析等相关的必要数据协议	工业和信息化部
2021年10月	《国务院关于印发2030年前碳达峰行动方案的通知》	方案提出，要大力推广新能源汽车，逐步降低传统燃油汽车在新车产销和汽车保有量中的占比，推动城市公共服务车辆电动化替代，推广电力、氢燃料、液化天然气动力重型货运车辆。到2030年，当年新增新能源、清洁能源动力的交通工具比例达到40%左右	国务院
2021年10月	《中国二手车出口国别指南（2021）》	指南选取23个基础市场条件较好、出口潜力较大的国家进行深入研究，涵盖市场、政策、法规、税收、流程等相关信息	商务部
2021年10月	《关于启动新能源汽车换电模式应用试点工作的通知》	通知提出，启动新能源汽车换电模式应用试点工作。纳入此次试点范围的城市共有11个，其中综合应用类城市8个（北京、南京、武汉、三亚、重庆、长春、合肥、济南），重卡特色类3个（宜宾、唐山、包头）	工业和信息化部
2021年11月	《财政部关于提前下达2022年节能减排补助资金预算的通知》	通知提出，将北京、天津、河北、山西、辽宁、吉林等25个地区列入提前下达2022年节能减排补助资金预算范围。据通知显示，本次将安排3847926万元（约385亿元）资金，其中包括：2019—2020年新能源汽车推广应用补助资金预拨总计1831031万元；新能源汽车推广应用补助资金清算2016—2018年度总计998394万元	财政部

续　表

发布时间	政策	内容摘要	印发部门
2021 年 12 月	《关于完善新能源汽车推广应用财政补贴政策的通知》	通知要求，2022 年，新能源汽车补贴标准在 2021 年基础上退坡 30%。城市公交、道路客运、出租（含网约车）、环卫、城市物流配送、邮政快递、民航机场以及党政机关公务领域符合要求的车辆，补贴标准在 2021 年基础上退坡 20%	财政部、工业和信息化部、科技部、国家发展改革委

（二）物流行业相关政策

2021 年中共中央、国务院以及各部门出台了多个利于物流行业进步、促进高质量物流发展的文件（见表 1 –3），对物流行业起到了巨大的作用。

三、物流行业总体发展情况①

2021 年是“十四五”开局之年，也是党和国家历史上具有里程碑意义的一年。我们隆重庆祝中国共产党建党一百周年，实现第一个百年奋斗目标，开启第二个百年奋斗目标新征程，全方位推进高质量发展。2021 年，我国物流业总体实现稳步复苏，现代物流体系高质量发展取得新成效，为畅通国内大循环、促进国内国际双循环提供了有力支撑，实现了“十四五”良好开局。

（一）物流运行总体平稳

2021 年，全国社会物流总额 335. 2 万亿元，按可比价格计算，同比增长 9. 2%，两年年均增长 6. 2%，增速恢复至正常年份平均水平（见图 1 –8）。

从构成看，工业品物流总额 299. 6 万亿元，按可比价格计算，同比增长 9. 6%（见表 1 –4）；农产品物流总额 5. 0 万亿元，增长 7. 1 %；再生资源物流总额 2. 5 万亿元，增长 40. 2%；单位与居民物品物流总额 10. 8 万亿元，增长 10. 2%；进口货物物流总额 17. 4 万亿元，下降 1. 0%。

① 何黎明《围绕“十四五”规划谋定高质量发展 开启现代物流体系建设新征程——2021 年我国物流业发展回顾与展望》。

表 1－3　　2021 年物流行业相关政策

发布时间	政策	内容摘要	印发部门
2021 年 1 月	《交通运输部关于服务构建新发展格局的指导意见》	意见提出，进一步优化运输结构、推进交通物流与制造业深度融合、推进新型交通基础设施建设、建立安全可靠的国际物流供应链体系	交通运输部
2021 年 1 月	《关于优化和改进城市配送货车通行管理工作的指导意见》	意见提出，明确城市配送货车范围，加快构建分级配送体系，合理设定货车禁限行范围，规范设定车辆禁限行标准，分类施策便利货车通行，完善通行证（码）管理制度等内容	公安部交管局
2021 年 2 月	《国务院关于加快建立健全绿色低碳循环发展经济体系的指导意见》	意见提出，构建绿色供应链。鼓励企业开展绿色设计、选择绿色材料、实施绿色采购、打造绿色制造工艺、推行绿色包装、开展绿色运输、做好废弃产品回收处理，实现产品全周期的绿色环保。打造绿色物流。积极调整运输结构，推进铁水、公铁、公水等多式联运，加快铁路专用线建设。加强物流运输组织管理，加快相关公共信息平台建设和信息共享，发展甩挂运输、共同配送。推广绿色低碳运输工具，淘汰更新或改造老旧车船，港口和机场服务、城市物流配送、邮政快递等领域要优先使用新能源或清洁能源汽车；加大推广绿色船舶示范应用力度，推进内河船型标准化。加快港口岸电设施建设，支持机场开展飞机辅助动力装置替代设备建设和应用。支持物流企业构建数字化运营平台，鼓励发展智慧仓储、智慧运输，推动建立标准化托盘循环共用制度	国务院
2021 年 2 月	《交通运输部办公厅关于〈交通运输部 公安部关于进一步加强治理公路车辆超限超载联合执法常态化制度化工作的通知（征求意见稿）〉公开征求意见的通知》	意见提出，强化流动联合执法，规范流动联合执法模式，加强重点部位联合执法；强化重点货运源头监管，加快推进重点货运源头清单管理，加快推动重点货运源头单位安装称重检测设备，建立完善货运源头联合倒查机制；加强联合执法专项行动，开展“百吨王”专项治理行动，开展异地联合检查专项行动	交通运输部、公安部

续 表

发布时间	政策	内容摘要	印发部门
2021 年 2 月	《中共中央 国务院印发〈国家综合立体交通网规划纲要〉》	纲要预计 2021 年至 2035 年全社会货运量年均增速为 2% 左右，邮政快递业务量年均增速为 6. 3% 左右。在构建完善的国家综合立体交通网方面，纲要提出国家综合立体交通网连接全国所有县级及以上行政区、边境口岸、国防设施、主要景区等。以统筹融合为导向，着力补短板、重衔接、优网络、提效能，更加注重存量资源优化利用和增量供给质量提升。完善铁路、公路、水运、民航、邮政快递等基础设施网络，构建以铁路为主干，以公路为基础，水运、民航比较优势充分发挥的国家综合立体交通网	中共中央、国务院
2021 年 3 月	《关于加快推动制造服务业高质量发展的意见》	意见提出，推动制造业供应链创新应用。健全制造业供应链服务体系，稳步推进制造业智慧供应链体系，创新网络和服务平台建设，推动制造业供应链向产业服务供应链转型。支持制造业企业发挥自身供应链优势赋能上下游企业，促进各环节高效衔接和全流程协同。巩固制造业供应链核心环节竞争力，补足制造业供应链短板。推动感知技术在制造业供应链关键节点的应用，推进重点行业供应链体系智能化，逐步实现供应链可视化。建立制造业供应链评价体系，逐步形成重要资源和产品全球供应链风险预警系统，完善全球供应链风险预警机制，提升我国制造业供应链全球影响力和竞争力	国家发展改革委
2021 年 4 月	《交通运输部办公厅 国家发展改革委办公厅 工业和信息化部办公厅 农业农村部办公厅 商务部办公厅 市场监管总局办公厅 国家邮政局办公室 中华全国供销合作总社办公厅关于做好标准化物流周转箱推广应用有关工作的通知》	建立健全物流周转箱标准规范体系。推动健全完善物流周转箱标准体系，开展物流周转箱绿色产品认证，推进物流包装塑料污染治理；加快完善物流周转箱循环共用体系，推进物流周转箱循环共用试点示范；加大信息技术应用和配套设施建设，加大信息技术推广应用，逐步健全物流周转箱配套设施	交通运输部办公厅等八部门

续　表

发布时间	政策	内容摘要	印发部门
2021 年 6 月	《交通运输部 国家发展改革委 财政部关于印发〈全面推广高速公路差异化收费实施方案〉的通知》	方案提出六大差异化收费方式。 分路段差异化收费。进一步优化完善分路段差异化收费模式，稳步扩大差异化收费实施范围。重点在普通国省干线公路或城市道路拥堵严重但平行高速公路交通流量较小的路段、平行高速公路之间交通量差异较大的路段以及交通量明显低于设计能力的路段，实施灵活多样的差异化收费，利用价格杠杆，均衡路网交通流量分布，提高区域路网整体运行效率，促进区域物流运输降本增效。 分车型（类）差异化收费。继续深化分车型（类）差异化优惠政策。强化技术创新和管理创新，结合实际情况，对不同车型（类）普通货车或国际标准集装箱运输车辆、危险货物运输罐式车辆等专用运输车辆实施差异化收费，提高专业运输效率，支持物流运输转型升级，促进实体经济发展。 分时段差异化收费。重点针对交通量波峰波谷明显、承担较多通勤功能的高速公路路段，在不同时段执行差异化的收费标准，引导客、货运车辆错峰出行，缓解高峰时段交通拥堵，均衡路网时空分布，提升路网通畅水平。 分出入口差异化收费。通过大数据分析论证，重点针对邻近港口和大型工矿企业的高速公路出入口、交通量差异较大的相邻平行路段、城市周边高速公路项目等特定区间、特定出入口实施分出入口差异化收费，扩大精准调流降费的实施效果。 分方向差异化收费。重点针对资源省份货物单向运输特征明显的高速公路，可对上行方向和下行方向实施差异化收费，利用价格杠杆，引导车辆科学合理地使用公路资源。 分支付方式差异化收费。进一步完善 ETC 电子支付优惠模式，通过加大 ETC 电子支付优惠力度，鼓励引导车辆安装使用 ETC 不停车快捷通行高速公路，提高路网通行效率，促进物流提质增效	交通运输部、国家发展改革委、财政部

续 表

发布时间	政策	内容摘要	印发部门
2021 年 7 月	《国家物流枢纽网络建设实施方案（2021—2025 年）》	方案指出，“十四五”期间将聚焦打造“通道 + 枢纽 + 网络”现代物流运行体系。一方面，围绕推动存量国家物流枢纽高质量发展，整合优化存量物流设施，强化多式联运组织能力，促进国家物流枢纽互联成网，推动完善以国家物流枢纽为支撑的“轴辐式”物流服务体系；培育发展枢纽经济、通道经济，打造经济和产业发展走廊。另一方面，围绕加快健全国家物流枢纽网络，按照“成熟一个、落地一个”原则，稳步推进 120 个左右国家物流枢纽布局建设；支持城市群内国家物流枢纽共建共享共用和一体化衔接，强化都市圈物流网点体系与国家物流枢纽网络有机衔接、协同联动	国家发展改革委
2021 年 7 月	《智能网联汽车道路测试与示范应用管理规范（试行）》	《规范》主要在以下方面进行了修订和完善：一是在道路测试基础上增加示范应用，允许经过一定时间或里程道路测试、安全可靠的车辆开展载人载物示范应用；并将测试示范道路扩展到包括高速公路在内的公路、城市道路和区域。二是测试车辆范围增加了专用作业车，以满足无人清扫车等使用需求，对测试示范主体则增加了网络安全、数据安全等方面的保障能力要求。三是完善智能网联汽车自动驾驶功能通用检测项目，推动实现测试项目和标准规范的统一，明确在一个地方通过检测后进行异地测试时对于通用项目不需重复检测，进一步减轻企业负担。四是取消道路测试/示范应用通知书的发放要求，将相关安全性要求调整为企业安全性自我声明，简化办理程序	工业和信息化部、公安部、交通运输部
2021 年 8 月	《国家发展改革委关于印发〈“十四五”推进西部陆海新通道高质量建设实施方案〉的通知》	到 2025 年，将实现东中西三条通路持续强化，通道、港口和物流枢纽运营更加高效，对沿线经济和产业发展带动作用明显增强的总体目标。围绕总体目标的实现，实施方案在加快推进主通道建设、强化重要枢纽功能、提高通道运输组织与物流效率、推动通道降低成本和优化服务、构建通道融合开放发展新局面等方面提出了多个重要任务	国家发展改革委

续　表

发布时间	政策	内容摘要	印发部门
2021 年 8 月	《交通运输部 科学技术部关于科技创新驱动加快建设交通强国的意见》	确立两个阶段性目标。一是到 2025 年，交通运输基础研究和应用基础研究显著加强，关键核心技术取得突破，前沿技术与交通运输加速融合，初步构建适应加快建设交通强国需要的科技创新体系。二是到 2035 年，交通运输基础研究和原始创新能力全面增强，关键核心技术自主可控，前沿技术与交通运输全面融合，基本建成适应交通强国需要的科技创新体系	交通运输部、科学技术部
2021 年 9 月	《交通运输部关于印发〈交通运输领域新型基础设施建设行动方案（2021—2025 年）〉》	到 2025 年，打造一批交通新基建重点工程，形成一批可复制推广的应用场景，制修订一批技术标准规范，促进交通基础设施网与运输服务网、信息网、能源网融合发展，精准感知、精确分析、精细管理和精心服务能力显著增强，智能管理深度应用，一体服务广泛覆盖，交通基础设施运行效率、安全水平和服务质量有效提升。方案中提到 7 大主要任务，包括智慧公路建设行动、智慧航道建设行动、智慧港口建设行动、智慧枢纽建设行动、交通信息基础设施建设行动、交通创新基础设施建设行动、标准规范完善行动	交通运输部
2021 年 10 月	《国务院办公厅关于同意建立推动道路货运行业高质量发展部际联席会议制度的函》	同意建立推动道路货运行业高质量发展部际联席会议制度	国务院办公厅

续 表

发布时间	政策	内容摘要	印发部门
2021 年 10 月	《商务部等 24 部门关于印发〈“十四五”服务贸易发展规划〉的通知》	阐明了“十四五”时期我国服务贸易发展的目标，并对 2035 年远景目标进行了展望，提出深化改革开放、加快数字化进程、优化行业结构、完善区域布局、壮大市场主体、深化对外合作六项重点任务。规划提出增强国际运输服务能力。支持国内航运企业开辟新航线，完善国际海运服务网络，推进基于区块链的全球航运服务网络建设，推广进口集装箱区块链电子放货平台应用。更好发挥中欧班列和西部陆海新通道作用，完善国际铁路运输服务网络。完善国际空运布局，扩大国际航线网络覆盖度，提升国际航空货运网络对产业链供应链的支撑作用。完善国际道路运输服务网络，畅通中欧国际道路运输走廊，加快推动双边国际道路运输协定商签实施。推进邮政快递业国际化发展，提升跨境寄递服务水平和国际供应链一体化服务能力。推进现代国际物流供应链发展，加快构建开放共享、覆盖全球、安全可靠、保障有力的现代国际物流供应链体系	商务部等 24 部门
2021 年 10 月	《国务院关于印发 2030 年前碳达峰行动方案的通知》	提出的主要目标是：到 2025 年，非化石能源消费比重达到 20% 左右，单位国内生产总值能源消耗比 2020 年下降 13.5%，单位国内生产总值二氧化碳排放比 2020 年下降 18%，为实现碳达峰奠定坚实基础；到 2030 年，非化石能源消费比重达到 25% 左右，单位国内生产总值二氧化碳排放比 2005 年下降 65% 以上，顺利实现 2030 年前碳达峰目标	国务院

续　表

发布时间	政策	内容摘要	印发部门
2021 年 11 月	《交通运输部关于印发〈综合运输服务“十四五”发展规划〉的通知》	提出构建集约高效的货运与物流服务系统。一是推动干线货运规范高效发展。鼓励提供优质干线运力服务的大车队模式创新发展，创新道路货运组织方式，提升集疏运效率和质量。创新货车租赁、挂车共享、集装单元化等新模式。推进货运车辆生产、登记、使用和检验各环节的标准衔接，研究制定门类齐备、技术合理的货运车型标准体系。联合相关部门继续开展货运车型标准化专项行动，全面推进货运车辆标准化、厢式化、轻量化。积极发展符合国家标准的中置轴汽车列车、厢式半挂车，加快轻量化挂车推广应用。积极发展铁路重载直达、班列直达、高铁快运等方式。加快推进内河船型标准化，提高航道和船闸等通航设施利用率，提高内河航运竞争力。持续提升航空物流安检和通关效率。鼓励大型物流企业市场化兼并重组，鼓励物流企业向多式联运经营人、物流全链条服务商转型。二是提升城市货运配送服务水平。完善以综合物流中心、公共配送中心、末端共同配送站为支撑的配送网络，促进城际干线运输和城市末端配送有机衔接。优化城市配送车辆通行区域、配送时间，探索设置城市公共临时停车位或临时停车港湾。推动城市建设货运配送基础公共信息服务平台。鼓励发展共同配送、统一配送、集中配送、分时配送等集约化配送模式。发展“云仓”等共享物流模式	交通运输部
2021 年 11 月	《交通运输部办公厅关于组织开展自动驾驶和智能航运先导应用试点的通知》	聚焦自动驾驶、智能航运技术发展与应用，以试点为抓手、以应用为导向、以场景为支撑，通过实施一批与业务融合度高、具有示范效果的试点项目，打造可复制、可推广的案例集，凝练形成技术指南、标准规范等，促进新一代信息技术与交通运输深度融合	交通运输部办公厅

续 表

发布时间	政策	内容摘要	印发部门
2021 年 11 月	《关于建立交通运输行政执法规范化长效机制的意见》	建立问题查纠整改长效机制，建立执法为民实践长效机制，建立素质能力提升长效机制，建立行政执法监督长效机制，建立抓源治本长效机制	交通运输部
2021 年 12 月	《国务院办公厅关于印发推进多式联运发展优化调整运输结构工作方案（2021—2025 年）的通知》	到 2025 年，多式联运发展水平明显提升，基本形成大宗货物及集装箱中长距离运输以铁路和水路为主的发展格局，全国铁路和水路货运量比 2020 年分别增长 10% 和 12% 左右，集装箱铁水联运量年均增长 15% 以上	国务院办公厅

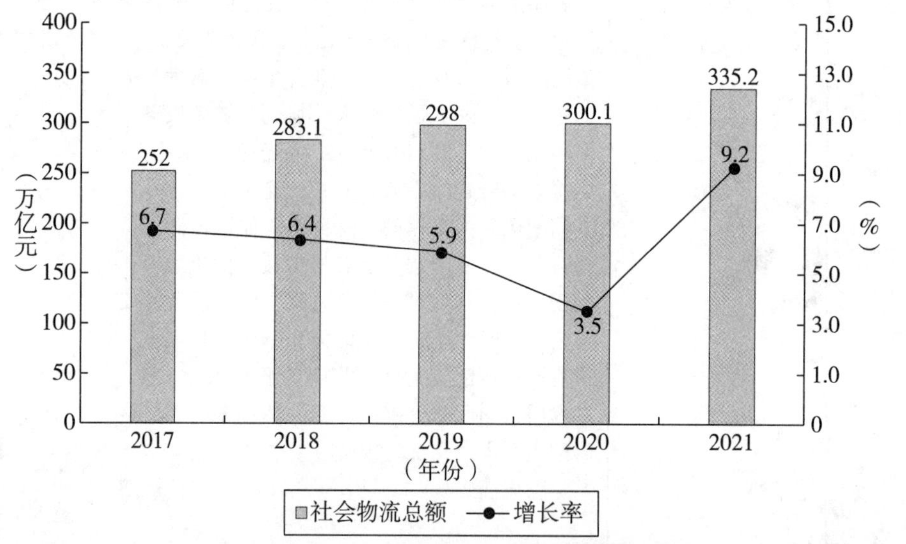

图 1－8　2017—2021 年社会物流总额及增长率

表 1－4　　2021 年社会物流总额构成及增长率

社会物流总额构成	绝对值（万亿元）	增长率（%）	在社会物流总额中所占比重（%）
工业品物流总额	299. 6	9. 6	89. 4
进口货物物流总额	17. 4	－1. 0	5. 2
再生资源物流总额	2. 5	40. 2	0. 7

续　表

社会物流总额构成	绝对值（万亿元）	增长率（%）	在社会物流总额中所占比重（%）
农产品物流总额	5.0	7.1	1.5
单位与居民物品物流总额	10.8	10.2	3.2

注：因数据存在四舍五入，存在总计与分项的和不等的情况，不进行机械调整，全书同。

2021 年社会物流总费用 16.7 万亿元，同比增长 12.5%。社会物流总费用与 GDP 的比率为 14.6%，比上年下降 0.1 个百分点。

从结构看，运输费用 9.0 万亿元，同比增长 15.8%；保管费用 5.6 万亿元，同比增长 8.8%；管理费用 2.2 万亿元，同比增长 9.2%（见表 1－5）。

表 1－5　　2021 年社会物流总费用构成及增长率

费用类型	绝对值（万亿元）	增长率（%）	在社会物流总费用中所占比重（%）
运输费用	9.0	15.8	53.9
保管费用	5.6	8.8	33.5
管理费用	2.2	9.2	13.2

物流业总收入实现较快增长，2021 年物流业总收入 11.9 万亿元，同比增长 15.1%。

（二）社会物流需求保持较快恢复

2021 年，中国制造业采购经理指数（PMI）均值为 50.5%，高于前两年水平，经济复苏带动物流需求增长。全国社会物流总额 335.2 万亿元，同比增长 9.2%，高于 GDP 增速 1.1 个百分点。社会物流需求基本恢复到正常年份水平。其中，工业品物流总额、单位与居民物品物流总额、农产品物流总额同比分别增长 9.6%、10.2%、7.1%，均实现恢复性增长。全年物流业景气指数平均为 53.4%，维持在景气水平。受益于新冠肺炎疫情总体趋于稳定和制造业较强的韧性，我国出口保持较高增速，工业生产持续增长，工业物流需求旺盛，制造业中出口相关物流以及装备制造、高新制造业物流需求高于平均水平，成为工业物流恢复的重要动力。消费物流增速有所趋缓，疫情推动网络购物成为居民消费重要渠道，实物商品网上零售额占社会消费品零售总额的比重达 24.5%，带动电商快递业务量扩张，全年快递业务量首次突破 1000 亿件，持续领跑其他细分市场。

（三）物流市场主体活力显著增强

2021 年，物流企业和个体工商户等物流市场主体超过 600 万家，就业人数超过

5000万人。其中，A级物流企业接近8000家，规模型5A级企业超过400家。全国物流业总收入11.9万亿元，同比增长15.1%，持续保持较快增长速度。中国物流50强企业收入合计1.4万亿元，占总收入比例达到12%左右。新冠肺炎疫情下规模型龙头企业抗风险能力显现，市场份额有所扩大，快递快运、冷链物流、航运航空物流、合同物流等细分市场集中度提升。物流资源重组整合步伐加快。经国务院批准，中国物流集团正式成立，物流国家队重组整合拉开序幕。京东物流、东航物流、中铁特货、满帮集团、安能物流等各领域一批龙头企业纷纷上市，资本市场助力打造具有国际竞争力的现代物流企业。

（四）物流设施网络布局力度加大

2021年，全国物流相关固定资产投资有望超过3.5万亿元，一批重大物流基础设施得到有力支持。国家发展改革委发布“十四五”首批25家国家物流枢纽建设名单，目前全国已经布局建设国家物流枢纽增至70个。以承载城市为战略支点，健全国家物流枢纽网络，重在整合存量物流设施，补齐设施短板，联动交通基础设施，促进枢纽互联成网，加快编织“通道+枢纽+网络”的物流运行体系，打造区域物流产业集聚区，为区域经济转型升级创造低物流成本的投资环境。国家发展改革委印发《国家骨干冷链物流基地建设实施方案》，提出到2025年，布局建设100个左右国家骨干冷链物流基地，推动建成三级冷链物流节点设施网络。第三批示范物流园区名单发布，加强园区互联互通、联动发展。第二批多式联运示范工程通过项目验收，加快货运枢纽布局建设。

（五）国际物流呈现供需两旺

2021年，中国出口集装箱运价综合指数迈入3300点大关，“一舱难求”阶段性好转，持续影响国际供应链稳定。国际物流增长较快，全年中欧班列开行约1.5万列，同比增长22%，开行国际货运航班7.4万班，同比增长25.8%，完成国际航线货邮运输量241.5万吨、国际及港澳台快递19.3亿件，同比分别增长20.2%、17.4%。西部陆海新通道班列突破6000列，中老铁路国际货物列车开行，区域物流条件改善彰显开放新优势。受内需转变影响，进口物流下行压力趋升。2021年进口物流量由上年的增长8.9%转为下降1.0%。特别是下半年以来由增转降，主要是因为大宗进口量有所趋缓。高新技术产品进口量仍然保持较快增长，有力支撑产业结构调整。

（六）科技创新引领作用深化提升

2021年，习近平总书记提出要大力发展智慧交通和智慧物流，由此物流行业数字化转型提速。截至年底，全国共有 1968 家网络货运企业，整合社会零散运力 360 万辆，全年完成运单量近 7000 万单，平台经济焕发新动力。物联网、云计算、大数据、人工智能、区块链等新一代信息技术与传统物流融合。无接触配送机器人投入疫区生活物资保障，自动驾驶卡车在港口、矿山等物流场景加快商业化落地，全国第一条常态化大型货运无人机专用航线开通，数字物流仓库大幅提升周转效率，海运行业“全球航运商业网络（GSBN）”区块链联盟正式运营，科技创新对物流产业升级的引领带动作用持续增强。

（七）绿色低碳物流影响程度加深

2021 年，我国新能源物流车累计销量超过 11 万辆，较上年翻番。2020 年《国务院办公厅关于印发新能源汽车产业发展规划（2021—2035 年）的通知》发布，要求重点区域新增或更新物流配送等车辆中新能源比例不低于 80%。首批 16 个绿色货运配送示范城市名单发布，各地大力出台新能源和清洁能源物流车便利通行政策，带动城配新能源物流车购销两旺。2021 年《国务院关于印发 2030 年前碳达峰行动方案的通知》发布，交通运输绿色低碳行动纳入“碳达峰十大行动”之一。重型柴油货车国六排放标准正式实施，新能源汽车换电模式应用试点启动，氢能产业示范区带动燃料电池车辆商业场景打造，光伏产业推广利用仓库屋顶太阳能发电获得支持，绿色低碳倒逼产业转型升级。

（八）物流营商环境持续优化改善

2021 年，中国物流与采购联合会发布《2021 年物流企业营商环境调查报告》，超七成企业肯定物流领域审批许可等政务环境的改善。2022 年《国家发展改革委关于印发〈“十四五”现代流通体系建设规划〉的通知》正式发布，现代物流体系成为两大支撑之一，助力构建现代流通网络，更好服务双循环新发展格局。《“十四五”冷链物流发展规划》以及商贸物流、数字经济等多项“十四五”专项规划从各自领域对现代物流进行战略部署，现代物流产业地位再上新台阶。国家出台的减税降费、规范执法、便利通行、金融信贷、纾困帮扶等多项政策措施惠及物流业，持续激发和保护市场主体活力。多部门出台文件，多措并举切实维护快递员、货车司机等从业人员合法权益。

（九）行业基础工作支撑高质量发展

2021 年，中共中央、国务院印发了《国家标准化发展纲要》，重点提到要加强现代物流等服务领域标准化。由中物联组织起草的我国首个食品冷链物流领域强制性国家标准《食品安全国家标准 食品冷链物流卫生规范（GB 31605—2020）》正式实施，对于规范冷链物流服务质量具有重要作用。中物联推动国家“1 + X”证书制度试点工作，全年共完成“1 + X”证书考核近 3 万人，累计考核人数超过 9 万人，参与试点的院校 705 所。教育部开展高校一流物流专业建设、物流专业新文科建设试点。目前，全国已有 700 个本科物流类专业点、1300 多个高职物流类专业点和 560 多个中职物流类专业点。中物联科学技术奖自 2002 年科技部批准以来，评出获奖成果上千项。中物联设立课题研究计划，重大重点课题引导行业研究方向。物流领域产学研结合工作大力推进，产学研基地发挥重要作用，在科技攻关、专利转化、人员培养等方面取得积极成效。

四、当前我国物流业发展面临的形势

当前，我国物流运行面临的国内国际形势较为严峻，对现代物流体系建设带来一定挑战，但也存在重大机遇。需要我们从战略层面积极谋划、妥善应对，开辟一条现代物流高质量发展的道路。

（一）全球产业链供应链调整风险加剧

新冠肺炎疫情对全球产业链供应链的影响持续分化。我国凭借有效的疫情防控措施，较快恢复生产，产业链供应链韧性增强，货物进出口总额再创历史新高。但是国际航运运力紧张、电力能源供应不足等问题加剧了供应链的不确定性。随着国外新冠肺炎疫情态势逐步转变，全球供应链呈现区域化、本土化、多元化趋势，部分生产需求将加快回流和转移，这对未来一段时间适应全球供应链、调整风险、提升现代物流韧性和灵活性提出了挑战。同时，随着中欧班列常态化开行，陆海新通道、中老铁路等国际大通道陆续开辟，“一带一路”国际经贸走廊承接产能转移，有助于维护区域供应链稳定。《区域全面经济伙伴关系协定》（RCEP）正式生效，带来供应链区域合作机会，都对现代物流跟随产业链“走出去”带来新的机遇。

（二）要素成本价格上涨压力持续加大

2020 年下半年以来，国际大宗商品价格持续上涨。到 2021 年下半年，国内电力、煤炭、成品油等领域出现了阶段性供应紧张。全年成品油价调整出现“15 次上涨、6 次下跌、4 次搁浅”的局面，柴油累计每吨上涨超过 1400 元，物流企业不堪重负。国家大力推动中小企业普惠金融，但是企业获得感不足。主要原因是物流企业存在大量保证金和运费账期，账期普遍在 3 个月以上，由于缺乏征信数据和确权手段，无法获得信贷支持，导致资金成本升高。此外，物流用人难用人贵、用地难用地贵问题日益突出。中国物流与采购联合会发布的《2021 年货车司机从业状况调查报告》显示，35

岁以下司机占比为25.5%，较2016年调查明显减少，司机“招聘难”成为普遍现象。部分城市规定市区内不再新批物流用地，城市配送中心远离城市大幅推高配送成本。2021年社会物流总费用16.7万亿元，同比增长12.5%，运输费用、仓储费用、配送费用等上涨幅度较大，单纯依靠要素降本空间日益收窄。

（三）产业迈向价值链中高端存在瓶颈

随着外部形势变化和经营成本上涨，倒逼企业向价值链中高端迈进。产业升级提速对产业链供应链现代化提出更高要求。2021年7月商务部、中物联等8单位确定了第一批10个全国供应链创新与应用示范城市和94家示范企业，各地积极制定并实施“链长制”方案，优质企业牵头制造业强链补链行动，重在推动经济循环流转和产业关联畅通，维护产业链供应链安全稳定。但是，我国物流配套能力低端化成为重要制约瓶颈。物流业作为重要的生产性服务业，长期处于微利经营状态，主要是服务功能单一、专业化水平低。物流业与制造业之间更多是简单的供需关系，产业融合成熟度不够。国家发展改革委等部门推进物流业制造业深度融合创新发展，激发制造业释放服务需求，带动物流业效率提升效益增加，促进物流业以专业服务助力制造业价值链攀升，有望实现产业链供应链整体跃迁。

（四）实施扩大内需战略物流短板凸显

我国具有超大规模市场的优势，扩大内需战略正在成为战略基点。2021年，内需对经济增长的贡献率达79.1%，是我国经济增长的第一拉动力。我国人均GDP超过1.2万美元，与高收入国家差距进一步缩小。我国城镇化率超过60%，对内需有很大的拉动力。城乡居民收入差距继续缩小，乡村振兴带动城乡区域协调发展。新一轮扩大内需战略重在围绕做大做强国内市场，把满足国内需求作为出发点，加快构建完整的内需体系，着力打通生产、分配、流通、消费各个环节，增强经济内生动力，这对与内需相适应的物流基础设施和服务能力都提出了更高要求。当前，城市物流普遍面临限行限地问题，特别是城市末端网点短缺，不适应高时效高频次的消费物流需求。区域物流枢纽承载条件不够，不适应标准化大批量的中转物流需求。物流服务交付能力不足，不适应一体化集成式产业物流需求。多层级物流基础设施布局、高标准物流交付能力仍是制约内需扩大的重要短板。

（五）数字经济成为经济发展的新动能

习近平总书记提出，数字经济正在成为重组全球要素资源、重塑全球经济结构、改变全球竞争格局的关键力量，发展数字经济是把握新一轮科技革命和产业变革新机遇的战略选择。数字经济是继农业经济、工业经济之后的主要经济形态，随着新一代信息技术与传统产业融合程度加深，产业边界正在消融，新兴业态的场景革命正在兴起，开放、共享、协同、去中心等特征使资源配置效率更高、市场响应速度更短，将从根本上改变整个产业生态体系，对企业转型升级带来更多机遇。《国务院关于印发“十四五”数字经济发展规划的通知》明确提出，大力发展智慧物流，涉及物流新基建、新技术、新模式、新业态等。但是，在转型过程中也出现了资本无序扩张、不正当竞争、行业垄断和权益保障等问题。中小企业仍然面临数字化鸿沟，存在“不敢转”“不会转”“不能转”等问题。数字化政务等公共服务还存在短板，数据治理、平台治理能力还有待提升，制约了智慧物流健康发展。

（六）碳达峰、碳中和带来绿色转型机遇

习近平总书记强调，实现碳达峰、碳中和是一场广泛而深刻的经济社会系统性变革，要把碳达峰、碳中和纳入生态文明建设整体布局。目前，全球有 140 多个国家以各种形式提出了碳中和承诺，这意味着未来发展范式将发生深刻转变。过去传统的“先发展、后治理模式”被低碳发展模式取代。但是，这也是一项复杂工程和长期任务，不可能毕其功于一役。目前，一些地方出现了“碳冲锋”“一刀切”“运动式减碳”等问题，特别是对于国四、国五排放车辆限行区域越来越大，甚至限制柴油货车进入工矿厂区，将长期目标短期化，影响了地区经济运转和民生保障。对于传统物流业来说，绿色转型是否会增加物流成本，需要统筹考虑外部成本、隐性成本、机会成本等，这也将带动物流相关领域碳排放核算监测和评价体系发育。随着全国碳排放交易市场上线，交通运输绿色低碳行动开展，对物流企业绿色转型的自主变革带来重大机遇。

第二节　中国汽车物流发展的产业环境分析

一、中国汽车产业总体发展概况

（一）中国汽车产业总体产销情况

2021 年，中国汽车产业蓬勃发展，汽车产销量结束了自 2018 年以来连续三年下降的局面，为我国工业经济持续恢复发展、稳定宏观经济增长贡献了重要力量。随着国内新冠肺炎疫情防控常态化发展，我国宏观经济持续恢复，汽车产业也稳步恢复。虽

然全年仍有原材料供给如汽车芯片短缺等问题的困扰，但我国汽车产业顶住压力，喜迎汽车产销同比增长。

据中国汽车工业协会统计，2021 年，我国汽车产销量分别完成 2608.2 万辆和 2627.5 万辆，同比分别增长 3.4% 和 3.8%，基本恢复至新冠肺炎疫情之前的水平。纵观 2021 年四个季度，我国汽车产业在第一季度总体呈现高速增长；第二季度，汽车供应链开始受芯片短缺影响，汽车产业增速有所放缓；第三季度芯片短缺达到顶峰，汽车产业呈较大幅度下降；第四季度，缺芯状态缓解，汽车供给趋于稳定，汽车产业出现回暖趋势，确保了全年稳中有增的良好发展态势。2017—2021 年我国汽车年产销量及增长率如图 1－9 所示。

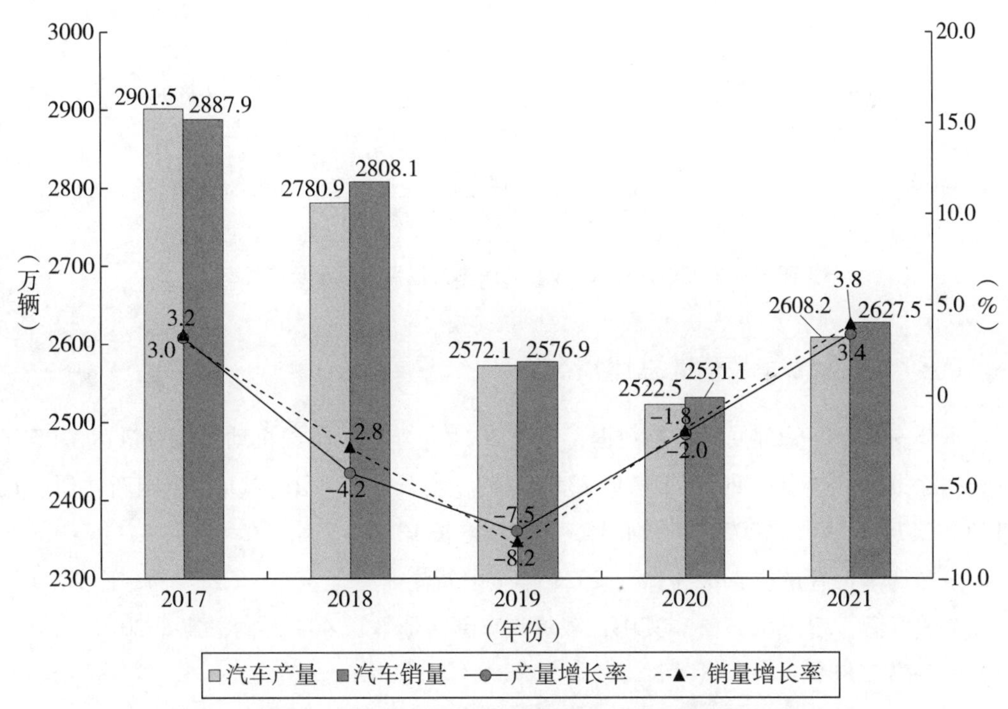

图 1－9　2017—2021 年我国汽车年产销量及增长率

资料来源：中国汽车工业协会

目前，中国汽车市场产销已处于短期调整的尾声，未来将保持温和增长的态势。从长期发展的角度来看，当前中国汽车市场仍处于普及初期向普及后期过渡阶段，新车销售由增量市场逐步转向存量市场。

2021 年，汽车市场集中度依旧很高，汽车销量排名前十位的企业集团销量合计为 2262.1 万辆，同比增长 1.7%，占汽车销量总量的 86.1%，较 2020 年同期下降了 1.8 个百分点。整体来看，2021 年我国汽车行业市场集中度较高，但行业市场集中度有所下降，说明我国汽车行业品牌竞争日益激烈。

（二）中国汽车市场需求情况

全年销售态势仍旧强劲，根据测算，2021 年国内汽车市场总需求为 2588 万辆，比 2020 年需求略有提升，2017—2021 年我国汽车市场需求总量及增长率如图 1－10 所示。

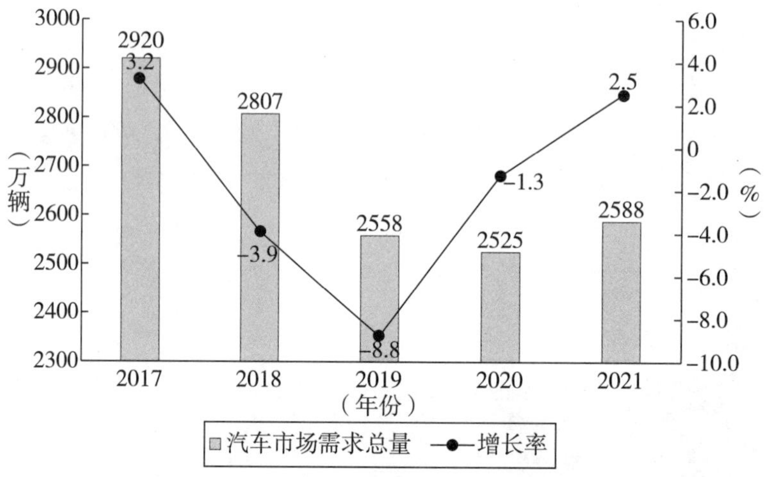

图 1－10　2017—2021 年我国汽车市场需求总量及增长率

（三）中国汽车保有量总体情况

据公安部交通管理局公布的数据，截至 2021 年年底，全国机动车保有量达 3.95 亿辆，扣除报废注销量比 2020 年增加 2350 万辆，增长 6.32%，2021 年全国新注册登记机动车 3674 万辆，比 2020 年增加 346 万辆，增长 10.4%。

全国汽车保有量达 3.02 亿辆。2021 年全国新注册登记汽车 2622 万辆，比 2020 年增加 198 万辆，增长 8.17%。其中，载货汽车新注册登记 404 万辆，比 2020 年减少 12 万辆，下降 2.88%。

截至 2021 年年底，全国新能源汽车保有量达 784 万辆，占汽车总量的 2.60%，扣除报废注销量比 2020 年增加 292 万辆，增长 59.25%。其中，纯电动汽车保有量 640 万辆，占新能源汽车总量的 81.63%。近五年，新注册登记新能源汽车数量从 2017 年的 65 万辆到 2021 年的 295 万辆，呈高速增长态势。2017—2021 年我国汽车保有量情况如图 1－11 所示。

全国有 79 个城市的汽车保有量超过百万辆，同比增加 9 个城市，35 个城市超过 200 万辆，20 个城市超过 300 万辆，其中，北京、成都、重庆超过 500 万辆，苏州、上海、郑州、西安超过 400 万辆，武汉、深圳、东莞、天津、杭州、青岛、广州、宁波、佛山、石家庄、临沂、济南、长沙 13 个城市超过 300 万辆。

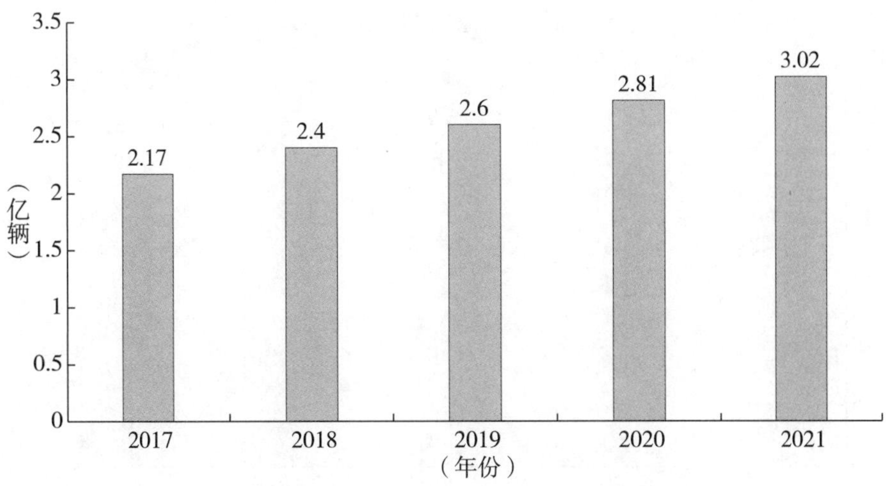

图 1－11　2017—2021 年我国汽车保有量情况

资料来源：公安部交通管理局

（四）中国汽车二手车市场情况

据中国汽车流通协会统计，2021 年，我国二手车交易量为 1758.51 万辆，较 2020 年同期增长 22.61%，参考 2019 年同期数据，二手车交易量较 2019 年同期增长了 17.84%。随着全国各区域二手车流通的壁垒逐步消除，二手车全国自由流通越来越快捷，这一利好因素促使国内二手车交易在过去 10 年异地转移登记比例总体呈上升趋势。2021 年全国二手车异地转移登记比例为 27.3%。

2017—2021 年我国二手车交易量情况如图 1－12 所示。

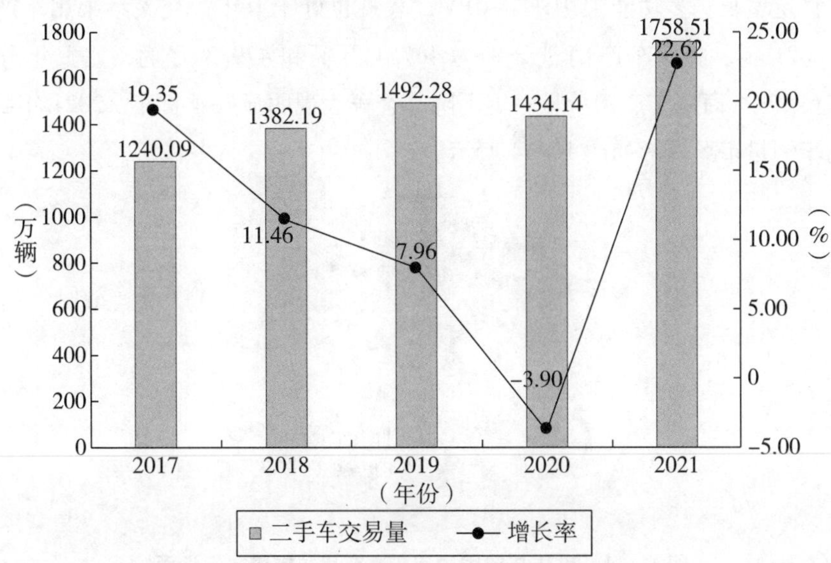

图 1－12　2017—2021 年我国二手车交易量情况

资料来源：中国汽车流通协会

2017—2021 年我国二手车异地转移登记比例如图 1 - 13 所示。

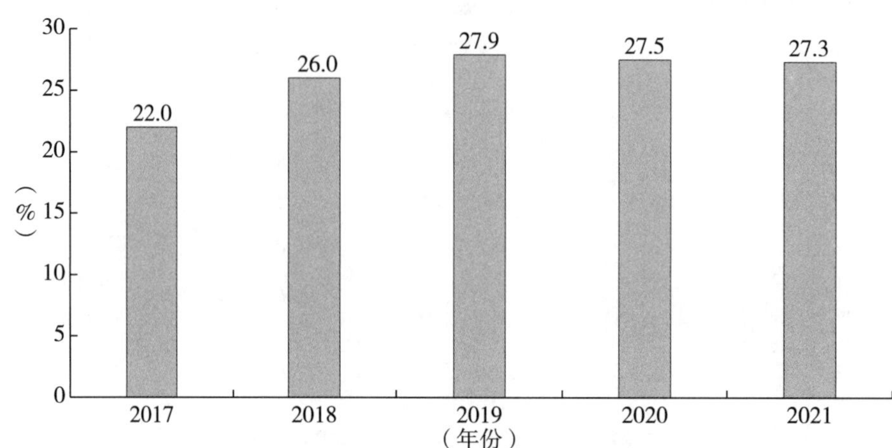

图 1 - 13　2017—2021 年我国二手车异地转移登记比例

资料来源：中国汽车流通协会

二、乘用车与商用车产业发展概况

2021 年，乘用车产销量分别为 2140. 8 万辆和 2148. 2 万辆，比上年分别增长 7. 1% 和 6. 5%，结束了自 2018 年以来连续三年下降趋势。从乘用车细分市场表现情况来看，运动型多用途乘用车（SUV）继上年后产销总量再次超过基本型乘用车（轿车），保持了市场领先地位；基本型乘用车（以下简称轿车）在产品升级以及新能源品种旺销促进下呈现稳定增长；多功能乘用车（MPV）表现也好于上年；交叉型乘用车产销量稳中略增。2021 年，商用车产销量分别为 467. 4 万辆和 479. 3 万辆，比上年分别下降 10. 7% 和 6. 6%。商用车产销量呈一定下降，客车表现明显好于货车。2021 年我国乘用车、商用车销量市场份额如图 1 - 14 所示。

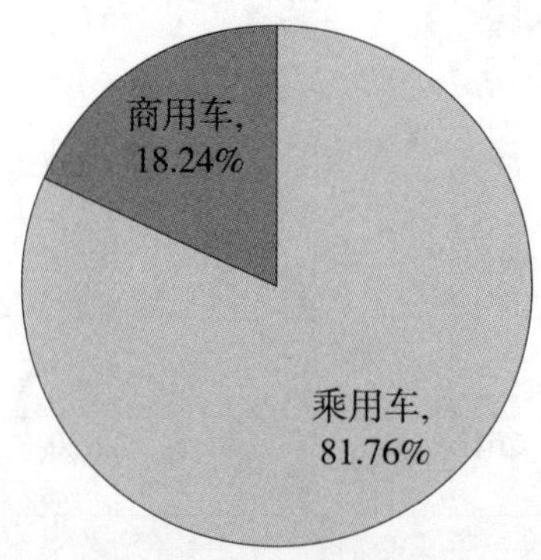

图 1 - 14　2021 年我国乘用车、商用车销量市场份额

资料来源：中国汽车工业协会

（一）中国乘用车产业发展概况

从乘用车四类车型产销情况来看，2021 年，轿车产销量分别达到 990.8 万辆和 993.4 万辆，比上年分别增长 7.8% 和 7.1%；SUV 产销量分别达到 1003 万辆和 1010.1 万辆，比上年分别增长 6.7% 和 6.8%；MPV 市场总体保持了小幅增长，产销量分别达到 107.3 万辆和 105.5 万辆，比上年分别增长 6.1% 和 0.1%；交叉型乘用车产销量分别达到 39.7 万辆和 39.1 万辆，比上年分别增长 0.6% 和 0.8%。2021 年我国乘用车分车型销量占比情况如图 1－15 所示。

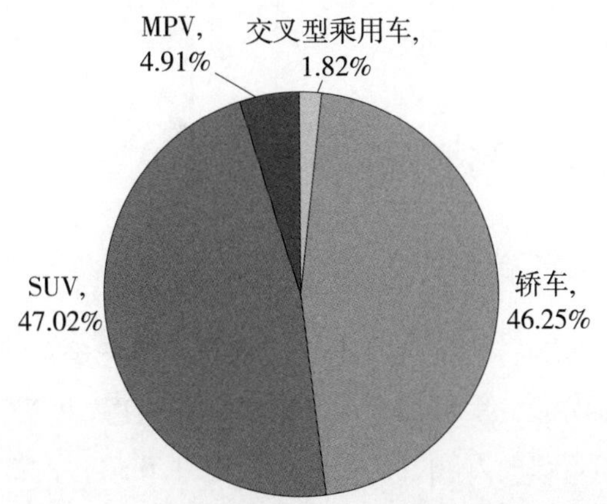

图 1－15　2021 年我国乘用车分车型销量占比情况

资料来源：中国汽车工业协会

2021 年，中国品牌乘用车共销售 954.3 万辆，同比增长 23.1%，占乘用车销售总量的 44.4%，占有率比上年提升 6 个百分点。在主要外国品牌中，与上年相比，法系乘用车销量增速最为明显，美系也呈两位数较快增长，德系、日系和韩系均呈下降趋势，其中，韩系降幅居前。2021 年，中国品牌轿车、SUV 和 MPV 市场占有率分别为 31.7%、52.3% 和 68.3%，与上年相比，中国品牌轿车和 SUV 市场占有率均呈增长，中国品牌 MPV 市场占有率有所下降。2021 年，中国品牌乘用车销量排名前十家的生产企业分别是上汽、吉利、长安、长城、奇瑞、比亚迪、东风、广汽、一汽、江汽，分别销售 212.3 万辆、132.8 万辆、123.3 万辆、104.8 万辆、87.2 万辆、73.5 万辆、51.1 万辆、45.6 万辆、38.1 万辆和 13.6 万辆。

（二）中国商用车产业发展概况

受国内经济恢复性增长带动基建大规模启动、国六标准实施引起国五车提前采购等因素影响，2021 年第一季度商用车市场快速增长，但从 4 月开始，市场透支消费逐步趋弱，增速大幅回落，全年商用车产销量呈一定下降趋势，分别达到 467.4 万辆和 479.3 万辆，比上年分别下降 10.7% 和 6.6%。在商用车主要品种中，与上年相比，货车产销量有所下降，客车表现明显好于货车。

2021 年，货车产销量分别达到 416.6 万辆和 428.8 万辆，比上年分别下降 12.8% 和 8.5%。在货车主要品种中，轻型货车产销量降幅略低，分别下降 6.4% 和 4.0%；中型货车市场表现总体好于其他货车品种，产销量比上年分别下降 21.4% 和 13.8%；重型货车市场需求放缓，产销量比上年分别下降 21.4% 和 13.8%。

在客车主要品种中，大型客车产销量下降较快，中型客车降幅略低，轻型客车呈较快增长趋势。2021 年，客车（含客车非完整车辆）产销分别为 50.8 万辆和 50.5 万辆，比上年分别增长 12.2% 和 12.6%。

三、新能源汽车发展概况

（一）新能源汽车产销情况

2021 年新能源汽车成为行业最大亮点，其市场发展已经从政策驱动转向市场拉动新发展阶段，呈现市场规模、发展质量“双提升”的良好势头，产销规模再创新高，分别达到 354.5 万辆和 352.1 万辆，比上年均增长 1.6 倍，占汽车产销总量的 13.6% 和 13.4%，与上年相比，分别提升 8.2 个和 8.0 个百分点。分车型看，纯电动汽车产销分别完成 294.2 万辆和 291.6 万辆，同比分别增长 1.7 倍和 1.6 倍；插电式混合动力汽车产销分别完成 60.1 万辆和 60.3 万辆，同比分别增长 1.3 倍和 1.4 倍；燃料电池汽车产销均完成 0.2 万辆，同比分别增长 48.7% 和 35.0%。2017—2021 年我国新能源汽车年销量情况如图 1 – 16 所示。

其中，2021 年新能源车乘用车零售销量 298.9 万辆，同比增长 169%，从 2021 年各月份的销量来看，新能源汽车销量增长的势头十分强劲，全年各月份的增长水平都是 2020 年同期的一倍以上。2021 年全年新能源乘用车企业销量前十排名依次为比亚迪汽车、上汽通用五菱、特斯拉中国、长城汽车、广汽埃安、上汽乘用车、小鹏汽车、奇瑞汽车、蔚来汽车、理想汽车。2021 年新能源乘用车企业 TOP 10 销量情况如表 1 – 6 所示。

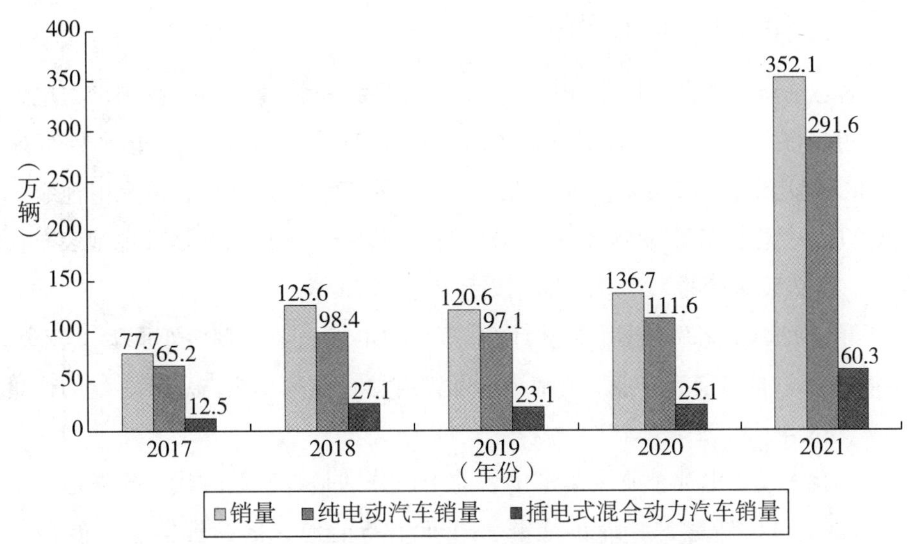

图 1－16　2017—2021 年我国新能源汽车年销量情况

表 1－6　　　　2021 年新能源乘用车企业 TOP 10 销量情况

序号	企业	销量（辆）
1	比亚迪汽车	584020
2	上汽通用五菱	431130
3	特斯拉中国	320743
4	长城汽车	133997
5	广汽埃安	120155
6	上汽乘用车	110065
7	小鹏汽车	98155
8	奇瑞汽车	97625
9	蔚来汽车	91429
10	理想汽车	90491

目前国家对新能源物流车的政策支持力度非常大。据不完全统计，2021 年全国已经有 46 个城市推出了新能源物流车的优先路权政策，助推新能源物流车发展。2021 年全年，我国新能源物流车销量为 13. 12 万辆，约为 2020 年总销量 58045 辆的 2. 26 倍。从各类车型销售看，微面销量最多，达 74186 辆，占比为 57%，轻卡销售 20121 辆，占比为 15%。

（二）我国动力电池发展情况

动力电池是新能源汽车核心部件，随着新能源汽车快速发展，我国动力电池产业发展也取得了长足进步，整体处于全球前列。2021 年，我国动力电池装车量累计 154.5GWh，同比增长 142.8%，占全球总装车量的 52.1%。其中，三元电池装车量累计 74.3GWh，占总装车量的 48.1%，同比累计增长 91.3%；磷酸铁锂电池装车量累计 79.8GWh，占总装车量的 51.7%，同比累计增长 227.4%。

2021 年，我国新能源汽车市场共计 58 家动力电池企业实现装车配套，较 2020 年同期减少 13 家，排名前三、前五、前十的动力电池企业装车量占总装车量的比重分别为 74.2%、83.4% 和 92.3%。

2021 年我国动力电池企业装车量排名前十位分别是：宁德时代、比亚迪、中创新航、国轩高科、LG 新能源、蜂巢能源、塔菲尔新能源、亿纬锂能、孚能科技、欣旺达。

四、中国汽车产业进出口发展现状

（一）汽车整车进口情况

据海关总署统计，2021 年 1—12 月中国汽车（包括底盘）进口数量为 93.9 万辆，进口金额为 3489.1 亿美元，同比增长 7.6%。

2017—2021 年我国汽车进口情况如图 1-17 所示。

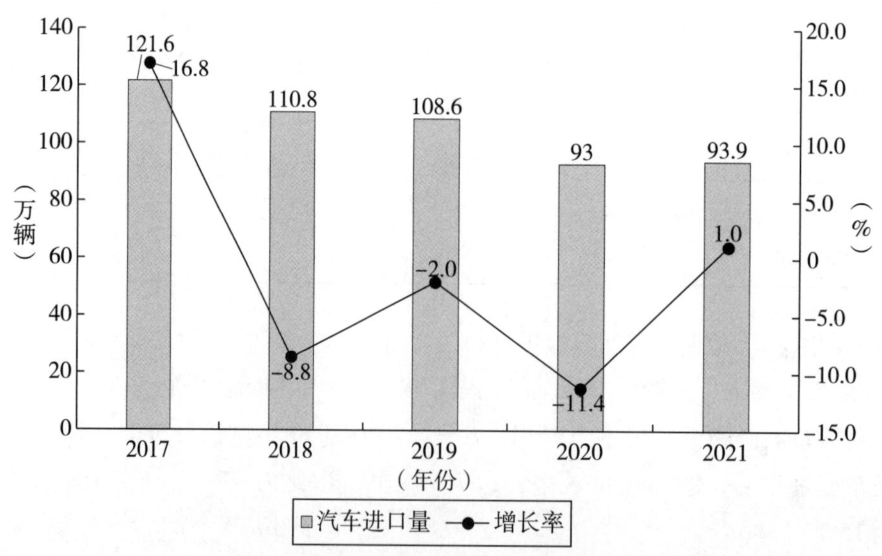

图 1-17　2017—2021 年我国汽车进口情况

（二）汽车整车出口情况

据海关总署统计，2021 年我国汽车出口大增。1—12 月累计出口汽车 201.5 万辆，比上年增长 104.6%。其中，乘用车出口 161.4 万辆，同比增长 1.1%；商用车出口 40.2 万辆，同比增长 70.7%。2017—2021 年我国汽车出口情况如图 1－18 所示。

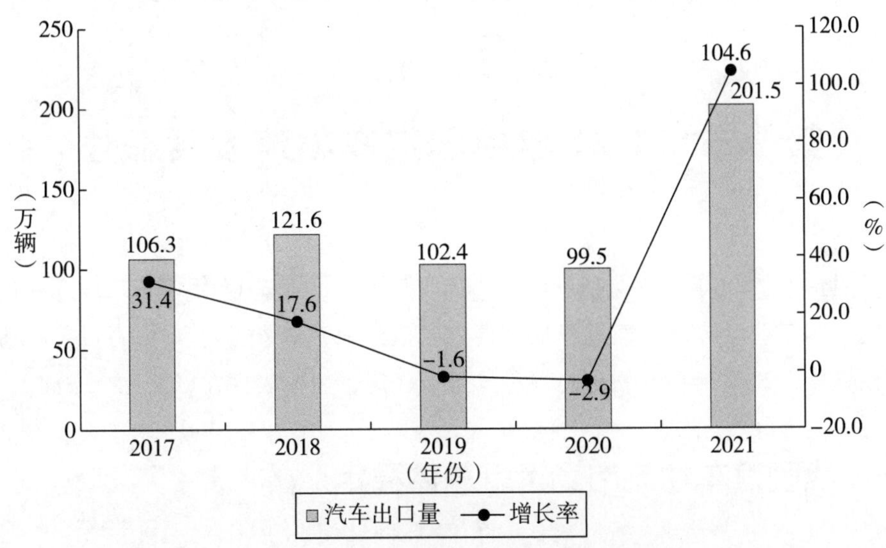

图 1－18　2017—2021 年我国汽车出口情况

第二章　中国汽车物流发展趋势分析

第一节　2021 年中国汽车物流发展概述

2021 年，中国汽车产业蓬勃发展，汽车产销结束了自 2018 年以来连续三年的下降局面，为我国工业经济持续恢复发展、稳定宏观经济增长贡献了重要力量。随着汽车市场逐渐恢复，2021 年汽车物流行业整体运行稳定，主要表现在以下几个方面。

一、我国汽车物流市场运行总体稳定

随着国内新冠肺炎疫情防控常态化发展，我国宏观经济持续恢复，汽车产业也稳步恢复。虽然仍有原材料供给（如汽车芯片短缺）等问题的困扰，但我国汽车产业顶住压力，产销稳步增长，基本恢复至新冠肺炎疫情之前的水平。纵观 2021 年四个季度，我国汽车产业在第一季度总体呈现高速增长态势；第二季度，汽车供应链开始受芯片短缺影响，汽车产业增速有所放缓；第三季度芯片短缺达到顶峰，汽车产业呈较大幅度下降；第四季度，缺芯状态缓解，汽车供给趋于稳定，汽车产业出现回暖趋势，确保了全年稳中有增的良好发展态势。目前，中国汽车市场产销已处于短期调整的尾声，未来将保持温和增长的态势。从长期发展角度来看，当前中国汽车市场仍处于普及初期向普及后期过渡阶段，新车销售由增量市场逐步转向存量市场。作为汽车产业的重要支撑，受汽车市场稳步恢复的积极影响，2021 年我国汽车物流市场运行总体稳定。

乘用车市场呈现消费升级趋势。目前，我国乘用车市场已经进入存量市场竞争时代，靠低端市场、低价位赢得消费者的模式将逐渐弱化，汽车物流企业需要提高配套物流服务质量，提升客户满意度，以适应汽车消费升级的新趋势。尤其是新能源汽车市场，近年来我国新能源汽车发展迅猛，已经从政策驱动转向市场拉动的新发展阶段，呈现出市场规模、发展质量双提升的良好发展局面，成为经济社会发展的新动能之一，为“十四五”汽车产业高质量发展打下了坚实的基础。

商用车方面，受国六排放标准切换、“蓝牌轻卡”政策预期带来的消费观望等因素影响，商用车市场下行压力加剧。回顾全年，商用车上半年表现明显好于下半年。其中第一季度由于同期基数较低，产销呈现大幅增长，第二季度销量开始同比下降，到下半年下降趋势则更为明显。支撑商用车增长的政策红利效用已逐步减弱，商用车市场将进入调整期。

随着全国各区域二手车流通的壁垒逐步消除，二手车全国自由流通越来越快捷，这一利好因素促使国内二手车交易在过去10年异地转移登记比例呈逐年上升趋势。我国二手车交易规模逐年增长，但在发达国家，二手车交易量是新车交易量的2倍左右，与之相比，我国二手车市场还有很大的发展空间。随着二手车增值税减税政策落地与全面取消二手车限迁政策的逐步落实，二手车市场流通活力逐步被激发，向规模化、规范化发展，为汽车物流提供了更大的发展机遇。

二、整车物流运输结构优化，综合服务能力提升

近年来，我国整车运输结构持续优化，公铁水路运输各自发挥其优势，逐渐形成高效节能的汽车整车综合运输网络。2021年，汽车整车铁路发运共计628万辆，占乘用车市场运输量的30%左右。汽车整车滚装运输量322万辆，占乘用车市场运输量的15%左右。其中，沿海滚装219万辆，长江滚装103万辆。公路运输主要集中在短途支线运输，其在干线运输的份额逐渐缩减，且平均运距进一步缩短。2017—2021年我国汽车整车铁路、水路运输量如图2－1所示。

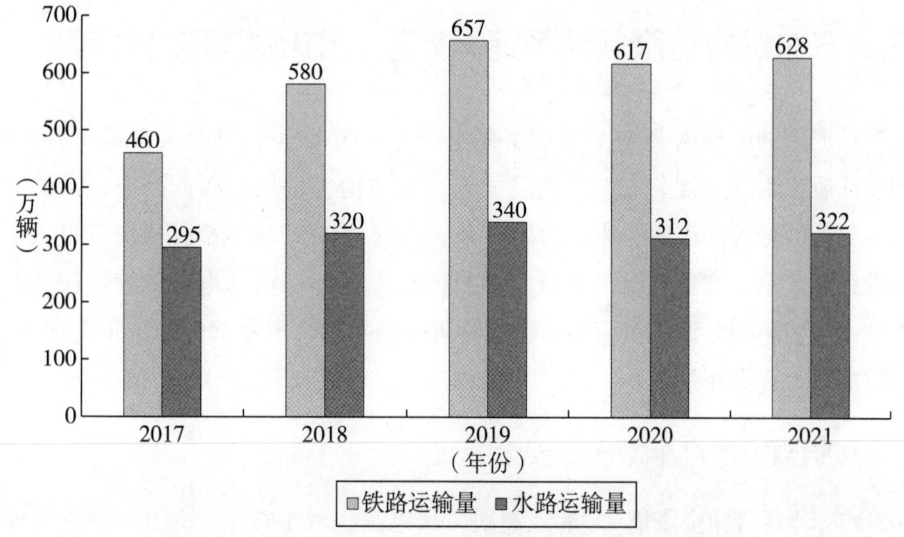

图2－1　2017—2021年我国汽车整车铁路、水路运输量

截至2021年年底，作为我国整车铁路运输的主要承担者，中铁特货物流股份有限公司在全国拥有140余个商品汽车装卸作业点，42个物流基地，总面积219万平方米。目前拥有JSQ5、JSQ6、JSQ7、JSQ8、JNA1等车型，各车型保有量近2万辆，能够匹配各类商品汽车运输需求，年运输能力达700万台以上。水运方面，截至2021年年底，我国江海滚装船共计91艘，其中，江船58艘，海船33艘，无在建工程订单，在役船舶总计13.63万额定车位。其中，2021年新增4艘海船下水，1艘海船滚装船拆解退出市场。此外，2021年远洋滚装船在役船舶4艘，总计1.84万额定车位，另有2艘在建工程（1.52万额定车位）。随着铁水运输装备数量的逐年增长，我国铁水运能持续扩大，这也将进一步推动整车物流综合运输体系的快速发展。

随着我国汽车行业由高速增长期逐渐向成熟期过渡，汽车产业将进入存量时代。国内依靠“低价竞争”占有市场的汽车品牌影响力陆续减弱，其他品牌则会借此机会加速发展，扩大市场占有率和影响力。在存量市场中，由于用户在购买汽车时花费多、期待高，自然会在交付时效等方面有更高的要求。面对客户的高要求与企业的成本压力，长安民生物流创新提出“干线 + VTC（Vehicle Terminal Center，车辆终端中心）”物流模式。前段干线与末端城市配送分离，各尽其责，前段干线对流效率提升，末端城市配送专注提升客户交付体验。VTC是提升汽车整车物流“最后一公里”交付质量的重要方式之一。另外，与传统汽车产业的商业模式不同，以“造车新势力”为代表的“汽车新零售”模式的出现，省略了汽车经销商环节，采取线下体验和网上直营模式，对汽车整车物流的运输效率、仓配协同、用户体验等综合服务能力提出了更高的要求。

三、汽车供应链服务体系逐渐完善，市场发展前景广阔

汽车是典型的劳动密集型及离散型制造产业。劳动密集型意味着对人力需求大，离散型意味着工种多且复杂。汽车供应链无论从结构还是规模两方面来说都是综合程度最高、复杂性最大的供应链体系。2021年，我国共有12家零部件供应商进入全球零部件百强企业名单，产业规模扩大带动了我国汽车零部件物流市场持续增长。但受全球新冠肺炎疫情影响，汽车供应链面临断链风险，我国汽车零部件物流企业顶住压力，努力保障汽车行业有序生产。

（一）积极维护汽车供应链安全稳定

2021年，“新冠肺炎疫情”“芯片短缺”始终困扰汽车行业。尤其是缺乏关键零部件对于汽车供应链的稳定性产生了极大的影响。以比亚迪IGBT芯片为首，多家车企纷

纷推进自主研发，投资汽车芯片。而汽车零部件物流企业通过提前预判风险、调整安全库存、优化物流模式等多重手段，运用新技术、新模式提升自身服务能力，有效地避免了供应链被中断，维护汽车供应链的安全与稳定。

（二）创新物流装备技术助力汽车零部件物流转型升级

伴随新一轮科技革命和产业变革的深入推进，以电动化、网联化、智能化、共享化为代表的“汽车新四化”正在重塑汽车产业格局。产业升级带来了供应链变化，汽车零部件物流面临新机遇与挑战，其服务转型升级迫在眉睫。以5G、AI、大数据、云计算等技术为代表的数字技术，通过物流机器人、无人机、无人驾驶卡车、无人仓等应用在汽车零部件物流场景中。越来越多的物流企业注重新技术新装备的应用：一汽富晟大众物流专门建立了智能装备实验室，研究创新技术的应用落地；蚂蚁物流集合众多物流前沿技术，实现厂区零部件智运输、智搬运、智配送、智盘点。创新物流装备技术为汽车零部件物流转型升级持续提供新动能。

（三）汽车售后服务备件物流前景广阔

据公安部统计，2021年我国机动车保有量达3.95亿辆，其中，汽车为3.02亿辆。我国已成为全球汽车保有量最大的国家。巨大的汽车存量市场对售后服务备件物流也提出了更高的要求。售后服务备件物流有品种多、批量小、频次高、响应快速等特点，近年来行业企业通过优化供货模式、提升规模效应、应用自动化设备等方式降低售后服务备件物流成本，提高物流效率。

（四）打造汽车供应链服务体系

近年来，汽车零部件物流企业逐步向汽车供应链下游发展，延伸到汽车后市场服务领域中，从提供单一环节、单一模式的物流服务转变为可提供全流程解决方案的物流服务商。随着行业企业服务的转型升级，在打造全方位、多功能、高质量的汽车供应链服务体系中，汽车零部件物流发挥了更好的支撑作用。

四、拓展海外汽车市场，提升国际物流服务能力

目前，中国产业复工复产与全球相比快速、稳定，由完整汽车产业链带来的供给优势在海外新冠肺炎疫情影响下被进一步放大。

（一）中国车企走出去，海外市场大幅提升

2021年我国汽车出口首次超过200万辆，实现了多年来一直徘徊在100万辆左右

的突破，也预示着中国车企即将真正意义上叩开海外市场的大门。值得一提的是，随着全球新能源汽车市场快速扩张，中国新能源汽车出口迎来新机遇。为实现减碳排目标，欧洲多国政府加大对新能源汽车的补贴力度，中国产品也得到了欧洲消费者的认可，海外新能源汽车市场得到快速发展。2021 年，我国新能源汽车出口量同比增长 3 倍之多。这也对中国汽车物流快速提升国际服务能力提出了更高的要求。

（二）提升汽车进出口物流能力

新冠肺炎疫情全球蔓延，传统海运受到了极大限制，国际航运船期少、运费走高，“一舱难求”“一箱难求”现象在 2021 年屡见不鲜，持续影响国际供应链稳定。而以“中欧班列”为代表的铁路运输凭借稳定班期，高效运输、少人操作、较低成本等特点在国际物流中发挥了重要作用。据国铁集团数据显示，全年中欧班列开行约 1.5 万列，同比增长 22%。截至 2022 年 1 月 29 日，中欧班列累计开行突破 5 万列、运送货物超 455 万标准箱、货值达 2400 亿美元，通达欧洲 23 个国家 180 个城市。广汽传祺汽车在 2021 年 9 月搭乘中欧班列，由广东石龙铁路国际物流中心开往俄罗斯沃尔斯诺站，实现了广东本土车企首次通过中欧班列出口整车到“一带一路”沿线国家，且在途运输时间比海运节省了 15 天。中欧班列已逐渐成为中国与欧洲腹地国家经贸联系的重要纽带和中欧贸易的运输主干线。12 月 3 日，全长 1035 公里的中老铁路正式建成，将在中老贸易便利化方面发挥重要作用。另外，老挝作为 RCEP 成员国，中老铁路还将推动 RCEP 成员国在贸易往来中实现利益最大化。“中欧班列”和“中老国际班列”运行的进一步优化和常态化，不仅可使更多汽车相关企业借助跨境班列通道实现货物的国际贸易，更有助于实现我国优势产能的对外转移，进一步扩大国内车业在海外的影响力。

（三）增强汽车物流国际服务能力

近几年，中国车企逐渐打开海外局面。2021 年，上汽集团海外销售 69.7 万辆，同比增长 78.9%，其在海外已拥有欧洲、澳新、美洲、中东、东盟、南亚六个“5 万辆级”市场；长城汽车海外出口量达 14.3 万辆，同比增长 103.7%，2021 年 6 月长城泰国罗勇工厂正式投产，成为继俄罗斯图拉工厂后的第二家海外工厂；吉利汽车 2021 年累计出口量达到 11.5 万辆，同比增长 58%，其业务遍布全球 28 个国家，海外销售和售后网点达到 227 家，未来吉利将重点布局东欧、中东、东南亚、非洲、南美等地区，进军欧洲、亚太新能源市场；东风汽车出口增速加快，2021 年全年出口 14.4 万辆，增速为 141%。作为汽车产业的配套服务行业，汽车物流企业正在加快脚步，积极提升自身国际物流服务能力。如安吉物流不断加强国际航线运力建设和海外落地布局，已经拥有 6 条专注海外业务的滚装船，可覆盖 100 多个海外城市，为客户提供汽车物流跨境一体化解决方案；长久物流收购波兰汽车物流企业 ADAMPOL S. A 的 30.00% 股权，为国产汽车品牌走出国门提供配套物流服务支撑。2021 年 9 月，为保障中国汽车和全球汽车供应链安全稳定与物流的高效运行，上汽安吉物流、长久物流、一汽物流等 14 家国内汽车物流行业领军企业与相关行业协会，共同签署了“中国汽车国际物流和供应链联合倡议”，持续提升我国汽车物流全球影响力。

五、企业整合持续推进，行业合作不断推陈出新

近年来，汽车物流行业企业发展迅速，规模持续扩大，行业集中度进一步提升。2021 年共有 6 家企业入选“2021 年度中国物流企业 50 强”，还有多家企业获评“5A”级物流企业，涌现一批行业领军企业，行业内良好的竞争格局已经形成。在良好竞争的基础上，汽车物流行业各领域龙头企业加快重组和上市步伐，行业企业整合持续推进，行业合作不断推陈出新。2021 年，中铁特货物流股份有限公司、三羊马（重庆）物流股份有限公司、西上海汽车服务股份有限公司相继上市。其中，作为国铁集团旗下重要的专业物流服务供应商，中铁特货成功上市是铁路市场化改革取得的重要成果，将有利于其扩大商品汽车运输网络整体布局，提升运输能力和服务品质，提高企业经营质量和效益。除内部整合优化外，2021 年，行业内企业也在积极开拓外部合作，如上汽安吉物流与中远海运特运合作，共同出资成立合资汽车滚装公司；上汽安吉物流与中远海运货运就组建汽车零部件国际供应链业务达成合作意向；长安民生物流与一汽物流成立合资公司长享科技，共同搭建我国汽车物流“最后一公里”仓储及配送服务平台；广汽商贸与招商轮船合资企业招商滚装订造的两艘 3800 车位汽车滚装船“唐鸿”轮与“茂鸿”轮交付投入使用；一汽物流、东风物流、重庆长安民生、上汽安吉物流、广汽商贸、蚂蚁物流、中都物流 7 家企业发起“V7 + 大对流战略合作倡议”，在整车物流领域共享行业先进技术及经验，资源整合助力降本增效，促进行业绿色低碳可持续发展等方面达成共识，书写新时代物流行业合作发展新篇章。通过企业间的深入合作，延伸了企业服务链条，提升了企业服务能力，最终达到互利共赢的局面。

六、汽车物流标准体系不断完善，推动汽车物流健康发展

2021 年，汽车物流行业标准工作持续推进，《汽车成套零部件出口包装质量检测规范（WB/T 1110—2021）》《汽车零部件托盘包装的打包要求（WB/T 1111—2021）》《汽车制造零部件物流标签规范（WB/T 1112—2021）》三项行业标准正式发布并实施。《电动汽车动力蓄电池物流服务规范》《汽车零部件入厂物流质损判定及处理规范》两

项行业标准已经完成征求意见，即将召开标准审查会。另外，由于《乘用车公路运输栓紧带式固定技术要求（GB/T 31083—2014）》《汽车零部件物流塑料周转箱尺寸系列及技术要求（GB/T 31150—2014）》《汽车整车物流质损风险监控要求（GB/T 31151—2014）》《汽车物流术语（GB/T 31152—2014）》《商用车运输服务规范（WB/T 1032—2006）》《商用车背车装载技术要求（WB/T 1057—2015）》发布时间较久，按照国家发展改革委《关于对开展物流行业标准复审工作的复函》的相关规定，2021 年对以上标准进行了标准实施情况评估和复审，认为标准在内容制定方面科学合理，具有较强的实用价值。在当下行业运行中，由于标准内容没有明确的不适用性，后期按继续有效执行。行业标准的持续完善，有利于推动汽车物流行业健康有序发展。

第二节　中国汽车物流发展趋势分析

2022 年是全面实施“十四五”规划的关键期，也是我国汽车物流业发展的机遇期，挑战与发展并存。从外部环境来看，受新冠肺炎疫情蔓延和国际形势不稳定等诸多方面因素的影响，外部环境更趋复杂严峻和不确定。从内部环境来看，我国经济发展面临需求收缩、供给冲击、预期转弱三重压力。但我国宏观经济稳定恢复、长期向好的局面不会改变。在国内疫情防控持续向好、芯片供应逐渐恢复、海外需求旺盛等多方利好因素的加持下，我国汽车物流行业将持续向高质量发展方向不断迈进。

一、继续挖掘汽车存量市场物流需求

近年来，通过增量市场带来的汽车物流业务增长出现明显下滑，虽然 2021 年汽车产销量结束了三年以来的连续下降，但越来越多的企业已经开始探索未来发展新方向，从新车市场逐步向存量市场物流需求转移。在存量市场中，汽车后市场、二手车、汽车租赁等物流需求逐渐引起关注，汽车物流服务广度、深度不断升级，存量市场物流价值被进一步挖掘。

二、新能源汽车供应链服务升级

从“十三五”时期开始，我国新能源汽车产业快速发展，其产销自 2015 年以来一直位居全球第一。经过多年培育，我国新能源汽车技术逐渐成熟、充电设施不断完善，

新能源汽车市场向规模化、规范化发展。随着市场逐渐成熟，其配套物流服务能力也在稳步提升，行业企业积极创新物流模式，推动新能源汽车铁路运输。未来围绕新能源汽车供应链发展，新能源汽车动力蓄电池物流的规范化、标准化将会成为下阶段汽车物流行业的重点关注内容。

三、开拓国际物流新局面

在全球新冠肺炎疫情防控常态化，国内国际双循环发展的背景下，汽车产业链供应链将加快重组。立足提升国内汽车消费的同时，推动更高水平的对外开放，令优质产能逐渐释出，为中国车企走出去提供有力支撑。在我国汽车产业深度融入全球的今天，推动构建自主可控、安全稳定的产业链供应链，迫切需要提升我国汽车国际物流服务能力，而打造一批具有国际竞争力的汽车物流企业，对于帮助我国汽车物流开拓国际新局面有积极作用。

四、向绿色低碳的供应链体系迈进

2021 年，习近平总书记向国际社会做出了 2030 年前碳达峰、2060 年前碳中和的庄严承诺，国务院印发《2030 年前碳达峰行动方案》，交通运输绿色低碳行动纳入“碳达峰十大行动”之一。向绿色低碳的供应链体系迈进将对我国产业链、供应链带来一系列深刻调整。随着双碳目标的提出，绿色转型已是全行业“总动员”，一汽集团成立双碳管理委员会，东风汽车实施绿色东风 2025 计划，上汽安吉物流定制了两艘使用 LNG 双燃料的低碳环保远洋汽车运输船，一汽物流与大众中国、上汽安吉物流在共享器具方面进行合作。行业内以多式联运、物流包装循环共用等绿色物流模式得到广泛支持，汽车物流未来也要走绿色可持续发展道路。

五、创新技术装备为汽车物流提供发展新动能

习近平总书记在第二届联合国全球可持续交通大会的讲话中强调：要大力发展智慧交通和智慧物流，推动大数据、互联网、人工智能、区块链等新技术与交通行业深度融合，使人享其行、物畅其流。国务院印发的《“十四五”数字经济发展规划》中明确提出，大力发展智慧物流，涉及物流新基建、新技术、新模式、新业态等。随着以人工智能、大数据、云计算为代表的数字技术快速发展，创新应用加速落地，越来越多企业通过运用无人机、无人车等“物流黑科技”来提升自身的运营质量和效率。

未来通过数字技术实现企业智能化管理、网络化经营、无人化运作将成为发展趋势。而物流技术装备的不断升级与应用场景的不断创新，将持续为行业快速发展提供全新动能。

第三章　2021 年汽车物流数据统计分析

第一节　2021 年汽车零部件入厂物流数据统计分析

一、零部件入厂物流业务规模情况

（一）运输业务情况

据统计，在零部件入厂物流运输业务中，公路运输与水路运输占比有所下降，航空运输维持不变，铁路运输有所上升。样本数据显示，零部件入厂物流运输业务公路运输占运输总量的比重为91%。零部件入厂物流运输业务铁路运输占运输总量的比重为3%。在水路运输方面，零部件入厂物流运输业务水路运输占运输总量的比重为5%。在航空运输方面，零部件入厂物流运输业务航空运输占运输总量的比重为1%。零部件入厂物流运输业务占比情况如图 3－1 所示。

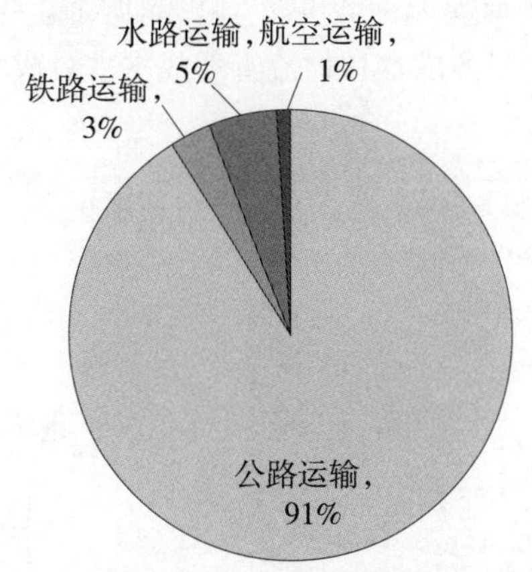

图 3－1　零部件入厂物流运输业务占比情况

从业务运营主体来看，汽车物流企业零部件入厂物流运输业务中自营占40%，外包占60%，与上一年度相比，数据基本持平。

从使用车辆所属来看，自有车辆数量占使用车辆的33%左右，租赁车辆数量占使用车辆的67%左右，与上一年度调查结果相比，自有车辆占比有所下降，租赁车辆占比上升了近5个百分点。

（二）仓储业务情况

根据调查结果显示，2021年零部件入厂物流自有仓储面积占31%，与2020年相比下降了9个百分点，租用仓储面积占69%，较2020年有所增加。零部件入厂物流仓储面积占比情况如图3－2所示。

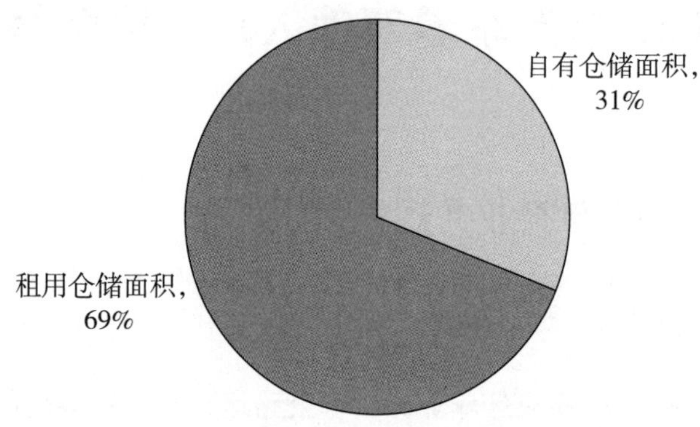

图3－2　零部件入厂物流仓储面积占比情况

二、零部件入厂物流业务成本情况

根据样本数据分析，零部件入厂物流业务成本占比情况如图3－3所示，运输成本占总成本的60%，仓储成本占总成本的12%，包装成本、装卸搬运成本、流通加工成本、配送成本、信息及相关服务成本和物流管理成本占总成本的21%。

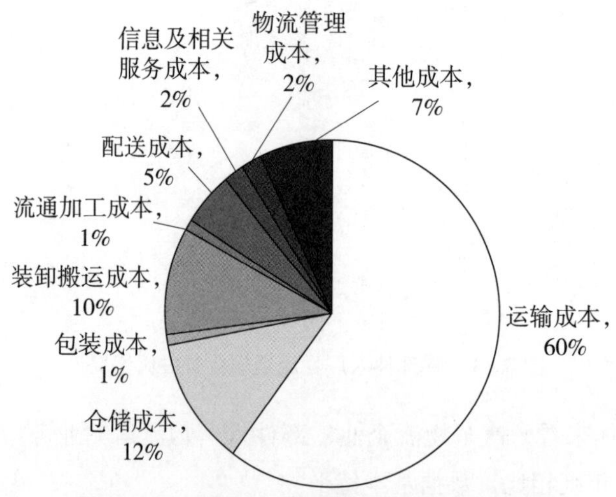

图3－3　零部件入厂物流业务成本占比情况

三、零部件入厂物流业务效率情况

零部件入厂物流业务效率包括 4 个统计指标，分别为调度及时率、交付及时率、仓容利用率、运输设备装载率，2021 年样本统计平均值分别为 98.9%、99.2%、81.0%、83.6%，历年样本统计情况如表 3－1 所示。

表 3－1　2017—2021 年零部件入厂物流业务效率样本统计情况　单位：%

年份	2017	2018	2019	2020	2021
调度及时率	95.9	98.5	99.2	98.9	98.9
交付及时率	95.3	97.8	97.9	98.0	99.2
仓容利用率	79.2	83.8	83.7	80.7	81.0
运输设备装载率	74.2	78.2	79.2	81.3	83.6

四、零部件入厂物流业务质量情况

零部件入厂物流业务质量包括 11 个统计指标，分别为订单准时率、运输货损率、运输货差率、仓储货损率、仓储货差率、包装破损率、仓储库位摆放准确率、先进先出执行率、账实符合率、流通加工完好率和物流停线时间，具体统计情况如表 3－2 所示。

表 3－2　2017—2021 年零部件入厂物流业务质量样本统计情况

年份	2017	2018	2019	2020	2021
订单准时率	95.9%	98.7%	99.0%	97.9%	99.0%
运输货损率	0.3%	0.1%	0.3%	0.3%	0.49%
运输货差率	0.09%	0.03%	0.3%	0.2%	0.3%
仓储货损率	0.10%	0.03%	0.2%	0.5%	0.4%
仓储货差率	—	0.03%	0.3%	0.4%	0.4%
包装破损率	0.1%	0.2%	0.3%	0.4%	0.5%
仓储库位摆放准确率	98.7%	99.0%	99.3%	98.8%	99.3%
先进先出执行率	93.2%	99.1%	99.7%	98.5%	98.6%
账实符合率	99.4%	99.3%	95.0%	99.1%	99.4%
流通加工完好率	99.8%	99.4%	99.4%	99.1%	99.3%
物流停线时间	—	1.2 小时	2 小时之内	2 小时之内	2 小时之内

第二节　2021 年汽车整车物流数据统计分析

一、整车物流业务规模情况

（一）运输业务情况

受疫情防控期间部分地区道路不通畅、公路运输网络受阻等因素影响，在整车物流运输业务中，铁路和水路运输占比上升，公路运输占比有所下降。样本数据显示，整车物流运输业务中，公路运输占运输总量的比重为 74%，铁路运输占运输总量的比重为 14%，水路运输占运输总量的比重为 12% 左右。前文中，2021 年全年共计完成汽车整车铁路发运 628 万辆，水路共计运输 322 万辆，合计占汽车总销量的 36% 左右，这是指干线运输，在实际运输过程中，两端短驳需要公路完成。按照样本数据统计，2021 年样本企业铁水运量占比较 2020 年有所增加。整车物流运输业务不同方式占比情况如图 3－4 所示。

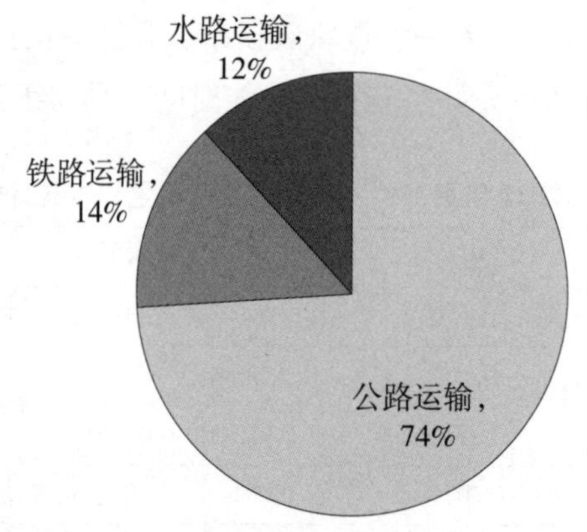

图 3－4　整车物流运输业务不同方式占比情况

从业务运营主体来看，汽车物流企业整车物流运输业务中自营占 50.1%，外包占 49.9%，与 2020 年情况相比，数据基本持平。

从合作承运商情况来看，总包分包模式在行业中普遍存在，样本中平均合作承运商数量较 2020 年增加了 13 家，为 55 家。

（二）仓储业务情况

根据调查结果显示，整车物流自有仓储面积占31%，与2020年相比略有增加，租用仓储面积占69%，与2020年相比下降了2个百分点。整车物流仓储面积占比情况如图3－5所示。

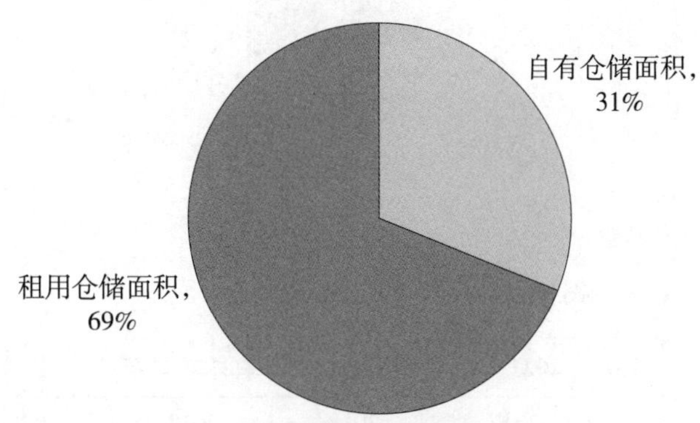

图3－5　整车物流仓储面积占比情况

（三）运输装备情况

整车物流运输装备分为公路运输装备、铁路运输装备、水路运输装备，以车辆运输车、铁路专用车和滚装船为主。

被调查的样本企业自有车辆占比为51%，租用或者合作车辆占比为49%，与2020年相比，数据基本持平。在统计的样本中，6位半挂车的占比为20%，中置轴车辆运输车的占比为80%。

二、整车物流业务成本情况

根据样本数据分析，整车物流业务成本占比情况如图3－6所示，整车物流业务成本以运输成本为主，运输成本占总成本的77%，仓储成本占总成本的10.8%，物流管理成本占总成本的1.8%。

三、整车物流业务效率情况

整车物流业务效率包括4个统计指标，分别为调度及时率、订单及时率、车船利用率、运输设备装载率，2017—2021年整车物流业务效率样本统计情况如表3－3所示。

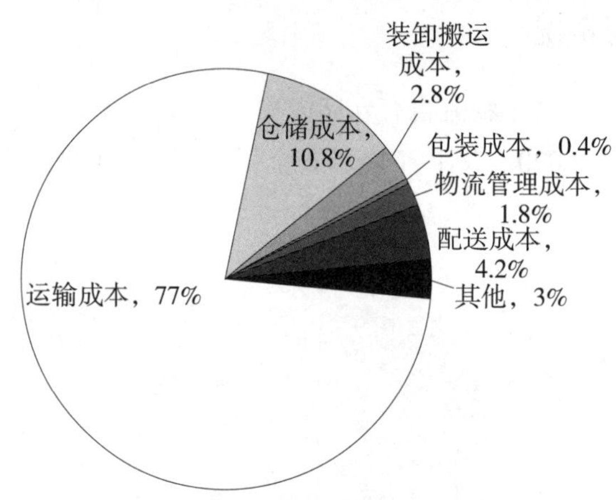

图 3－6　整车物流业务成本占比情况

表 3－3　　2017—2021 年整车物流业务效率样本统计情况　　单位:%

年份	2017	2018	2019	2020	2021
调度及时率	97. 3	98. 9	99. 1	99. 10	99. 0
订单及时率	95. 9	98. 1	98. 0	98. 10	98. 5
车船利用率	83. 4	86. 0	87. 8	84. 50	89. 9
运输设备装载率	91. 9	84. 6	92. 3	94. 30	96. 7

四、整车物流业务质量情况

整车物流业务质量包括 5 个统计指标，分别为订单准时率、运输货损率、仓储货损率、运输安全事故次数、仓储安全事故，2017—2021 年整车物流业务质量样本统计情况如表 3－4 所示。

表 3－4　　2017—2021 年整车物流业务质量样本统计情况

年份	2017	2018	2019	2020	2021
订单准时率	93. 8%	97. 2%	98. 1%	94. 3%	98. 5%
运输货损率	0. 1%	0. 14%	0. 9%	0. 2%	0. 31%
仓储货损率	0. 04%	0. 02%	0. 2%	0. 035%	0. 02%
运输安全事故次数	—	1. 43 次/年	小于 5 次/年	小于 1 次/年	小于 1 次/年
仓储安全事故次数	—	0. 16 次/年	小于 5 次/年	小于 1 次/年	小于 1 次/年

第三节　2021 年汽车售后服务备件物流数据统计分析

一、售后服务备件物流业务规模情况

（一）运输业务情况

受新冠肺炎疫情影响，2021 年售后服务备件物流业务中，公路运输占比略有增长，占运输总量的93%，铁路运输占1.8%，水路运输占0.2%，航空运输占5%，售后服务备件物流运输业务占比情况如图3－7所示。

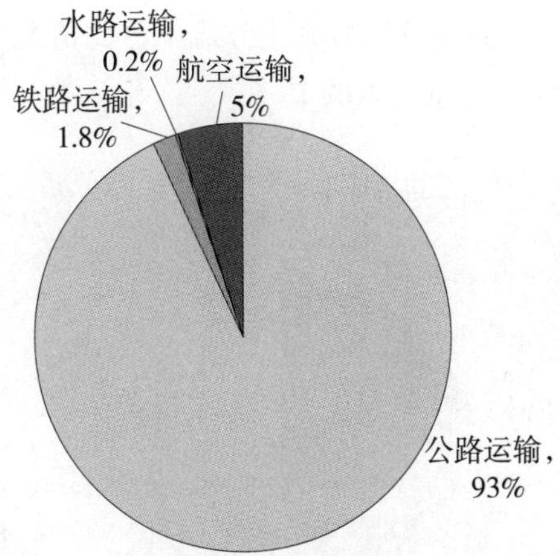

图3－7　售后服务备件物流运输业务占比情况

其中，汽车物流企业售后服务备件物流运输业务中自营占41%，外包占59%，与2020年调查结果相比，数据基本一致。

（二）仓储业务情况

根据调查结果显示，汽车物流企业售后服务备件自有仓储面积占31%，租用仓储面积占69%，与2020年调查结果相比，自有仓储面积下降了25个百分点。售后服务备件物流仓储面积占比情况如图3－8所示。

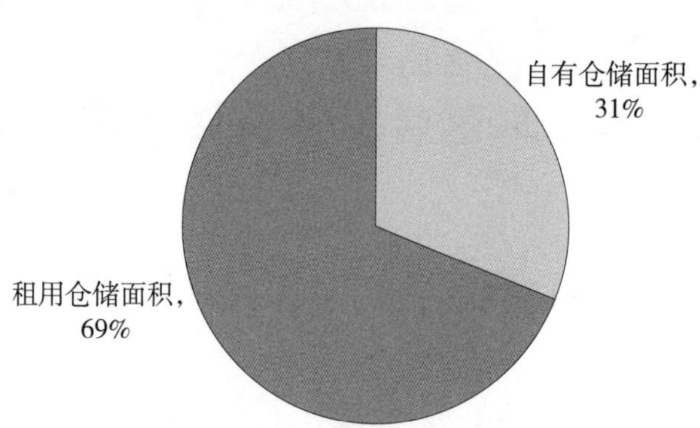

图 3 –8　售后服务备件物流仓储面积占比情况

二、售后服务备件物流企业成本情况

根据样本数据分析，售后服务备件物流业务成本占比情况如图 3 –9 所示，运输成本占总成本的 58%，仓储成本占总成本的 19%。

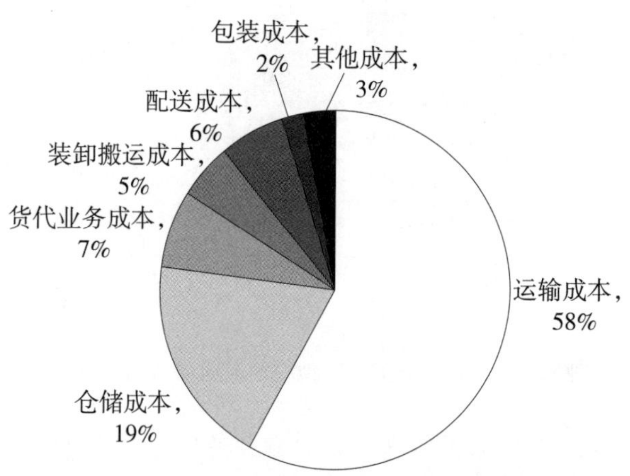

图 3 –9　售后服务备件物流业务成本占比情况

三、售后服务备件物流业务效率情况

售后服务备件物流业务效率包括 4 个统计指标，分别为调度及时率、订单及时率、仓容利用率、运输设备装载率。2017—2021 年售后服务备件物流业务效率样本统计情况如表 3 –5 所示。

表 3 – 5　　2017—2021 年售后服务备件物流业务效率样本统计情况　　单位:%

年份	2017	2018	2019	2020	2021
调度及时率	99.5	99.7	99.6	98.9	99.2
订单及时率	99.7	99.4	99.5	98.9	98.7
仓容利用率	79.9	83.3	82.7	87.4	83.6
运输设备装载率	79.1	82.6	79.7	85.9	82.0

四、售后服务备件物流业务质量情况

售后服务备件物流业务质量包括 10 个统计指标，分别为订单准时率、运输货损率、运输货差率、仓储货损率、仓储货差率、包装破损率、仓储库位摆放准确率、先进先出执行率、账实符合率、流通加工完好率，2017—2021 年售后服务备件物流业务质量样本统计情况如表 3 – 6 所示。

表 3 – 6　　2017—2021 年售后服务备件物流业务质量样本统计情况　　单位:%

年份	2017	2018	2019	2020	2021
订单准时率	98.8	98.8	98.5	98.3	98.3
运输货损率	0.12	0.15	0.15	0.03	0.60
运输货差率	0.13	0.11	0.03	0.03	0.03
仓储货损率	0.12	0.03	0.01	0.01	0.02
仓储货差率	0.10	0.09	1.08	0.05	0.09
包装破损率	0.07	0.12	0.04	0.03	0.02
仓储库位摆放准确率	92.0	99.3	99.3	99.5	99.8
先进先出执行率	91.2	97.9	98.2	97.8	98.4
账实符合率	85.3	99.7	99.5	99.6	99.9
流通加工完好率	99.0	99.9	99.9	99.4	99.7

专题报告篇

第四章　我国汽车零部件物流发展情况

第一节　我国汽车零部件物流发展情况

一、我国汽车零部件物流总体情况

汽车物流是物流业的重要分支，是一个复杂程度较高的技术密集型、人才与知识密集型、专业服务型行业，其涵盖汽车制造链条中的零部件、整车、售后配件以及废旧汽车循环等各个环节的实体流动过程。

汽车零部件物流是指为迎合汽车制造企业的需求将零部件及相关信息从供应商运送到汽车生产厂家，为了高效率、低成本流动和储存而进行的规划、实施和控制的过程，是集现代运输、储存、分拣排序、包装、产品流通及相关信息流、资金流于一体的综合管理。

我国汽车零部件物流起步较晚，但发展较快。我国汽车零部件物流行业的发展经历了四个阶段。

第一阶段：20 世纪 80—90 年代，我国汽车产业处于初始发展阶段，国内的汽车生产和销售很少有物流的概念，只有整车进口和汽车散件进口中的海运和陆运涉及物流。由于整车进口较汽车散件进口的关税高出数倍，因此国内汽车厂商纷纷采取进口汽车散件自行组装的方式降低整车成本，进而推动汽车进口散件物流得以率先发展，形成了我国汽车零部件物流的雏形。

第二阶段：2000—2004 年，我国汽车产业快速发展，产销量连创新高，推动自营汽车零部件物流迅速崛起。在此阶段，汽车零部件物流的主要特点包括：汽车制造规模相对较小，汽车制造厂商主要依靠自身的物流部门完成汽车零部件物流；汽车零部件物流仍处于初级阶段，以运输、仓储为主，增值服务很少。

第三阶段：2005—2008 年，我国汽车产业高速发展，推动了第三方物流逐渐兴起。在此阶段，汽车零部件物流的主要特点包括：汽车制造规模攀升，汽车制造厂商为应对库存量大、层次繁多、结构复杂的零部件供应物流，逐步剥离物流部门，成立专业的物流公司或寻求外部物流公司，催生了第三方物流；由于汽车零部件物流的技术门槛较高，新生的外部物流公司在规模、信息化应用水平和人才积累方面均与汽车厂商附属的物流公司存在一定差距；随着准时制（JIT）生产方式的日益普及，汽车零部件物流增值业务快速发展，物流效率逐渐提升，物流成本不断下降。

第四阶段：2009 年以来，我国汽车产业快速走出国际金融危机的影响，汽车消费需求进入爆发性增长阶段，推动现代汽车零部件物流体系逐渐形成。物流企业与整车厂深度联动，根据零部件的具体情况，运用循环取货、自送等方式完成零部件的 JIT 配送，帮助客户降低物流成本、缩短制造周期，实现“零”库存管理。在此阶段，国内汽车零部件物流已摆脱无序竞争和低价竞争状态，朝着专业化、标准化、信息化、自动化、智能化、柔性化和精益化方向发展，形成了汽车制造企业附属的零部件物流企业和独立于汽车制造企业的规模化第三方物流企业共同竞争的市场格局。

进入 21 世纪以来，随着全球汽车产业向以中国为代表的亚洲地区转移和中国经济的快速发展，中国汽车产销量快速提升，特别是经济发展活跃的长三角、珠三角和京津冀地区。在经济水平不断提高的大背景下，中国汽车产业得到了长足发展，催生了汽车零部件物流巨大的市场空间。

从区域竞争格局来看，我国汽车物流企业区域分布主要受汽车生产企业区域分布的影响。围绕汽车生产企业布局，我国已形成东北汽车物流集群、京津汽车物流集群、武汉汽车物流集群、上海汽车物流集群、广州汽车物流集群、重庆汽车物流集群六大汽车物流集群。

从企业竞争情况来看，目前我国汽车物流行业市场化程度较高，主要有三种类型的物流企业：第一类是由国内大型汽车制造企业控股或参股的企业；第二类是独立于汽车制造商并具备相当规模的第三方汽车物流企业；第三类是其他众多中小型运输企业。

以上三类物流企业中，第一类属于汽车生产厂商背景的物流企业，合同稳定，以保障性物流为主，但是受所属汽车生产厂商制约，外部市场开发受到一定限制；第二类物流企业属于起步较早的第三方物流企业，已积累了客户、运力、网络、服务质量等方面的优势；而第三类物流企业一般规模较小，主要承接前两类物流企业的业务，依附于前两类物流企业生存，现阶段，国内 90% 以上的汽车物流公司属于此类。值得注意的是，第三方物流企业与第一类物流企业正面竞争关系较弱，大部分汽车制造企业的物流子公司更多的是充当一个分配物流订单和管理物流商的角色，且业务主要依赖自己的母公司，第三方物流企业往往与第一类物流企业合作。

目前，国内越来越多的汽车厂商倾向于物流业务外包，同时，随着汽车行业竞争加剧，新车型研发周期缩短、整车零部件的国产化率逐年提升，这些都为汽车零部件物流行业提供了良好的发展机遇。因此，未来几年，随着国内汽车产业的发展，中国汽车零部件的物流需求仍会增长。

二、2021 年我国汽车零部件物流发展概况

2021 年，国际环境复杂严峻、国内新冠肺炎疫情多发散发等多重因素倒逼我国物流运行效率、供应链响应水平加速提升，物流在畅通经济内外循环、保障产业链畅通稳定方面发挥了重要作用，助力物流成本稳中有降。

《2021 年全国物流运行情况通报》数据显示，2021 年全国社会物流总额 335.2 万亿元，同比增长 9.2%，两年年均增长 6.2%，增速恢复至正常年份平均水平。从物流成本统计来看，2021 年社会物流总费用 16.7 万亿元，与 GDP 的比率为 14.6%，比上年回落 0.1 个百分点，在连续三年持平后首次回落，主要得益于物流本身运行效率的提升。

从运输环节看，运输物流结构进一步调整优化，保障了国内产业链、国际贸易循环畅通。

另外，随着产业链升级，物流与产业融合加速，协同一体化水平提升。2021 年中国物流 50 强企业的供应链一体化收入合计增速在 20%～30%，明显高于运输、仓储等单一物流业务；供应链一体化业务首次成为企业的主要收入来源。

在数字化、信息化技术的推动下，多式联运业务加速发展，运输方式间的协同性不断提升。

随着双碳目标的提出，汽车产业“电动化、智能化、网联化、共享化”的趋势愈加明显，行业迎来了前所未有的大变革。2021 年，经历了新冠肺炎疫情反复、各地频发严重自然灾害等艰难挑战，整个汽车行业面临着用户消费升级、产业结构优化的冲击，残酷的市场竞争淘汰了一大批弱势企业。对于中国品牌车企来说，这无疑是关键而又艰辛的一年。与此同时，汽车行业整合进程深化，出清了一批行业末端的品牌，使行业集中度进一步提高。

汽车物流行业发展与中国汽车产业紧密关联，根据工业和信息化部发布的数据，2021 年，我国汽车产销量分别完成 2608.2 万辆和 2627.5 万辆，同比分别增长 3.4% 和 3.8%，结束了 2018 年以来连续三年的下降局面。我国汽车产销总量已经连续 13 年位居全球第一。作为国民经济的支柱产业，汽车产业链长、关联度高、消费拉动大。数据显示，2021 年汽车类零售额超过 4 万亿元，达到 4.4 万亿元，同比增长 7.6%，占全国社会消费品零售总额的 9.9%。值得一提的是，2021 年汽车制造业工业增加值同比

增长 5.5%，整体增速高于同期产销数据。

新能源汽车的快速崛起是 2021 年汽车行业最显著的趋势。经历了多年的政策扶持及技术积累，2021 年新能源汽车迎来爆发式增长，市场占有率达到 13.4%，高于上年 8 个百分点。我国新能源汽车市场化程度显著提高，已经处于政策驱动向内生驱动转变的过程中。新能源汽车的崛起同时带动了动力电池、新能源汽车基础设施等相关产业链的快速发展。随着新能源浪潮席卷全球，我国新能源汽车及相关产业链的优势开始在全球范围内显现。国内头部新能源车企的车型在全球范围内具备较强的竞争力，开始打入欧美汽车市场。汽车产业的持续发展拓宽了汽车零部件物流行业的业务空间，拉动行业的需求增长。

根据中国物流与采购联合会统计并公布的中国物流企业 50 强名单，按照主营业务收入排序，上汽安吉汽车物流股份有限公司、一汽物流有限公司、中都物流有限公司、重庆长安民生物流股份有限公司、北京长久物流股份有限公司 5 家汽车物流企业榜上有名。

其中，上汽安吉物流以 229.6 亿元营收遥遥领先于其他同行企业，而一汽物流也与排名第三的中都物流拉开较大差距。反映出我国汽车物流市场较为集中，寡头竞争明显，再结合上游关联车企来看，国内汽车物流市场的龙头企业竞争情况与上游汽车制造厂商的市场格局相似，反映出汽车物流对上游厂商的依赖程度较高。

三、我国汽车零部件物流发展趋势

当前，各行各业进入“数字化”引领的发展新阶段。2021 年，我国发布的“十四五”规划明确提出，要打造数字经济新优势，要充分发挥海量数据和丰富应用场景优势，促进数字经济与实体经济深度融合，赋能传统产业转型升级，催生新产业新业态新模式，壮大经济发展新引擎。物流行业的数字化转型正在加速，云计算、大数据、物联网、人工智能、区块链等技术在物流领域的深度应用，推动行业的升级发展。

随着汽车产业不断地转型升级，零部件物流作为整个汽车供应链中的重要组成部分也将面临重大变革。庞大纷乱的信息数据、不断增加的人工成本、低效复杂的实际操作、创新迭代的物流装备技术等问题将会给汽车零部件物流带来冲击。汽车物流服务提供商与众多行业参与者共同承担着汽车零部件供应链的责任，以满足不同利益相关者的需求。这就使跨行业、跨领域的应用技术变得更加重要，因为一套有效的集成解决方案有助于验证产品生产、操作以及需求方面的可行性。通过自动化技术整合来自多个供应商的各种不同技术可以实现供应链透明化。全链路透明化将是物流未来发展的关键。

（一）汽车零部件物流模式催生数字化加速

1. 国外汽车零部件物流模式分析

（1）美国汽车零部件物流模式分析——高度协作的物流外包模式。

美国汽车生产企业与第三方物流企业之间是一种高度互动协作关系。汽车生产企业将零部件供应物流业务外包给第三方物流企业，与第三方物流企业的合作是在全链路透明、信息及时交互传递、数字化不断发展的条件下，为了共同的战略目标，共同制订物流解决方案，并根据市场需求的变化动态执行方案。第三方物流企业的运作与汽车生产企业的经营活动融为一体，信息共享和共同制订物流解决方案是企业间高度协作的重要标志。据统计，通用汽车公司使用了 37 家第三方物流企业，福特汽车使用了 27 家第三方物流企业。

（2）德国汽车零部件物流模式——基于数字化信息技术的第三方物流模式。

以奔驰、大众、宝马为代表的德国汽车生产企业供应物流采用第三方物流模式。在德国，29% 的物流企业涉足汽车物流业务，第三方物流企业参与汽车供应链各个环节的活动，与汽车生产企业、零部件供应商共同构成了汽车物流服务链上的每一个环节。第三方物流企业提供的全方位物流服务建立在数字化信息技术的基础上，通过独立电子商务平台，将汽车生产企业与零部件供应商连接起来，保证物流信息的透明。采用现代化的仓储管理系统和运输系统及先进的物流信息技术，实现全链路的透明和实时监控。

（3）日本汽车零部件物流模式——精益供应物流模式。

日本汽车零部件物流以丰田汽车公司采取的循环取货和 3C 模型的精益供应链物流模式为代表。丰田汽车公司选择第三方物流企业实现其零部件精益供应物流。第三方物流企业采取循环集货的模式，使零部件小批量供货，以满足在正确的时间、用正确的运输方式、运送正确的零部件的要求。第三方物流企业从供应商处集货，使车辆由零担运输转为满载运输，以满载的方式将货物从供应商那里运到中转仓库，然后根据整车厂生产线的需要进行拆分，按照生产次序重新包装后进行混合装载运输，从中转仓库直接运输到生产线，实行线上配送。

2. 我国汽车零部件物流模式分析

我国汽车生产企业普遍实行准时制生产方式，要求零部件供应商按整车厂的生产节奏和生产需求量供货，供应商或汽车生产企业的供应部门实施工位配送。由于零部件供应商过于分散，零部件供应商一般在汽车生产企业的供应部门实施工位配送。零部件供应商一般在汽车生产企业附近自建或租用仓库，以满足汽车生产的需求，形成了“主机厂中心型”的供应物流模式，其实质是分散的供应商管理库存

（VMI）模式。

“主机厂中心型”供应物流模式，是我国汽车生产企业的主要模式，它采用了供应商管理库存控制技术，将汽车生产企业的库存降到最低，在降低生产成本的同时也能保证零部件及时供应，实现准时采购。但是这种层次繁多、结构复杂的供应物流体系存在着许多问题。

（1）零部件企业的库存压力增大。零部件企业为了满足整车厂的零库存与准时供货要求，不得不保持较高的库存水平，这不仅增加了流程时间和物流成本，而且也大大降低了系统的柔性，削弱了整条供应链的实力。

（2）零部件企业的仓库作用失衡。由于每个零部件企业都有自己的仓库，仓库条件、管理人员素质各异，管理难度非常大，起不到整车厂与零部件供应商之间的桥梁作用，相反却加重了零部件企业的负担，成为供应物流系统的薄弱环节。

（3）零部件运输质量难以保证。零部件运输大都采用供应商自营运输，零部件企业对汽车零部件包装、放置、装卸、在途保管等没有经验，专业性不强，运输设备使用不当，因此货损率较高，加上不能对货物进行实时跟踪，也不利于货物质量监控。

（4）零部件运输网络不能优化。运输路线上以两点运输居多，没有科学的运输规划方法，运输网络不能优化。“主机厂中心型”供应物流模式将供应的风险和物流成本向零部件供应商转移。从长远来看，这会削弱汽车供应链的竞争力，制约我国汽车产业的快速发展。

3. 未来趋势分析——基于第三方物流的汽车零部件物流模式

从国际汽车产业的发展来看，汽车零部件生产功能和物流配送功能都将从制造业中分离出来，零部件物流业务将外包给第三方物流企业。因此，基于第三方物流的汽车零部件物流模式将是未来的发展趋势，第三方物流企业将成为汽车零部件物流的主体。

第三方物流企业通过数字化技术，采取先进的信息系统，协调生产企业与零部件供应商的需求，通过专业化的运输车队、优化的运输路线和运输方式，保证零部件准时供应，可以有效地控制库存水平，实现企业的零库存管理。从我国实际情况来看，大型的汽车零部件供应商、汽车生产企业和第三方物流企业都建立了自己的数据公共平台，它们通过数据公共平台获取各自所需要的信息，实现了信息共享，并通过信息网络进行实时信息传递，实现各方信息互通。同时，物流信息技术的推广和使用，为实施基于第三方物流的汽车零部件物流提供了保障。

为了提高物流服务水平，第三方物流企业在物流设施设备、信息技术、营运经验以及人员素质方面都有了明显提高，对数字化的要求也越来越高，数字化贯穿于信息化、智能化、体系流程等各个环节，使物流服务更加高效、便捷。

（二）数字化技术在汽车零部件物流中的发展趋势

不断提高物流信息共享程度、提高汽车零部件物流领域中的信息化技术与管理水平，需要应用有效客户反应（Efficient Consumer Response，ECR）、车辆监控系统（包括 GPS、GIS、DR 等）、企业资源管理（ERP）等信息化技术手段。这些信息系统集中采用了信息采集、处理、交换、存储等技术，如条码、EDI、无线通信、数据库技术等，为供应链中各环节提供了集成的信息服务，提高汽车零部件物流的信息共享程度。

当前我国数字化技术已经初见规模，但还有许多方面需要继续探索。例如，不同系统、设备数据传输的接口问题；文件的存储方式、开发语言；行业内部信息、资源、资金均是单向直线流动；目前行业内没有形成共享的物流生态。我们要打破壁垒，搭建“天地人”三网共享平台，真正实现全链路全局化，让数字化助推汽车零部件物流更进一步发展。

（三）汽车零部件物流中的数字化探索案例分享

1. 数字化转型方法成果

在推进数字化转型过程中，按照“流程驱动→数据驱动→算法驱动”的科技管理创新逻辑，推进管理体系现代化建设，围绕信息化基础夯实、物流装备应用降本增效、数据应用价值创造、包装模式创新、解决方案一体化规划、科技管理体系能力构建，不断强化供应物流全过程管理与科技创新，打造供应链科技物流产品和能力，增强客户体验、提升管理效率、提高经营效益，为高质量发展和数字化转型提供了强大的管理体系支撑和科技产品服务。

（1）夯基础、固业务，健全核心业务信息系统产品，提升业务系统覆盖率。

系统平台能力方面，以“双速 IT”为蓝图、供应链透明化为目标，实现供应链上下游 100 余个数据接口互联互通；围绕“系统产品化”，实施 i-WMS（智能仓储管理系统）、i-TMS（智能运输管理系统）、鹰眼慧运电子地图平台、网络货运平台、车伙计平台、DDOM 数据分析平台等数套智慧物流信息化产品，覆盖“运、包、仓、配、管”场景，业务系统覆盖率大幅提升；围绕“技术平台化”，实现区块链、物联网、大数据、RPA 新技术在汽车物流场景的应用。

在数字化 IT 建设方面，以发展线上线下相融合的汽车商贸物流生态圈为目标，打造了汽车零部件集采平台（车伙计平台），并通过构建基于大数据、物联网和电子地图等技术的汽车物流领域的专业化地图服务平台——鹰眼慧运电子地图平台，支撑全链条企业的汽车物流运输核心运力在途可视化，对运输过程进行全程监控。

①车伙计平台重点打造“商城”+“运力”两大板块功能。“商城”板块主要提供汽车零部件的线上展示、商品下单、批量采购及关键客户的信用采用模式，将现有线下业务全部迁移到线上，同时通过高度集成的信息系统获取从需求端到供应端的全产业链高价值数据，经过整理分析，支撑公司进行经营决策。“运力”板块提供了一套线上化、高兼容性的运输管理工具，满足零部件配送及部分非客制化业务运输管理需求。通过技术手段将现有信息化系统（TMS、WMS、GIS 等）打通，形成系统联动，实现货物运输全过程透明可视、标准化、高效化，确保客户体验满意；同时，标准业务流程模型实现运输业务各流程环节全涵盖，满足各项业务运输服务管理需求。通过车伙计平台，打通供应商、货主、承运商、司机、B/C 端客户全链条，构建汽车后市场物流生态圈，提供全过程透明可视、标准化、高效化的汽车售后零部件销售及配送一体化服务。

②鹰眼慧运电子地图平台有效支持运力查找、在途监控、司机驾驶行为监控、路线优化等业务场景，具有定位精准多样、可视化水平较高、安全管控能力强、异常响应迅速和资源协同高效的特点。通过“鹰眼慧运”，随时可以看到各类运输全景监控，并实时了解订单全程运输执行情况，包括运输设备型号、发出地、目的地、计划到达时间、实际到达时间、当前位置、剩余里程等，实现了汽车物流运输核心运力在途可视化，高效支撑主机厂、供应商、承运商和经销商等全链条企业的业务需求。

（2）按需打造全场景的物流智能装备产品，智能化覆盖率突破。

智慧物流实验室通过对小型料盒立体库（AS/RS）、MiR100 + UR5（AGV + 机械手）、料盒拆堆垛机器人、智能搬运机器人、无线射频识别（RFID）设备、PLC 相关设备、Demo3D 和 Flexsim 软件、智能可穿戴设备（包含语音拣选设备和智能眼镜）、人脸识别门禁系统及配套设施设备等的研究，深度下沉到汽车物流环节的各个业务场景，着力智能搬运、智能分拣、智能仓储、智能识别、智能监控五大研究方向，开展客制化产品、外形设计，进行机器人、视觉、嵌入式系统等方面的智能算法研究，致力于形成适用于汽车物流的智能装备产品。

（3）零部件物流案例实践：数字化园区。

以仓储物流为载体、以物流服务为依托，聚焦产业协同平台建设，打造数字化产业园区。构建畅通可靠的数字化通信基础设施、专业高效的信息化业务应用系统、灵活便捷的信息化协同工作平台、完全共享的信息资源数据中心，构建数字化管理、数字化监控和数字化服务三项协同平台，有利于提供快捷、高效的物流服务，有利于激发创新的原动力，有利于加强园区管理、促进主机厂、3PL 和供应商之间的互联互通，最终实现零部件物流场景的人、车、货、仓、场协同管理升级。

2. 数字化技术应用展望

（1）坚持流程驱动，加固 OTWB。

面向客户，基于 OTD 流程，向汽车供应链上下延伸，增加公司汽车物流业务长度和深度，增强与主机厂、供应商、经销商“三协同”的能力，强化数据协同，逐步向客户提供数据增值服务。

面向内部，按需不断加固 OTWB 等核心业务系统，强化系统标准功能定义与应用，坚持业务“应上线、尽上线”系统应用治理。并不断强化数字化 IT 能力，迭代网络货运平台、车伙计平台、VTC 平台能力，建设数据中台支持内部和上下游的数据服务需求。

（2）坚持数据驱动，“三力”并举，提升决策支持。

在数字化转型战略方面，对标行业领先，迭代数据运营平台建设，补齐短板、优化架构，提升运营能力、数据能力、平台能力。

在运营能力提升方面，识别数据分析场景，通过敏捷分析转化数据应用需求，并形成可视化看板支撑指标运营和决策，实现三个“在线”。

在数据能力提升方面，基于数据平台能力提升，拓宽数据采集类型，扩大数据采集范围；结合管理幅度要求，提升数据管理体系覆盖度，强化执行检查。

在平台能力提升方面，优化数据平台架构，打造数据中台底座，并形成平台数据服务能力，基于数据应用深度和业务广度形成核心服务产品。

（3）坚持算法驱动，运筹帷幄，构建数智能力。

在人工智能方面，建设算法平台，推进业务场景算法深度应用，逐步构建算法服务产品；构建决策平台，以机器学习、计算机视觉实现运营效率和决策能力的提升。

在数字孪生方面，以数字化方式创建园区、智能装备的虚拟实体，借助历史、实时数据及算法模型，实现现场的模拟、验证、预测和控制。数智能力图谱如图 4－1 所示。

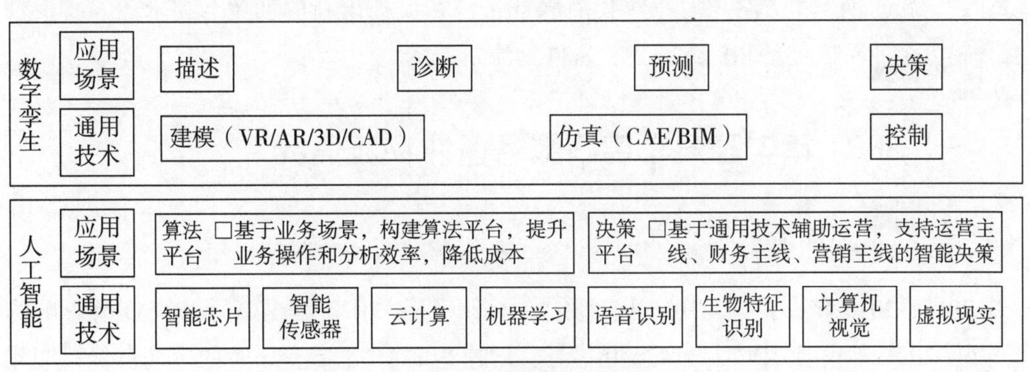

图 4－1 数智能力图谱

本节第一二部分内容供稿：广州广汽商贸物流有限公司 王潇洒

本节第三部分供稿：重庆长安民生物流股份有限公司 滑伟熙、徐正昭

第二节　我国汽车售后服务备件物流发展情况

2021年是“十四五”的开局之年，我国物流业总体保持复苏态势，实现了“十四五”良好开局。主要表现是：社会物流需求恢复较快、物流市场主体活力显著增强、物流设施网络布局力度加大、绿色低碳物流影响程度加深、科技创新引领作用深化提升等。

2021年汽车物流领域在顺应中国物流行业发展大势的基础上，积极应对汽车市场发展面临的新冠肺炎疫情时有反弹、全球芯片资源短缺、原油价格上涨等诸多不利因素。面对汽车物流行业新挑战，汽车物流企业主动担当、积极作为，千方百计满足客户需求，整个汽车物流产业的韧性经历着巨大的考验。得益于国家宏观经济环境、政策环境和汽车市场稳中有进的利好环境，我国汽车售后服务备件物流领域发展呈现明显的向好趋势。

2022年是全面实施“十四五”规划的关键期，也是现代物流体系建设的攻坚期。由于新冠肺炎疫情未能完全消除、汽车芯片短缺未能根本缓解、原油价格依然在高位攀升等，汽车物流行业发展仍将面临巨大的压力。在汽车售后服务备件物流领域，基于汽车行业的预期增长和汽车保有量的继续增加、造车新势力的快速发展、新能源汽车的高速增长等，汽车售后服务备件物流市场规模仍将稳步持续扩大，造车新势力的“三电”需求，将为汽车售后服务备件物流发展带来新契机。受政策影响，汽车售后服务备件物流将加快绿色低碳发展，与此同时，汽车售后服务备件物流市场竞争将进一步加剧，新时期下甲方客户对汽车售后服务备件物流提出新的期望与要求等，将促使汽车物流企业不断创新和探索一体化备件物流新模式。

一、2021年中国汽车售后服务备件物流情况

（一）宏观环境

2016—2019年，我国GDP增速稳定在6%以上，2020年受新冠肺炎疫情影响为2.3%。2021年我国GDP为1143670亿元，增速达8.1%，高于6%的预期目标，两年平均增长5.1%，经济持续稳定恢复，经济发展和疫情防控保持在全球领先地位。与汽车物流密切相关的行业，呈现出稳中有进的增长态势，制造业增长9.8%，汽车制造业增长2.8%，新能源汽车增长145.6%，交通运输增长17.2%，仓储增长14.5%，货物

进出口总额同比增长 16.7%。宏观经济保持稳定的发展趋势，为汽车物流行业提供了良好的宏观环境和发展机遇。

（二）政策环境

由于新冠肺炎疫情的突发，在复工复产、抗疫保供的过程中，物流业作为支撑国民经济发展的基础性、战略性、先导性产业的地位和作用，迅速凸显出来，并得到广泛认可和重视。2020—2021 年，为保障人民生活、改善交通运输现状、应对新冠肺炎疫情、气候变化带来的影响，国家出台多项政策推进基础设施建设、建立健全绿色低碳循环发展体系，以及建立现代化的高质量交通运输网络。国家关于物流方面的各项政策指明了发展方向：提高物流信息化水平、推动标准化建设、加强物流智慧化应用和促进物流绿色发展。

2021 年 11 月，《国务院办公厅关于印发新能源汽车产业发展规划（2021—2035 年）的通知》中明确指出：到 2025 年，新能源汽车新车销售量达到汽车新车销售总量的 20% 左右。纯电动汽车成为新销售车辆的主流，公共领域用车全面电动化，燃料电池汽车实现商业化应用，高度自动驾驶汽车实现规模化应用，有效促进节能减排水平和社会运行效率的提升。国家政策大力支持新能源汽车产业发展，汽车电动化将重塑汽车行业，进而影响汽车后市场的产业链格局和人才结构，比如电机、电池、电控技术厂商崛起，以及传统技术人才标准化，“三电”人才进场等。

2022 年 1 月 1 日起，新版《家用汽车产品修理更换退货责任规定》正式施行，对经营者提出更加严格的责任要求，扩大了家用汽车三包范围，降低了退换车条件的“门槛”，对车辆售前、售后、使用、退换等相关规定也更加细化。这一政策的变化，对汽车售后服务备件物流的时效以及客户服务有了更高的要求。

（三）汽车行业发展特点

2021 年汽车行业在抗疫保供的过程中，遇到“缺芯”和“原材料上涨”两大拦路虎，但整个汽车行业依然顽强向前，国内汽车全年产销量双双超过 2600 万辆，结束了自 2018 年以来连续三年的下降局面。回顾 2021 年车市，自主品牌份额提升，科技公司争相跨界造车，新能源汽车异军突起，造车新势力探索多渠道营销。

随着中国汽车行业的发展、汽车保有量的增加以及汽车零部件市场的扩大，我国汽车零部件行业得到了迅速发展，增长速度整体高于整车行业。传统车型销量增长的放缓，以及新能源汽车产业的发力，对零部件企业提出新的要求。据中国汽车工业协会的统计数据，我国汽车零部件的销售收入从 2016 年的 3.46 万亿元增长至 2020 年的 4.57 万亿元，年均复合增长率为 7.2%，2021 年我国汽车零部件销售收入达 4.9 万亿元，预计 2022 年我国汽车零部件销售收入达到 5.2 万亿元。与此同时，2025 年中国汽车后市场规模预计将达到 2 万亿元，互联销售等新模式已冲击原有销售模式，必将掀起新一轮浪潮。

（四）2021 年中国汽车售后服务备件物流发展特点

汽车售后服务备件物流主要指汽车使用过程中进行正常的维修、保养、改装、拆解、回收，或者汽车发生意外事故后，进行维修所需要的汽车备件的物流服务。汽车售后服务备件物流具有汽车物流的一般特性，同时具有随机性大、量小、频次高、品种多、网点多的特点，因此汽车售后服务备件物流的运作难度，从一定程度上高于整车物流和汽车零部件线边物流。汽车售后服务备件物流难度主要体现在两大方面：一方面，其服务需求有明显的不确定性，客户对时效性要求较高，物流企业需要具备良好的物流管理系统、覆盖范围广泛的配送网络及仓储网络，涉及电子商务、业务流程优化、集货调配运输、配送中心规划管理、库存控制、零部件定时配送、订单管理等多项业务；另一方面，由于备件品种繁多，且结构精密，因此要求物流企业具备高度专业的仓储、包装、运输技术。上述高标准要求使汽车售后服务备件物流业务进入门槛不断提高。

2021 年，在整个汽车行业的汽车产销量增长、汽车保有量进一步增大，尤其自主品牌表现亮眼、新能源汽车高速增长的拉动下，中国汽车售后服务备件物流发展呈现出六大趋势性特点。

1. 市场保持增量

据国家统计局数据显示，2021 年我国汽车产销量双双超过 2600 万辆，结束了自 2018 年以来连续三年的下降局面。细分到品类看，乘用车累计销量 2148 万辆，比上年增长 6.5%；中国品牌乘用车表现亮眼，2021 年累计销量 954 万辆，比上年增长 23.1%。此外，新能源汽车增长率最高，全年累计销量 352 万辆。其中，纯电动汽车累计销量 292 万辆，插电式混合动力汽车全年累计销量 60 万辆。

据公安部发布统计数据显示，2021 年全国机动车保有量达 3.95 亿辆，其中，汽车 3.02 亿辆，新能源汽车 784 万辆，国内汽车与新能源汽车保有量均为历史新高。结合威布尔分布测算得出未来汽车保有规模将持续扩大，但由于新增需求放缓，保有量增速也将逐步趋于平稳。国内庞大的保有量基盘保证，结合中国汽车平均车龄已超过 5 年的情况，再对照国际市场用车经验，已逐渐迎来大型维修保养高峰期，中国汽车售后服务备件物流发展呈现利好趋势。

2. 市场竞争依旧激烈

汽车后市场竞争依旧激烈，主机厂、互联企业、维修连锁等都在试图打破现有的后市场物流服务格局，后市场物流份额不断压缩，要求传统物流企业快速转变角色。以服务于汽车主机厂和4S店的汽车备件物流供应商为例，客户黏性下降，特别是维修保养和同质化备件的政策将对4S店的备件销售进行强烈冲击，4S店从汽车主机厂下单的备件量将有所停滞，甚至下滑。对连接两端的汽车备件物流供应商而言，意味着将面临货量下降、车辆空置、营收削减的经营不力局面，挑战巨大。这样的形势要求企业，一方面通过积极开拓市场，创造新的营收增长和利润增加，实现良性发展；另一方面需要企业更多地走出去，通过协同与合作，建立互惠互利的共赢伙伴关系，实现社会资源优化配置和供应链上物流业务的优势互补，以及在应对市场冲击时，更快地对终端市场和整个供应链上的需求，做出积极响应。

3. 新能源汽车售后服务备件体系初具规模

随着我国新能源汽车行业快速发展，关联的配套服务建设也在逐步完善。新能源汽车主机厂对零部件垄断的表象逐渐褪去，新能源汽车从增量市场逐渐变为存量市场，一些售后服务平台和企业通过与电池厂商签约、收购充电桩公司等形式，积极切入新能源汽车售后服务备件市场；一些传统维修厂商则加速向上下游渗透，比如，成立综合修理厂、吸纳可维修电子产品的人才等，以打通产业链实现业务闭环；而造车新势力企业纷纷把零部件供应纳入自己的体系中，并与专业的物流企业开展有效合作，提供一体化的供应链解决方案；各家从业企业也都在努力寻找新的业务增长点，比如，开展精巧修复等新业务。新能源汽车售后服务备件体系已初成规模，紧追新能源汽车的消费速度。

4. 备件物流智能化程度有待提高

目前，汽车售后服务备件物流行业的整体设施与技术条件还较为薄弱，导致劳动密集型企业居多，伴随高额的人工成本且作业效率遭遇瓶颈，未真正通过智能化提升运营效率。信息系统的建设与业务的发展速度不相匹配，且国内多数的主机厂、供应商、经销商、第三方物流企业，还没有形成统一的信息系统，相互之间信息对接不畅，多数企业备件供应的数据难以共享，也间接阻碍物流运作效率的进一步提升。

5. 柔性化需求逐渐增加

基于汽车后市场可以预见的发展空间，在广阔潜力吸引下，各路资本纷纷投向汽车后市场领域，对汽车新零售模式进行诸多探索。上下游价值链呈现整合趋势，各类玩家纷纷着力打造商业闭环，创造更大的价值。更多新的服务模式和市场配套落地，给了用户群体更多选择和体验。同时，用户群体逐渐以“90后”“95后”为主力，消费习惯更多趋向移动化、个性化，需要关注差异化服务。由此带来“柔性化”综合服务需求逐渐增加。所谓“柔性化”即根据消费群体的需求实现“多品种、小批量、多批次、短周期”的特点，更加灵活地组织和实施物流作业和服务。在不断变化的环境中，物流服务企业需要围绕客户价值对自身进行改变，构建和持续创造企业新价值，更需要构建“柔性化”的运营体系，以适应各种变化。

6. 常态化疫情防控下的物流业新发展

自新冠肺炎疫情暴发以来，疫情防控已进入常态化阶段，对于汽车售后服务备件物流的影响呈现出突发性、全面性特点。新冠肺炎疫情暴发具备不确定性，临时突发，打乱常规作业计划，影响库存储备与需求预测，而供应链上游的采购环节，更加难以精准实施，将导致仓储成本上涨。同时，为保证供应链终端的供应，已进入选择保守库存策略还是提前抢货储备策略的困境。在新冠肺炎疫情暴发区域，受交通管制与防疫政策要求，用户群体将减少用车需求和用车损耗，服务网点暂停营业以及减少备件需求，备件物流企业在交通管制条件下，为保障服务采取的额外付出成本和疫情防控导致的运作停滞，都在加大运营压力。备件物流企业应建立快速应对的风险防控体系。常态化疫情防控对售后服务备件物流发展提出了新挑战，更对整个汽车物流产业发展提出了新要求，需要整个物流行业和所有汽车物流企业，进一步加强协同，共同应对。

二、2022 年中国汽车售后服务备件物流发展展望

（一）市场预测：备件物流市场规模仍将稳步持续扩大

据中国汽车工业协会预测，2022 年中国汽车总销量为 2750 万辆，其中，乘用车销量为 2300 万辆；商用车销量为 450 万辆；新能源汽车销量为 500 万辆。需要特别关注的是新能源汽车的发展，通过政策和产品力共同驱动，渗透率快速提升，虽然还存在新冠肺炎疫情、电池涨价和芯片短缺等影响，但新能源的发展态势仍将保持强劲的增长势头，加速向主流市场渗透；同时，随着新能源汽车的持续发展，中国车市也将进入以核心价值区间为中心的新一轮竞争周期。

国内汽车产业供应链也将依旧保持发展态势，汽车保养、维修所需要的售后服务备件物流被带动同步发展，市场规模仍将稳步持续扩大。根据预测，2022 年我国汽车零部件销售收入达 5.2 万亿元，汽车后市场规模 1.6 万亿元。预计 2025 年中国汽车后市场规模将达到 2 万亿元，其中，维保服务占 70% 以上，维保市场整体规模预计将在汽车保有量提升、车龄增长等因素影响下稳步提升，占据汽车后市场最主要的份额。2022—2027 年国内汽车后市场规模预测如表 4－1 所示。

表 4-1　　2022—2027 年国内汽车后市场规模预测　　单位：亿元

年份	市场规模
2022E	16120
2023E	17330
2024E	18560
2025E	19770
2026E	20860
2027E	22030

资料来源：中研普华

（二）造车新势力的“三电”需求，将为备件物流发展带来新契机

造车新势力企业经过近几年的布局后，蔚来、小鹏、理想、哪吒、威马等头部企业市场效应逐渐显现，在全国已广泛积累可观的客户群体，对售后服务体系建设逐步完善，在追求与传统汽车主机厂同步的基础上，甚至提出更高水准的服务标准。新增的售后服务备件物流需求，如新城市仓库建设、末端配送网络新增与完善等，都将释放出新的物流需求，扩大售后服务的体量。

新能源汽车的兴起，带来后市场发展的新机遇。新能源汽车的“三电”（电池、电机和电控）替代了传统汽车的“三大件”（发动机、变速箱和底盘），成为新能源汽车的关键零部件。而新能源汽车的电池属于国家规定的第九类危险品，对于物流企业的运输资质提出了新要求，同时，为新能源仓储、运输、回收、再利用等方面都带来新的发展契机。新能源车企与传统车企的物流情况对比，在运输设备、容器、信息传递等方面的物流要求基本相同，主要差异点有：一是电池回收、电芯送货的安全要求较高，需要危险品运输资质和特殊的储存容器；二是更多的附加服务和更好的增值服务等。

（三）政策推动备件物流加快绿色低碳发展

汽车相关的政策变革除了给主机厂、新车销售等价值链上的不同企业增添变数与机遇，对汽车后市场也会产生一定的影响。加快完善二手车行业管理制度与全面推动二手车出口政策，无疑会推动我国二手车市场进一步向规范化、品牌化发展，经销和拍卖模式将获得进一步发展。要解决二手车的保险事故车及维修问题，必须使用信息手段加持，数据可以促使整个后市场透明化。

新三包法将新能源汽车纳入管理，以保护消费者的合法权益，兼顾产业发展，对主机厂，尤其是新能源车企的“三电”保障要求更高，也就预示着对于供应链的时效

性、质量、资质要求更加严格。

国家各部委对售后各类零部件生产和流通使用也有一定要求，为达成循环经济，报废汽车的五大总成，允许交给再制造企业进行再制造，并纳入商务部的追溯体系进行监管，防止市场将这些零部件用于拼装车辆。对于备件物流而言，整个汽车零部件再制造从生产端到流通端都将产生很多机会。

“双碳”目标为中国经济社会发展实现全面绿色转型指明了方向，企业做好碳中和社会责任是向高质量发展转型的契机，在备件物流领域，众多企业也纷纷寻求绿色低碳发展。

（四）备件物流市场竞争将进一步加剧

2022 年是检验我国供应链、物流的韧性、强度、综合服务能力的一年。面对疫情防控常态化，仍能有条不紊、稳定提供服务的供应链、物流、仓储企业更能汇聚信心、信任和安全。在国家大力推进物流领域专业化整合的政策背景下，中国物流集团组建、整合仓储、运输和产业资源，在国际物流市场具有显著竞争优势。

从汽车物流市场竞争来看，目前国内汽车物流企业主要分三类：汽车厂商下属子公司、第三方物流企业和其他中小型物流企业。由于汽车行业物流的特殊性以及车企产业链布局的完善性，目前汽车厂商下属子公司占据绝大部分汽车物流市场份额。2021 年，除了汽车领域的跨界竞争，汽车物流领域也涌现出诸多“跨界”竞争者，比如京东、顺丰、韵达等。它们相较传统的汽车物流企业缺乏专业的运营体系和汽车物流领域人才，但具备较好的商誉和品牌力。于是出现了强强联合的局面，顺丰、京东、菜鸟等快递企业，多次联合专业的汽车物流服务商，参与售后物流业务的探讨和试水，实现双赢。

随着汽车增量市场的萎缩，存量市场竞争进一步加剧。汽车物流企业经营风险和营收增长压力巨大，纷纷开展网络货运、非汽车合同物流业务，并提供物流科技、物流装备、物流金融、航运物流等广泛物流服务，寻找第二增长曲线，实现向提供综合性供应链服务的现代化物流企业转型。

（五）新时期下甲方客户对备件物流提出新的期望与规划

通过罗戈研究面向 43 家甲方企业与 154 家合同物流企业的调研报告显示：超过 80% 的甲方企业规划于 2025 年前完成供应链数字化转型，对于乙方物流服务商的信息化要求逐渐提升；甲方企业对全渠道服务的满意度相对较低，对供应链可视化与成本降低的期望值升高。

供应链数字化转型，需要升级数据体系，构建信息数据库，建设信息服务系统。

通过构建完善的备件数据库、供应链与订单管理系统、仓储与运输管理系统等，实现与甲方企业、流通企业和终端服务网点的系统对接，实现信息流的高效传递与流转，同时实现供应链的可视化。而实现供应链数字化转型的关键在于依赖开发新的业务模型和产品，实现数字化核心运营，建立强大的内部数字基础。

在疫情防控大环境下，甲方企业对降低成本的期望将比以往更迫切。行业内一般对物流成本年降的要求为0.5%~3%。部分情况下，也可按照运营实际需求不降价格，或在强化服务要求下，适当予以价格同比微增。但受制于疫情防控引发的各类成本上涨，部分甲方企业提出更高降价要求，向下游物流服务商传递更高的成本降低信号，这将会影响后续售后服务备件物流在服务与管理方面的策略。

但同样在疫情防控常态化下，甲方企业与终端服务网点要求物流服务商在渠道服务方面持续保障过程满意。物流服务商需解决柔性化需求和差异化服务需求，同时适应“多品种、小批量、多批次、短周期”的特点。在各地交通管制等诸多因素的制约下，及时满足订单配送到达，也将是新的挑战，急需寻找新的破局之法。

东风物流集团股份有限公司　黄承林

第三节　我国汽车轮胎物流发展情况

2021年是“十四五”的开局之年，全年轮胎总产量达到8.99亿条，较上年增长10%，迎来了轮胎行业继2018年以来的触底反弹，迎来了一个轮胎行业发展的小阳春，可谓强势复苏。同时2021年也是轮胎行业发展最为艰难的一年，先后经历了新冠肺炎疫情的反复导致的原辅材料价格多轮全面暴涨，海运物流从一箱难求到天价海运费，再到国内电力煤炭紧张出现的拉闸限电导致的停产减产，无不给2021年轮胎行业的发展带来了前所未有的挑战，保持高增长实属不易。从物流的角度来看，轮胎行业的复苏与车辆的产销趋势保持高度一致，同时强劲增长的背后也包含了2021年轮胎行业物流与分销的变与不变。

一、2021年轮胎物流与分销

物流源自于分销的拉动，分销依托于物流完成订单的交付，两者可谓互为条件，相辅相成互相适应，最终实现高效的交付。轮胎物流也不例外，在2021年轮胎市场跌宕起伏的发展中，可以看到传统的分销渠道在“物联网+资本”模式的催化下，不断裂变，加上新冠肺炎疫情的反复，也加速了分销渠道的不断细分进化，并最终实现2021年大幅增长。当然这些分销渠道的变化，也实实在在推动了轮胎物流的变革，只有当分销渠道匹配了适当的物流渠道才能体现出演变的价值，否则可能将是停滞甚至倒退。因此分销渠道的演变与物流交付的变革从未向今天一样保持高度一致，这也给轮胎物流的发展提供了新的方向和目标，要求各轮胎品牌在制定分销策略的同时务必确保与之协同的物流方案。

（一）轮胎分销渠道的分级与物流策略

轮胎分销渠道基本上分为两个大类，即OEM原厂配套渠道和售后替换渠道。其中，OEM原厂配套渠道主要面向整车制造厂或者改装厂，属于单一性市场分销渠道，主要特点是项目制、产品单一、需求稳定可预测、质量标准高、时效性强等。OEM原厂配套渠道的物流需求非常明确，必须满足其准时（排序）交付的需求、连续稳定的生产需求、稳定的库存水平、经济的运输批量和包装的有效性等主要物流要求。售后替换销售渠道则主要面向新车售出后终端用户对车辆轮胎的更换需求，其分销渠道特点是用户离散度高、需求不稳定、产品范围广、可预测性差、需求弹性大、季节性强。由此可见，替换渠道的离散特点决定了替换市场的物流需求同样具有离散的特点，从而形成了轮胎品牌企业自建的分销渠道、传统的经销商分销渠道、新型的电子商务渠道共存的三个二级分销渠道。每个二级分销渠道又形成了相对独立的二级物流需求。但总体来看，轮胎物流策略主要分为OEM主机配套和替换两种渠道策略。

（二）2021年轮胎分销与物流的演变

按照2021年全球轮胎销售总量17.15亿条来看，OEM原厂配套4.1亿条，占比24%，较上年下降了2%，主要表现在商用车增量的放缓。售后替换渠道的销售13.1亿条，较上年增长11%。全年累计较上年增长8.7%，基本恢复到了2019年新冠肺炎疫情之前的水平。从结构上来看，OEM原厂配套渠道复苏较慢，究其原因主要还是受新冠肺炎疫情防控影响，汽车产业供应链中断，特别是半导体芯片的供应短缺影响了各大汽车品牌的造车计划。2021年，售后替换渠道的强力反弹也出现了前高后低的趋势。在物流方面，2021年是比较艰难的一年。新冠肺炎疫情导致全球港口大面积停摆，船公司开始压减航线的班轮，全球范围内海运费暴涨，欧美航线的运费价格高出3~5倍，出现了轮胎生产的原材料和产成品的运输难的情况。海运费的暴涨和运力资源的紧张打破了地区供求关系的平衡，导致部分订单被推迟甚至取消，一定程度上影响了中国作为轮胎出口大国的产量。国内则出现了内卷的情况，原材料价格高企，产能过剩导致市场价格的调整相对较难。国内物流方面总体成本平稳，受国内油价的波动出现了前低后高的走势。

（三）2021 年新渠道物流的特点

整体来看，2021 年国内销售渠道变化较大的替换胎市场，轮胎物流的主要板块为仓储和运输板块，仅轿车轮胎和卡客车轮胎的物流市场规模约合 250 亿元。其中，运输业务约占 90%，仓储业务约占 10%。替换胎市场的物流业务占比如图 4 －2 所示。

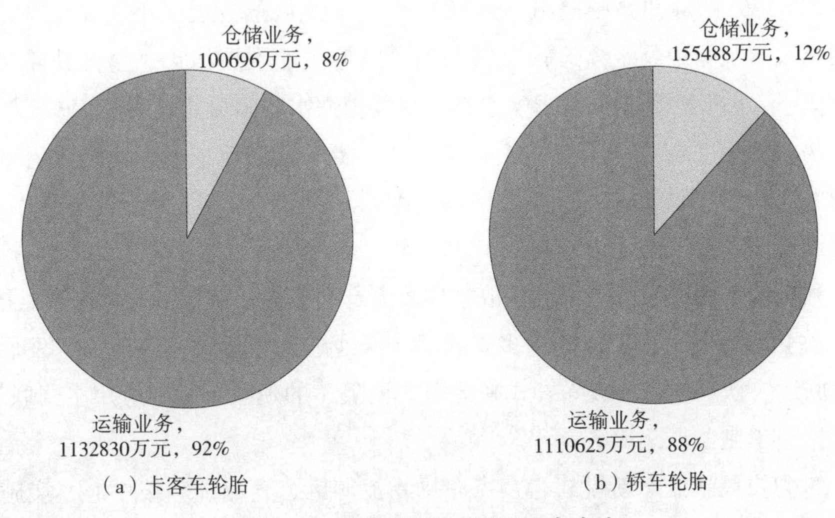

图 4 －2　替换胎市场的物流业务占比

替换胎市场的物流机会也随着细分市场的变化而变化，总体上是朝着方便快捷、客户体验优先的方向转变，特别是物联网电商平台的兴起，实现了线上购买线下安装，变得更加便捷高效。同时，对物流也提出了更高的要求，特别是安全库存和时效成了获客和复购的关键指标。2021 年汽车养护的电商平台的渠道占比为 43.66%，较 2019 年上升了 27%，可见以途虎、京东、阿里为主的电商平台已经成为新渠道的主力。

二、轮胎物流的挑战与机遇

业内预计，对于全球汽车市场而言，新一轮大减产已经开始，这次危机的受灾规模不会小于芯片短缺覆盖的规模。在经济收紧、新冠肺炎疫情叠加影响下，2022 年轮胎销量不排除进一步走低的可能，目前，新冠肺炎疫情对于轮胎销售的影响还在持续，国内轮胎销售却出现了前高后低的走势，也就意味着轮胎销量正在逐渐下滑，而且可能还没有走到最低的位置，探底回升还未可预知。

2022年物流业务活动仍将趋于活跃，物流产业转型升级加速，预计全年物流有望延续稳中有进的发展态势。但汽车物流领域物流成本高、效率低等问题仍然突出，特别是受新冠肺炎疫情以及油价连续高位的影响，社会物流成本出现阶段性上升，已经在建设现代化经济体系、推动高质量发展中拖后腿了。

中共中央、国务院印发的《国家综合立体交通网规划纲要》中提出，到2035年要建成“全球123快货物流圈”（国内1天送达、周边国家2天送达、全球主要城市3天送达）。《国务院办公厅关于印发推进多式联运发展优化调整运输结构工作方案（2021—2025年）的通知》中提出，到2025年，多式联运发展水平明显提升，基本形成大宗货物及集装箱中长距离运输以铁路和水路为主的发展格局，全国铁路和水路货运量比2020年分别增长10%和12%左右，集装箱铁水联运量年均增长15%以上。

轮胎物流的相关企业，需要抓住时机，进一步降低物流成本、提升物流效率，认真践行新发展理念，服务构建新发展格局，融入“十四五”时期现代流通体系建设，更好地促进汽车业经济循环畅通高效。2022年，轮胎物流主要目标应该放在推进降本增效上，利用国家现有扶持政策，争取当地政府有利条件，从以下几方面重点挖掘。

（1）优化流通网络布局，推进多式联运，畅通陆运通道、铁路运力，发展河海联运、陆海联运、铁水联运，破除多式联运中“梗阻”的现象，推广应用多式联运运单，加快发展“一单制”联运服务。

（2）大力发展新业态新模式，多点布局物流园区、仓储和分拨中心，实施“干支配仓”衔接，构建干线、支线和末端配送紧密衔接的流通网络，整合优化现有物流基础设施资源，系统性降低全程运输、仓储等物流成本。利用前置仓、三方仓库、末端配送网点为支撑的三级配送网络，发展共同配送、统一配送、集中配送、分时配送等集约化配送。打造一流供应链平台，轮胎物流与轮胎生产企业合作，建设供应链协同平台，实现协同采购、协同制造、协同物流，以便达到快速反应客户订单需求，做好按时达、及时达。

（3）降低物流信息成本，推动物流信息开放共享。在确保信息安全前提下，按照安全共享和对等互利的原则，物流企业、轮胎生产商和主机厂之间的信息系统加快对接，完善标准化接口和协议，更大程度实现信息共享。

（4）进一步完善物流标准规范体系。应用符合国家标准的货运车辆、内河船舶船型、标准化托盘和包装基础模数，带动上下游物流装载器具标准化。加强与国际标准接轨，适应多式联运发展需求，推广应用内陆集装箱，加强特定货类安全装载标准研究，减少重复装箱工作。

（5）做好应急物流工作的实施。加强应急物流体系建设，完善应急物流网络，整合储备、运输、配送等各类存量基础设施资源，加快补齐重点区域、重点客户的应急物流资源短板，提高紧急情况下应急订单的保障供给能力。2022 年国内新冠肺炎疫情卷土重来后，整个汽车供应链重重受阻，更加凸显出应急物流建设和完善的重要性。

（6）加快发展智慧物流。加快货物管理、运输服务、第三方仓库设施等数字化升级。推进新兴技术和智能化设备应用，提高仓储、运输、分拨配送等物流环节的自动化、智慧化水平，提高设备使用率，降低受制于人力短缺、老龄化加剧、用人成本升高导致的订单无法及时交付。

（7）积极发展绿色物流。深入推动货物包装和物流器具绿色化、减量化，积极研发使用可循环的绿色包装和可降解的绿色包材。加快推动建立托盘等标准化装载器具循环共用体系。以科技助力低碳供应链，通过引进、消化、吸收与再创新相结合，加大新能源、新材料以及节能技术的研发力度，加快推广经济性较强的绿色物流技术装备，加快构建绿色化、智能化、信息化的物流产业链，助力全流程提质增效和低碳减排。坚定不移推进新旧动能转换，向科技创新、数字赋能、绿色低碳要质效，推动绿色低碳高质量发展。

尽管当前世界局势复杂演变，国内新冠肺炎疫情多发，有些突发因素超出预期，经济运行面临较大下行压力。但是，作为拥有超大规模国内市场和内需潜力的国家，我国汽车保有量位居世界前列，据公安部统计，截至 2022 年 3 月底，全国机动车突破 4 亿辆，总保有量达 4. 02 亿辆，其中，汽车 3. 07 亿辆，巨大的市场保有量和内需潜力未来将迸发强劲的轮胎需求，轮胎作为汽车的刚需产品，一旦新冠肺炎疫情得以控制，轮胎市场也将迎来新一波更换高潮。

中共中央、国务院高度重视构建现代物流体系，物流产业地位稳中有升，多部委针对我国物流产业的发展规划、体系构建、组织管理、服务标准等多个方面密集出台了一系列政策，为我国物流产业健康发展提供了坚实的政策保障，轮胎和物流企业需要继续发挥自身优势，保供降本，完成轮胎物流使命，保证本职工作顺利推进，取得实效。

倍耐力轮胎有限公司　马红雨、王玫、刘宝

第四节　我国动力电池行业发展情况

新能源汽车延续了传统汽车产业长链条的特点，但对比传统汽车零部件，又增加了电池、电机、电控等重要部件，从物流环节看，电机和电控两类部件属于普货运输，而电池属于《危险货物品名表》中规定的第九类危险品，对物流环节要求更高，本篇将聚焦新能源电池部件进行深度剖析。

一、动力电池行业总体情况

（一）2021 动力电池行业产销情况

随着新能源汽车产销量的快速增长，我国动力电池行业也随之井喷。2021 年由于新能源汽车产量的激增，我国动力电池的产销量也随之大幅增长。据中汽协资料显示，2021 年我国动力电池产量为 219. 7GWh，同比增长 247. 1%；销量为 186GWh，同比增长 182. 2%。

从产品销量占比结构来看，2021 年我国动力电池销量以磷酸铁锂电池和三元锂电池为主，占比之和达 99% 以上。其中，磷酸铁锂电池占比为 57%，三元锂电池占比为 42. 8%。

（二）动力电池技术发展情况

电池主要分为化学电池、物理电池、生物电池三大类。

（1）化学电池：将物质的化学能通过化学反应转化为电能。

（2）物理电池：在一定条件下实现能量直接转换。

（3）生物电池：将生物质能直接转化为电能。

在三大类电池的基础上，更加详细的分类如图 4－3 所示。

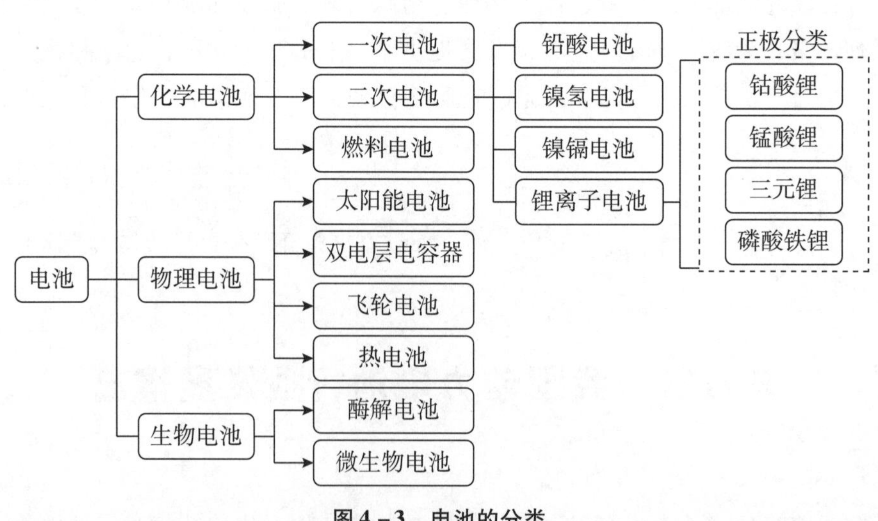

图 4－3　电池的分类

新能源汽车行业主要应用的为二次电池和燃料电池，其中，锂离子电池中的三元锂、磷酸铁锂电池是目前主流的汽车动力电池。

1. 动力电池类型的发展趋势

从热稳定性、低温环境续航、储能密度、续航里程、成本、充放电循环寿命、主流车型或应用等维度进行参数比对，综合来看，三元锂及磷酸铁锂将主导未来几年的“最优解”。汽车行业的主流动力电池参数比对如表4－2所示。

表4－2　汽车行业的主流动力电池参数比对

参数	锂离子电池（按正极材料划分）				铅酸电池	镍氢电池	镍镉电池	燃料电池
	钴酸锂	锰酸锂	18650三元锂	磷酸铁锂				
热稳定性（安全性）	180℃	180～250℃	250～350℃	500～600℃	100℃（包装蓄电池）	200℃	200℃左右	—
低温环境续航	差	优	一般	较差	较好	优	优	—
储能密度（Wh/kg）	150～240	100～150	200～350	150～210	30～45	60～120	40～80	500～700
续航里程（km）	300～500	800（蜂巢能源）	700	500	100	—	—	—
成本（元/Wh）	—	0.5～0.8	0.75～0.9	0.42（比亚迪）	1～1.5	3～6	2～3	5～6
充放电循环寿命	—	800～1200次	1500次以上	3000次	400～600次	500～800次	700～1000次	10000h
主流车型或应用	特斯拉早期车型	Leaf/普锐斯三代	特斯拉	比亚迪/主流电动车	—	丰田混动、第五代普锐斯	—	丰田Mirai
其他	—	能量密度低，电解质相容性差	成本高	能量密度低/低温性能差	污染严重	自放电30%～35%，环保	污染严重，自放电25%～30%	—

2. 电池包装工艺

电池包装工艺有圆柱、方形、软包三类，以圆柱和方形为主流，其能量密度、安全性、重量、标准化程度、工艺要求、充放电倍率六个方面对比如表 4－3 所示。

表 4－3　　电池包装工艺参数对比

类别	能量密度	安全性	重量	标准化程度	工艺要求	充放电倍率
圆柱电池	中	低	较重	高	低	低
方形电池	中	中	轻	低	中	中
软包电池	高	中	轻	低	高	高

3. 电池成组技术

汽车主机厂购买电池包存在两种形式：一是直接向动力电池厂购买完整电池包，目前主流趋势是基于 CTP（全称为 Cell To Pack，该电池集成方案先取消了模组结构，再由电芯直接组成电池包，最后电池包集成到车身地板上作为整车结构件的一部分）技术，发挥磷酸铁锂等电池成本优势；二是向动力电池厂购买模组自己或外包第三方公司组装成电池包，同时 CTP 技术带来的降本增效比较明显。

电池成组技术分为两种：一是现今主流的 CTP 技术，主要技术应用公司有比亚迪、蜂巢能源、宁德时代；二是 CTC（全称为 Cell to Chassis，该电池集成方案直接将电芯集成在地板框架内部，再将地板上下板作为电池壳体）高度集成技术，主要技术应用公司为特斯拉。无论何种技术，其核心都是体积利用率的提升。

（三）动力电池生产企业分析

1. 2021 年电池生产企业装机量情况

从电池企业看，2021 年宁德时代装机量（不含合资）稳居行业第一，装机量占比为 52.1%。比亚迪依然排名第二，占比为 16.2%。跃升至第三位的是中创新航，也就是更名后的中航锂电，占比为 5.9%，虽然与第一位、第二位还存在一定差距，但近两年进步非常明显。大众集团入股的国轩高科排在第四位，占比为 5.2%。由 LG 化学电池业务部门独立而成的 LG 新能源从 2020 年的第三位降至第五位，占比为 4.1%。相比之下，排名第六位到第十位的企业所占市场份额比较接近，分别为蜂巢能源 2.1%、塔菲尔新能源 1.9%、亿纬锂能 1.9%、孚能科技 1.6%、欣旺达 1.3%。2021 年国内动力电池企业装机量占比如图 4－4 所示。

随着新能源汽车渗透率快速增长，产业链的健康发展以及新冠肺炎疫情的有效控制，中国动力电池市场将持续成长。预计 2022 年动力电池装机量将达 299.9GWh，产量和销量分别达到 492.45GWh、396.5GWh。

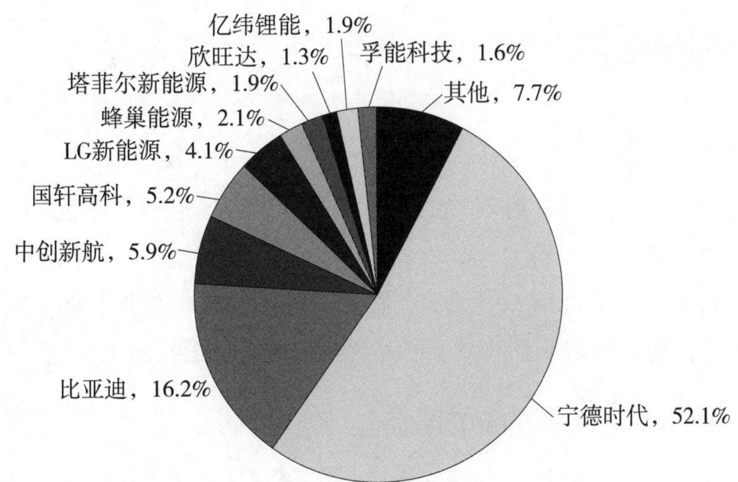

图 4－4　2021 年国内动力电池企业装机量占比

资料来源：中国汽车动力电池产业信息联盟

2. 电池生产企业国内产能布局

在新能源汽车的高需求驱动下，国内动力电池生产企业均在大力投资扩产，目前国内动力电池竞争力 TOP 7 企业规划产能合计已超过 2200GWh。其中，主要电池产能分布在东部江苏及南部广州地区，两大头部企业宁德时代和比亚迪则在全国布局。我国动力电池企业产能如表 4－4 所示。

表 4－4　　　　我国动力电池生产企业产能　　　　单位：GWh

序号	公司	2022 年	2023 年	2024 年	2025 年	规划产能
1	宁德时代	324. 1	399. 1	490. 8	550. 8	778. 8
2	比亚迪	145. 0	155. 0	155. 0	155. 0	185. 0
3	亿纬锂能	50. 5	50. 5	50. 5	50. 5	199. 0
4	蜂巢能源	24. 6	96. 6	96. 6	104. 6	600. 0
5	中航锂电	90. 5	140. 5	140. 5	140. 5	265. 5
6	孚能科技	39. 0	39. 0	51. 0	51. 0	84. 0
7	国轩高科	38. 0	63. 0	81. 0	84. 0	100. 0
合计		711. 7	943. 7	1065. 4	1136. 4	2212. 3

二、动力电池物流产业链分析

（一）动力电池产业链

动力电池产业链分为原材料环节、制造环节、后市场环节。通过对各环节进行梳理总结，上游原材料主要产品为电池材料，包括锂、钴、锰、镍、天然石墨等矿石资源，以及正极材料、负极材料、电解液、隔膜、其他辅材等生产材料。制造环节主要产品为电芯及电池包，后市场环节主要产品为换电电池与退役电池。

（二）产业链环节对应的物流业态

动力电池产业链的三个环节，对应四种物流业态。原材料环节中矿石资源对应大宗物流，生产材料对应危险品物流；制造环节的电芯与电池包，对应危险品物流，是其中第九类危险品物流业务；后市场环节产品分为换电电池和退役电池，其中换电电池对应城市物流，退役电池对应零担散货。

三、各产业链环节的物流市场分析

新能源汽车必备的动力电池系统对于物流企业来说是一个更好的赛道，所有新能源汽车都要用到电池，而动力电池产业链是一个高集中度的产业，伴随动力电池产业链的物流市场因其产品特性，其市场规模比普通的零部件供应商物流市场要更大。

（一）原材料环节物流市场

（1）电池原材料的上游是矿石资源的开采及运输，矿石运输在物流分类中属于大宗物流的范围。电池原材料所需的矿石多靠进口，以海路运输为主、公路运输为辅；起点仓储端主要为配货站或港口，属资源型产业，其他类型企业在竞争中不具备优势。

（2）动力电池的生产材料主要由正极材料、负极材料、电解液等构成，在电池生产的原材料中包含大量化工产品，属于危险品行列，对应的物流即危险品物流业态。其运输特点包括：仓储和运输需申请相应运输资质以及投入不同类别的运输专用车辆，需要承担相应的运输风险；其物流供应商为专业危化品物流公司，如中化国际物流、正本物流、密尔克卫等。

（二）制造环节物流市场

从动力电池产业链的制造环节看，电池厂需运输的产品主要为电池模组和电池包，从电池厂到主机厂的长途运输是区别于传统零部件运输（含循环取货）的独立赛道。动力电池的运输属于危险品物流，需要第九类运输资质，并且运输和仓储不可同其他类零部件混装。

长途运输市场：制造环节的主要商品流中，电池厂主要产出电池包和电池模组，两类产品运输到主机厂的零部件仓或PACK仓，因动力电池运输特点，这条长途运输线路不同于传统零部件运输，是随电动车发展的新物流市场，而零部件仓或PACK仓到生产车间的物流属于传统零部件的短倒业务，并非独立市场。制造环节物流如图4－5所示。

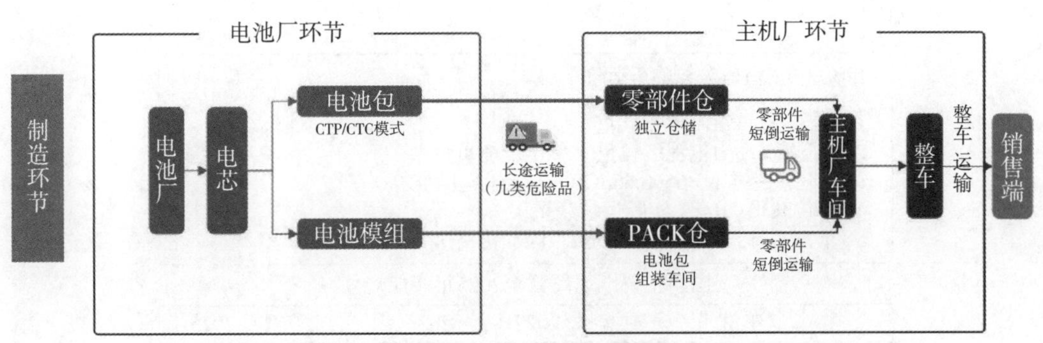

图4－5　制造环节物流

注：电池包可直接装车应用，电池模组需要运输到主机厂下的PACK仓组装为电池包。

从市场规模来看，将动力电池长途运输作为独立细分市场测算市场规模，预计2022年市场规模为9亿～14亿元，2025年市场规模为15亿～28亿元。

动力电池长途运输市场规模预测分为保守估算和乐观估算，保守估算是按照乘用车市场信息联席会2022年预测销量计算，乐观估算是按照截至2025年新能源汽车销售1000万辆（渗透率约50%）计算。动力电池长途运输市场规模预测如图4－6所示。

预测方法及依据如图4－7所示。

从业务特点看，在目前的操作中，由于客户降费需求和物流公司的竞争，部分业务实际运输仍为普通散货运输，未采用专用危险品物流相关车辆进行运输。九类危险品运输资质申请难度不大，不能以资质许可形成竞争壁垒。

回顾传统蓄电池运输，其监管一直存在漏洞，如今锂电池领域可能受到影响，完全规范化需要一段时间，预计3～5年。一方面，随着运输规范化，物流企业可能投入

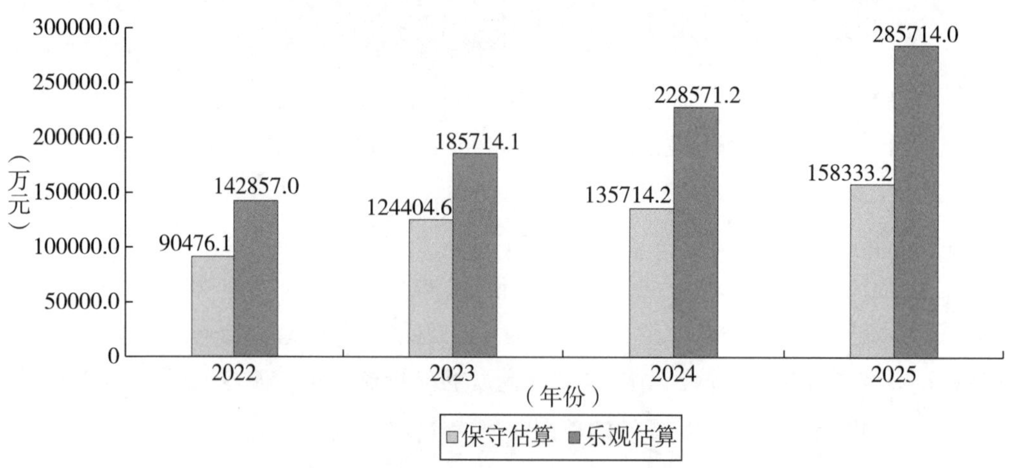

图4－6　动力电池长途运输市场规模预测

市场总规模=车次×单车运价

① 车次=总重量÷单车载重
② 总重量=动力电池装机量×单位产能重量
③ 单位产能重量=6666.66t/GWh（能量密度推算）
④ 单位载重：14t（实际运输载重）
⑤ 单车运价：9500~12000元/t（浮动价格）

国内主要电池厂截至2025年产能规划

年份		2022	2023	2024	2025
新能源汽车销量（万辆）	保守	400	550	600	700
	乐观	500	650	800	1000
动力电池装机量（GWh）	保守	200	275	300	350
	乐观	250	325	400	500

图4－7　预测方法及依据

资料来源：爱普搜汽车

资金进行车辆升级与转换，形成专业动力电池运输企业；另一方面，物流企业同电池厂的绑定加深，逐渐深入到电池厂销售、回收、售后物流等多维度中。

（三）后市场环节物流市场

从动力电池产业链后市场环节看，动力电池的流通主要分为售后端和回收端两个环节，在售后端换电模式不同于充电模式，衍生出资管公司这一特殊环节，物流业态围绕城市物流展开，回收端主要围绕退役或报废动力电池，一般采用零担散货模式。

城市物流：换电模式下的资管公司，负责城市内或区域内的换电站电池调运、投放，属于城市物流范畴，结合动力电池属性，在城市内也属于九类危险品运输，相对长途运输监管较为严格。

零担散货：基于电池回收网点和仓库运输的退役动力电池，同属于九类危险品，但此时电池经过放电处理或报废，而且回收网点和场景也过于分散，所以运输中基本采用零担散货的运输方式。后市场环节物流如图 4 –8 所示。

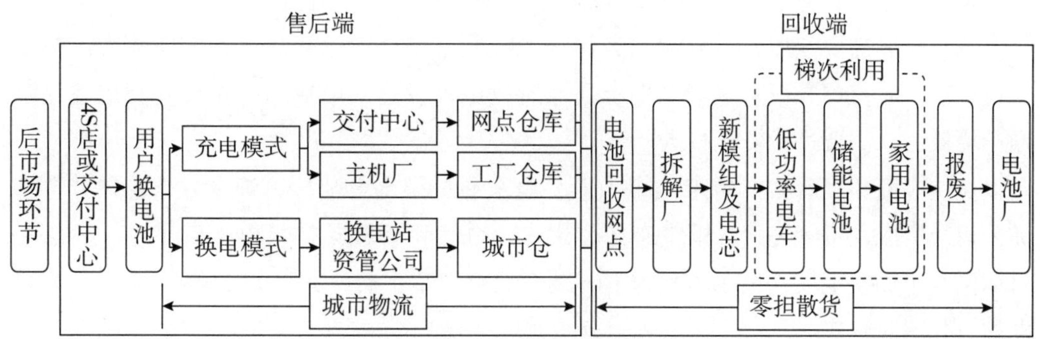

图 4 –8　后市场环节物流

从换电市场规模来看，换电模式目前还处在初试阶段，行业内对换电模式的前景分析主要为：未来市场不明，缺少运营数据参考，对应城市物流的市场规模暂时难以测算。

换电市场是蓝海市场。主机厂：电池银行可以解决车企电池成本高昂问题，降低车企成本，但车企可能失去部分话语权。用户：租用电池可节省购车成本，并且换电缓解里程焦虑。电池厂：换电模式可以增大电池厂在整个产业链的话语权，并且增大动力电池市场规模，电池厂希望换电模式大规模推进。布局换电市场的企业如表 4 –5 所示。

表 4 –5　布局换电市场的企业

企业名称	布局动作
宁德时代	2022 年 1 月 18 日，宁德时代旗下全资子公司时代电报重磅推出了组合换电整体解决方案，推出了“换电块、快换站、App”三大产品
蔚来	2022—2025 年，在中国市场每年新增 600 座换电站；至 2025 年年底，蔚来换电站全球总数将超过 4000 座
广汽集团	设立广汽能源生态科技有限公司，发布了“2^6 能源行动”，推动电池可买可租、可充可换、可慢充可快充，容量可大可小、里程可长可短，可买电、可卖电，可回收、可梯次利用
协鑫能科	热电联产起家，2021 年切入换电运营，同长久物流合作拓展换电站建设工作

换电模式或许仅是解决新能源汽车续航焦虑的过渡方案，一是供应链关系，因车

企、电池厂电池关系未能理顺；二是技术影响，受电池技术影响，固态电池技术、燃料电池技术、电池能量密度的突破周期将缩短，任何一点的技术突破都可能重构商业模式；三是重资产投资，换电带来的重资产投资可能并不是长期生意。

从业务特点看，换电运营商（资管公司）负责整合资源、建设换电站、调度运营车辆及城市仓等，换电站运营投放需要专用车辆和对应城市仓。

城市投放需要专用九类危险品运输车辆：城市中九类危险品运输的监管力度高于长途运输，城市中人口密集安全要求高，所以城市投运一般采用中小型九类危险品运输车辆投运，需要进行资产投入。

从供应商角度看，以蔚来汽车为例，蔚来通过绑定电池厂、资本方、金融方等多类公司合资成立资管公司，围绕车企、用户、电池厂管控整体换电运营工作。蔚来是目前国内布局换电模式最多、品牌影响最大的乘用车企业，截至2022年1月，蔚来换电站总数达800座。

2022年3月，工业和信息化部发布了《2022年汽车标准化工作要点》。2020年4月，财政部、工业和信息化部、科技部、国家发展改革委联合发布《关于调整完善新能源汽车补贴政策的通知》，为鼓励换电等新型商业模式创新发展，对采取换电模式的新能源汽车产品不执行30万元限价要求，为换电模式车辆“开绿灯”。换电模式的规模性应用可能会优先在重卡实现，干线运输场景下换电等重资产投入可能率先盈利。

从回收环节的市场规模来看，据电池产业联合会统计，2021年全国总计回收37万吨锂电池，到2025年约75万吨，按照500元/吨测算（散货价格），2022—2025年预计市场规模为2.11亿~3.75亿元。

新能源动力电池的处置基本包括两个方向，一是梯次利用，二是再生利用。

国内动力电池回收商品流如图4-9所示。

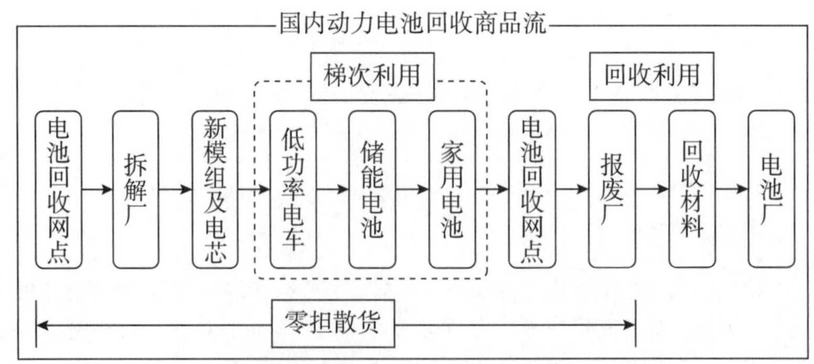

图4-9　国内动力电池回收商品流

从梯次利用业务特点看，梯次利用受电池售后及回收体系尚未健全和电动车刚刚爆发尚未大规模退役等影响，并未迎来爆发期。

目前退役的动力电池是几年前的电池，电池质量与现在有一定差距，循环次数有限。国家能源局发布的《新型储能项目管理规范（暂行）（征求意见稿）》中指出，在电池一致性管理技术取得关键突破、动力电池性能监测与评价体系健全前，原则上不得新建大型动力电池梯次利用储能项目。梯次利用场景分散，难以形成统一的商品流。

从回收利用业务特点看，政策红利期有望带来行业规模爆发，但目前市场总量较小，电池回收产能还未释放，由于回收网点分散，物流多以零担散货形式为主。

网点回收主要依靠4S店与交付中心，根据工业和信息化部报告，全国31个省区市设立动力电池回收网点10048个，市场过于分散。废旧电池依然属于九类危险品，但运输过程中主要以私人或基层物流承运，网点分散、频次低，并且运输相对长途运输和城市物流更加缺少政府监管与约束。

从供应商角度看，动力电池回收企业需进入工业和信息化部《新能源汽车废旧动力蓄电池综合利用行业规范条件》白名单，截至2021年11月23日，有47家企业已经进入白名单，主要是电池厂和电池原材料厂。

在梯次利用和回收利用环节，车企并未参与，主要因为车企在回收利用方面的技术和盈利模式并未打通。从主要回收企业和产能布局来看，主要回收企业集中在东南部地区，同产能布局重合度较高。

在动力电池产业链后市场中，梯次利用和回收利用业务均具备较好的市场前景，但短期总体回收量较低，根据动力电池5～8年的使用寿命推算，市场爆发期可能在2027年。

未来可结合支持金属、汽车、电池等企业建立一体化废旧电池回收中心。电池回收示范区首先可能在东南部的粤港澳地区形成规模性落地项目，重点关注头部电池生产企业和头部电池原材料企业。

从产业链的3个环节分析，动力电池产业的物流市场总体呈现监管缺失的状态，市场处于初级阶段，各大环节主要围绕电池厂布局，打通电池厂物流是产业链布局的重要抓手。

（四）搭建动力电池全生命周期一体化物流体系

从动力电池的全生命周期来看，物流活动的两大基础为运输和仓储，围绕动力电池全生命周期，以运输业务为纽带，仓储为核心，联合动力电池供应商打造动力电池全生命周期一体化物流体系。

动力电池全生命周期均属于九类危险品物流，在政策监管加强后，动力电池物流市场迎来机遇，虽然产业链各环节市场规模较小，但动力电池仓储配送相对独立，搭建一体化物流体系可形成规模效应，降低成本，放大产值。

动力电池售后、梯次利用、回收利用主要由生产企业负责，生产企业的分布相对集中，给物流企业带来与客户深入合作的机会。

中都物流有限公司

第五节　我国汽车物流循环包装发展情况

一、我国汽车工业市场分析

了解国内汽车工业宏观环境及发展现状、发展趋势，有助于分析循环包装细分市场及循环包装租赁管理模式。

（一）我国汽车工业宏观经济分析

肆虐全球的新冠肺炎疫情给世界带来了巨变。在此期间，中国在经济发展和疫情防控方面都领先于世界，并且在许多方面都实现了显著的进步，例如，科技实力、产业链的完整性、改革与开放、人民的生活水平和生态文明等。

政治因素：虽然全球饱受新冠肺炎疫情困扰，但中国在疫情防控与经济发展方面一枝独秀，2021 年我国 GDP 总量为 114.4 万亿元，同比增长 8.1%，经济稳步恢复中。

经济因素：居民收入继续稳步增长；居民消费支出持续恢复；2021 年，我国居民人均可支配收入 35128 元，同比增长 8.1%，与经济增长基本保持同步，两年平均增长 5.1%；而全国居民人均消费支出为 24100 元，同比增长 12.5%，两年平均增长 4.0%，居民消费需求逐步释放，消费支出保持恢复性反弹态势；对于国家支柱产业之一的汽车行业来说，无疑也是利好。

社会文化因素：伴随着居民消费水平不断提升，消费者日益关注产品的品质及对品牌的认同度；汽车行业中处于豪华阵营的车企通过合理的产品定位，获得了更多渴望追求高端产品消费者的喜爱；同时，自主品牌产品与品质大幅提升，在国潮风的影响下，更多的国民优先选择自主品牌，也带动了自主品牌汽车销量大幅增长。

技术因素：自 5G、人工智能、工业互联网、物联网被定义为“新型基础设施建设”以来，国家不断加快新型基础设施建设的投入，以技术创新为驱动、以信息网络为基础，面向高质量发展的需要，打造产业基础设施体系；汽车行业也由此进入电动化、网联化、智能化、共享化时代。

环境与法律因素：随着环境保护意识不断增强，新能源汽车逐步被消费者接受。2022 年新能源汽车购置补贴标准在 2021 年基础上退坡 30%；2022 年新能源汽车购置补贴政策自 2022 年 1 月 1 日起执行，于 2022 年 12 月 31 日终止，之后上牌的车辆不再给予补贴，这也就意味着 2022 年 12 月 31 日之后，补贴即将完全退出，新能源汽车补贴时代即将结束，如减免购置税、车船税、企业所得税扣除等，新能源汽车相关的鼓励政策还将持续，新能源汽车由补贴驱动进入市场驱动。

综上所述，中国经济稳中求进，产业不断实现增效提质，居民消费水平不断提升，汽车产业将迎来成熟发展与技术创新。

（二）我国汽车工业乘用车市场现状

中国汽车工业在经历了将近 30 年的“闭门造车”后，先后与美国、德国、日本等汽车公司合资，进入“以市场换技术”阶段；我国的汽车产销量也大幅提升，汽车工业逐渐成为国民经济的支柱产业之一。随着 2001 年中国加入 WTO，国家 2004 年公布《汽车产业发展政策》及 2009 年出台《汽车产业调整和振兴规划》，我国汽车工业在品类、产量、技术与质量等方面大幅提升，汽车工业从成长期进入成熟期；同时 2010 年吉利完成豪华品牌沃尔沃收购后，我国自主品牌相继推出领克系列、一汽红旗、长城 WEY，长安 CS95 等中高端品牌。

虽然我国的乘用车市场受国内市场竞争压力、中美贸易摩擦、新冠肺炎疫情冲击及芯片供给等多重因素影响，结束 20 多年快速增长，于 2018 年销量首次出现负增长，但在国内强大的消费市场促进下，还是连续七年销量超过 2000 万台，2021 年乘用车销量稳中有增，增长率为 3.8%，也结束了自 2018 年以来连续三年下降的局面。

（1）国内乘用车销量峰值：2017 年国内乘用车销量达到第一个峰值 2472 万台，是 2007 年销量的 2.82 倍。

（2）2021 年国内乘用车销量：2021 年国内乘用车销量 2148 万台，结束了 2017 年之后的三年下降，且销量保持在 2000 万台以上，是 2007 年的 2.45 倍。

（3）按品牌区分销量占比：豪华品牌乘用车销量占比由 2012 年的 4% 增长到 2021 年的 16%，豪华品牌产品下探，吸纳了原属于合资品牌消费群体；与此同时，自主品牌技术、品质等方面提升，并向中高端发力，销量占比也由 2012 年的 35% 上升到 2021 年的 44%，也吸引了原属于合资品牌的消费群体；合资品牌犹如夹心面包，销量占比由 2012 年的 61% 降低到 2021 年的 40%，也就意味着合资品牌乘用车市场份额受到豪华品牌与自主品牌的挤压，对于合资品牌而言，应调整研发战略，推出适合用户喜爱的畅销产品，并在激烈的市场竞争中突出重围。

（三）新能源汽车销量分析

2001 年 9 月新能源汽车纳入国家“八六三”计划，此后启动了“电动汽车重大科技专项”和“节能与新能源汽车”专项，确定了“三纵三横”的研发布局，标志着我国电动汽车研发的启动。

王洋（2017）归纳出我国新能源汽车的发展共分为四个阶段：第一阶段是 2001—2008 年，明确新能源汽车的技术路线，初步构建产业政策框架；第二阶段是 2009—2011 年，为新能源汽车提供财税政策方面的支持，加大示范推广力度；第三阶段是 2012—2015 年，明确新能源发展目标，进一步完善产业支持体系，强调基础设施建设；第四阶段是 2016 年到现在，政府加强监管，产业政策开始调整收紧，后补贴时代来临。

《国务院办公厅关于印发新能源汽车产业发展规划（2021—2035 年）的通知》中提出，第三节发展愿景中表述：力争经过 15 年的持续努力，我国新能源汽车核心技术达到国际先进水平，质量品牌具备较强国际竞争力。纯电动汽车成为新销售车辆的主流，公共领域用车全面电动化，燃料电池汽车实现商业化应用，高度自动驾驶汽车实现规模化应用，充换电服务网络便捷高效，氢燃料供给体系建设稳步推进，有效促进节能减排水平和社会运行效率的提升。说明新能源汽车市场未来将有巨大的发展空间。

二、国内乘用车市场循环包装细分市场分析

下面通过对国内乘用车市场循环包装细分市场发展过程描述及单车成本结构剖析，得出其循环包装细分市场规模。

（一）国内乘用车市场循环包装细分市场发展过程

循环包装细分市场与国内的汽车工业市场发展是息息相关的：当“市场换技术”利用外资技术共同研发生产后，循环包装开始引入国内；伴随着中国加入 WTO 及相关的国家政策推进，奔驰、宝马、通用、大众等企业纷纷进入中国，并引入了欧美包装体系；日产、本田等引入了日系包装体系、丰田独创另一种欧标包装标准。有资料显示，以 1997 年成立的上汽通用合资公司成为中国汽车包装行业先驱。这些循环包装体系纷纷被引入国内，并被各大主机厂进行推广与应用，奠定了我国汽车工业包装体系的理论与实践基础。

2008 年以后，汽车工业走向成熟期，循环包装使用被大多数主机厂所接受并大量使用。此时 KLT、GLT 标准包装引入国内，尺寸规格相对统一。同时，广本与东本采

用以包装标准化为前提的循环包装取货物流模式，并将 RFID 技术应用于循环包装管理中；南京长安马自达率先与集保（中国）进行包装管理领域合作，采用包装租赁方式，将包装投入与运营交由集保（中国）负责，开创了乘用车市场循环包装管理 CMC 模式的先河。随后，此循环包装管理 CMC 模式由国内循环包装管理公司——中久科技在奇瑞、捷豹、路虎等主机厂应用至今；2018 年，沃尔沃汽车与中久科技公司进行合作，从中久科技公司租赁包装，推行了标准循环包装共享模式；而在零部件供应商端，国内较早从事循环包装租赁管理的苏州优乐赛公司与众多零部件供应商合作，租赁循环包装给零部件供应商，推行运包一体化模式，实现了相同循环包装在不同零部件供应商之间的流转与共用。

乘用车市场以其成熟的制造工艺及精益的物流管理体系，使各种循环包装模式得到推广与应用，而循环包装的标准化、模块化、柔性化也为推进物流降本增效、绿色可持续发展提供了有力支撑。

（二）循环包装细分市场规模分析

2008 年以后，国内循环管理理论研究开始出现，循环包装在乘用车市场的使用被大多数主机厂接受。但对于国内乘用车市场循环包装细分市场规模分析相对较少，通过查阅相关资料以及在行业中的多年工作经验，可以预估出国内乘用车市场循环包装细分市场规模。想要知道乘用车市场循环包装细分市场规模，我们首先需要知道一辆乘用车简单的成本结构，包括税费、厂家利润、4S 店利润及制造成本等。

第一项是税费，包含了汽车厂家缴纳的汽车消费税、增值税及消费者缴纳的购置税，预计占车价的 35% 左右；第二项是技术转让费，国内合资品牌的乘用车需要向外资方缴纳约占车价 9% 的费用；第三项是汽车厂家整车利润，占车价的 9% 左右；第四项是 4S 店利润，约占车价的 5%；第五项是乘用车的制造成本，预计占车价的 43% 左右。

以一台车价 20 万元的乘用车为例，其制造成本约占 43%，约 8.6 万元；而制造成本中包含了材料费用、运输费用、人工费用、厂房与设备的折旧费用等。

其材料费用约占制造成本的 40%，而制造成本约占车价的 43%，即材料费用约占车价的 17%，仅为 3.44 万元。同时，通过对部分零部件供应商的了解，包装费用约占材料费用的 20%，约 0.68 万元；此包装费用包含了整车型循环包装费用与一次性包装费用。同时通过作者所在企业服务的客户，对应整车型的包装管理项目中，循环包装费用约占包装费用的 65%。由此，我们预估一台车价 20 万元的乘用车，其循环包装费用约为 0.44 万元。

从 2021 年乘用车市场的销售数据来看，销量为 2148 万台，若对于豪华品牌、合资品牌、自主品牌乘用车以 20 万元均价作为假设车价进行核算，2021 年乘用车销售带来的产值约为4.3万亿元规模（不含乘用车售后、出口市场及其衍生市场）；2021年乘用车市场包装市场规模约为1478万元；其循环包装市场规模约在961万元。

三、循环包装租赁管理市场占有率分析

在循环包装细分市场中，按所有权进行区分，由自投包装与租赁包装两部分组成，且两部分包装形成长期共存，本节重点研究的是循环包装租赁这一部分。

（一）循环包装租赁管理市场介绍

（1）自投包装，即主机厂或零部件供应商根据主机厂的车型投入循环包装项目需要，自行采购循环包装，并投入零部件交付供应链中，这些循环包装在零部件供应商与主机厂之间流转，包装的丢失与增补由投入方承担，循环包装在主机厂端的回收由主机厂或零部件供应商自行完成。

（2）租赁包装，即主机厂或零部件供应商从包装管理公司租赁包装，这些租赁的包装投入零部件交付供应链中，并在零部件与主机厂之间流转，包装的丢失与增补由包装管理公司承担；包装在主机厂端的回收工作，也由包装管理公司完成。可以将各阶段自投包装与租赁包装的责任进行划分，如表4-6所示。

表4-6　各阶段自投包装与租赁包装的责任划分

序号	阶段	工作内容	自投包装	租赁包装
1	项目阶段	设计与评审	设计：包装设计公司 评审：主机厂及相关方	设计：包装设计公司或包装管理公司 评审：主机厂及相关方
2	项目阶段	批量制作	主机厂 零部件供应商	包装管理公司
3	项目阶段	包装投入	主机厂 零部件供应商	包装管理公司
4	运营阶段	包装使用	主机厂 零部件供应商	包装管理公司
5	运营阶段	包装维保	主机厂 零部件供应商	包装管理公司
6	报废阶段	包装报废	主机厂 零部件供应商	包装管理公司

包装管理模式分为自投管理模式与租赁管理模式。不同品牌的主机厂可选择不同的循环包装管理模式。

包装租赁管理公司有以下特点。

（1）包装租赁管理公司产生背景不同。

（2）包装租赁管理公司大多数为非上市企业。

（3）包装租赁管理公司规模差距较明显。

（4）包装租赁管理公司有外资品牌，也有自主品牌，但以自主品牌为主。

（5）包装租赁管理公司业务存在差异化，但同质化现象也比较严重。

（二）循环包装租赁管理市场供需两侧分析

循环包装租赁管理市场经过 10 多年的发展，目前市场占有率依然处于较低水平，这与乘用车市场的蓬勃发展有关，但并不意味着此市场目前是一片蓝海，也并不意味着此市场会以较快加速度实现租赁市场占有率增长。

究其原因，循环包装租赁市场占有率有效增长还来源于两个驱动因素（供需两侧）：第一驱动因素来源于需求侧，主机厂对于循环包装租赁的需求迫切性；第二驱动因素来源于供给侧，包装租赁管理公司具备或超出客户期望的包装成本运营能力。

从需求侧来说，自 2017 年乘用车市场经过多年的增长后，出现了连续的负增长，乘用车市场由原先的增量市场转变成存量市场，而自主品牌因技术与制造工艺提升，销量增大；新能源因政策引导，增长率也大幅提升；这就使得原本竞争激烈的乘用车市场竞争加剧。同时新冠肺炎疫情防控的常态化及芯片短缺影响，给整个供应链保障带来了巨大挑战，供应链成本与日常管理成本由此增加。面对激烈的竞争环境与运营成本的上升，各主机厂迫切希望可以通过有效降低企业运营成本来提升竞争能力。而循环包装作为供应链中的基础单位，承载着保护与存储零件、实现物流标准化、提质增效的作用。循环包装租赁管理模式，成为主机厂降本及推动供应链可持续发展的首选方案。同时可以看到自主品牌向中高端发力，在销量增加的同时，研发与管理成本同样增加，利润率增长有限；自主品牌长期以来形成对成本的苛刻要求，减弱了包装租赁管理公司对其吸引力。

从供给侧来看，循环包装租赁管理模式经过多年发展趋于成熟，线下网络布局也趋于完善，有效地解决了异地循环包装回收难且丢失率高的难题，保证了循环包装租赁项目在有限的预算范围内成功实施，解决了客户现阶段的迫切需求。同时因为包装租赁管理公司负责循环包装的投入与管理工作，减轻了客户循环包装租赁管理项目运营的压力，也帮助客户分担了由产量波动或其他因素导致的包装冗余与投资成本方面的压力，最重要的是，循环包装租赁管理公司与客户一同分担了整个供应链运营风险。

（三）循环包装租赁管理市场现状与发展趋势

从第一与第二驱动因素分析来看，需求方对于循环包装租赁项目实施有迫切期望，同时循环包装管理租赁管理模式趋于成熟，相应的管理公司也具备了承担此类项目运营与投资风险的能力。未来循环包装租赁市场确实有较大发展空间。但整个循环包装租赁市场也存在着恶性竞争、同质化等问题。这主要是由以下两个方面原因导致的。

第一个原因是现阶段循环包装租赁管理市场红利已基本结束。2008 年开始，中国的汽车工业进入成熟期，乘用车销量节节攀升，主机厂大多重心放在产品质量与工艺提升方面，对于循环包装降本需求不如现在强烈，只要较现在包装费用有所降低即可。循环包装租赁管理模式是新模式，其运营模式与成本结构并不透明，由于市场信息不对称的存在，使消费者与企业进行不断博弈，消费者往往处于劣势，故此模式在当时有较高的利润空间；同时此模式存在包装投入较高、运营模式风险等不确定因素，故当时鲜有新进入者威胁，在赫尔模型中，位于成本低、差异大的状态，处于令众人羡慕的位置。伴随着乘用车市场竞争加剧、新能源兴起，主机厂专业性人才跳动频繁，各种协会组织的业务交流活动也明显增多，主机厂间的信息壁垒逐渐减弱，主机厂对于循环包装运营模式与成本结构逐渐了解；因循环包装租赁管理模式趋于成熟，新进入者也渐渐增加，竞争加剧，价格战在所难免，循环包装租赁管理项目回归到合理的价格区间，个别情况下因恶性竞争，循环租赁管理公司有时面临项目亏损的情况。

第二个原因是循环包装租赁管理模式变得灵活，进入门槛变低；目前循环租赁管理模式大致有三种：CMC 模式、运包一体化模式与标准包装共享模式，这三种模式因合同主体与运作模式有别，项目难易程度也不相同。运包一体化模式与零件供应商合作，因其具备可以以单一线路进行项目实施、包装投资与项目投入均较小、项目实施比较快速等优点，同时也满足零部件供应商的降本需求，故受到零部件供应商的青睐；对于主机厂来说，因其同样可以快速、分批次推进循环包装切换项目，也被主机厂所接受；但该模式也存在标准不统一问题，主机厂整车型包装由 N 家零部件供应商委托各自的循环包装租赁管理公司实行，包装标准不统一，即使相同尺寸的包装也存在尺寸差异，导致主机厂物流标准化与精益程度受到影响。主机厂整车型的循环包装切换完毕后，大概率会进行包装标准整合与改善工作，回归到 CMC 模式或标准包装共享模式。

对于循环包装租赁管理公司而言，因项目投资标的较低、项目运营风险较小、进入门槛降低、新进入者增多，恶性竞争与价格战在所难免，运包一体化模式的循环包装租赁管理公司同质化比较严重，同时对CMC模式与标准包装共享模式的包装租赁管理公司形成威胁，整个市场形成内卷。

中久装备智能科技有限公司　严传兵

第五章　我国汽车整车公路运输发展情况

第一节　我国乘用车公路运输发展情况

一、2021 年我国公路运输总体情况

（一）运输规模

据统计数据显示，2017 年中国汽车物流行业市场规模为 7680 亿元，2021 年中国汽车物流行业市场规模为 7237.83 亿元。2017—2021 年中国汽车物流行业市场规模如图 5－1 所示。

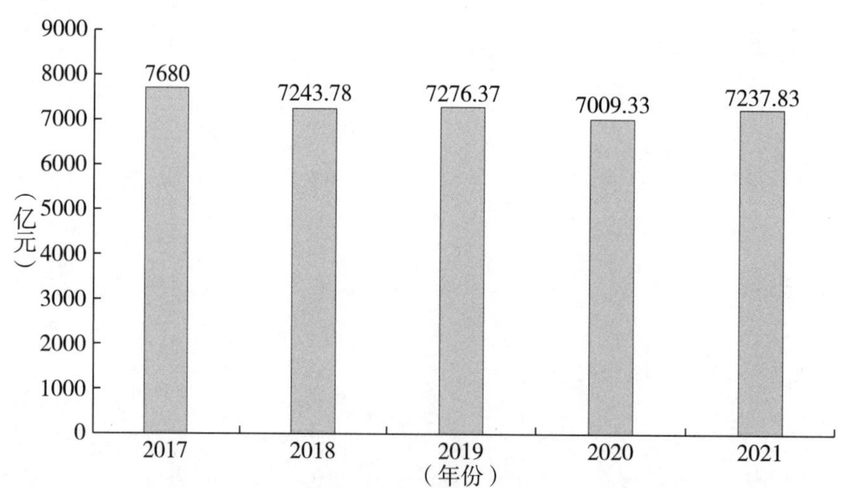

图 5－1　2017—2021 年中国汽车物流行业市场规模

资料来源：智研瞻产业研究院

2021 年，按运费计算，整车运输约占中国公路货运市场的 60%。整车运输的主要收益依然是由庞大旺盛的汽车产销拉动。2021 年 1—12 月中国汽车产销量累计分别完

成 2608. 2 万辆和 2627. 5 万辆，累计分别增长 3. 4% 和 3. 8% 。

其中，乘用车方面，2021 年 1—12 月中国产销量累计分别完成 2140. 8 万辆和 2148. 2 万辆，比上年分别增长 7. 1% 和 6. 5% 。增幅高于行业 3. 7 个和 2. 7 个百分点。

（二）运输结构

汽车整车运输的三大主要方式是公路运输、铁路运输、水路运输。从国内整个汽车物流行业看，铁水运输比例已超过 50% ，且仍有扩大趋势，目前铁路比例远高于水路。以一汽物流为例，采用铁路运输约占总货量的 40% ，水路运输约占总货量的 10% 。

公路方面，乘用车专用运输车主要有六位车、七位车、八位车三种形式，并且以八位车为主。预计全国汽车整车公路运输车辆约 6 万台，七位车约 1. 2 万台，六位车约 0. 6 万台。在规范市场秩序方面，目前公路运力违规超载情况有所抬头，政府应坚持开展“车辆运输车治理”工作，维护治超成果，还行业一个公平、有序的市场竞争环境。

铁路方面，中铁特货作为我国汽车铁路运输的主要承担者，目前在全国拥有 140 余个商品汽车装卸作业点，42 个物流基地和铁路货场，可同时储存 26 万辆商品汽车；班、专列比例达 60% ，平均每周开行 120 列。目前，企业的商品汽车专用运输车已经发展至第 9 代，目前拥有 JSQ5、JSQ6、JSQ7、JSQ8、JNA1 等车型，各车型保有量约 2 万辆，能够匹配各类商品汽车运输需求，年运输能力达 700 万台以上，为汽车铁路运输持续发展提供强有力的保障。

水路方面，我国江海滚装船共计 91 艘，在役船舶总计 13. 63 万额定车位数。我国汽车滚装码头经过多年发展已形成规模，目前大连码头、武汉江盛、重庆果园等部分港口码头拥有港口铁路专用线，具备实现公铁水联运发展的条件；上海海通、天津滚装/环球、大连码头、武汉江盛等主要滚装码头拥有较为完善的口岸汽车物流服务体系，可以提供物流增值服务。汽车滚装码头逐步建立以多式联运为重点的港口集疏运体系，以促进不同运输方式间有效衔接，进一步发挥汽车滚装码头在汽车物流综合运输体系中的连接作用。

（三）运输模式

1. 传统模式

作为传统的合同物流企业，多数物流企业伴随着整车生产企业的建设和发展而成长。目前，一些新模式给传统物流企业造成较大冲击。

一是随着城市限行政策的陆续出台，以及执法管理力度增强，传统公路物流企业门到门运输的实现率正在降低，在“最后一公里”配送的质量、时效上不具备专业、灵活的应变能力。

二是随着新能源汽车销量逐年提高，线上订单比例持续提高，这要求物流企业在时效响应上具有更大的机动性。

三是随着绿色物流需求、降本压力的增加，汽车整车物流中铁水运输比例进一步加大，传统公路运输行业生存空间受到进一步挤压。

四是随着整车物流在途信息查询要求的逐渐提高，物流数智化、透明化已成为主要竞争要素，是物流管理和服务水平的数智化体现。

2. **平台模式**

为了聚拢、整合散车、二手车等社会零散资源，行业内多家汽车物流企业都在建立或运用网络货运平台。如长安民生的车易运，中都物流的优卡运车平台，各企业都在不断拓展业务和服务边界。

网络货运平台具有较大的商用价值。一是可以对司机提供优质货源、提升效率、权益保障、车后服务；二是可以对货主提供丰富运力、阳光采购、透明管理、安全保障；三是可以对物流企业实现数字转型、运力共享、合规进项、生态支持；四是对物流行业实现数据收集、规范税务、运营监管、降本增效。

网络货运平台具有较好的发展前景。一是与广大物流企业实现数据共享，携手打造全新科技产品；二是促进资源整合，联合开拓市场，抢占高点，向物流规模化发展迈进；三是与物流企业携手共建，深度融合，引领物流生态圈互联互通。

3. **衍生模式**

随着汽车行业消费模式的升级变化，汽车物流企业也在随之发生变革，一方面加速市场细分，另一方面寻求加强合作。在市场细分方面，如一汽物流将整车物流划分为接车倒运、整车仓储、多式联运、分拨运输和 C 端交付五个环节。其中，分拨运输随着行业发展，已由传统的公路分拨、铁水分拨逐渐向区域分拨进行演化。C 端交付是个崭新概念，主要聚焦“最后一公里”服务，包括但不限于体验中心、仓配中心等。

二、2022 年我国公路运输发展趋势

当前，我国经济已由高速增长阶段转向高质量发展阶段，汽车行业处于产业结构调整期，整车物流行业外部经营环境正在发生重大变化。一是汽车销售模式的转变必将冲击传统物流模式，例如，新能源汽车直销模式对末端物流配送提出更贴近消费者的多样化需求。二是平台、电商等物流商进军整车物流行业的意愿强烈，传统物流企业面临极大竞争压力。三是客户对服务要求越来越高，同时还有很多个性化需求，对整车物流企业的体系能力、价值创造能力提出了更高要求。四是绿色低碳政策和持续降本导向，使传统物流企业的转型升级步伐加快。

在双碳和降本目标的驱动下，整车物流行业是所有物流行业中多式联运比例最高的，铁水比例早已超过50%。

正是由于低碳环保与绿色发展是国家对各产业发展的长期导向，汽车企业对此的认知，已经逐渐从生产环节延伸到物流环节。一些车企已经在铁水运力购置方面参与投资或合资，如东风汽车集团在中铁特货中占股6.30%，广汽商贸参与投资滚装船。

另外，传统的公路运输商作为到货城市的外来户，在末端“最后一公里”配送服务上长期受制于城市限行、收费乱象等制约，配送服务专业化水平和满意度一直不高。在此形势下，传统公路整车运输企业面临着较大的转型压力，这也成为行业热点问题。

既怕失去公路运输份额，又要提升末端服务。在此情形下，小区域循环、短驳业务、区域分拨等词汇逐渐引起传统公路整车运输企业的重视。对比一汽物流和安吉物流，两家公司对上述三个词汇在概念理解上并无明显区分，只是从经验上主观认为区域分拨的距离远于短驳，短驳远于小区域循环。现把区域分拨作为上述三个词汇的统一代名词。因为地域不同，一汽物流将500km以内定位成区域公路分拨运输，安吉物流对300km以上的运输采取多式联运模式。结合汽车和物流两个行业发展现状及趋势，现将对区域分拨的发展预测归结如下。

（一）专业化

专业化是长途运输面临的挑战。

一是回货难。受到整车物流降本的影响，公转铁、公转水的份额正在加大，公路直发比例逐年下降，公路发运回货难问题日益明显，如重庆到华北、东北曾经都是“业务好线路”，但现在业务繁景不胜往昔。再叠加缺芯的影响，现在长途运输回货更加困难。

二是散单多。随着主机厂新品推出节奏加快，定制化的业务日益增加，整车发运订单越来越散，整板发运愈加困难。

三是交付难。因城市限行导致车辆运输车无法白天进城，需进行二次转运或夜间交付。受新冠肺炎疫情影响，城市隔离容易造成长途运输的轿运车滞留。

以上三点原因，促使整车物流干线运输尽占下风，传统公路运输物流企业开始在细分市场——中短途运输服务上提升竞争力，发掘商机，寻找转型契机，甚至以合作打开局面。传统的门到门干线运输正在逐步转化为“干线端到端对流+末端城市循环”配送模式。例如一汽物流和长安民生共同创建了长享科技公司，通过“干线+VTC”物流模式，使得前段干线与末端城市配送分离，各尽其责，前段干线对流效率提升，末端专注提升客户交付体验，做专门服务城内4S店的专业的仓储配送服务，同时做好新零售营销服务。VTC成为汽车整车物流最后交付的重要提升方法之一，其核心价值在于从主机厂经公铁水干线运输至 VTC，再经专业的城市配送，到达 4S 店、交付中心和个人，实现了干支分离，优化了运营效率；实现了品牌共享，提高了资源利用率；实现了快速交付，提升了客户体验。

（二）共享化

专业化引领共享化。区域分拨或 VTC 需要和干线搭接配合好，体现资源共享理念。

一是共享车队。主要是依托先进的运输监控信息系统和网络货运平台资源，实现车队运输资源的共享共用。这里的车队包括干线车队，也包括城市配送车队。

二是共享干线。主要是通过各物流公司货源整合，打造精品运输线路，协同开发共享资源，如长安民生与一汽物流的成渝干线对流，重庆与长春间的干线对流等。

三是共享仓储。随着汽车新零售模式发展，各物流公司依托自身仓储点资源，在末端积极创造机会，推动汽车行业在购车、交付和售后服务逐步分离，提供体验中心、交付中心和钣喷中心等全新功能体验。如长享科技，在全国范围内布局打造城市配送共享仓平台，推广“干线 + VTC”仓配服务，实现干线快速交付，城市多品牌同仓共配。长享科技现已完成节点资源400 余个，运力资源300 余家，正持续面向全国征集具备优势场地、优势城市配送资源的合作伙伴进行业务合作及资本合作。

（三）低碳化

共享化催生低碳化。低碳的体现形式有两种，一是在共享干线上，通过降低空驶率提升运力周转效率，使目前公路运输月重驶里程由6000 ~ 12000 公里提升至快递、普货行业的 20000 ~ 30000 公里。二是在区域分拨或城市配送上，通过研发应用新能源轿运车、LNG 轿运车，响应国家低碳环保的运输要求，同时要进一步推进甩挂运输、正向装卸等技术研发应用。

（四）精细化

运输、仓储、配送的功能分离，促进了各环节分工和管理的精细化。在干线上，促进了车辆和司机利用率的大幅提高。在支线上，不平衡的对流情况终结了。在仓储上，可实现中转交付，提高中转能力。新能源汽车企业作为新零售模式的倡导者，积极推行新零售模式，实现销售、交付、售后服务各环节分离。传统汽车物流需适应新模式下交付中心对城市末端车辆仓储及送车上门的需求。

（五）平台化

末端分工的精细化，推动了服务的平台化。如长享科技设计了四大核心产品，集成于汽车流通产业综合服务平台，能够为主机厂、新零售平台、二手车商、经销商解决车辆资源前置、末端配送、供应链金融、新零售交付、销售撮合等一系列问题，同时致力于通过平台盘活社会仓储、运力资源。

（六）高效化

目前，大部分企业生产仍然采用大规模定制的方式，客户的需求是企业进行生产的主要驱动力，汽车生产商会尽力完成不同客户的个性化要求。在我国，从订单开始到最后的交货过程最多持续10天就可以完成；在国外，一些技术性较强的生产商甚至可以做到在5天内完成交货任务，汽车物流业的高效化是保证汽车按时交货的基础。但我国汽车物流业与世界先进水平之间仍然存在着较大差距，流程重组过程中仍然存在可以改善的环节。因此，需要提高整个供应链水平，才可能缩短汽车的生产周期，提高整个行业的反应速度，进而推动行业发展。另外，生产商还可以在信息化平台上接收客户需求信息，反馈生产进度，使得整个汽车物流过程更加透明化、实时化。

（七）数智化

无论处在哪个物流环节，数智化都是提升服务能力、促进企业转型的一个重要利器。一是需要按物流细分情况确认关键数据节点；二是应用先进物联网技术，确保全链条透明可视；三是应用智能算法，实现OTD的持续优化，在计划、装载、运力、在途等关键环节，应用智能算法，提升效率，为客户呈现更专业、智能、高效的服务。

一汽物流有限公司

第二节　我国商用车物流发展情况

2021年，是我国“十四五”规划开局之年，全国上下科学统筹疫情防控和经济社会发展，坚持创新驱动，推动高质量发展。汽车行业面对芯片短缺、原材料价格持续高位等不利因素，积极开展产业链、供应链创新，科学组织生产经营，全年完成汽车产销2608万辆和2627万辆，同比分别增长3.4%和3.8%。而商用车市场由于高基数因素和国六法规因素的影响，全年全国商用车产销分别完成467万辆和479万辆，同比下降10.7%和下降6.6%。

本节将结合商用车市场环境变化，对商用车物流行业发展现状进行总结评价，预判市场发展机遇及趋势。

一、商用车市场环境分析

（一）商用车市场情况

新冠肺炎疫情发生后，国家出台了一系列促进复工复产的政策，以公路运输为代表，交通运输保通保畅成为各行业复工复产的关键，由此拉动商用车市场率先启动，并延续至2021年上半年。2021年下半年起，在高基数因素、国六排放法规因素双重作用下，商用车市场陡然下降，月度同比降幅高达30%左右，使得2021年商用车市场呈现出“前高后低”的特征。上半年全国商用车销量288.4万辆，下半年销量仅为190.9万辆，汽车物流业务环境面临新挑战。

（二）商用车市场结构

受2020年高基数的影响，2021年，商用车市场跌跌不休。商用车市场除轻客同比增长，其他类别均不同程度下降。中重卡、轻卡、微卡行业销量分别为157.4万辆、211.0万辆（含皮卡55万辆）、60.5万辆，同比分别下降11.5%、4.0%、14.7%；全国大中客销量为9.4万辆，下降9.8%。全国轻客销量41.1万辆，增长19.4%，与疫情下城市物流持续发展密切相关。

商用车车企TOP 5销量合计252万辆，占整体商用车市场容量比例为52.6%，行业集中度进一步加强。2021年全国商用车市场结构如表5－1所示。

表5－1　　2021年全国商用车市场结构　　单位：万辆

子行业	2021年	TOP 5车企
中重卡	157.4	一汽、重汽、东风、陕汽、福田
轻卡	211.0	福田、东风、长城、江淮、江铃
微卡	60.5	五菱、东风、长安、凯马、奇瑞
大中客	9.4	宇通、苏州金龙、中通、厦门金龙、金旅
轻客	41.1	江铃、大通、长安、福田、南京依维柯
合计	479.3	福田、东风、一汽、重汽、五菱

资料来源：中国汽车工业协会

（三）商用车市场行业特点

随着经济发展、科技进步，商用车产品向轻量化、电动化、智能化、网联化、高端化转型成为行业主基调。客户对于商用车的产品性能、舒适度等需求逐步向乘用车行业看齐，商用车产品发展方向将快速转型。头部车企市场集中度持续提升，行业竞争愈演愈烈，企业优胜劣汰速度加快。

二、商用车物流运营模式

商用车整车物流是以新车物流为主，同步延伸二手车业务，但后者业务分散且主要为C端业务，属于待开发领域。目前我国从事商品车公路运输并具一定规模的企业有1000多家，其中，商用车物流的企业约300家；专业运输车辆有8万多辆，送车司机约10万人。商用车物流企业数量及运力资源规模如表5-2所示。

表5-2　　商用车物流企业数量及运力资源规模

整车物流企业	1000多家，其中，商用车物流企业约占1/3
专业运输车辆	8万多辆，其中，双层车约7万辆，单层板车约1万辆。双层车主要用于乘用车及皮卡零公里运输，板车主要用于卡车、客车零公里运输
送车司机	约10万人，其中，零公里运输司机8万人，人工驾送司机约2万人

（一）运营模式

国内主要商用车企业的物流业务通常采用“业务外包”模式，主要通过投资或参股方式成立关联物流公司作为物流总包商，掌握一手货源，业务规模相对较大。2021年商用车物流TOP 5服务商如表5-3所示。

表5-3　　2021年商用车物流TOP 5服务商

物流企业	服务主机厂	商用车产销量（万辆）	主要业务板块	备注
普田物流	福田汽车	64	整车、生产、供应链	以商用车为主
一汽物流	一汽解放	45	整车、零部件	
柳州申菱	上汽通用五菱	39	整车、零部件	
江铃实顺物流	江铃汽车	29	整车、零部件	
江汽物流	江淮汽车	27	整车、零部件	

资料来源：中国汽车工业协会、相关主机厂商用车产销数据

汽车物流根据价值链环节及业务流程来分类，业务范围涵盖入厂物流、厂内物流和整车物流，具体各业务环节运营模式有所差异。入厂物流阶段以“供应商自供+三

方物流公司”为主；厂内物流以自营为主，外包为辅；整车物流则更多推行以“外协资源”为主、“自建运力”为辅的运营模式，其中，外协资源主要通过招标方式与承运商建立合作关系，持续扩充运力资源池。

（二）运输方式

2018 年以来，国家为贯彻落实运输结构调整部署，打赢蓝天保卫战，在铁路运能、水运系统、公路货运治理、多式联运提速等方面制定一系列行动计划。尤其是汽车企业，作为大宗货物工业企业，运输方式的多样化迅猛提速中，正从过去的以公路运输为主向多式联运组织模式发展。

1. 公路运输

目前商用车整车物流的主要运输方式仍是公路运输，占整体商用车发运量的 90%。因商用车体积大、类型多，其在发运模式、装载工艺等方面与乘用车物流存在较大差异，主要分为人工驾送、零公里运输两种。

（1）中重卡：主要采用人工驾送（单开/背车）。

（2）大中客：主要采用人工驾送；发往 200 公里运距以外的客户，采用新能源产品零公里运输（低平板、单层）。

（3）轻卡、微卡：人工驾送（单开/背车）占 40%，零公里运输（爬装）占 60%。

（4）轻客、皮卡：主要采用零公里运输（双层），加急或批量较小的订单采用人工驾送。

2. 铁路、水路运输

铁路、水路运输具有大批量、长距离、低成本、节能环保等优势，同时随着国家推动多式联运相关政策红利的释放，物流相关基建大力发展，公铁水运输合作日益紧密，铁路、水路运输均得到了快速发展。

铁路运输：支持商品汽车铁路运输的铁路货车车厢分为两类。一是双层商品汽车运输专用车，可满足轿车产品运输，也可满足皮卡产品的装载和运输；二是 JSQ5 改型商品汽车运输专用车，适合装载轻卡、微卡、轻客产品，其中轻卡、微卡采用平装及背车方式进行装载，轻客采取平装方式。此外还有 D22A、D6、D70、JNA1 型大平车，适合运输中重卡、大中客产品。

水路运输包括江运和海运。以普田物流为例，在各方面的支持下，经过近两年的探索实践，正在形成“T”字形水路运输网络。通过江运，即已运营轻卡产品由长沙新港运抵重庆万州港，并拓展长沙到江浙沪的线路；通过海运，即已运营重卡产品由北京怀柔经天津港至广东的框架集装箱运输，皮卡产品由佛山工厂经广州南沙港至上海、烟台、天津、大连的滚转船运输。

下一步还将继续拓展滚装船江运、滚装船重卡和箱车运输，完成“T”字形水路运输网络搭建和实现运输车型多样化拓展，为践行“节能减排、碳达峰、碳中和”的国家发展战略贡献力量，为客户提供优质、高效、低成本的物流服务。

但是，铁水运输在运输周期、运输质量、运输装备限制、信息对接等方面也存在一定不足，需要主机厂、物流公司、铁路及水运企业共同努力，持续改进，以实现降本增效、高质量发展。

三、商用车物流行业发展现状

（一）商用车头部企业集中度进一步提升

2021 年我国自主车企市场份额进一步加强，商用车物流市场结构同步呈现寡占型格局，TOP5 企业的业务量合计达到 252 万辆，占商用车总销量的比例达 52. 6%。普田物流以商用车物流业务为主，业务范围涵盖汽车全产业链物流业务。

（二）行业竞争环境日趋激烈

一是汽车市场已由增量市场进入存量市场阶段，市场竞争进入胶着状态，汽车物流利润空间进一步压缩；二是油价高企、司机短缺，加之疫情防控期间，物流运营难度增加，运营成本持续上升，企业盈利水平持续走低；三是更多“新玩家”如顺丰、京东、德邦、中铁特货、中铁快运、中远海运等以全网布局见长的物流企业，陆续跨界入行。物流企业向价值链一体化、绿色低碳、数字化转型，迫在眉睫。

（三）运力资源短缺问题仍是业务难题

一方面，车企逐步推行营销模式变革，物流模式协同向 C 端转变，但 C 端业务覆盖角色众多，业务场景复杂，对物流公司运力资源调配提出新的挑战；另一方面，商用车市场的淡旺季现象明显，旺季发运量超出月均发运量一倍，运力资源需求直线上升，缺口问题持续存在。同时，主要物流服务商之间运力资源共享有待提升，加之生产基地与市场区域分布差异，以及运输工具的专用性，导致司机回程等待时间长，返程重载率有待提升。

四、商用车物流发展趋势

汽车物流作为汽车产业链的重要衔接纽带，紧跟汽车市场发展趋势，同步创新变革，以标准化为基础，推动物流行业自动化、智能化、网联化发展。基于上述商用车物流行业现状分析，洞悉行业发展趋势如下。

（一）强化与主机厂的深度融合，增强客户黏性

基于汽车市场竞争进入胶着状态，头部车企均快速启动变革，包括组织变革、文化变革、价值链变革等，希望通过变革提供企业的强劲造血功能。而物流作为价值链的重要组成部分，更多企业也逐渐开始关注与客户的业务融合，紧跟变革步伐，推动服务能力升级，为客户提供更优质的服务体验，同时也进一步增强了客户黏性。

（二）服务平台化，大资源体系形成

网络货运平台模式在行业内逐步推开，通过平台搭建，推动资源多维整合，实现产品服务化、服务平台化。一方面，通过人、车、企、货多维度横向资源协同，突破运力资源紧缺问题，有效提升资源利用率。另一方面，通过平台中的多角色（货主、承运商、司机）延伸保险、油卡、ETC、后市场、金融等多种增值服务，充分发挥运营平台化的价值。

（三）多式联运逐步成为商用车物流重要运输模式

在国家运输结构调整、推动公路运输向多式联运模式转变、打赢蓝天保卫战的战略导向下，汽车行业成为重点关注对象之一。同时，铁水企业也在快速推动变革，持续强化能力提升，扩充基础设施建设，加快研发商用车装载设备，着力突破运输时效、运输质量、信息化等制约问题。商品车的物流模式正在发生根本性改变，多式联运将成为重要运输模式。

（四）新技术赋能，助推行业提质增效

近年来，在国家政策、经济环境、科技进步等利好因素推动下，车联网、无人仓、无人叉车等智能应用技术持续落地，企业的行业竞争不再单纯凭借资源优势，更多是依靠科技赋能，实现企业服务质量、效率、成本三要素的最优解。

（五）后市场业务成为必争之地

后市场业务传统模式包括售后配件、汽车用品（油品、车用尿素、轮胎等）、二手车、改装、报废、再制造等。在互联网模式下，还包括车联网、金融、会员、网络货运、线上线下引流、保客获客等业务。基于汽车市场存量市场的激烈竞争态势，后市场业务已然成为新的突破口。

五、北京普田物流概况

北京普田物流有限公司是全国5A级综合服务型物流企业，是我国汽车物流行业的骨干企业。普田物流是福田汽车集团的物流总包商，同时为比亚迪、华晨鑫源、江淮汽车等多家车企提供物流服务，服务内容涵盖整车物流、生产物流、供应链业务等汽车全价值链物流服务。

近几年，普田物流在运营质量提升、运输模式创新、信息系统搭建等方面开展了大量工作。为提升运营质量，公司围绕客户产品各子品牌，详细制定装车规范、装载工艺、外观防护、油品管控等实施细则，开展作业标准化，降低物流质损。为探索重卡零公里运输模式，公司研究设计了重卡低平板零公里运输挂车，委托改装厂制作样车，并开展实物装载、发运、路试。为推动运输可视化，公司积极引入福田智科车联网技术，深化信息技术应用，对整车物流全过程进行监控，力争实现运力资源透明、订单履历透明、在途信息透明、交接验收透明、计酬结算透明、评价积分透明、绩效考核透明。

普田物流站在汽车产业发展的高度，以全价值链的视角，制订并优化物流解决方案，以实际行动践行“高质量发展”及“精益物流”理念，在整车物流、生产物流、供应链业务等方面不断探索，帮助客户专注于核心业务，共同创造商业价值，助推中国汽车产业发展。

北京普田物流有限公司　杨天清、王梅峰

第三节　我国二手车物流现状与发展趋势

随着国内汽车保有量持续增加，一、二线城市交易量饱和，新车交易市场销量第一季度出现下滑，政府通过政策不断促进二手车交易，汽车产业交易模式变革势在必行。目前，交易渠道持续下沉，汽车销售模式不断变革，直播卖车、线上交易、送车上门已屡见不鲜，主机厂、经销商、二手车商依托交易场景，使支线托运的二次物流、三次物流需求日益攀升。此外，在汽车普及到千家万户的今天，越来越多的家庭由于过节返乡、自驾远游、异地出差及搬家等原因催生出异地托运的需求，托运汽车正成为私家车主异地出行的新方式，即时性托运的数量逐年成倍增长。

一、汽车整车物流散车运输市场发展现状

（一）国家政策利好二手车跨域流通，二手车异地迁移量呈上升趋势

根据欧美汽车市场的发展规律，随着汽车保有量的增长，二手车市场将越来越庞大，越来越有活力。截至2021年年底，我国汽车保有量已突破3亿辆。随着生活水平的提高和汽车产品的升级，大批车主迎来车辆置换高峰。在汽车保有量增大的同时，二手车交易的增长趋势也越来越明显。同时，受新冠肺炎疫情及芯片短缺、汽车原材料价格上涨等因素的影响，新车价格上涨，从而促进二手车销量和价格的增长。

另外，我国二手车政策环境的进一步改善，越来越有利于二手车市场的发展。2021年，国家相关部门出台了一系列利好政策，从制度方面着力解决二手车交易不便捷、过户周期长等问题，扶持二手车产业发展。2021年的政府工作报告中提出取消对二手车交易的不合理限制。同月，推进汽车消费写入“十四五”规划。2021年4月，商务部、公安部、税务总局联合出台《关于推进二手车交易登记跨省通办 便利二手车异地交易的通知》，简化二手车异地交易流程，便利了二手车流通，进一步释放了二手车的消费潜力。

随着二手车异地限迁、过户等“老大难”问题陆续解决、政策红利的逐步释放，全国各区域二手车流通的壁垒逐步消除，二手车全国自由流通越来越快捷，这一利好因素促使国内二手车交易在过去10年，异地转移登记比例呈逐年上升趋势。根据中国汽车流通协会数据显示，2021年二手车交易量为1758.51万辆，较2020年同期增长22.62%，全国二手车异地转移登记比例为27.32%，2012年二手车异地转移登记比例为16.6%，异地转移登记比例呈积极增态。

二手车异地转移登记率的大幅提升，提高了市场车源的丰富性，能在更大程度上满足不同客户的需求，有利于形成二手车全国大流通的局面，使得二手车行业越来越具有规模化、产业化的趋势。而二手车交易的模式所产生的物流需求，相较传统新车交易模式下的计划物流，因其零散且突发的特性，对物流发运提出了更高的要求和更严峻的考验。

（二）汽车新零售快速崛起，异地车辆交付需求积极增长

在汽车市场下行、消费升级、新冠肺炎疫情等多种因素的叠加影响下，汽车销售模式不断推陈出新，从早期的电商平台购车，到近年来的直播卖车，再到“线上+线下”为一体的互联网新零售车模式，逐步形成了以特斯拉、蔚来、小鹏、极氪为代表的新能源汽车直销模式，和以大搜车等互联网企业为代表的汽车新零售平台。

汽车新零售以数据驱动，实现线上服务、线下体验和现代物流结合，从而给客户带来全新体验。在汽车新零售模式下，购车消费者遍布全国各地，如何让车辆可以像天猫、京东的商品一样，直接快递送车到消费者家门口成为消费者服务的需要，异地车辆交付已成为汽车厂商、汽车电商和汽车经销商的刚性需求。

据中国汽车工业协会数据显示，2021 年中国汽车销量达 2627.5 万辆，同比增长 3.8%，其中，新能源汽车销量 352.1 万辆，市场占有率达到 13.4%，同比增长 8 个百分点。虽然我国的汽车销量在持续增长，但增速也逐年放缓，我国汽车行业将从增量市场转为存量市场，车企及销售商迫切需要通过新的零售模式重新激发用户购买力。以用户为中心的汽车新零售转型已成为必然趋势。根据智研咨询数据，2017 年，我国汽车零售市场规模约 42222 亿元，同比 2016 年的 40692.16 亿元增长了 3.76%；到 2019 年，汽车零售市场规模约为 44600 亿元。而据网经社“电数宝”电商大数据库显示，2021 年汽车电商市场规模为 12052.9 亿元，同比增长 6.89%。在汽车新零售和新能源汽车快速崛起的背景下，异地车辆交付需求也随之激增，以 2021 年销量火爆的高端智能电动汽车极氪 001 为例，用户到家交付订单的比例已超过 50%。

（三）私家车托运成为车主出行新方式

据公安部统计，截至 2021 年年底，全国汽车保有量达 3.02 亿辆，私家车保有量超过 2.3 亿辆。随着私家车的普及，汽车已经成为人们生活中的必需品，随之而来的托运汽车需求近两年也在持续增长。无论是自驾远游、过节返乡、海南过冬、跨省搬家还是车友大会、工作调动、异地购车，私家车托运受到越来越多车主的青睐。

二、汽车整车物流散车运输市场特点

（一）二手车物流特点

二手车物流与新车需求相对稳定、线路固定、批量流通的简单一次性运输模式不同。第一，服务群体更广泛，包括车商、二手车市场、经销商、拍卖平台、电商平台等；第二，二手车运输线路散，跨区域交付需求较多，二手车的物流计划基本不可预知，运输线路也不固定；第三，二手车商对运输价格敏感度高，成本必须有效控制；第四，二手车在运输前基本都已经达成交易，车商急于回笼资金，消费者也急于提车，因此既要保证时效，还要随时获取到车辆在途位置；第五，二手车物流还存在由于产品的非标准属性导致车辆验收标准不一。

同时，随着二手车利好政策的加持，二手车全国购、直播卖车等销售模式的兴起，线上购车、异地购车逐渐成为主流，汽车经销商、车源和消费者遍布全国各地，以跨区域流通为主体需求的二手车运输需求更加零散和随机。随时产生的订单和不确定的目的地和运输数量，对运力调度、时效性、服务质量、服务透明度等要求很高。全国范围内的大量零散订单，加上汽车产品的特殊性，对物流系统带来前所未有考验。

（二）新零售时代汽车物流特点

在新零售时代，服务品质是基础，对货物流转效率、物流成本和物流体验有着极高的要求。新零售时代的汽车物流，不仅需要将车快速交付客户，而且要尽量减少库存积压，提升购车消费者体验。首先，汽车新零售时代的物流需要更精准地预测销量，将仓储前置在消费者附近，调拨库存，把商品车尽快运到消费者身边，既可以降低物流成本，也可以提升用户体验。其次，汽车作为大件贵重物品，车辆的交付除了普通的物流运输过程，还需要配套仓储、整备、清洁、交车等多项服务。最后，汽车新零售是以数据驱动的，通过全供应链库存数据共享，打通上下游的采购订单预测、销售和客户订单预测，实现需求、库存、供应的平衡，最终的目标是通过加强库存的透明管理，使货物永远在路上，仓储时间日益缩短，库存逐渐向消费者端移动，实现消灭库存。

（三）运力组织特点

散车运输最大的问题在于规模，全国销售、线路分散、订单零散，凑成整板的难度大，点到点运送时效慢、成本高。大多数的传统汽车物流企业，以主机厂的专线运输为主要业务，面对即时性发运和散车托运服务有很大的局限性，用户运车需求难以和传统的规模化轿车运输相匹配。除头部物流企业和平台外，全行业信息化程度低，空载率高、长时间等货的情况频繁发生，导致运输效率低下，运输成本居高不下。行业法律法规不健全，服务标准化推进缓慢，行业从业人员素质较低，服务质量参差不齐。但同时，随着汽车物流行业的发展，多式联运兴起，铁路运输强势介入，公、铁、水全面协同，帮助行业降本增效。3PL（第三方物流）和 4PL（第四方物流）企业增多，以运车管家为代表的第四方汽车物流平台，整合全国运力资源，精准匹配用户需求，不仅提升行业资源利用率和汽车流通效率，而且有效降低行业运输成本。

三、汽车整车物流散车运输市场发展趋势

（一）物联网、大数据、云计算与人工智能推动汽车物流行业转型升级

信息化、智能化、集约化和小批量定制是未来物流的发展趋势，新技术的开发与应用则是物流行业发展的动力与方向。随着技术的发展和成熟、智能设备的广泛应用，

通过大数据分析和算法优化工具，在汽车物流行业可以实现更精准的预测、更科学的网络布局、更合理的库存管理、更快速的配送路线规划等。假以时日，汽车物流配送甚至将精确到分钟，这就是极致的数字化物流体系给用户带来的体验。

融合物联网、大数据、云计算、人工智能等新一代技术，以信息化和算法驱动的数字化物流是汽车物流行业转型升级的必然趋势。数字化将逐渐渗透到物流的各个环节，技术新红利将重塑物流价值，成为物流行业转型的新动能。在汽车物流的物理要素中：人、货、车、线、仓，每个环节的数字化改造最终都将带来物流的智慧化提升。

人，如运输中的司机、仓库中的库管人员、运营流程中的参与者等，过去最多利用 GPS 进行定位数据采集，现在则可以利用手机 App 获得对人行为数据进行多维度刻画。

货（商品车），过去利用条码技术记录，现在利用 RFID 技术，不仅跟踪商品车安全，还通过反复读写数据实现流通过程中的电子跟踪确认，明确商品的在库、在途等信息，对供应链的各个环节实行监督和控制，实现供应链的一体化并发现更多商业机会。

车（货车），过去利用 GPS 进行数据采集，现在货车出厂时已安装传感器。如运车管家等平台，均开发了可用于连接各种远程信息技术和传感器硬件设备的开放平台，以便整合不同的应用程序和模式下的数据，方便物流供应商和客户实时跟踪所有资产。

线，过去只能利用 GPS 采集数据，现在可以直接通过传感器监测某个货车的使用及闲置频率，然后将采集的数据用于最优化分析，通过测量负载能力可以了解特定路线上货车的空载情况，从中提出优化路线的建议。

仓，随着物联网和人工智能新技术的发展和应用，以智能设备代替人工作业的智能自动化仓库将成为未来趋势。目前运车管家中心仓已完成智能化改造，库内配备盘库无人机、智能钥匙柜、视频监控、电子围栏等一系列智能设备，结合自主研发的数字化汽车仓配管理平台，已实现仓储管理数字化。

人、货、车、线、仓的全面升级，将重新激活汽车物流，运输时效和服务质量大幅提高，企业成本得到有效控制。在互联网和技术不断升级的背景下，汽车物流也将重新动态分配资源以实现效益最大化，最终实现数字化物流的智能决策。

（二）干线 + 支线 + 仓配 + 交付服务

汽车新零售的发展，带来了全新营销模式和市场环境的变革。大数据化下的消费者需求会越来越清晰，精准的细分需求会让背后的汽车物流变得越来越碎片化和实时化。在汽车新零售时代，企业重视多批次、少批量、速度快、效率高的快速响应物流服务。

随着技术的发展，车企和电商平台等商家可以快速得知各个城市潜在购车用户的需求量和个性化程度，从而让提前备车成为可能，并逐渐优化库存，将车辆备到离消费者更近的仓储中心，拉近了消费者与车辆之间的距离。配送短途化将会是汽车物流的一个发展趋势，“仓配一体化”则是这一趋势的必要保障。汽车新零售平台的自然交易距离一般是大于1000公里的，但是仓配平均运距是50～300公里，当日达、次日达的汽车交付成为可能。

同时，随着消费边界的不断突破，物流不再只是连接买卖的工具，作为触达消费者的关键一环，构建优质高效的交付体验，将是所有汽车从业者完善消费体验、提升市场竞争力的重要途径。为降低车企和电商平台运营成本，加速销售网络布局，提升消费者购车体验，与具备全流程智能化管理的第三方车辆交付平台合作，将成为未来直销车企和汽车新零售平台交付车辆的主流趋势。未来的物流企业需要整合供应链，与供应链的上下游企业实现资源共享，保持密切的合作关系，促进全渠道降本增效，同时专注于做好供应链中的环节角色，以满足汽车新零售模式的要求。

（三）汽车整车物流散车运输需要智能化平台整合激活

二手车跨域交易量的激增和汽车新零售模式的崛起，极大地促进了汽车整车即时发运市场的增长，同时随着消费升级，用户对汽车物流的时效、服务质量、服务透明度都有了更高的要求。这需要更广的物流网络建设、充沛的运力资源支撑，以及统一的行业服务标准，从而满足用户需求。而要解决这些问题，需要建立一个智能化物流平台，线下整合全国公铁水及社会零散运力资源，线上智能快速匹配承运人和托运人，在降低运输成本的同时，提高配板发运效率，升级服务体验。

北京运车网网络科技有限公司　刘超、谢兴平

第六章　我国汽车整车铁水运输发展情况

第一节　我国铁路商品汽车物流的发展及展望

近些年，随着人民生活水平和收入的不断提高，商品汽车产销量不断攀升新的台阶。中共十九大以来，中央关于调整运输结构和打赢蓝天保卫战的要求又为铁路商品汽车运输的发展带来了新的机遇和挑战。充分发挥铁路运输优势，为运输结构调整和打赢蓝天保卫战助力，对铁路运输企业的运营和管理提出了更高的要求。

一、铁路运输现状及模式

（一）铁路运输现状

中铁特货物流股份有限公司（原中铁特货运输有限责任公司，以下简称“中铁特货”）是全国铁路专业从事汽车物流业务的主体，对全国铁路汽车运输物流业务实行统一管理、统一组织、统一运作。中铁特货是中国国家铁路集团公司（原铁道部，以下简称“国铁集团”）直属专业运输企业，具备小汽车铁路运输唯一承运权，公司注册资本 40 亿元，具备年运输汽车超 700 万台的能力，具有完善的两端配送能力和充足的配送队伍，可提供门到门全程物流服务。

自 2006 年中铁特货进入商品汽车物流领域以来，从初期年运输乘用车 5 万台至 2012 年运量首次突破百万达到 102 万台。自 2015 年开始，运量逐年大幅上涨，至 2019 年年底实现运输商品汽车 657 万台，近五年年均运量增长率达到了 37%。2021 年受新冠肺炎疫情持续影响，零部件供应链受到冲击，地方疫情防控政策导致物流不畅，各大主机厂多次降低产量目标，但是中铁特货通过深挖市场、服务客户，紧盯既定目标，力争进一步增运上量，继续保持快速发展的势头，市场份额稳步提升。

（二）铁路运输网络

中铁特货在全国拥有21个分（子）公司，具有完整的、覆盖路网的组织机构、运输线路和信息网络。在全国拥有140余个商品汽车装卸作业点；拥有郑州圃田、武汉吴家山、西安新筑、上海闵行、柳州、广州等42个物流基地，总占地面积219万平方米。同时，中铁特货在国铁集团的大力支持下，正在逐步推进108个铁路商品汽车整车物流基地的建设，此举将大大提高中铁特货商品汽车整车运输能力和市场竞争力，为铁路商品汽车持续发展提供强有力的保障。

（三）铁路运输模式

铁路运输模式多种多样，主要有站到站、站到店、站到库、厂到店等，可根据客户需求定制物流方案。中铁特货正在建立运输组织模式动态调整机制，灵活应对商品汽车淡旺季市场特点，提升运力调配能力。针对运能长期紧张的区段，探索创新“集零成整”“多品牌集并”等模式，提升班列和挂运班列开行比例。加强对零散车辆的运行组织，强化对滞留车辆的协调与盯控，保证运到时限，提高客户满意度。

二、铁路运输装备简介

（一）铁路运输设备总体情况

铁路商品汽车物流至今，商品汽车专用运输车已经发展至第9代，运输设备经市场检验，已进行全部优化。目前，铁路拥有运输汽车专用车JSQ5、JSQ6、JSQ7、JSQ8、JNA1型车共计17983辆。

国铁集团非常重视小汽车运输业务，自2015年起，铁路商品汽车物流进入高速发展期，每年投资新造车辆均为3000辆，目前各车型保有量已达17983辆，预计年运输能力达700万台以上。同时，正在研发的新型铁路汽车运输车辆——工程机械运输专业车辆JNA1型及JSQ8型三联车也已经进入试运用阶段。

（二）铁路运输装备

1. 乘用车铁路运输装备

中铁特货目前在乘用车运输装备上面主要有JSQ6型、JSQ5改型、JSQ7型。JSQ6型车经过多年验证，很好地适应了市场，适装车型多、装载量大、装卸效率高，是目前的主力车型。

2. **商用车铁路运输装备**

中铁特货目前在商用车运输装备上面主要有 JSQ7 型（见表 6－1），可运输皮卡、轻型客车、中型客车及轻型货车等。车体主要分为上下两层，在运输商用车时，上层活动地板可收起。

表 6－1 JSQ7 型车参数

载重（t）	50
车辆长度（mm）	26066
车辆宽度（mm）	3306
车辆高度（mm）	4760
上层净空高（mm）	1700
下层净空高（mm）	1860

目前，中铁特货正在积极涉及改造 JSQ5 型车，预计 2022 年年底改造完成 300 辆，准备将 JSQ5 改型车（见表 6－2）作为部分商用车（中大型客车和适装货车）的专用运输车，以解决各主机厂对于商用车的运输需求。

表 6－2 JSQ5 改型车参数

载重（t）	22
车辆长度（mm）	26030
车辆宽度（mm）	3108
车辆高度（mm）	4723
装载最大高度（mm）	3000

此外，中铁特货现有 D70 型车（见图 6－1），可满足部分重型货车、轻型货车及部分工程机械的运输需求，已成功装运了徐工集团的工程机械。

中铁特货为适应市场需求，加大了新装备的研发力度，现正重点研究重卡及其他工程机械的运输设备，目前已有了专用运输车辆 JNA1 型车。JNA1 型车在国铁线路上可装载商用重型、中型和轻型卡车。JNA1 型车满载时采用配装方式，可最大利用铁路运力，降低运输成本。

三、我国铁路汽车物流业务拓展情况

中铁特货围绕商品汽车铁路物流的主营业务优势，积极与各个主机厂进行对接，

载重（t）	70
车辆长度（mm）	20400
车辆宽度（mm）	3000

图 6-1　D70 型车及其参数

不断拓展产业链、物流链延伸业务，陆续开发了共享仓储、零部件物流、国际联运、在用车物流、汽车销售等延伸业务，进一步拓展了公司的业务范围，为公司的高质量发展打好基础。

共享仓储方面，中铁特货认真梳理各区域前端库、分拨库情况，研究客户、铁路整车库仓储能力合理配置，向客户大力推介铁路场站和物流基地资源，通过铁路物流基地的综合利用，探索实施共享仓储，帮助客户实现减少物流环节、降低物流成本的目的。

零部件物流方面，中铁特货在充分调研市场和对接客户的基础上，针对零部件物流特点，制订针对性的物流方案，为保障零部件物流的时效性，组织开行整车、零部件混合班列，进一步帮助客户降低物流成本。

国际联运方面，中铁特货紧密联系市场，加强市场开发力度，已成功开通日本、韩国、美国过境中国铁路至蒙古国海铁跨境联运通道，德国至中国的铁路商品车多式联运通道，中国至中亚铁路商品车联运通道，第三国过境中国铁路至第三国铁路商品车过境运输通道，以及海铁联运模式的国内主机厂铁路至港口，再由海运运至目的地国家的运输通道。已经服务沃尔沃品牌、宝马品牌、奔驰品牌、长城品牌、奇瑞品牌、丰田品牌等。

用车物流方面，中铁特货围绕二手车、私家车、租赁车、零散车等销售商和租赁商，认真了解客户跨区调拨需求，积极开展线下物流和线上平台搭建，目前特货汽车托运平台已上线运行，铁路在用车物流是公司响应国家号召，开创国内汽车产业新增长点的有益尝试。

汽车销售方面，中铁特货已经与一汽、上汽、沃尔沃等十几个品牌建立了汽车销售方面的合作，通过公司向全铁路内部开展公车采购和职工购车业务，不仅丰富了公司的业务范围，也进一步拓宽了主机厂的销售渠道。

四、我国汽车物流铁路运输发展趋势

近年来，国家对于节能减排、蓝天保卫战、碳中和、碳达峰的政策和措施相继出台，铁路物流绿色环保的优势越来越突出。中共十九大以来，中共中央、国务院高度重视运输结构调整工作，以深化交通运输供给侧结构性改革为主线，以推进大宗货物运输“公转铁、公转水”为主攻方向，不断完善综合运输网络，切实提高运输组织水平，减少公路运输量，增加铁路运输量。随着地方政府、各大企业深入落实，社会各界环保意识提升，铁路低碳环保绿色优势凸显，发展铁路整车物流符合国家节能减排的要求，也将是越来越重要的选项。

在未来汽车物流发展过程中，单一运输方式和客户体验已不适合市场的快速发展，由此引发的对于各运输方式在新环境下定位的思考将越来越重要。对于铁路而言，铁公联运、铁水联运将是打破制约铁路、公路以及水运继续发展的重要手段，也是国家鼓励多式联运发展的政策导向，从相互竞争转变为优势互补、协同发展，如何更淋漓尽致地发挥公铁水各种运输的优势，多种运输方式如何更好地配合，将是未来商品汽车物流行业的发展方向。中铁特货将继续围绕服务客户这个永恒的主题，就优化铁路运输组织、提升铁路物流时效性，通过共享仓储、零部件物流为客户降本，与客户实现业务的深度融合。在多式联运方面，将加强与外部公水等物流企业的合作，通过公铁水方式的优化组合，实现降低成本、提升时效、完善链条、补强短板的目的，同时，将通过新建国际铁路主干道，进一步打开东南亚等国际联运市场，服务更多主机厂的海外战略。

我国商品汽车年产销量不断攀升，商品汽车物流市场规模持续扩大，随着主机厂对物流商业模式创新、降本及服务品质的要求不断提升，终端消费者需求的不断变化，在市场竞争不断加剧的同时，物流模式也在不断发生变化。

过去几年，中铁特货商品汽车物流以库前移模式为主。由于当时汽车的基本功能就是载运工具，需求同质化特征明显，主机厂追求规模效应，以大批量标准化生产为主，出厂汽车的库存风险低，传统库前移模式既能够满足时效要求，又具有批量运输优势，与厂商成本控制目标一致。但随着社会经济发展和人们消费观念变化，对汽车的需求从代步工具向“代步＋智能终端”演变，加之近两年芯片短缺，主机厂优先满足热销品牌、个性化定制汽车的芯片需求，传统的铁路运输模式已经无法满足汽车物流市场新的商业模式带来的竞争。铁路商品汽车物流主要存在组织方式与现代物流要求有差距、货物运价政策与市场竞争环境还不适应、受货源结构影响运输装备存在“总体富裕、局部紧张、东西部发到不均衡”等问题。

针对以上问题，中铁特货提出了实现商品汽车物流产品化的目标，进一步用好中国铁路大路网运力资源保障。中铁特货改变原有铁路货运“先备货、后组织”的模式，借鉴铁路客运产品的特点，构建产品运营体系，利用铁路商品汽车物流平台开发建设的契机，采取信息化手段辅助产品化开发，力求为主机厂提供有规律性、稳定性、可预期性的物流服务。从铁路运输组织的角度看，保障时效的前提是单批次运量要足够大，最好能整列装运；但是从客户的角度看，产品的规律和稳定是关键，需求往往是小批量多批次，单批次运量无法稳定提供。这是铁路物流产品开发面临的最大难题。解决这一矛盾的主要方法：一是货流集结与车流集结相结合；二是空 JSQ 车与同向普货流补轴相结合；三是阶梯直达与组织开行跨多编组站列车相结合。

随着国家推出“公转铁”“双碳”等多项政策，铁路商品汽车物流发展具有较大的潜力和发展空间。中铁特货将加大商品汽车物流产品创新力度，落实商品汽车物流产品化战略，树立铁路商品汽车品牌形象，不断提升商品汽车物流的服务水平和运输效率，实现降本增效的目标，以适应急剧变化、竞争激烈的汽车物流市场。

中铁特货物流股份有限公司　顾光明、李成章

第二节　我国滚装运输发展情况

2021 年依然是全球汽车市场受到新冠肺炎疫情影响的一年。但在这样的大环境之下，中国应对新冠肺炎疫情能力较强，经济恢复较快，中国汽车市场销量呈现了不俗的回升能力。自 2020 年下半年开始，中国汽车市场便逐步走出新冠肺炎疫情的阴霾，呈现反转的态势。

整车物流行业依托于汽车行业，伴随着汽车行业的发展而发展；2006—2021 年，我国汽车产量从 727.97 万辆上升至 2652.8 万辆。同时，根据世界汽车工业国际协会 OICA 的数据，截至 2020 年我国汽车产量占世界产量的比例从 2000 年的 3.54% 上升至 32.50%。

中国整车物流行业起源于 20 世纪 90 年代，是伴随着中国汽车产业逐步发展而发展的，并密切跟随中国汽车产业的发展，经历了从无到有、从粗浅到专业、从被动仿效到主动创新。滚装运输经过 30 多年的发展，逐步被各大主机厂所接受，成为商品车主

流运输方式之一。

一、2021 年我国水路运输总体情况

国内滚装水运自 1991 年起步，经过十多年的摸索，在 2005 年丰田沿海滚装航线开通后形成规模。2009 年发运量达 100 万辆，2015 年近 200 万辆，2016 年在 GB 1589 标准的影响下实现史上最大增幅 32%，达 250 万辆，2018 年国内滚装市场运量突破 300 万辆，2019 年达到峰值 332 万辆，2020 年受新冠肺炎疫情影响回落至 312 万辆。2021 年国内滚装运量 321 万辆，其中，沿海 221 万辆、长江 100 万辆，在公铁水三种运输方式中滚装运输占比为 13%。

（一）滚装企业变化情况

2021 年，中远海运集团旗下企业中远海特与上汽集团旗下企业安吉物流通过现金形式分别以 35% 和 65% 的股比占比，共同出资成立汽车滚装公司——安吉中远海特滚装运输（上海）有限公司。“两强”合作后，滚装行业的从业者由“十三五”期的 6 家减少至 5 家，行业集中度有所增加。当下国内的滚装运输公司主要有招商滚装（深圳招商滚装运输有限公司）、安吉中远海［安吉中远海特滚装运输（上海）有限公司］、新中甫［新中甫（上海）航运有限公司］、重庆民生（民生物流有限公司）、华嘉船务（重庆华阳嘉川船务有限公司）。

（二）滚装运力变化情况

滚装运力经过 2016—2018 年大幅增长之后已经进入平稳期，随着 700 ~ 1000 车位的老旧船逐步进入退役周期（招商滚装 2019 年退役 3 艘、2020 年退役 2 艘，安吉中远海 2020 年退役 1 艘、2021 年退役 1 艘）。随着安吉中远海开始国际化进程，滚装船向 5000 车位以上发展。国内滚装运输船公司运力如表 6 – 3 所示。

表 6 – 3　　国内滚装运输船公司运力　　单位：艘

滚装船东	合计	长江	沿海	外贸
招商滚装	23	12	11	—
安吉中远海	31	12	14	5
新中甫	9	3	6	—
重庆民生	17	17	—	—
华嘉船务	8	8	—	—

国内滚装运输船公司实装车位数如表6－4所示。

表6－4　　国内滚装运输船公司实装车位数　　单位：个

滚装船东	合计	长江	沿海	外贸
招商滚装	29600	8960	20700	—
安吉中远海	48935	9285	24150	15500
新中甫	12640	2340	10300	—
重庆民生	12595	12595	—	—
华嘉船务	6400	6400	—	—

（三）新冠肺炎疫情下的滚装水路运输

新冠肺炎疫情的持续时间超乎所有人的预料，不同于国外的“躺平”防疫，国内疫情防控坚定不移贯彻“科学精准、动态清零”的方针，当某地发生新冠肺炎疫情时，公路司机出行处处受限，整车物流严重迟缓，而在整车滚装水路运输方面，集港、船运、分拨各个环节独立运作，有效规避了这一问题。

2021年，进出口滚装业务蓬勃发展，为避免新冠肺炎疫情交叉的传播，各滚装码头均划拨一部分作业人员专职操作外贸滚装船，内外贸作业人员严格独立操作，因此，内贸作业效率较新冠肺炎疫情前有所下滑，在一定程度上加长了滚装水运的交付时效。

二、2022年我国水路运输发展趋势

（一）运价稳中有忧、成本大幅增加

1. 国内运输价格体系预计将维持在较低水平

随着忽高忽低的汽车市场需求变化，主机厂受成本压力、各种关税调整等政策因素影响，必然导致其压力向汽车产业链其他环节释放。主机厂的成本核算需求已经把物流运输企业的车辆利用率超前定位在70%～80%，严重挤压了整车物流公司的效益空间。

公路公司为了生存不得不卷入恶性竞争。恶性竞争导致了行业价格体系的破坏和局部供需的不平衡。汽车物流运输过程中，各企业为寻求回流效益、不惜牺牲自身利益，破坏了行业价格体系。这种恶性竞争还造成了局部运力供给大于运量需求的假象，一方面是潜力巨大的市场和需求的增长，另一方面却是价格的不断压低和利润的不断侵蚀，这种“剪刀差”的矛盾日趋突出。

与国内境况相反的是在国际汽车运输方面，2021年，全球汽车海运贸易行情复苏，加上汽车运输船运力供应不足，推动了汽车运输船航运市场费率出现显著增长，5000车位和6500车位汽车运输船一年期期租费率年度平均值分别达到19958美元/天和25583美元/天，同比分别增长106.0%和102.6%；2021年12月，5000车位和6500车位汽车运输船一年期期租费率分别达到25500美元/天和35000美元/天，同比分别上涨104.0%和125.8%。

2. 燃油价格飙升，国内滚装船公司严重承压

2021年，我国燃料油180CST价格经历了两次快速大幅冲高后回落，剩余期间整体呈震荡走势，2021燃料油180CST行情整体呈震荡上涨走势。1月1日，我国国内燃料油180CST主流报约3990元/吨，截至12月31日，市场主流报5240元/吨左右，年度涨幅约31.33%；其中，2021年度最高价位出现在10月26日的6140元/吨左右，最低价为1月1日的3990元/吨，年度最大振幅为53.88%。

2022年，燃料油价格持续走高，受俄乌冲突等因素影响，预计2022年燃油价格将维持在高位，滚装航运企业的燃油成本也会随之增加。目前国内仅有部分主机厂在运输业务中签订油价联动协议，如若后期燃油价格持续在高位，势必会给国内滚装船公司造成很大的经济压力。

（二）滚装运输货源变化趋势

当下，燃油乘用车依然为国内滚装运输的主要货源，但是随着我国新能源汽车的快速发展趋势、二手车交易的流通范围进一步扩大以及滚装船船型大型化的背景下，以上三种货源在滚装运输中的所占比例都将逐步加大。

1. 新能源汽车逐步成为滚装主要货源

我国近几年持续推动新能源产业持续发展，2021年，新能源汽车产销分别完成354.5万辆和352.1万辆，同比均增长1.6倍，市场占有率达到13.4%，高于上年8个百分点。在2020年全球新能源汽车整体销量下降的情况下，我国新能源汽车是一枝独秀，销量增速较高。造车新势力迅速崛起，无论是国内的造车新势力代表蔚来、小鹏、理想汽车，还是国际品牌特斯拉，均采用了“汽车新零售”的直营模式，即将传统的4S店拆分成为体验中心、交付中心、服务中心和充换电站等，颠覆了汽车产业传统的商业模式。未来的汽车产业中，以新能源、新渠道为代表的新进入者，将对汽车物流企业的运输效率、服务体验、仓配协同性等综合服务能力提出更高的要求，产业格局的变迁将为汽车物流行业带来新机遇。

众所周知，由于新能源汽车比传统汽车重约20%，甲板强度低的船舶将处于不利地位，因此，市场运送新能源汽车将需要更多的新一代汽车运输船运力，汽车运输船运力需求将进一步增长。同时，考虑到新能源汽车的电池和运输安全问题，适合于运输新能源汽车的汽车运输船需求也将更加迫切。

2. 二手车运输市场仍需进一步整合

随着国内汽车保有量的持续攀升以及二手车交易法规的不断完善、二手车“限迁”的全面取消，国内二手车市场的体量不断增大。2021 年国内二手车共交易 1758.51 万辆，同比增长 22.62%，交易金额为 11316.92 亿元，同比增长 27.32%，与 2019 年相比也增长了 17.84%。国内二手车市场的不断增大，可进一步促进整车物流业务的增长。

二手车货主小而分散，缺乏有效整合，二手车运输以公路运输为主，对整体交期要求相对不是很高，在满足商品车舱位的前提下，滚装运力部分航次预计仍可提供一定舱位服务于二手车运输。

3. 商用车国内滚装运输势在必行

2021 年全年，我国商用车累计产销量分别为 467.4 万辆和 479.3 万辆，同比下降 10.7% 和 6.6%。分车型看，其中，商用车大体分为重卡、轻卡、客车三大类。与同期产销量相比，重卡降幅明显，轻卡出现小幅下滑，而客车结束多年下降颓势，出现大幅增长。当下，基于商用车自身的运输功能、外形尺寸、发运批量、运输距离，商用车仍然仍以人工驾送作为主要的运输方式，随着人工成本的持续上升、客户对于车辆品质要求的提高以及国内滚装船船型大型化的趋势等因素，商用车成批量运输已初步具备操作条件。

（三）滚装运力绿色发展之路

“碳中和”“碳达峰”表面上看是一个环境问题，归根结底是一个发展的问题。航运业每年产生的二氧化碳排放量为 8 亿吨至 8.5 亿吨，约占全球排放量的 2.3%。尽管航运在减少排放方面取得了进展，且依然是碳效率最高的运输方式，但仍然需要以燃料转换为中心进一步加快去碳化战略，航运市场正在经历一场前所未有的绿色投资和船队更新。

国内汽车厂家从 2021 年 1 月 1 日开始执行“碳积分”制度，特斯拉和比亚迪去年均获得 20 多亿元的政府补贴。在碳排放上，水运比公路运输减碳 50%，优势明显，今后滚装水运将是汽车运输的优势物流方式，发展新能源船型迫在眉睫。

1. 滚装运力减碳技术路线

根据中共中央、国务院的整体部署，我国力争 2030 年前实现二氧化碳排放达到峰值，在这一过程中，必须做到不搞“碳冲锋”，也不搞运动式“减碳”。因此，结合目前实际情况，可以判断滚装运力发展方向是 2030 年前以技术节能、营运节能为主，

2030年以后以低碳、零碳燃料为主。当下的滚装船减碳新技术主要有：绿色动力（双燃料、低碳/无碳燃料动力）、高压岸电、无压载水系统、减阻（型线优化、气泡减阻）、辅助动力（风动力风帆、太阳能风帆）、推进效率（优化桨形、舵形），以及智能、互联技术对航线、航速等的智能管控与规划。

2. 发展新技术存在的困难

目前LNG机型研发、管理都在起步阶段，国内长江和沿海LNG布局不明朗，新技术的应用需要时间验证；国内新能源价格体系尚未建立，燃料成本存在不确定性，新船型的发展还在观望中；国内滚装运输的运价体系难以体现滚装效益，需加大低碳滚装运输的营销力度，营造低碳环保的运输氛围，体现低碳运输的社会价值和经济效益。

深圳招商滚装运输有限公司　王克强

第三节　我国汽车滚装码头发展情况

一、2021年我国滚装码头发展情况分析

（一）汽车行业发展情况

2021年，在全球新冠肺炎疫情蔓延的大背景下，中国汽车产销表现依然亮眼，并结束了自2018年以来连续三年的下降局面。受新冠肺炎疫情、自然灾害、多领域市场需求扩大及芯片供应链独特性等综合因素影响，汽车芯片供应短缺问题从2021年年初开始，贯穿全年，对中国乘用车生产和销售造成较大影响。第三季度，芯片紧缺问题达到顶峰，多家汽车厂商大幅减产，显著影响乘用车终端销售；第四季度，全球芯片大厂逐渐加大汽车芯片供给，乘用车生产供应触底反弹，芯片供应修复叠加车企年末冲刺支撑车市整体向好，全年乘用车市场呈现前高后低走势。据公安部统计，2021年全国机动车保有量达3.95亿辆，机动车驾驶人达4.81亿人。中国全面超越美国，成为全球机动车保有量最大的国家。

近年，随着消费者的年轻化以及国潮的兴起，消费品类的国货风潮从手机等电子行业延伸至汽车行业，自主品牌抓住了新能源乘用车发展契机，率先推出众多设计感强、智能化程度高、性价比高的纯电动和插电混合新能源汽车产品，深得消费者认可，市场终端零售节节攀升。其中，比亚迪、长城、广汽乘用车、上汽通用五菱等传统自主车企和蔚来、理想、小鹏等国内造车新势力发挥灵活的市场洞察优势和新发展思路，

取得了不错的终端零售增长。同时，红旗、领克、岚图等企业高端化战略布局取得良好成绩，在品牌向上、产品向上方面迎合市场消费升级趋势，开发推出的中高端车型受到越来越多消费者认可和青睐，市场终端零售持续快速增长。2021 年自主品牌市场终端零售达 863.2 万辆，同比增长 26.7%，市场份额突破 40%，较去年提升 6.5%。截至 2021 年年底，中国新能源汽车保有量已达 784 万辆，占全球新能源汽车保有量的一半左右。

（二）滚装码头发展规模

滚装行业整体正逐步迈入低增速、调结构通道，内贸水运从“增量市场”向“存量市场”调整。2021 年全国滚装码头总吞吐量完成 893 万辆，同比增长 9.8%。从吞吐量分布情况来看，依托强大的汽车消费市场与高度集中的汽车工业优势，长三角地区保持全国滚装吞吐量领先地位；沿江滚装码头与沿海支线滚装码头受疫情影响较大。国内滚装码头在服务质量、行业规模、布局范围等方面实现了均衡发展，并呈现出以下特点。

（1）受益于国内汽车消费市场快速增长与公路运输合规治理，连续四年，全国滚装码头吞吐量稳定在 800 万辆以上。

（2）由传统的装卸业务向综合汽车物流服务模式转变。滚装码头在我国起步较晚，但由于门槛较低，多地纷纷投建滚装码头，港口间服务同质化现象严重，货源竞争激烈，在传统装卸业务基础上，延伸仓储保管、分拨配送、改加装、信息管理等增值服务将有力增强码头的核心竞争力。

（3）市场格局发生变化。传统滚装行业主要进口口岸仍以上海、天津、广州、大连为主，武汉、重庆等沿江内贸水运口岸迅速崛起，宁波、烟台等沿海口岸内贸业务实现较大幅度增长，市场格局趋于合理化。

（三）滚装码头产业布局

我国汽车滚装码头发展初期，整车进口口岸中沿海进口口岸为大连港、天津港、上海港、广州港，陆路进口口岸有新疆阿拉山口、满洲里和深圳皇岗。其中，四大沿海口岸的进口量和码头装卸量都占据行业九成以上份额。2009 年开始，国家逐步开放都进口口岸的限制，相继批复了钦州港、福州港、青岛港、张家港、宁波港、海口港等一批整车海陆进口口岸近 30 个，特别是中欧班列的发展为陆路口岸的返程进口整车奠定了发展基础。近年国内汽车市场的高速发展及国家政策的调整有力助推沿海滚装业务和滚装码头的发展，同期受益于整车厂商向中西部及沿江地区转移，沿江滚装业务也有了长足发展。随着滚装市场业务需求的不断增长，多地政府、物流商、汽车厂商都加大了对滚装码头的投入，纷纷投资建设或参股滚装码头，沿海沿江滚装码头数量得到快速增长。

2021 年，国内已投产滚装码头 33 个，在建 5 个，其中，传统沿海四大口岸仍占据行业主导地位，宁波、青岛、江阴、重庆为代表的新兴整车进口口岸发展势头良好；烟台、连云港为代表的非进口口岸，外贸出口滚装业务都有较好的发展；上海临港、常熟、武汉、南京、芜湖、重庆等滚装码头依托腹地主机厂资源优势，内贸滚装进出口业务增长势头强劲。

目前，我国滚装码头布局初步形成。以上海、天津、广州、大连为主的沿海滚装外贸进出口格局和以烟台、青岛、连云港、宁波为辅的沿海滚装外贸出口格局基本确定；内贸滚装沿海业务基本形成上海、天津、广州、大连四大基本港，其他滚装码头多点开花；内贸滚装沿江业务基本形成以武汉、重庆为基本港，南京、芜湖为辅的格局。

二、2022 年我国滚装码头发展趋势分析

（一）行业发展环境分析

1. 汽车产销市场环境

2022 年 1—6 月，国内汽车产销分别完成 1211.7 万辆和 1205.7 万辆，同比下降 3.7% 和 6.6%。同比下降的主要原因是 3 月下旬开始，长春、沈阳、上海相继暴发疫情，导致主机厂停产、供应链断裂，产量下降。

截至 2021 年年底，全国机动车保有量 3.95 亿辆，其中，汽车 3.02 亿辆，新能源汽车 784 万辆。全国有 79 个城市的汽车保有量超过百万辆，同比增加 9 个城市，35 个城市超过 200 万辆，20 个城市超过 300 万辆，其中，北京、成都、重庆超过 500 万辆。2022 年 6 月，中国汽车经销商库存预警指数为 49.5%，同比下降 6.6 个百分点，环比下降 7.3 个百分点，库存预警指数位于荣枯线之下。得益于国家及地方政府陆续出台包括财政补贴、减征购置税、放宽汽车限购等在内的系列促进汽车消费的相关政策，汽车流通行业进入景气区间。

汽车产销市场受短期、长期两方面影响叠加影响。短期因素主要有两方面，一是从供应端来看，疫情导致全球汽车产业供应链停滞，芯片供应短缺导致产能受限，大宗商品涨价正传导至车企制造成本，国内车企短期将面临持续的经营生产压力；二是经济下行风险仍然存在，从消费端来看，经济虽有复苏，但社会通胀压力上升预期增加，国内汽车消费市场恢复仍存在诸多不确定性。长期因素有三方面，一是汽车产业正处于传统燃油车向新能源化、智能化发展转型过渡期，新能源产业进入正规化蓬勃

发展阶段；二是碳达峰背景下，新能源补贴延续至2023年，在政策上加强了对供需两端和基础设施的支持；三是国内疫情防控领先世界，汽车出口贸易与海外销售持续向好。

2. 汽车物流市场环境

（1）水运、铁路转运量提升。

国内汽车消费市场持续调整，汽车物流运输市场已从增长市场转为存量市场竞争，我国整车物流的运输结构也已进入新一轮的优化调整期，铁路、水路充分发挥了其低成本、大批量的运输优势，承担更多中长距离的批量干线运输业务，公路运输重点转向中短途运输和两端短驳，逐渐形成分工合理、节能高效的汽车整车综合运输网络。

（2）过境运输蓬勃发展。

在国际滚装航运市场运力紧张，运价高涨时，日、韩车企开始尝试与国内滚装港口合作，采用“过境运输”（通过海运到国内港口，然后通过铁路“笼车”出境运往目的地）的方式进行商品车外贸出口业务。2021年1月31日，我国首条东亚至中亚商品车水铁联运过境通道在辽港集团正式开通，搭建出一条“日本—大连—哈萨克斯坦”的陆海联运新通道。下半年，烟台港开通“韩国—烟台—中亚”商品车水铁联运过境班列。

相比传统水运，“过境运输”的方式具有交期短、运价低、品质高等特点。随着越来越多的日、韩车企开始有意切换到“过境运输”模式，班列的预订量大幅提升，班列计划是否充足成为时效性能否保证的关键。

3. 新能源车发展情况

2022年上半年，国内新能源汽车产销均超59万辆，全年有望达550万辆。随着国内产销全面恢复到正常水平，国内新能源汽车市场恢复到高增长态势。6月，国内新能源汽车产销量均接近60万辆，创历史新高，同比增长均为1.3倍，市场占有率达到23.8%。2022年上半年，国内新能源汽车产销量分别为266.1万辆和260万辆，同比增长均为1.2倍，市场占有率达到21.6%。截至2022年6月底，全国新能源汽车保有量达1001万辆，占汽车总量的3.23%。

虽然新能源市场蓬勃发展，但芯片短缺问题依然存在，动力电池原材料价格总体仍维持高位，俄乌冲突引发的能源价格高企等问题依然存在。同时，新能源配套设施建设进度也值得关注，将制约未来新能源市场发展。

（二）行业发展迎来新契机

伴随着《车辆运输车治理工作方案》的有力实施，轿运车单车装载能力减少至6~8辆，整车公路运输单价上涨，国内各大型汽车生产企业及整车物流企业开始调整整车物流模式，重新规划物流方案，由单一运输方式向多种运输方式相结合过渡，对整车物流体系进行转型升级，以应对国家最新政策及日益上涨的公路运输成本。整车多式联运已成为国内公认的未来汽车物流发展方向，中远距离干线运输宜采取水运及铁路模式，中近距离干线运输及二次分拨宜采取公路模式。

《车辆运输车治理工作方案》的颁布及落实，为滚装行业进一步发展迎来重大历史机遇。滚装码头作为整车多式联运的重要节点，其功能作用已逐渐由传统装卸向前置库、分拨中心、物流基地等方向转移，并将滚装水运大规模的优势条件与公路运输灵活高效的先天特性完美结合。大连汽车码头铁路专用线及装卸平台的高效利用，更是将滚装水运与商品车铁路运输无缝连接，实现了真正意义上的整车公铁水多式联运，为国内整车多式联运多元化发展开了先河，在这一示范效应影响下，天津、上海、广州正在规划铁路专用线入港。

大连汽车码头有限公司

第七章　我国汽车进出口物流发展情况

第一节　我国汽车进口市场发展情况

一、我国汽车进口市场分析

（一）进口量微增长，呈现“前高后低”走势

2021 年，受新冠肺炎疫情、全球经济减速和汽车芯片供给不足等因素的影响，进口汽车业呈现“前高后低”走势，汽车进口市场总量仍有所增长。2021 年，全国累计汽车进口（含底盘）93.9 万辆，同比增长 0.6%，扭转 2018—2020 年的下滑态势，但复苏力度有限。2009—2021 年汽车进口量及增长率如图 7－1 所示。

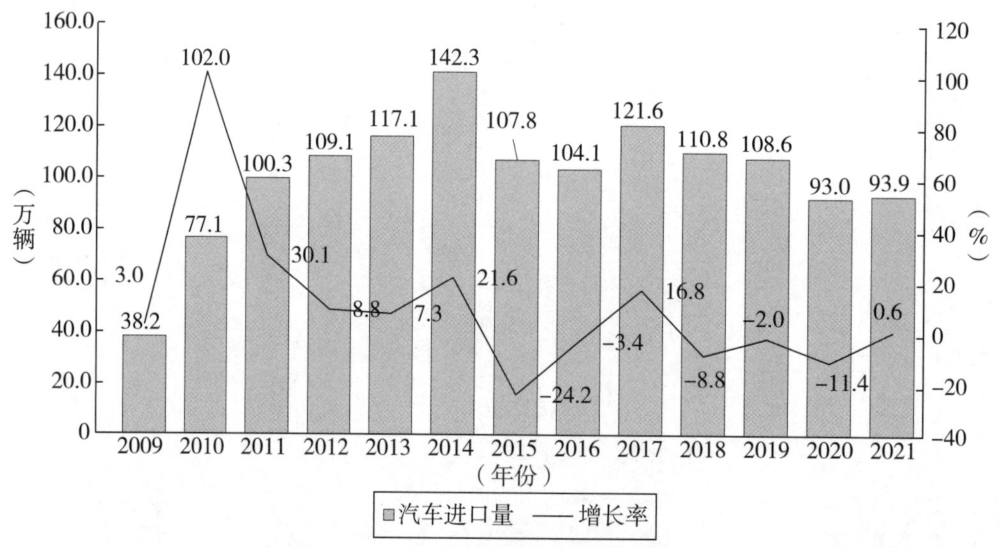

图 7－1　2009—2021 年汽车进口量及增长率

从月度走势来看，上半年汽车进口市场恢复迅速，进口量同比增长53.4%，第一、第二季度分别增长21.1%和91.9%，但从下半年开始汽车芯片短缺潮影响凸显，累计进口量大幅下降30.9%。

（二）终端累计销量下滑6.1%，第四季度降幅进一步加大

受全球新冠肺炎疫情影响，消费需求受到抑制，加上芯片短缺导致市场供给不足，加剧了消费端不振。2021年，进口汽车终端销售93.9万辆，累计同比下滑6%。上半年受2020年国内疫情影响突出导致低基数，进口车销量49.4万辆，累计同比增长14.4%；到了第三季度汽车芯片短缺影响，第三季度进口汽车终端销售24.5万辆，累计同比下滑7.7%；第四季度进口汽车终端累计销售仅有20.1万辆，同比下降33.8%，降幅进一步加大。从季度走势来看，呈现明显的“前高后低”态势。2020—2021年各月进口汽车销量及增长率如图7－2所示。

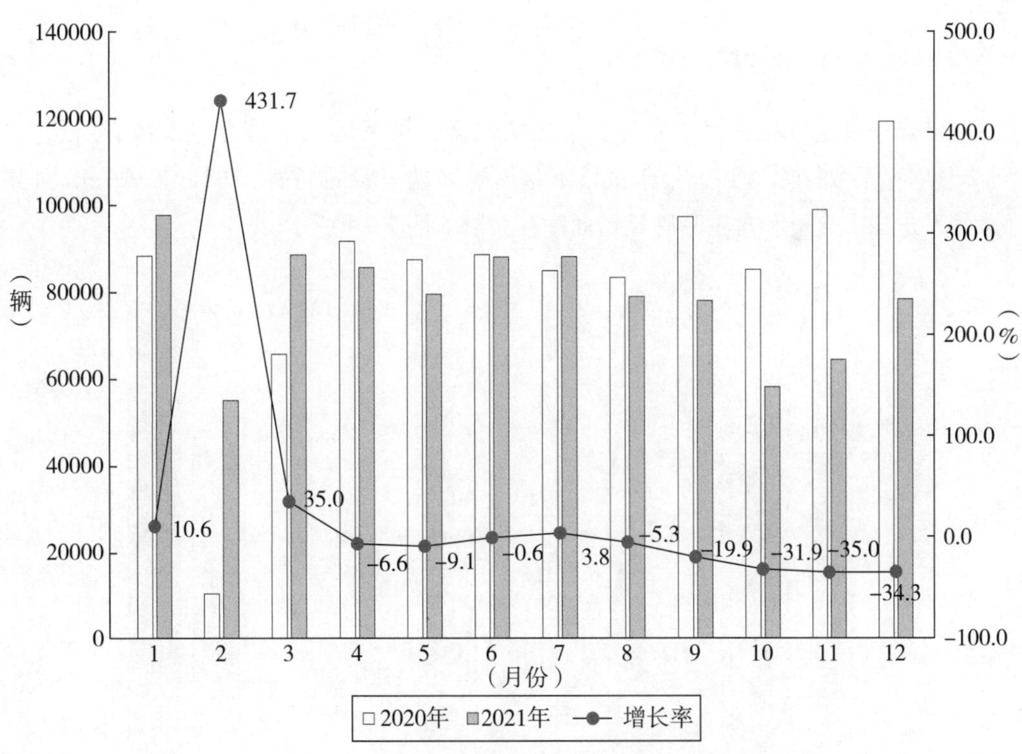

图7－2　2020—2021年各月进口汽车销量及增长率

（三）汽车行业库存和进口汽车经销商库存系数处于合理水平以下

根据中国汽车流通协会发布的经销商库存调研显示，2021年12月汽车经销商综合

库存系数为 1.43。汽车市场自下半年以来，芯片短缺导致供给不足，从而经销商库存处于下行趋势。2020—2021 年汽车经销商库存系数如图 7 - 3 所示。

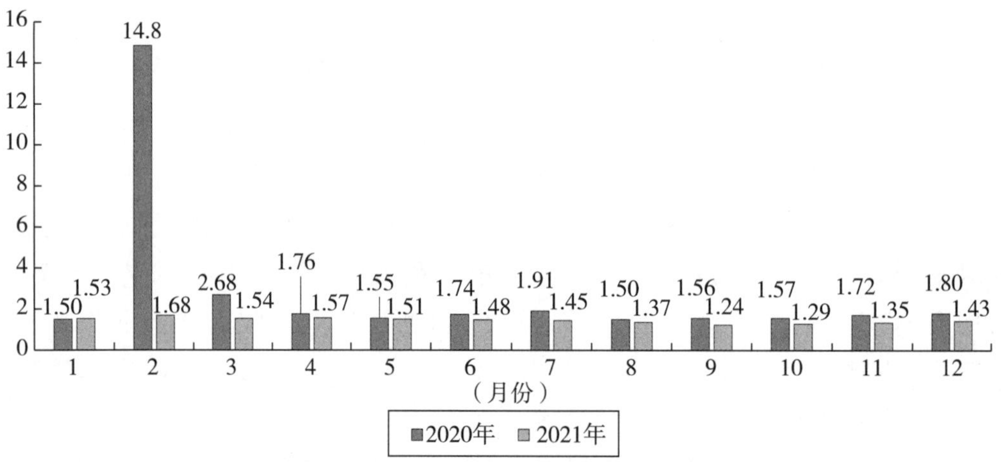

图 7 - 3　2020—2021 年汽车经销商库存系数

资料来源：中国汽车流通协会经销商调研

高端豪华及进口品牌汽车库存处于短缺状态，虽然近三个月库存系数有所抬升，但 12 月库存系数仅为 1.19，处于供给不足影响终端消费的局面。2021 年 10—12 月高端豪华及进口、合资和自主品牌经销商库存系数如图 7 - 4 所示。

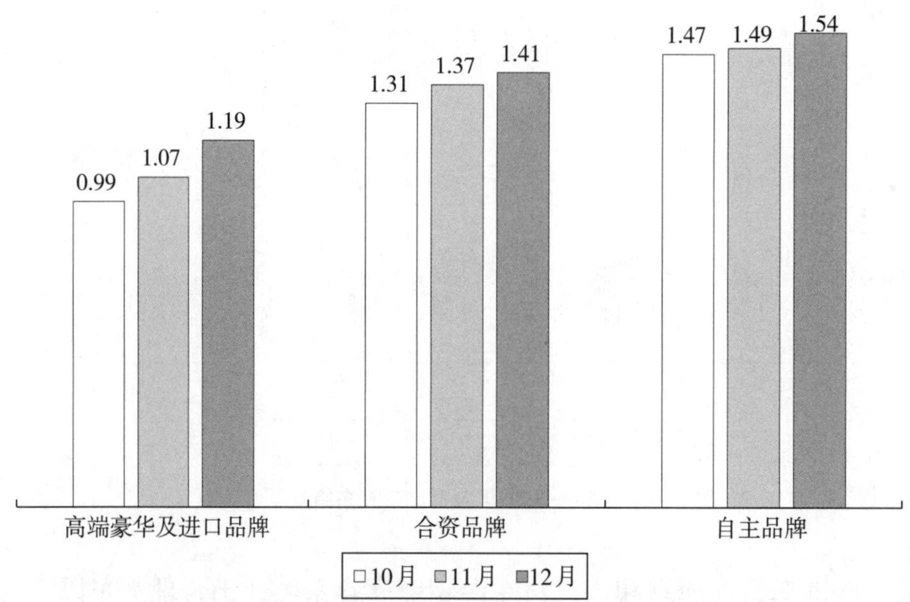

图 7 - 4　2021 年 10—12 月高端豪华及进口、合资和自主品牌经销商库存系数

资料来源：中国汽车流通协会

（四）品牌分化明显，豪华品牌快速反弹

2021年进口汽车前十大品牌集中度进一步提升，7个品牌逆势增长，分化明显；豪华、超豪华品牌均实现增长，而非豪华品牌则大幅下滑。

2021年1—12月，进口车品牌集中度进一步提升，排名前十的品牌汽车共销售87万辆，在乘用车总销量中占比达93.0%，相较2020年的88.1%提升4.9个百分点。排名前十的品牌汽车总销量同比下滑0.6%，超过进口整体市场增速5.5个百分点。

在新冠肺炎疫情和芯片短缺的影响下，2021年排名前十的品牌汽车中，奥迪是一匹黑马，销量达到7.9万辆，同比大幅增长37.7%，增长速度最快。此外，奔驰和沃尔沃同比增速达到二位数。排名第一的雷克萨斯出现小幅下滑，与进口车整体市场表现基本持平。由于平行进口汽车政策影响，丰田连续2年出现大幅度下滑，2021年销量为2.8万辆，同比下滑62.6%。进口大众由于仅有一款主力车型，销量也下滑33.0%。

2021年，豪华品牌汽车仍是销售主力，占销售总量的89.8%，份额远高于非豪华品牌汽车。同时，豪华品牌汽车销量实现4.9%的同比增长，而非豪华品牌汽车大幅下降53.9%。12月，非豪华、豪华品牌汽车和超豪华品牌汽车销量均出现下滑，非豪华品牌汽车销量大幅下滑66.2%。2020—2021年进口乘用车销量的品牌结构如表7－1所示。

表7－1　2020—2021年进口乘用车销量的品牌结构

品牌性质	12月当月销量（辆）				当年累计销量（辆）			
	2020年	2021年	同比	占比	2020年	2021年	同比	占比
超豪华	1113	631	－43.3%	0.8%	6052	8067	33.3%	0.9%
非豪华	25040	8472	－66.2%	10.8%	189454	87329	－53.9%	9.3%
豪华	93073	69180	－25.7%	88.4%	804274	843713	4.9%	89.8%

（五）三大车型销量走势出现分化，仍以轿车和SUV为主

从车型结构看，2021年，SUV占比52.5%，销量49.3万辆，同比下滑11.4%；轿车在总销量中占比44%，销售41.3万辆，逆势上涨2.5%；MPV占比3.4%，销售3.2万辆，同比下滑18.3%，在三大车型中降幅最大。

2021年，三大车型销量走势出现分化，SUV和MPV出现下滑，轿车同比增长2.5%。SUV仍为主力车型，但占比有所下降。轿车份额达到44%，占比有所提升。2020—2021年乘用车分车型进口量如图7－5所示。

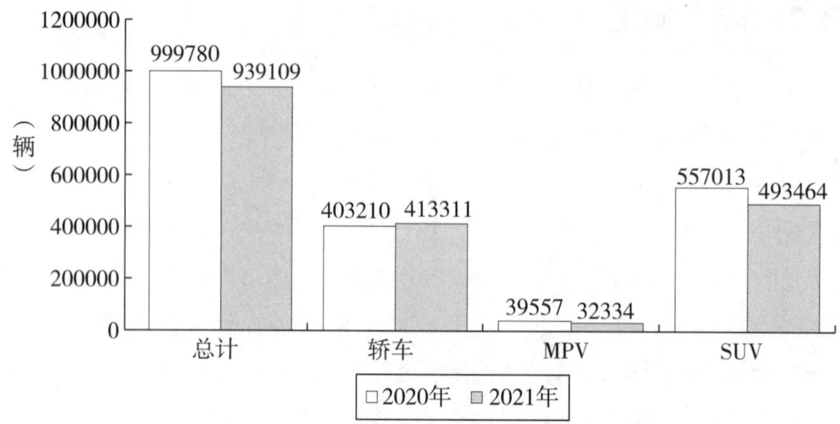

图 7-5　2020—2021 年乘用车分车型进口量

2021 年，销量前十名车型中，轿车占据 3 席，分别为销量冠军雷克萨斯 ES、奔驰 S 级和宝马 7 系，其中 ES 销量大幅领先于其他车型，是唯一一款年销量超过 10 万辆车型。SUV 占六成，奔驰 GLE 车型位居 SUV 首位，同比增长 37.8%，是前十大车型中销量增长最快车型。从前十大车型的品牌分布来看，雷克萨斯占据三席，分别为 ES、RX 和 NX，奔驰两席，分别为 GLE 级和 S 级，宝马两席，分别为 X5 和 7 系，丰田埃尔法是进入前十的唯一非豪华车型。2021 年车型进口量排名如表 7-2 所示。

表 7-2　　2021 年车型进口量排名

排名	车型	销量（辆）
1	雷克萨斯 ES	105834
2	奔驰 GLE 级	52603
3	宝马 X5	50952
4	雷克萨斯 RX	48619
5	雷克萨斯 NX	36455
6	保时捷 Cayenne	29976
7	保时捷 Macan	29956
8	丰田埃尔法	23963
9	奔驰 S 级	23527
10	宝马 7 系	22077

（六）1.5～3.0L 是进口车核心排量区间

2021 年 1—12 月，排量结构呈现出向 1.5～3.0L 排量区间聚拢趋势，该区间份额为89.1%，比2020年增长6.8个百分点。其中，1.5～2.0L排量区间以49.4%的份额稳居第一大排量区间，较2020年提升4.9个百分点。2.0～2.5L占比达到13.3%，相比2020年同期提升3.2个百分点。受国产新能源持续热销影响，进口纯电新能源车销量较2020年同期有所下滑，1.0L以下排量份额较2020年下降0.5个百分点。2020—2021年进口汽车市场排量结构变化如图7－6所示。

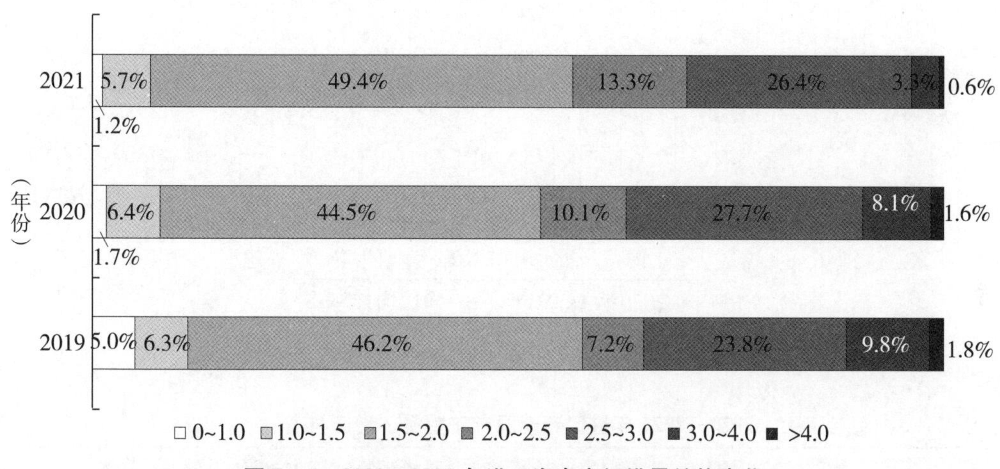

图7－6　2020—2021年进口汽车市场排量结构变化

（七）前十大市场中六个出现同比增长

六大增长市场均为销售规模靠前的6个地区，分别为广东、浙江、江苏、上海、北京和山东，上海以7.3%的同比增速位居增长最快市场。

2021年，进口汽车全国销量前三的地区仍然是广东、浙江、江苏。广东以绝对优势位列全国销量榜首，共销售进口汽车15.9万辆，占比16.9%。后四位中，辽宁降幅最大，达到35.1%。2020年—2021年进口乘用车分地区销售情况如图7－7所示。

（八）新能源乘用车销量增长26.2%，插电混合车型成为主力

根据中国进口汽车市场销售数据，2021年进口新能源汽车销售3.5万辆，同比增长26.2%。增长动力来源于插电混合车型，同比增长115.4%，成为进口新能源汽车的主力车型。

从新能源汽车类型来看，插电混合车型表现明显好于纯电动车型。插电混合车型同比增长115.4%，占比提升到67.7%，成为进口新能源汽车的主力。纯电动车型销售仅有1.1万辆，同比下滑32.5%，市场份额回落至32.3%。2020—2021年进口新能源汽车销量、增速与占比如表7－3所示。

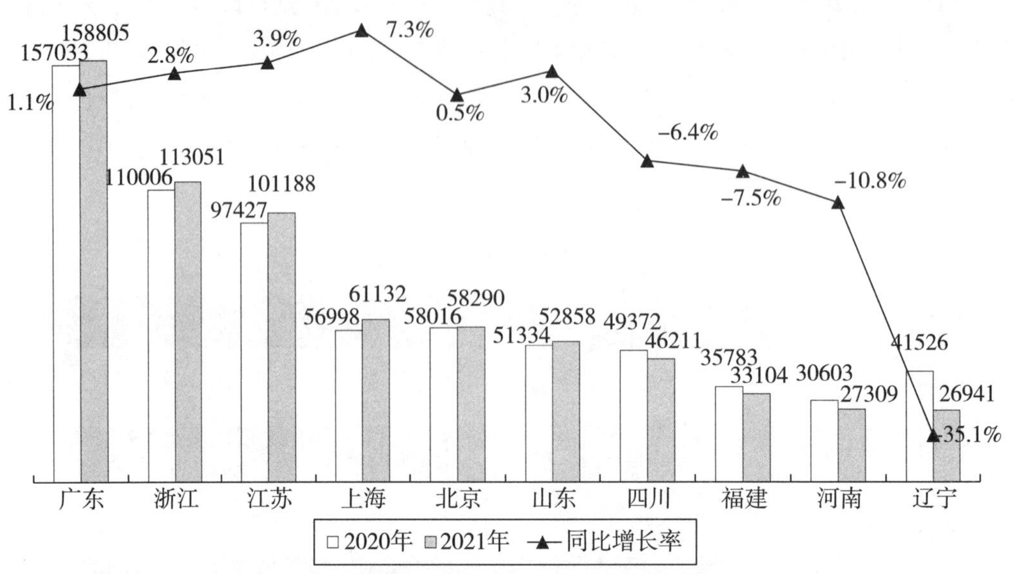

图 7－7　2020—2021 年进口乘用车分地区销售情况

表 7－3　　2020—2021 年进口新能源汽车销量、增速与占比

	2020 年	2021 年	同比增长	2020 年占比	2021 年占比
BEV	16616 辆	11221 辆	－32. 5%	60. 3%	32. 3%
PHEV	10921 辆	23529 辆	115. 4%	39. 7%	67. 7%
NEV Total	27537 辆	34750 辆	26. 2%	—	—

二、2022 年中国进口汽车市场展望

回顾 2021 年，全球经济强劲复苏，全球经济总量基本已修复至 2019 年年底的水平，这得益于各国大力度采取疫情防控措施，经济总量用了一年时间快速修复至新冠肺炎疫情前水平。2022 年随着各国疫苗接种率的提升和经济内生性动能的修复，全球经济增长扩张态势预计将延续，但考虑到新冠肺炎疫情局部反复、刺激政策边际退出以及供应链瓶颈修复缓慢等因素，整体经济增速或将较 2021 年有所放缓。预计全球实际 GDP 增速将由 2021 年的 5. 7% 小幅放缓至 4. 5%，逐步向趋势增长水平回归。国际大宗商品价格涨幅较大，成为推动全球通胀走高的重要因素。与此同时，也需要关注新冠肺炎疫情快速消退后发达国家居民消费需求爆发、能源危机导致成本推升型通胀持续，以及薪资和房价推升通胀预期螺旋式上升等的可能。

2020 年，中国成为全球唯一实现经济正增长主要经济体；2021 年，中国经济在继续对抗新冠肺炎疫情、快速推进绿色转型以及平稳应对全球能源紧缺中，再次“交出了一份人民满意、世界瞩目、可以载入史册的答卷”。展望2022年中国经济，在跨周期调节的顶层设计下，在体制机制改革红利的继续释放中，预计中国经济可以实现全年5.3%左右的实际增速。

2022年中国经济增速相比2021年8%左右的增速有所放缓，下行压力主要包括：一是2021年房地产调控政策冲击延伸，房地产投资可能滑向纵深调整，但在改善性、市民化、城市群三大新发展动能的支撑下，房地产销售的基本面并未崩塌，且房地产行业的发展愈发融入，且更紧密地内嵌到高质量发展的进程中，对2022年房地产投资并不过度悲观；二是海外对中国出口的拉动效应可能弱化，中国经济将更多转向以内循环为主，但国内消费潜力释放仍存在挑战；三是绿色转型和技术攻坚撬动下，制造业投资成为高质量发展的关键增量来源，但在绿色转型路径更加明晰前，其“高歌猛进”的条件尚不够成熟。

从汽车行业来看，中国汽车工业协会回顾了汽车行业近期发展情况。2016—2021年，中国汽车市场先增后减，2018—2020年连续三年下滑；随着新冠肺炎疫情得到有效控制，全国经济恢复，中国汽车市场也将回暖进入平稳增长阶段，2021年扭转下滑态势，同比实现正增长。整体来看，“十四五”期间，宏观经济的复苏、中低收入群体经济状况好转、国家政策层面政策支持等方面都将促进中国汽车市场的良好发展。预计2022年汽车总销量为2750万辆，同比增长5.4%。到2025年，中国汽车市场有望达到3000万辆。

2022年汽车市场的关键是芯片和回补库存。由于芯片转向消费电子产品、瑞萨电子工厂火灾、得克萨斯州暴雪和马来西亚疫情反复等多种原因，2021年车规级芯片供应异常紧张，汽车销量受到相当大的影响。5月下旬，台积电（TSMC）宣布，将开足马力加大生产，把2021年的车载芯片产量提升至2020年的1.6倍，增产60%。英特尔CEO帕特·基辛格表示将以“英特尔工厂+第三方产能+代工服务”的组合重新进入汽车芯片制造业务。

除此之外，2021年汽车行业库存和进口汽车经销商库存系数处于合理水平以下。2021年12月行业库存系数为1.43，库存水平位于警戒线以下。因此，随着芯片供应的恢复，回补库存将是2022年汽车市场，特别是进口汽车增长的重要动力。

从车型供给来看，2022年新车型导入不少，而进口车主力细分市场C级SUV将开启国产化之路，宝马X5加长版将在2022年国产，2021年宝马X5的销量超过5万辆，2022年销量将会逐步减少，对进口汽车市场未来的规模有较大影响。评估目前的供需情况，展望2022年进口汽车市场形势，能实现个位数增长。芯片逐步恢复供给、库存加快回补将是增长来源，新产品导入有限，但重磅车型国产化。预计2022年进口汽车市场将呈现个位数增长，供给先行，需求跟进。但同时国际环境复杂多变，新冠肺炎疫情的发展仍有反复可能，芯片恢复供给进度仍存在不确定性。如果上述因素恢复不乐观，进口汽车市场或将有所下滑。

中国车辆进出口有限公司　王存

第二节　我国汽车出口市场发展情况

2021 年，我国汽车出口实现历史性突破。根据海关数据统计，中国整车（含成套散件）[①] 出口 196.91 万辆，同比增长 107.01%；出口金额 343.37 亿美元，同比增长 119.7%。汽车零部件[②]出口金额 900.05 亿美元，同比增长 35.1%。我国汽车出口持续提升，主要与海外市场恢复、海外汽车供应短缺、2020 年出口基数较低、中国品牌汽车海外竞争力提高、我国车企海外本地化水平提升以及新能源汽车出口大幅增长等因素有关。2009—2021 年汽车整车出口情况如图 7－8 所示。

图 7－8　2009—2021 年汽车整车出口情况

资料来源：海关统计数据

① 海关统计中，仅装有驱动电动机的主要用于载人的机动车（87038000）和未列名载人机动车（87039000），平均单价不足 1000 美元，未计入统计中，下同。

② 本节中汽车零部件进出口总额均包含玻璃、轮胎等非机电类的汽车零部件产品。

一、2021 年我国汽车产品出口情况

（一）整车出口情况

从出口车型来看，除大中型客车出口出现下滑外，其他车型均实现大幅增长，且乘用车继续保持中国汽车出口的主体地位。2021 年，乘用车出口 149.27 万辆，同比增长 120.6%，占中国汽车出口总量的 75.8%。各类乘用车型出口均保持增长。其中，旅行小客车出口 54.38 万辆，同比增长 88.2%，分别占中国汽车出口总量和乘用车出口总量的 27.6% 和 36.4%。小轿车和旅行小客车共计出口 110.14 万辆，占乘用车出口总量的 73.8%；受到新能源汽车出口的带动，其他乘用车（含新能源车型）共计出口 35.87 万辆，同比大幅增长 354.0%；载货汽车是出口量最大的商用车车型。2021 年，中国共计出口载货汽车 36.03 万辆，同比增长 89.8%，占中国商用车出口总量的 75.6%。2021 年中国汽车（分车型）出口情况如表 7－4 所示。

表 7－4　　2021 年中国汽车（分车型）出口情况

车型	出口量（万辆）	同比增长（%）	出口额（亿美元）	同比增长（%）
小轿车	55.76	87.2	63.31	82.16
越野车	3.26	206.37	5.55	194.53
旅行小客车	54.38	88.22	69.01	95.19
其他乘用车合计（含新能源车型）	35.87	354.02	85.41	401.50
乘用车合计	149.27	120.61	223.28	150.43
大中型客车	3.98	－1.97	20.39	8.96
半挂式牵引车	4.68	92.06	16.75	99.92
特种用途车	1.77	39.52	13.44	51.79
载货汽车（非公路自卸车除外）	36.03	89.78	59.06	117.48
非公路自卸车	0.75	37.88	6.63	112.73
装有引擎的汽车底盘	0.44	110.75	3.83	261.32
商用车合计	47.64	73.25	120.09	78.51
总计	196.91	107.01	343.37	119.71

资料来源：海关统计数据

从出口市场来看，对“一带一路”等新兴市场及对欧洲澳新等发达地区的汽车产品出口均实现大幅增长。2021 年，智利、沙特阿拉伯和俄罗斯位列中国出口量前三位。

而比利时、澳大利亚、英国则分列我国汽车出口的第四位、第五位、第八位。对美国出口虽实现增长，但排名继续下滑至17位。2021年，中国对“一带一路”国家出口汽车108.95万辆，占中国汽车出口总量的55.3%，占比下降7.3%；出口额176.14亿美元，占中国汽车出口总额的51.3%，占比下降6.2%。但对“一带一路”前20位国家出口量、出口额集中度分别为78.4%和68.2%，同比分别提升4.4%和1.7%。2021年中国汽车出口情况（分国别前15位）如表7－5所示。

表7－5　　2021年中国汽车出口情况（分国别前15位）

序号	国家	出口量（万辆）	同比增长（%）	出口额（亿美元）	同比增长（%）
1	智利	19.14	237.41	18.48	220.30
2	沙特阿拉伯	13.30	35.38	18.37	22.62
3	俄罗斯	12.15	183.79	19.81	183.67
4	比利时	11.09	492.88	30.82	552.41
5	澳大利亚	9.58	140.11	16.40	208.77
6	墨西哥	9.45	168.74	9.36	132.18
7	埃及	8.82	44.94	6.77	54.54
8	英国	7.85	200.24	22.43	319.03
9	秘鲁	5.88	106.45	6.21	129.59
10	越南	5.75	57.51	12.81	143.81
11	泰国	4.85	1108.52	2.07	211.79
12	巴西	4.72	88.21	6.45	109.34
13	菲律宾	4.67	61.05	9.16	59.21
14	厄瓜多尔	4.58	136.13	4.83	150.64
15	马来西亚	4.48	17.40	4.37	11.36
其他合计		70.59	80.08	155.03	90.36
总计		196.91	107.01	343.37	119.71

资料来源：海关总署

从出口主体来看，中国品牌骨干企业乘用车出口实现快速增长。根据中汽协会数据统计，2021年，中国品牌车企共计出口乘用车155.91万辆，同比增长100.9%。其中，奇瑞、长城、东风、江淮等出口增速均超过100%。长城、吉利、长安、东风出口首次年度突破10万辆；奇瑞则实现单月出口年内8次突破2万辆。外资企业调整全球战略布局，中国在全球供应格局中的地位不断提升，日渐成为多个国际品牌车企在全球的重要出口基地，出口车型不断丰富。2021年，特斯拉、上汽通用、大庆沃尔沃、悦达起亚、易捷特、华晨宝马等外资品牌共出口乘用车45.39万辆，同比增长

149.0%。2021 年主要汽车企业出口情况如表 7－6 所示。

表 7－6　　2021 年主要汽车企业出口情况

序号	企业名称	出口量（万辆）	增长率（%）
1	上海汽车集团股份有限公司	59.83	85.07
2	奇瑞汽车股份有限公司	26.93	136.70
3	特斯拉（上海）有限公司	16.34	2226.46
4	中国长安汽车集团有限公司	15.91	93.00
5	东风汽车集团有限公司	15.39	123.70
6	长城汽车股份有限公司	14.28	103.67
7	浙江吉利控股集团有限公司	11.50	58.21
8	北京汽车集团有限公司	8.11	48.93
9	安徽江淮汽车集团有限公司	7.36	100.49
10	中国重型汽车集团有限公司	5.41	74.60
11	大庆沃尔沃汽车制造有限公司	3.79	－8.41
12	中国第一汽车集团有限公司	2.40	77.83
13	华晨宝马汽车有限公司	2.18	1023.76
14	广州汽车工业集团有限公司	2.07	48.04
15	陕西汽车集团有限责任公司	1.91	72.31
16	厦门金龙汽车集团股份有限公司	1.75	8.47
17	比亚迪股份有限公司	1.62	213.09
18	华晨汽车集团控股有限公司	1.19	－13.58
19	河北中兴汽车制造有限公司	0.59	45.34
20	宇通客车股份有限公司	0.49	30.74

资料来源：中汽协会

2021 年主要外资乘用车企业出口情况如表 7－7 所示。

表 7 – 7　　2021 年主要外资乘用车企业出口情况

序号	车型	2021 年（万辆）	增长率（%）
1	特斯拉（上海）	16.34	2226.46
2	上汽通用	10.50	57.61
3	大庆沃尔沃	3.79	–8.41
4	易捷特新能源	3.67	800.91
5	悦达起亚	3.64	30.23
6	华晨宝马	2.18	1023.76
7	江铃股份	1.89	104.35
8	神龙	1.32	245.48
9	长安福特	1.04	–16.27
10	北京现代	1.03	74.23
前十位出口合计		45.38	151.74
其他出口合计		0.05	–75.00
外资品牌出口总计		45.43	149.25

资料来源：中汽协会

（二）零部件产品出口情况

2021 年，由于我国供应链的较强韧性及海外市场供应相对不足，中国汽车零部件出口规模大幅增长。根据海关数据统计，2021 年中国汽车零部件出口额达 900.05 亿美元，同比大幅增长 35.1%。作为中国汽车零部件的主要出口市场，发达国家出口额占比近六成。美国仍是中国第一大出口市场，出口 181.7 亿美元，同比增长 33.5%，占中国汽车零部件出口总额的 20.2%；其次是日本，出口 66.9 亿美元，同比增长 29.6%，占比 7.4%；第三是韩国，出口 49.49 亿美元，同比增长 22.7%，占比 5.5%。对东盟、欧亚经济联盟、中东、拉美等重点地区的汽车零部件出口也均实现大幅增长。2021 年中国汽车零部件出口额前十名国家如图 7 – 9 所示。

分产品来看，中国汽车零部件出口额前 20 种产品的出口额均实现增长。国际新冠肺炎疫情反复且尚未见底，中国车企积极力保国内市场稳定供给的同时，也为全球汽车产业链供应链安全稳定作出了重要贡献。2021 年中国汽车零部件出口额前 20 位产品情况如表 7 – 8 所示。

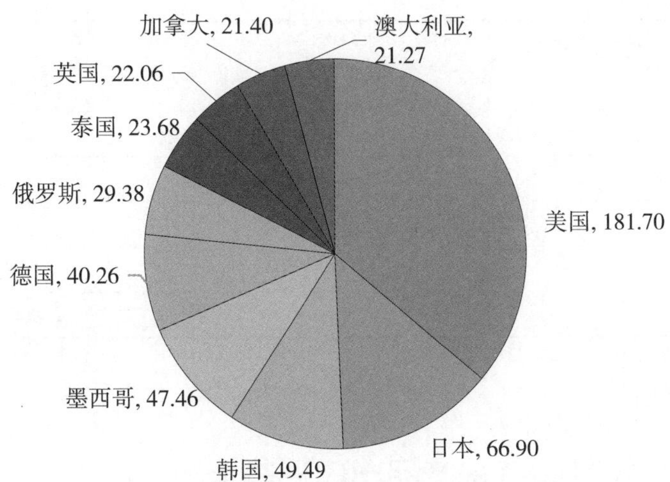

图 7－9　2021 年中国汽车零部件出口额前十名国家（亿美元）

资料来源：海关统计数据

表 7－8　　2021 年中国汽车零部件出口额前 20 位产品情况

序号	商品	编码解释	出口额（亿美元）	增长率（%）
1	87082990	车身（包括驾驶室）的未列名零件、附件	86.07	43.69
2	40112000	客车或货运机动车辆用新的充气橡胶轮胎	80.15	21.46
3	40111000	机动小客车用新的充气橡胶轮胎	61.25	25.84
4	87089999	品目 8701 至 8704 所列其他车辆用未列名零、附件	58.73	43.88
5	87087091	铝合金制的未列名机动车辆用车轮及其零件、附件	47.32	33.91
6	84099199	其他点燃式活塞内燃发动机的零件	42.01	41.00
7	87083099	未列名机动车辆用其他制动器及其零件	40.62	24.97
8	87088010	品目 8703 所列车辆用悬挂系统及零件（含减震器）	31.14	38.65
9	85122010	机动车辆用电气照明装置	27.30	35.82
10	85443020	机动车辆用点火布线组及其他布线组	26.04	18.63
11	87089490	其他机动车辆用转向盘、柱、器及零件	22.43	30.51
12	87168000	未列名非机械驱动车辆	21.68	32.64
13	87169000	挂车及半挂车或其他非机械驱动车辆的零件	21.53	48.42
14	85129000	品目 8512 所列装置的零件	15.09	32.48
15	94019019	其他机动车辆用坐具零件	14.74	31.72
16	84099999	未列名柴油机的零件	13.52	41.54
17	87084091	品目 87.03 所列车辆用自动换挡变速箱及其零件	13.14	62.55

续 表

序号	商品	编码解释	出口额（亿美元）	增长率（%）
18	84073410	3000mL≥排量>1000mL车用往复式活塞发动机	12.10	28.92
19	87089200	机动车辆的消声器、排气管及其零件	11.63	41.98
20	84099991	P≥132.39kW（180hp）柴油机的零件	11.49	54.32
前20位合计			657.97	34.06
总计			900.05	35.11

资料来源：海关总署

二、2021年我国汽车产品出口形势分析

（一）新冠肺炎疫情持续蔓延，全球汽车市场恢复仍需时日

新冠肺炎疫情仍呈现长期化、复杂化发展，造成局部地区的生产生活秩序不稳定，原材料价格高涨、汽车芯片短缺、能源供应紧张等问题将继续影响汽车外贸供应链的稳定通畅。世界经济复苏预期下调、全球通胀持续升压、消费需求降低等综合作用，也将严重影响全球汽车市场的回暖。2022年4月12日，世界贸易组织（WTO）在年度预测报告中，将2022年全球贸易增长预期从4.7%下调至3%。根据4月19日国际货币基金组织（IMF）预测报告，预计2022年全球经济将增长3.6%，较1月预测值下调了0.8个百分点。

（二）国际物流运输压力仍未缓解

海运方面，受新冠肺炎疫情蔓延、集装箱短缺和出口需求旺盛等因素影响，国际海运高峰压力短期难以缓解，出口运输物流费用高居不下，船运周期和预订时间难以保证，出口企业面临交付延迟的违约压力。长期来看，国内汽车专用滚装船等远洋运输能力建设滞后，国际物流运输通道不顺畅，将制约汽车出口规模和效益的持续提升。班列方面，在地区冲突形势下，涉及中东欧线路的中欧班列受到不同程度影响。短期看，部分发货方、货代方、承运方已先后遇到线路调整、时效降低、成本波动、结算困难等问题，这些问题将随着局势变化相应改变。但中长期看，地缘冲突的不确定性仍将对中欧班列正常运行带来诸多压力和影响。

（三）全球经贸格局加速重塑，新型国际贸易壁垒正在形成

多边、诸边与双边并行发展，但多边贸易体制对国际经贸规则的领导力在削弱。

伴随着全球大型自由贸易协定（FTA）相继签署并生效，区域贸易协定（RTA）成为新一轮国际经贸规则制定的主导力量。汽车作为国际贸易的重要商品，一般情况下表现为 FTA 框架下维持较低关税或零关税，FTA 之外维持较高关税。

由于新冠肺炎疫情对产业链供应链的冲击，各国进一步加严国际并购的国家安全审查，同时也在采取多种措施强化本国制造业发展。近年来，美国加大了对华投资并购的安全审查力度，阻止中国企业在信息、互联网、半导体等新兴产业的并购投资。

全球低碳化达成共识，汽车成为交通领域减碳的主要抓手。欧盟正在设立“碳足迹”“碳边境调节机制（CBAM）”等规定，以“碳”为核心的新型贸易壁垒正在形成。2022 年 3 月，作为全球首个以碳关税形式应对气候变化的提案，CBAM 在欧盟理事会获得通过。这为发达经济体将碳排放领先优势转变为产业竞争优势，提供了切实可行且占据国际舆论制高点的转化途径。欧盟希望通过这一机制降低进口产品的竞争力。而根据《欧盟电池与废电池法规》，自 2024 年 7 月起，工业及电动汽车动力电池制造商和供应商必须提供碳足迹声明。新法规既是迎合低碳、环保的全球趋势，也是欧盟在电池产业争取有利地位的重要手段。

（四）主要国家和地区重视汽车产业链供应链安全稳定

一是汽车产业加速电动化、网联化、智能化变革，推动关键零部件布局调整。欧洲、美国等纷纷加码电动化和智能化，进一步加强本土动力电池、芯片等产业布局。如美国在重塑供应链问题上不再以推动制造业岗位回流为目标，半导体、新能源材料供应链的回流才是拜登政府最为紧迫的任务。2022 年 5 月，美国白宫公布了 2022 年振兴美国制造业和确保关键供应链安全的计划。二是全球供应链布局趋于区域化、分散化、本地化，围绕多个大型 FTA，全球将进一步强化已有的汽车产业链供应链集中布局区的竞争优势。这也将推动全球汽车及零部件竞争格局调整，并给中国汽车及零部件出口带来机遇和挑战。

（五）俄乌冲突下，我国汽车产业国际化发展机遇与挑战并存

俄罗斯是 2021 年我国第三大汽车出口市场，也是长城、奇瑞等自主车企重点布局的海外市场。同时，欧洲也日渐成为我国新能源汽车出口的重要目的地。俄乌冲突持续，西方制裁不断加剧，导致金融风险上升、贸易运输受阻、原材料供应短缺和成本上涨等问题凸显，短期内对我国汽车企业产品出口和海外经营发展带来一定冲击。俄乌冲突导致包括俄罗斯在内的整个欧洲汽车市场遭遇大幅下跌，短期内将冲击我国汽车在俄罗斯及欧洲市场的销售。但长期来看，随着俄罗斯宣布对退出俄市场的跨国公

司进行“国有化”管制，当地市场竞争格局已发生变化。雷诺等外资企业已撤出，另一些车企则选择暂停生产及业务。随着中国品牌车企国际竞争力的提升，骨干车企正在加快俄罗斯市场布局。长城、长安、奇瑞陆续在俄推出新车型，持续经营并深耕发展；福田将推动皮卡和载货汽车的本地化生产；江淮积极参与重启“莫斯科人”品牌的计划。同时，中国品牌车企积极扩大营销网络且车辆库存较为充足，出口规模及市场占有率有望进一步提升。

三、2022 年我国汽车出口分析预测

当前，国际形势复杂严峻，新冠肺炎疫情仍在全球蔓延，全球产业链供应链遭受冲击，贸易保护和投资限制措施增加，中国汽车产业“走出去”面临的不确定性和不稳定性加大。中国坚定致力于实现全面、高水平的亚太自贸区，正在高质量实施 RCEP，与东盟成员积极打造中国—东盟自贸区 3.0 版，持续推进加入《全面与进步跨太平洋伙伴关系协定》（CPTPP）和《数字经济伙伴关系协定》（DEPA），为全球和区域经济稳定增长持续提供推动力。随着中国品牌骨干企业产品竞争力和海外经营能力的进一步提升，部分外资企业进一步加码中国汽车出口和释放中国汽车产能，在新能源汽车出口强势拉动下，预计 2022 年我国汽车出口将继续保持快速增长。

（一）汽车出口规模有望实现较快增长

在国内市场需求低迷、产能过剩、竞争激烈等背景下，中国品牌车企正在加快“走出去”步伐。根据海关数据统计，2022 年 1—4 月，我国汽车（含成套散件，剔除单价较低的电动车辆）出口 80.91 万辆，同比增长 49.44%，增速虽有所放缓，但依然继续保持着较高幅度的增长。随着中国品牌竞争力的提升、外资品牌出口潜力的释放以及新能源汽车出口的发力，2022 年全年整车出口仍将持续增长，但考虑到受芯片等关键零部件仍处于紧缺状态、国内外新冠肺炎疫情造成产业链供应链的不稳定性加剧、俄乌冲突持续等不利因素的影响，其虽无法超越 2021 年高增速水平，但仍有望超过 40%。

（二）中国车企加快开拓海外市场

上汽、奇瑞等主要中国品牌车企纷纷加快实施出口及国际化战略规划，加大重点国家生产布局和产品投放。2022 年，上汽集团海外销量目标是突破 80 万辆，欧洲市场将成为上汽海外第一个十万辆市场。奇瑞汽车 2022 年的出口及海外销量目标为 50 万

辆，奇瑞汽车、星途、捷途三大品牌加快布局巴西、智利、俄罗斯等重点市场。2022年，除泰国、文莱、老挝、缅甸投入运营外，长城汽车还将启动马来西亚、越南、菲律宾、新加坡市场的常态化运行，形成“4＋4”的东盟市场战略布局，加快推进全球化发展。

（三）外资品牌扩大在华出口规模

2022年，中国已全面取消外商投资汽车企业的股比限制和合资企业数量限制，出口规模有望进一步释放。尤其是特斯拉、宝马等主要跨国公司通过合资持股或独资建厂等方式，调整全球战略布局，加快新能源车型的国产化和出口规划。其中，特斯拉上海工厂正在扩建零部件生产项目，年产能45万辆，预计将有一半出口海外市场，成为全球重要出口基地；易捷特（易捷特新能源汽车有限公司由东风与雷诺日产联盟合资组建）预计2022年将有5万辆新能源乘用车出口欧洲；宝马MINI、大众ID2等都将有更多国产纯电动车型销往全球市场。

（四）新能源汽车出口将保持强劲势头

为应对气候变化和法规要求，全球新能源汽车需求快速增长，为国产新能源汽车进入海外市场提供广阔空间。在碳排放法规加严和主要国家激励政策推动下，2022年欧洲新能源汽车销量有望超过300万辆。上汽、蔚来等企业都在加快布局和进入欧洲市场。上汽首款全球车MG EH32将首发欧洲，MG等新能源车型2025年的欧洲市场年销量有望超过20万辆。根据蔚来发布的挪威战略，2022年将进入欧洲5个国家，出口目标5万辆。

中国汽车技术研究中心中国汽车战略与政策研究中心　刘艳、吴松泉、马胜

第三节　我国汽车整车出口物流发展情况

一、2021年新冠肺炎疫情及复杂国际形势对中国经济及国际物流的影响

2021年，新冠肺炎疫情对国际供应链的冲击仍在持续，“拥堵、高价、缺箱、缺舱”成为国际物流的热词。新冠肺炎疫情对汽车及整个供应链产生巨大的影响，加之

俄乌冲突带来的国际形势逐步复杂，西方制裁不断加剧，导致物流迟滞、卢布汇率波动、原材料涨价、零部件断供等诸多问题，对中国汽车产品进出口和产业链发展造成冲击。但是，我国对外贸易仍然取得了突出成果。

2017—2021 年，我国进出口贸易总额整体呈上升态势，中国参与经济全球化水平不断提升，尤其 2021 年全年货物进出口贸易规模创历史新高，稳居世界首位，中国外贸进出口展现了强大的韧性和综合竞争力。作为进出口贸易的保障行业，国际物流需求也在持续增长。

李克强总理在 2022 年政府工作报告中提到，要加快国际物流体系建设，助力外贸降本增效，为下一步的国际贸易发展奠定了基调。

2017—2021 年中国进出口贸易总额如图 7－10 所示。

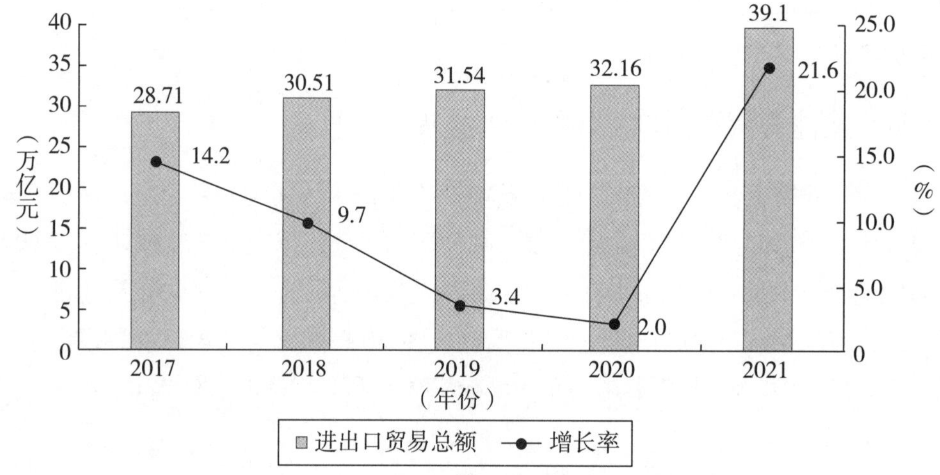

图 7－10　2017—2021 年中国进出口贸易总额

资料来源：海关总署

在国际物流方面，尽管新冠肺炎疫情的持续及地缘局势的动荡对国际物流稳定造成的冲击仍在持续，但针对新冠肺炎疫情防控的政策也越发成熟，近期国际物流仍然是机遇与挑战并存。汽车物流作为物流细分行业，国际运输同样面临着机遇与挑战，但长期向好的大趋势不会改变。

首先，新冠肺炎疫情的暴发造成国际物流运力矛盾激化、供需紧张加剧，面对运力的短缺，物流企业加大了运力购置的力度。据著名航运咨询机构德鲁里发布的报告，航运公司在 2021 年订购创纪录的 548 艘 420 万标准箱的船舶，新增运力的逐步投入将缓解运力供需的矛盾。但由于国际物流运力处于动态变化的过程中，运力配置与现实需求之间结构性错位的纠正需要一段时间，因此国际物流运力供需矛盾仍将在一定时间内持续存在。

其次，国际供应链的结构性调整将继续推动物流行业并购整合，如丹麦航运巨头马士基收购香港利丰物流、顺丰收购嘉里物流等，由此可见，物流资源正在不断向头部靠拢。通过并购来整合和优化服务能力，增强企业核心竞争力的这一趋势在近期仍将持续。

再次，受新冠肺炎疫情影响，国际物流企业在业务开展、资金周转等方面的问题不断凸显，借助数字化技术降低成本、实现转型成了物流企业的发展方向，同时，新兴技术的应用也成为企业打造和维持核心竞争力的主要方式之一。

最后，“绿色物流”的趋势也将延续。根据罗兰贝格发布的报告，交通物流行业二氧化碳排放量占全球二氧化碳排放量的21%，作为经济发展的战略性、基础性、先导性产业，物流行业“绿色化”也将是大势所趋。

二、新冠肺炎疫情防控常态化形势下汽车制造企业及汽车物流企业的应对措施

（一）汽车制造企业的应对措施

面对新冠肺炎疫情及更多不可预知的潜在风险及挑战，汽车制造企业及汽车物流企业未来或将更重视建设供应链抗风险能力及韧性、加强核心原材料及零部件供应把控能力，打造匹配新生代消费群体的营销方式。对于汽车制造企业来说，逐步提升供应链、上下游环节及营销环节关键节点抗风险能力建设、拓宽营销方式是2021年持续进行努力的主要方面。

（1）供应链抗风险能力及韧性。选取高服务质量及高整合能力的供应链服务商。提升抗风险意识及综合解决方案、备选应急方案能力。

（2）加强布局上游供应环节。在国产芯片、关键零部件标准不断成熟、技术不断提升的基础上，国内汽车制造企业需持续关注自主技术的合作及充分利用，加强布局上游供应环节，打破技术与供应壁垒及跨国垄断。

（3）探索新型及多重市场营销方式。拓宽市场及销售思路，加强线上品牌官方网站及应用、购物平台及直播、自媒体宣传等多渠道市场及营销途径建设。

（二）汽车物流企业的应对措施

汽车物流企业特别是第三方物流企业，受到国际复杂形势和新冠肺炎疫情等负面影响，面临着巨大的挑战。但是汽车物流企业仍在扩大需求、充实国际运力及计划资源、提供全程解决方案等关键方面持续努力，并更加关注核心能力建设。

（1）境内外主体及业务网络布局建设。目前，部分知名汽车物流企业在支持汽车商品进出口需求、调研车企业务布局基础上，逐步完善自身海外主体建设及业务网络布局。根据业务发生重点国家、区域，业务板块发展的重点领域、方向，建立境内外主体。完成业务网络、总体筹划网络布局以及相互协同，并积极布局未来主体及业务网络架构，形成规划及运营合力。

（2）业务市场及开发能力建设。持续提高对国内外业务的开发能力建设及开发联动能力。不断丰富专业开发队伍，在海外建立当地化营销及市场团队，树立海外品牌形象。通过发挥海外总部即时接触优势、开发经验及本地化团队优势，逐步建立集品牌建设、市场开发、解决方案、售后服务的一体化市场营销能力，为汽车进出口品牌客户提供强有力的服务方案。

（3）铁路资源整合及运营能力建设。近年来，中欧班列发展迅猛。2016—2021 年，中欧班列年开行数量由 1702 列增长到 15183 列，年均增长 55%；年运输货值由 80 亿美元提升至 749 亿美元。即便是在新冠肺炎疫情肆虐的情况下，2020—2021 年，中欧班列年开行数量仍实现同比增长。这是中欧班列为世界经济复苏作出的积极贡献，也是“一带一路”高质量发展的有力证明。

汽车物流企业持续加强与国内及国外重点枢纽场站形成战略合作及重点项目合作。除了计划资源的获取，集装箱投入及循环也是影响基于铁路物流服务效率的重点因素。汽车物流企业面临多重因素影响，目前国际运输中集装箱滞留、调拨困难、使用成本上升、效率下降成为巨大困扰。各企业通过加强科学计算及提高回程揽货能力，最大限度发挥集装箱运转效率；提供具备高技术门槛的增值类服务，如定制化的装箱方案、全段通关服务等。

（4）海运资源合作及整合能力建设。国内主流第三方汽车物流企业一直持续、积极探索国际滚装能力建设及发展，壮大中国海运能力。特别是自主品牌海外建厂的版图持续扩大，战略不断深化，在持续实现数量和质量双高速发展的趋势下，如何支撑自主品牌“走出去”及海外建厂，如何提供稳固、大体量运力及线路计划，成为汽车物流企业追寻的目标及指导发展的方向。

汽车物流企业经过不断探索与研讨，积极向先进企业学习和借鉴经验，通过与国际上、行业上领先的企业进行合作。形成丰富的海运项目运营经验。越来越多的国内物流公司为自主品牌整车出口海外提供持续性高质量服务。除了运营经验，这些企业也在逐步加强海运运力的投入，并持续优化及完善合作，努力树立国内优质滚装海运服务品牌。

（5）全链服务能力提升。目前，汽车物流企业充分利用自建主体及合作资源，服务范围延伸至前后端公路运输业务。并且，其海外主体已经开始逐步开发本地化公路运输、海外仓储服务、金融服务、关务服务、定制化包装、物料采购等全链条增值服务。

三、新冠肺炎疫情及复杂国际形势下汽车产业链如何突围

2021年新冠肺炎疫情对于汽车整体进出口形势没有产生太多负面影响，从数据上看，中国汽车出口201.5万辆，同比增长1倍，出口金额为344.56亿美元。进口方面，2021年中国汽车进口销量为93.9万辆，进口金额为539.15亿美元，进口量同比略有下滑，下降幅度为6.1%。

中国作为汽车制造强国的国际化进程仍然高速发展，我国汽车类国际贸易对应的物流需求是持续高位存在的。因此，如何建立全球物流服务能力、抗风险能力，应对新冠肺炎疫情及复杂国际形势带来的需求不确定性，提升物流中各环节的服务效率，同时保证服务质量是汽车物流企业需要深度思考的问题。

汽车物流行业承载着汽车贸易进出口运输需求，作为重要供应链支撑环节，为促进国际国内双循环，发挥着不可替代的重要作用。在新冠肺炎疫情影响下，未来汽车物流提升和改善的空间还是存在的。

（一）国际物流网络及枢纽布局

将重点枢纽建设和长期深入布局进行结合，持续投入并不断提升运营水平。通过自建及与跨国公司合作，建立自身在海外的物流运营网络。通过与船司、铁路及海外场站合作，完成重点枢纽、重要线路、骨干网络铺设。以物流全球布局率先出手，带动供应链服务全球化。

（二）国际物流数字化及智能化提升

国际物流服务受不可抗力因素影响明显、节点众多、操作复杂、管理难度高，加之新冠肺炎疫情因素影响，物流过程监控及响应计划缺少底层透明性，数字化、智能化、平台化系统应用在物流行业的普及情况有待提高，特别是在应急物流中的及时响应与调度效率提升方面。目前较为普遍的信息系统包含TMS、WMS、BMS、CRM、OMS，此外，根据不同企业业务细分及管理重点，联合运输、供应链可视化、位置服务等服务及管理系统也应运而生；随着大数据、物联网、人工智能等技术的运用，国际供应链物流系统数字化、智能化、可视化水平将持续不断提升，从而使得物流管理流程更加及时、透明、可控。

（三）国际物流方案应急性及韧性提升

疫情防控期间对交通网络的整体管制，使单一物流方案存在不可控风险，客户方对物流方案平稳性及全面保障能力变得更加谨慎。物流企业应积极探索战略基地、枢纽节点的多功能、多种业务模式的兼容性开发，应积极整合各方资源，根据重点需求研发多重保障方案，重新并全面评估突发事件应急方案及方案成本机制，逐步建立战略性集中方案与应急备选方案共存的服务模式，增强整体抗风险能力、紧急事件包容性、应急服务韧性，从而在较短时间内响应客户需求。

近几年，新冠肺炎疫情的反复给汽车产品国际物流方面带来了影响。尽管新冠肺炎疫情的持续及地缘局势的动荡对国际物流稳定造成的冲击仍在持续，各国针对新冠肺炎疫情防控的政策也越发成熟。因此，未来国际物流仍然是机遇与挑战并存的。汽车物流作为物流细分行业同样面临着上述机遇与挑战，但长期向好的大趋势不会改变。

历史上，出现重大危机的同时，常常伴随着重大挑战与机遇。推动产业链、供应链各环节主动加速升级及改革，最终能够承担压力、逆势而上的企业，会变得更加强大和成熟，并领导和组建新的竞争格局。

北京长久物流股份有限公司　周悦

第四节　我国汽车零部件出口物流发展情况

中国是全球汽车制造与消费大国，随着汽车主机厂逐步将零部件外包给专业化的零部件企业，只保留以整车开发和整车组装为主的专业化生产模式，汽车零部件制造逐渐成为一个相对独立且与汽车主机厂紧密联系的行业。伴随汽车产业链的不断发展，形成了以汽车制造商为核心的汽车零部件供应产业集群，并以完善的供应链和成本优势取得了全球汽车制造商的认可，形成了汽车零部件出口的庞大产业。

新冠肺炎疫情暴发以来，对世界经济产生了巨大的冲击，对全球汽车消费市场也产生了一系列影响。汽车消费市场的变化也传导至汽车零部件产业。而中国作为汽车零部件制造和出口大国，也因此受到巨大冲击和影响。

一、2021 年中国汽车零部件出口物流情况

（一）2021 年中国汽车零部件出口总体情况

中国汽车零部件出口业务主要涉及汽车零附件、轮胎、玻璃、照明装置以及车身、底盘等。自 2017 年开始，中国汽车零部件出口业务一直呈现出小幅波动的态势。2018 年出口额达到 572 亿美元的小高峰后，2019 年和 2020 年呈现为持续小幅降低的态势。2020 年由于受到全球新冠肺炎疫情的影响，自当年 4 月开始呈现大幅下降，而后从下半年开始持续回升，并在第四季度开始出现报复性反弹增长，全年出口额达到 535 亿美元，相比 2019 年 556 亿美元有小幅下挫，但总体上维持了稳定。进入 2021 年后，中国汽车零部件出口延续了 2020 年年底的爆发式涨幅并持续保持在高位，全年出口额达到了 723 亿美元，同比 2020 年增长 188. 7 亿美元，涨幅达到 35%，比 2019 年增长 167. 3 亿美元，涨幅达到 30%；相比 2018 年达到的峰值 572 亿美元还增长了 150. 8 亿美元，涨幅达到 26%。2017—2021 年中国汽车零部件出口额如图 7 – 11 所示。

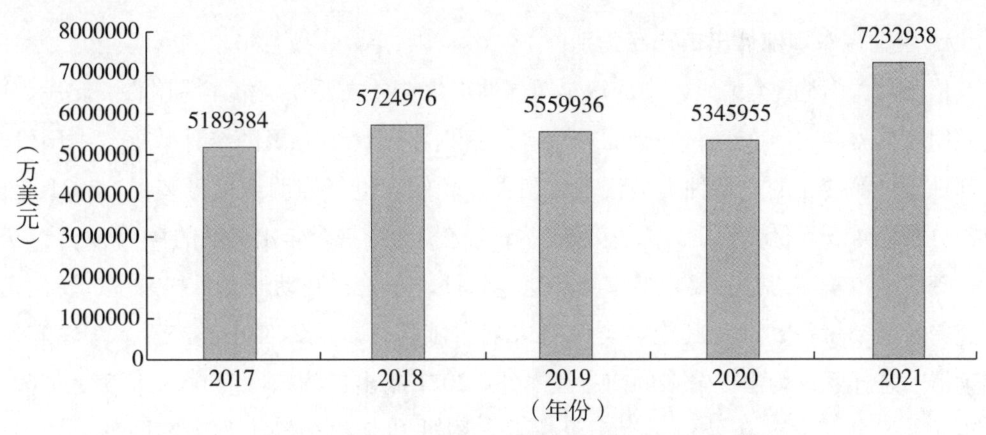

图 7 – 11　2017—2021 年中国汽车零部件出口额

资料来源：海关总署

2019—2021 年中国汽车零部件出口额（按月统计）如图 7 – 12 所示。

根据中国汽车工业协会数据，全球汽车产量经历了过去十多年快速增长，在 2017 年达到 9687 万辆顶峰后就开始进入下行的趋势，2020 年由于新冠肺炎疫情的影响降到 7762 万辆的低点，进入 2021 年后小幅回升到 7978 万辆，但是涨幅有限。中国以外的全球汽车制造产业是中国汽车零部件出口的需求来源，除去中国的汽车制造产量，单

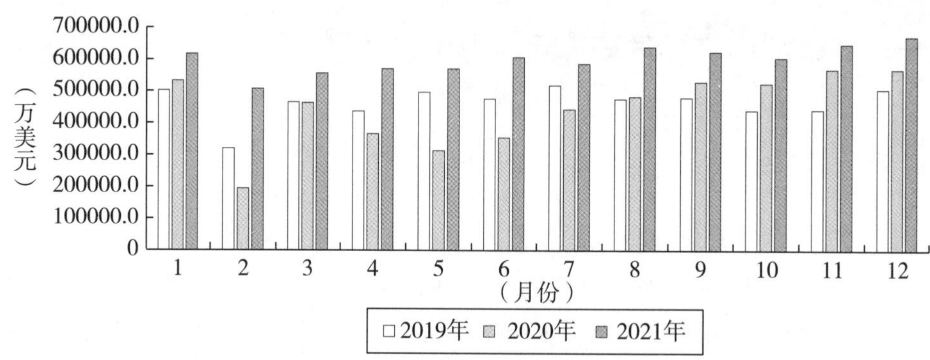

图7－12　2019—2021年中国汽车零部件出口额（按月统计）

资料来源：海关总署

看全球海外汽车制造产量在2021年为5370万辆，相比于2020年5299万辆涨幅1.3%，处于基本持平水平。而2021年汽车零部件出口额相比2020年涨幅达到35%，显然2021年出口额的大幅上升并非零部件进入汽车制造终端变成整车造成的，大部分汽车零部件都变成了供应链各环节上的库存。

（二）2021年中国汽车零部件出口物流市场分布情况分析

1. 中国汽车零部件出口产品类别

依照海关HS归类编码，中国汽车零部件出口业务主要涉及汽车零附件、轮胎、电气照明、信号装置、车身、底盘、玻璃等。根据中国海关总署的统计数据，中国汽车零部件出口额前三的产品种类为汽车零附件、轮胎、电气照明或信号装置，2021年出口额分别为455.6亿美元、143亿美元、86.4亿美元，占全年出口额的94.7%。

其中，汽车零附件主要包括车身其他零附件、车轮、制动器、悬挂系统、转向盘、变速箱、驱动桥等，以及其他各类车身未列名零附件。从零件小类来看，车轮零件、制动器、悬挂系统为出口最多的前三大零件。2021年出口额依次为66.3亿美元、62.6亿美元、38.4亿美元。另外还有车身覆盖零附件和其他车辆未列名零附件，分别为95.2亿美元、73.3亿美元。2021年中国汽车零部件出口额如表7－9所示。

表7－9　　2021年中国汽车零部件出口额

商品编码	商品名称	出口额（美元）
870829	车身（包括驾驶室）的其他零件、附件	9518568314
870899	8701至8705所列车辆用未列名零件、附件	7328628473
870870	机动车辆的车轮及其零件、附件	6631906654

续 表

商品编码	商品名称	出口额（美元）
870830	制动器、助力制动器及其零件	6256148348
870880	机动车辆的悬挂系统及其零件（包括减震器）	3840767149
870894	机动车辆用转向盘、转向柱、转向器及零件	2483035262
870840	机动车辆用变速箱	2355697408
870850	装有差速器的驱动桥及零件；非驱动桥及零件	1787479650
870891	机动车辆的散热器（水箱）及其零件	1783311239
870892	机动车辆的消声器、排气管及其零件	1162562868
870893	机动车辆用离合器及其零件	1009520460
870895	带充气系统的安全气囊及其零件	765257223
870810	缓冲器（保险杠）及其零件	541836221
870821	座椅安全带	101397653

资料来源：海关统计

2. 中国汽车零部件出口制造产业分布

从中国制造基地和出口产业分布来看，零部件出口呈现出以东部地区为主、中西部地区为辅的局面。东部地区涵盖了华东、华南、华北经济带，2021 年出口额为 613 亿美元，占全国出口额的 84.79%，集中在山东、江苏、上海、浙江、福建、广东等地；中部地区以安徽、湖北为核心，河南、湖南、江西等为辅，2021 年出口额为 51 亿美元，占全国出口额的 7%，西部地区集中在重庆、广西、四川等地，2021 年出口额为 36.9 亿美元，占全国出口额的 5.1%，另外，还有东北地区的辽宁、吉林产业带，2021 年出口额 18.1 亿美元，占全国出口额 2.5%。因此，中国的汽车零部件出口产业高度集中在东部地区，沿着我国东海岸线全面贯穿东部各省区市，这充分发挥了我国东海岸港口优势；而中部、西部以及东北地区虽然也是我国的汽车产业重地，并分别代表了我国 6 大汽车产业集群中的 3 个，但是，在外贸型零部件出口产业方面比例较低，其表现远不及东部地区。

按省区市来看，2021 年汽车零部件出口额前十的省区市依次为山东、浙江、江苏、广东、上海、福建、河北、北京、安徽、辽宁，累计出口额 630 亿美元，占全国出口额的 87%。十个省区市中，除了安徽属于中部地区，辽宁属于东北地区外，前 8 个省区市均来自东部地区。山东以 151.6 亿美元位居第一位，浙江和江苏分别以 123.3 亿美元和 108.6 亿美元位居第二位和第三位，广东和上海分别以 86.7 亿美元和 62.4 亿美元居于第四位和第五位。

山东是我国最大的汽车轮胎出口省份，2021 年山东的汽车轮胎出口额达到 92.2 亿美元，占山东汽车零部件出口额的 60.8%，占全国轮胎出口额的 64.5%。除此以外，其他类别汽车零部件出口额均未进入中国前三。这说明山东在汽车零部件出口产业分布上高度集中在轮胎产业。

江浙地区（浙江省和江苏省）作为我国汽车零部件出口第二和第三的省份，其产业主要体现在汽车零附件的出口方面，2021 年出口额分别达到 94 亿美元和 81.7 亿美元，位居全国该类零部件出口的第一和第二。该类别涵盖了车身覆盖、制动、悬挂、转向等全部核心关键零件以及大量车身未列名零件。浙江和江苏 2021 年的汽车零附件出口额分别占本省零部件出口总额的 76% 和 75.2%，占全国汽车零附件出口额只有 20% 和 17.9%。这说明汽车零附件作为江浙地区的产业核心，在全国的产业分布上并没有高度集中在这两个省份。除此以外，江浙地区在其他类别的零部件表现上都不是全国最高，但是因为浙江和江苏在各类别的产业方面都比较均衡和突出，因此整体上有不凡的表现。江浙地区连同上海聚合形成的长三角汽车产业基地，已成为全国零部件出口最集中的产业基地，2021 年三省市汽车零部件出口额达到 294 亿美元。

3. 零部件出口海外市场分布

根据海关统计数据，我国 2021 年汽车零部件出口市场主要集中在北美、欧洲、亚洲（指亚洲内除中国以外的其他国家）地区。北美主要集中在美国、墨西哥、加拿大，对应中国出口额为 189.8 亿美元，占比 26.3%；欧洲主要集中在德国、英国、波兰、意大利及其他国家，对应中国出口额约为 111 亿美元，占比 15.4%；亚洲主要集中在日本、韩国、泰国，对应中国出口额为 85 亿美元，占比 11.8%。

从国家层面来看，2021 年出口市场按出口额从大到小排列的国家依次为美国、日本、墨西哥、德国、韩国、俄罗斯、泰国、加拿大、英国、巴西，累计出口额为 391.5 亿美元，占中国出口总额的 54.1%。其中，美国以 149 亿美元位列第一，并且是排名第二的日本的 3 倍。继 2018 年中美贸易摩擦之后，虽然中国对美国的汽车零部件出口额有所下降，但是无论是零附件还是轮胎、照明等关键件，美国依然是中国汽车零部件出口第一大国。

二、中国汽车零部件出口物流业务类型

（一）零部件出口运输服务

中国汽车零部件出口运输主要采用传统的集装箱海运，同时还有国际铁路、国际空运与国际卡车运输。集装箱海运凭借高安全性和低廉的成本成为汽车零部件出口物流的首选，约 90% 的汽车零部件出口运输采取集装箱海运；中欧及中亚铁路集装箱运

输随着中国“一带一路”倡议的提出和实施得到迅速发展，以相比于海运快捷的时效和远比空运低廉的成本，成为汽车零部件出口物流的重要补充，通常用于海运时效无法满足情况下加急运输的首选；国际卡车运输也是伴随“一带一路”倡议的比较新型的运输方式，成为国际铁路运输的有效补充，价格远低于国际空运；国际空运方便快捷的特点成为小批量货物的选择之一，但其高昂的运输价格只能作为海运、铁路、国际卡车运输无法满足时效时的加急替补，无法作为大批量供货的运输方案。

（二）零部件出口关务服务

零部件出口物流需要应对海关对出口物流的监管和手续办理，涉及产品的商品编码归类、出口退税、品牌授权监管、特殊贸易方式（如加工贸易）合规性管理、出口单证制作等专业问题。

（三）零部件出口海外仓储服务

汽车主机厂对零部件供货存在较高的时效性要求，这就决定了从中国出口的汽车零部件需要在海外主机厂附近设立中转仓库，作为主机厂的零部件库存储备中转站，同时应汽车主机厂对物流管理标准化和信息化较高的要求，对仓库服务于主机厂的入场物流提出了较高的要求，并需要仓库提供更多的增值服务，如品质返工挑选、倒包装服务等。

（四）零部件出口包装服务

为了最大化利用出口运输集装箱资源，节省国际物流成本，需要从包装设计开始考虑匹配集装箱最大化的运输装载率，同时随着越来越严苛的环保要求限制，也对绿色低碳包装提出了更高的要求，主要体现在材料选择、包装规格设计，以及可循环绿色环保包装容器解决方案等。

三、2021年中国汽车零部件出口物流市场环境分析

（一）国际物流运输资源供需失衡，资源严重短缺，运行受阻

新冠肺炎疫情对全球经济产生巨大冲击，打破了国际物流市场平衡。在国际物流需求方面，中国出口贸易从2020年第二季度大幅下挫，到2020年年底逐渐恢复并强劲反弹，之后进入2021年保持强劲的需求增长态势。在国际物流供给方面，海外新冠肺炎疫情造成的停摆导致国际航运船舶和大量空集装箱无法从国外及时返回中国，同时各大船公司为应对中国出口货运大幅降低的情况，缩减了航运班次和仓位，导致国际

航运市场的供需平衡被打破，造成中国较为严重的缺箱、缺仓状况。

随着全球新冠肺炎疫情的反复，国内外各港口为防范新冠肺炎疫情境外输入实施严格的检测管控，到港的货船需要排队入港，造成港口拥堵情况严重，船舶周转率低，同时国外港口码头复工率低，装卸船的时间增长，运作效率大幅降低。再加上苏伊士运河拥堵、极端天气等黑天鹅事件的影响，给国际航运以及码头运行带来巨大波动性影响，从而导致船期延误。综合这些因素，运输周期被大大拉长。以中国出口美国海运为例，从上海到美国底特律通过海铁联运方式，在新冠肺炎疫情前，平均门到门运输周期为 35 天，而到 2021 年年底，运输周期平均增加到 80 天，有的达到 120 天；再以中国出口德国汉堡海运为例，从上海到汉堡运输周期为 42 ~ 49 天，而在 2021 年基本维持在 63 ~ 70 天。

同时，由于班船无法及时返回，周转效率大幅降低，航运班次延误和跳港情况严重，准点率被破坏，中国出口航运船期延迟或取消。2021 年班船准点率低至 30%，相比于新冠肺炎疫情前 70% ~ 80% 准点率大幅下降。因此，2021 年在出口端平均需要额外等待 1 ~ 2 个航次才能上船的情况时有发生，这样进一步拉长了国际物流运输前置期，打破了集装箱货船运行的周期平衡。这导致物流运力投放和使用效率受到严重抑制，供应严重不足、运价飞涨，进一步加剧集装箱运输供不应求的态势。

此外，受海运市场波动影响，大量货主选择除海运以外的其他运输方式，包括空运、中欧班列、国际卡车运输等，拥堵和延误也波及内陆铁路运输及卡车运输，并且因为货物激增，频频出现拥堵及运输资源短缺的局面，包括铁路运输车板不足、铁路堆场拥堵，空运运力紧张、卡车司机和车板短缺、价格高企等，导致国际运输全面受阻。

（二）汽车零部件出口需求大幅波动且强劲增长

如前所述，2021 年中国汽车零部件出口量相比于 2020 年增长 35%，但 2021 年全球汽车产量与 2020 年相比基本持平，这总体上说明了汽车零部件的出口量虽然大幅增长但并未成为车厂的汽车成品，汽车零部件出口的增长不是简单的市场需求增加。这里有运输不畅导致的因素，也有需求波动的因素。

第一，航运供需波动传导至产品出口需求的波动，从 2020 年年底开始出现的缺箱、缺仓导致中国出口一箱难求，放大了出口需求的预期。

第二，国际运输周转不畅、运输周期拉长，导致在途货物大量延误；而需求端的强劲恢复使在途货物无法满足即时的到货需求。因此，多采用不断升级运输服务的方式进行补货，包括中欧班列、国际卡车运输、空运等。即时的补货都是在原有出口需求的基础上增加的需求，从而导致出口量增加。

第三，港口与堆场拥堵、运输不畅导致中国出口履约的运输前置期被拉长，在途的需求量增加，反映在出口量上也是需求增长了。

第四，芯片短缺因素在一定程度上抑制了全球汽车制造效率。由于汽车制造的复杂性，芯片短缺反映在汽车制造的 Tier 2 及 Tier 3 供应商，缺料难以被预估，而主机厂为确保汽车生产的平稳性，对零部件的需求管理始终保持审慎乐观的态度，不敢轻易降低对零部件的需求，然后根据实际芯片相关零部件供应情况，对需求进行调整。对需求释放和抑制的过程扩大了需求的不稳定性，从而放大了需求端的波动。在牛鞭效应的影响下，零部件出口需求和库存都增加了。

（三）国际运输价格暴涨，异常费用飙升

由于集装箱海运市场资源供需失衡，在集装箱海运缺箱、缺仓和需求强劲增长的双重影响下，全球集装箱海运价格一路高歌猛进。根据 Drewry（德鲁里，英国航运咨询公司）的数据，2011 年至 2020 年 3 月，从上海到美国 LA（洛杉矶）的平均海运费小于每集装箱 1800 美元，而进入 2021 年后，从中国运往美国西海岸主要港口的 40HQ 集装箱的价格接近每集装箱 12000 美元，到 2021 年年底价格更是飙升到 18000 ~ 24000 美元，这也为汽车零部件出口带来巨大的成本压力。

同时，由于集装箱海运市场的拥堵和延迟，在汽车主机厂对 JIT（Just In Time）高度要求之下，中国汽车零部件出口企业不得不大量采用更快的空运、铁路、国际卡车等运输方式进行补货，从而导致了大量的加急运输费用，并且推高了各类运输方式的运费价格。以空运为例，新冠肺炎疫情前，上海到北美航空货运 3 美元/千克左右，自从新冠肺炎疫情后，该价格最低为 4.74 美元/千克，进入 2021 年后，空运单价持续保持在高位，月度平均价格可达 8 美元/千克，到 2021 年第四季度上涨到 12 美元/千克。

为了解决航运市场资源短缺导致供应链中断的风险和价格暴涨的问题，部分主机厂巨头在 2021 年向物流供应端上游延伸，与船公司或货代合作进行包船运输的方式，确保供应链的稳定性。

（四）新冠肺炎疫情以及芯片短缺导致海外仓库爆仓

在新冠肺炎疫情对全球供应链的巨大冲击下，汽车零部件出口市场遭遇了需求的巨大波动，先是海外各国停摆，汽车制造商的关停和减产导致海外仓库提货骤然减少，但是集装箱航运货船却不会停止，随着海上在途货物陆续抵达港口送进仓库，仓库逐渐爆仓，造成了仓库资源稀缺和仓储价格暴涨。

2020 年年底，芯片短缺问题持续，汽车主机厂不得不对需求量进行调整。因芯片

短缺在主机厂的 Tier 2 及 Tier 3 的供应商，缺料通常只能提前几天识别并对零件需求进行调整，但是海运的运输前置期就有 10 周之久甚至更长，所以在 2021 年一直存在的情况是，中国的汽车零部件供应商按照汽车主机厂 10 周后的需求预测安排生产和发运，但往往等货物发运后，汽车主机厂需求又降量了，降幅为 40%~60%。但零部件供应商无法调整已经在途的货物量，只能对后续的发货量进行调整。出口物流响应时效的限制导致已发的货物要先存放在海外仓库中，或者滞留在港口，这导致 2021 年欧洲、北美仓库资源爆满、临时租赁仓储费用高涨，并发生大量港口异常费用。

四、中国汽车零部件出口物流发展趋势

（一）国际物流供需矛盾依然存在，港口拥堵与运价涨幅有所回落，仓库爆仓风险依然存在

新冠肺炎疫情带来的全球供应链困境导致国际物流市场从 2020 年下半年开始出现大规模缺箱、缺仓和运价上涨。进入 2022 年后，仍将面对价格高位波动、运力结构化调整的状况。

在可预见的未来，排除不可预测的黑天鹅事件外，随着港口拥堵的缓解、运输价格回落，国际物流秩序会逐渐恢复，全球供应链将回归平衡。届时运输周转效率将逐渐恢复，疫情防控期间被拉长的运输前置期将逐渐缩短，原本拥堵在港口的集装箱将逐步得到释放，不排除会出现一波仓库库存高企甚至爆仓的可能性。

（二）欧美国家去全球化与中国“走出去”战略加速中国汽车零部件企业对外投资现地化发展

随着中国经济的高速发展和世界地缘政治与格局的变化，中国的产业链也在发生着变化。

一方面，单边主义与保护主义抬头，自 2018 年中美贸易摩擦以来，关税与非关税壁垒的加剧，使中国制造大量向东南亚、印度等地转移；而全球新冠肺炎疫情暴发之后，黑天鹅事件所带来的不确定性扰动世界贸易的平稳开展，加上世界地缘政治的动荡和不稳定，让欧美等西方国家看到全球供应链的脆弱性，使其加快推动制造业回归本土和产业链调整。另一方面，随着中国本土制造业的发展和完善，汽车零部件制造领域诞生了众多优秀的中国本土企业，并随着汽车工业的发展进入全球汽车产业链的视野。在此背景下，这些优秀的中国本土主机厂和零部件厂商启动“走出去”战略，走出国门在海外投资设立公司和制造基地，实现区域化以及现地化发展。

在欧美国家制造业回归与中国制造企业“走出去”战略的背景下，汽车零部件出

口向本土化和现地化发展将势不可当。海外各大汽车主机厂纷纷考虑零部件本土化发包的策略。而随着汽车平台化设计和全球项目同步开发的策略下，汽车主机厂也越来越倾向于具有全球产业布局的合作伙伴，实施区域化及现地化开发的策略。这在某种程度上会加速中国汽车零部件出口降低和海外区域化及现地化供货发展的结构性调整。

不过，因为汽车工业对产业链的能力有高度集约化与整合的要求，中国在过去多年制造业的发展中形成强大的产业聚合效应，短期内难以被海外欧美国家所取代，因此即便部分汽车零部件本土化，也依然不可避免带动产业链上游的相关出口业务需求。因此从中期来看，中国汽车零部件出口依然值得被看好。

（三）RCEP促进中国对亚太汽车零部件出口贸易合作，机遇与挑战并存

RCEP于2022年1月1日正式生效，纵跨亚洲和大洋洲15个国家，影响着全球近1/3的人口总数和经济体量。RCEP的生效将对亚洲汽车产业发展产生重大促进作用，推动亚太汽车供应链一体化发展。作为RCEP经济体量最大的成员国，中国的汽车零部件产业将面临广阔的发展机遇和挑战。

一方面，基于RCEP区域累计的原产地规则，东盟国家可以灵活使用RCEP累计规则，向中国零部件厂商订购零部件，这将大大扩展中国汽车零部件出口市场；同时，由于关税的减免，日韩等国从中国进口零部件的成本降低，将促进原属于北美和欧洲地区的零部件订单转移到中国，带来新的增长机遇。

另一方面，RCEP也会带动部分以劳动密集型加工为主的零部件生产企业加速外迁至东南亚等劳动力成本更低的地区，特别是在中国投资建厂的外资企业。但是基于汽车开发与制造的复杂性，供应商地点变更涉及复杂的过程，相当于零部件开发与量产流程要重新走一遍，因此汽车主机厂对现有量产车型在生命周期内不会轻易同意供应商变更迁移，该影响短期内不明显，但是从3～5年的中长期来看，将会带来较为深远的影响。

（四）绿色低碳物流

为应对气候变化、保护环境，各国政府积极开展工作形成了以《巴黎协定》为代表的一系列重要协议。

而物流业作为国民经济发展的战略性、基础性、先导性产业，肩负着实现节能减碳的重要使命。根据罗兰贝格发布的报告，交通物流行业是全球二氧化碳排放的大户，占全球二氧化碳排放量的21%。当前绿色低碳转型加速已成为物流业共识，“双碳”目标也成为行业热议话题。

全球主要经济体已围绕“双碳”目标，不断深化碳定价、碳技术、能源结构调整等重点措施，如奥地利政府计划在2040年实现“碳中和/净零排放”；中国政府计划在2030年实现“碳达峰”，在2060年实现“碳中和/净零排放”。基于各国在落实“双碳”目标方面做出的努力，以及美国重返《巴黎协定》的积极态度，国际物流业近两年围绕“双碳”目标进行的适应性调整在今年将延续，绿色物流成为市场竞争的新赛道，行业内减少碳排放、推动绿色物流发展的步伐也会持续加快。

（五）汽车产业“新四化”为中国汽车零部件出口提供新的机会和发展动能

中国汽车产业“新四化”提出未来汽车工业发展的四大趋势，即电动化、智能化、网联化、共享化。其中，与汽车产业制造领域有关的是电动化和智能化。伴随这一发展趋势，汽车零部件产业链也正面临重大的结构化调整，相比于传统燃油车的发动机、油箱、变速器等零部件技术，伴随新能源汽车的是电池、电机、减速器、充电与配电系统等，以及与自动驾驶相关的辅助驾驶系统、通信与中控系统，比如激光雷达、摄像头、智能控制器等。中国汽车产业“新四化”发展为中国的汽车零部件产业提出了新的自主创新要求，使中国有机会跟欧美发达国家在同一起跑线发展并有望实现弯道超车，特别是最核心的新能源汽车电池模组技术，中国已经走上世界一流梯队。这些新技术和新产业的发展，将为中国汽车零部件产业以及出口贸易发展提供新的机会和发展动能。

伴随中国汽车工业的不断发展，中国逐步培养起一众本土汽车品牌，传统汽车品牌如吉利、长城、奇瑞，新能源汽车造车新势力“蔚小理”等。这些中国汽车品牌企业纷纷在海外各区域建立KDIT与制造基地，这将大力带动中国汽车零部件的发展。

敏实集团　余珂、马英姿

创新成果篇

第八章　汽车零部件物流创新成果

第一节　新能源产品物流系统模式优化及超大尺寸零部件新包装模式探索

一、创新项目背景

新冠肺炎疫情之下，“芯荒”愈演愈烈，同时，我国汽车产业进入了发展动能的“升级转换期”，如何抓住机遇，以电动智能为特征发展新动能，并构筑起新一轮产业竞争新赛道显得尤为重要。为了能够在新能源赛道上飞得更高、走得更远，上汽通用（SGM）这几年在新能源的布局上也是可圈可点，从 VELITE5 到 VELITE7，也都取得了不错的成绩。基于此 SGM 继续发力，依托于全新的车型平台架构，投入 BEV3 新能源系列车型的开发过程中。

由于 BEV3 系列产品项目属于全新架构项目，开发难度较大。对于物流来说，如何有效打通信息流瓶颈，做到信息流的有效传递，怎样开发出配套的料架，做到零件运输的万无一失，都是巨大的挑战。为了保证 BEV3 系列产品项目的顺利落地，物流部对内整合部门内部资源，对外拉动需求，最终取得了不错的效果。

二、创新项目主要内容

本项目重点围绕 BEV3 电池项目展开，重点解决了电池上下盖的信息流瓶颈问题，使信息流能够在冲压、车身、油漆外包供应商、储存点、电池工厂间进行有效传递，解决了电池上下盖单板及成品零部件料架的痛点问题。

（一）案例一：基于电池上下盖自制的物流系统模式优化

电池上下盖自制业务面临着实物流和信息流的双重影响，需要进行整体计划模式规划，研究如何在电池工厂里，配合电池上下盖在冲压、车身和油漆的生产联动。因此，进一步创新生产计划模式部署尤为重要。该业务属于全新业务，业务接口多，主要涉及冲压、油漆、车身、电池厂、供应商等多制造区域。

在当前模式下，面临的主要问题是：没有配套的系统支持BS与冲压、电池厂的数据互通；且零部件仓储运输复杂，零部件需在冲压、油漆、车身、电池厂、供应商之间进行运输，中间还涉及仓储、包装及标签打印等问题。

具体解决方法如下所示。

（1）打破固有的数据传输模式，将两套数据传输系统合并：利用SAP R/3系统控制车身，告别了只能用SAP APO控制车身的情况，实现了所有数据在一个系统内传输交换。

（2）使用最少系统进行业务管理，实现最少的系统间数据对接：避免了数据在不同系统内的冗余传输，提高了传输效率和准确度。

（3）减少数据维护量：大大减少计划员的数据维护量。

通过该方法，可节省系统开发费用70万元，后期可将上海基地的成功经验推广至武汉基地。

（二）案例二：电池上下盖单板零部件料架开发与应用

SGM采用电池包自制策略，且电池上下盖的自制业务属于全新业务，由于上下盖单板零部件体积较大，若采用平放密集堆叠方案，单板零部件在料架中容易因为中部塌陷，导致四周翻边形成“零部件自锁”。随着包装数量增多，零部件自锁问题更加突出，因此单板零件堆放数量只能限定在10个，单板包装密度偏低。同时由于零件抓手的吸力有限，当抓手在取料时无法完成取料，会造成设备停线。

考虑到零部件自重的影响，采用料架底部增加垫块的方案，经多次仿真模拟测试，需保证托模零件外形微大于180度（角度大于1~3度），可使零部件水平放置；从而有效避免了零部件的重力塌陷，保证了零部件质量。

考虑到零部件自锁的影响，拉动生产制造对线旁料架抓手进行优化，通过测试发现增加四组吸盘，即可有效提升抓取吸力，即便单板零部件存在轻微自锁状态，依然可以实现抓取。该方案不需更改抓取设备本体，只需增加吸盘即可，大大降低了成本。设计方案也大大提高了包装的密度，包装密度提升60%，由10片/箱提升至16片/箱。包装密度的提升，可有效提高运输装载率，降低运输频次，节能减排，为SGM节省成本约60万元/年。

通过对上海电池工厂一期项目进行试点跟踪，后续可推广到武汉二期项目中，进而推广至整个BEV3电池项目。

（三）案例三：电池上下盖成品零件料架开发与应用

传统的成品零部件料架采用 EPP 内衬形式设计，但受料架高度及 EPP 内衬厚度的限制，上下盖成品的包装密度偏低，最多 6 个/料架，这无疑增加了 SGM 的包装投入数量，需进一步提高成品包装密度。

将成品料架由 EPP 内衬设计形式改为翻爪形式设计，并综合考虑大尺寸成品自重影响，通过多次仿真测试增加支撑点，包装密度成功增加至 10 个/料架。

多翻爪结构有效承载了成品零部件的重量，降低了重力塌陷效应。通过合理分配翻爪的间距，弥补了 EPP 内衬形式设计的不足，包装密度提升 67%，由 6 个/料架提升至 10 个/料架。包装密度的提升，可有效提高运输装载率，降低运输频次，节能减排，为 SGM 节省成本数百万元/年；后续可推广到武汉二期项目中，进而推广至整个 BEV3 电池项目。

三、项目成果及创新性

1. 系统规划与集成角度

（1）解决了只能用 SAP APO 控制车身业务的痛点，创新性地利用 SAP R/3 系统来控制车身业务，进而实现了单一系统控制 4 个工厂（冲压车间、车身车间、油漆车间、电池工厂），属于上汽通用四地首次应用。

（2）使用最少系统进行业务管理，实现系统间的数据对接，避免了数据在不同系统内的冗余传输，提高了传输效率和准确度。

（3）相较于用旧系统进行传输，大大减少了计划员的数据维护量。

（4）相较于用旧系统，使用单一 SAP R/3 系统，可减少不必要的系统开发成本和周期。

（5）为后续计划拉动模型的资源配置提供基础。

2. 供应链成本角度出发

（1）电池上下盖料架为首次设计应用，需综合考虑零部件外形尺寸、零部件抓取工艺、包装密度、料架刚度等因素。

（2）对料架底部增加垫块，同时保证零部件水平放置，有效解决零部件内陷问题。

（3）通过增加四组吸盘，有效提升了抓取吸力，即便零部件存在轻微自锁状态，依然可以实现抓取。

（4）解决了包装密度偏低的问题，单板包装密度提升 60%，成品包装密度提升 67%。

四、项目对行业的贡献

（一）经济效益

打破固有的数据传输模式，将两套数据传输系统合并，利用 SAP R/3 系统控制车身，告别了只能用 SAP APO 控制车身的情况，实现了所有数据在一个系统内传输交换，可节约系统开发费用数十万元。

电池上下盖单板包装密度提升 60%，可有效提高运输装载率，降低运输频次，节能减排，为 SGM 节省成本数十万元/年。

电池上下盖成品包装密度提升 67%，可有效提高运输装载率、降低运输频次，节能减排，为 SGM 节省成本数百万元/年。

（二）社会效益

新能源项目作为一个方向性明确的新赛道，其研发制造过程中的创新优化方法以及知识经验积累，对整个新能源汽车行业来说，都具有广泛的借鉴参考意义。通过本项目的实施，大大提高了 SGM 的系统模式规划能力，包装设计创新能力，并形成了一整套快速应对流程，进一步提高了相关团队的专业能力，也促进了整个行业的长远高效发展。

上汽通用汽车有限公司　金娆、赵华坚、宋小颖、袁其兵

第二节　多措并举，降低新车项目包装投入成本

一、项目背景

随着近年来我国汽车行业的高速发展，汽车生产已进入全面竞争时代。汽车制造企业在产品研发周期和生产周期上变得越来越短，整车厂面临巨大的成本挑战，仅仅依靠生产工艺的改进、新产品的开发投入、廉价的劳动力等已无法拉大与竞争对手之间的距离。很多企业开始把目光转向“第三利润源”上，包装作为物流的基础环节，为创造“第三利润源”贡献着重大作用。包装贯穿着从供应商端到主机厂等各个环节，在物流中起到了载体作用。

在汽车生产领域包装成本中，容器投入成本特别是铁制容器、专用器具投入成本占据了其中相当大一部分。如何提高容器的通用化率、降低新车项目包装容器投入成本，是各大主机厂面临的一大课题。

二、项目主要内容

车型 EOP（End of Production）后，用于车型生产的厂内容器大量闲置，特别是冲压批量专用容器，需集中进行储存管理，占用了现场大量面积。单个车型 EOP 后，容器空出量约为 1500 个，平均单个容器占地面积（考虑堆垛）约 0.8 平方米，仅用于存放空容器需求的场地面积就达 1200 平方米，给现场管理带来巨大压力。

由于新老车型零部件结构差异较大，造成容器的通用化率较低，而利用 EOP 容器改制，又会面临改制人工成本投入和制新成本。以翼子板器具为例，因器具结构相对复杂，通过利用其他车型器具进行改制，材料成本与制新成本相比降低 75%，但因加工成本及运输成本的差异，单台总成本反而比制新成本增加 4%。

本项目的实施方向主要是根据零部件特性及数模分析，充分利用现有容器，提升容器通用化率，共同降低新车项目容器投入成本。

（一）预先管理

相同类别、不同车型的零部件结构有很大的相似性。一种零部件就设计一种容器会造成容器周转效率不高、容器投入种类多、数量多、管理复杂等问题，导致很大浪费。企业可以充分利用不同零部件的相似性，对其承重、限位等关键结构进行调整改制，使相似性高的零部件可以共用一种容器，从而降低容器投入成本，提升物流效率进而改善公司效益。具体思路如下所示。

容器设计纳入车型同步工程进行管理，预先进行车型容器通用化设计，降低新车容器投入数量。实施同步工程后，容器设计由实物阶段开始同步至数字阶段，可最大化地利用产品数模对容器进行通用化结构规划设计，提高同平台、多车型、同品种容器通用化率及结构合理性，减少容器重复性投入浪费。

门总成容器通用化设计改善案例展示如图 8 - 1 所示。

改善前：现有车型门总成容器限位为焊接式固定限位，无法进行定位调整，只能适用于单个车型生产。器具无通用性，不同车型相同类别零部件均需投入一定数量器具。

改善后：利用数字阶段各车型零部件数模进行模拟，展开新车容器同步设计，将现有容器式样进行改制，容器宽度方向①、高度方向②限位均可调整，容器更加柔性化，适用于全系车型生产。改善后的容器通用性较高，避免了每一种零部件均需投入相应器具的问题，降低了容器投入数量，减少了物流成本。例如，通过容器通用化设计，某新车型投入后，门总成容器投入数量降低 30%。

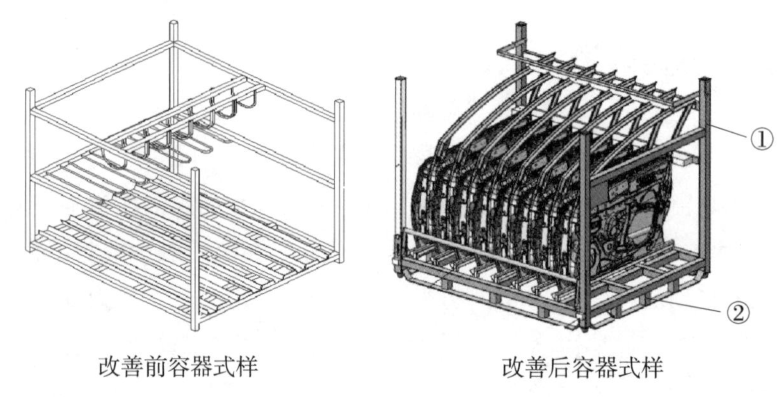

改善前容器式样　　改善后容器式样

图 8-1　容器通用化设计效果对比

（二）回收再利用

为满足物流运输品质要求，部分体积大、品质要求高的零部件需投入专用铁质容器，而专用铁质容器制作成本往往很高，不仅要从容器通用化设计源头上减少投入数量，还要通过对已经 EOP 的车型容器进行充分回收再利用，最大限度降低新车容器投入费用。

1. 新车厂内容器投入思路

在进行新车容器投入时，理想的状况是与已有车型结构差异不大的零部件，可以直接使用现有容器，不产生额外容器投入成本。其次是与现有车型存在一定结构差异的相应零部件，需要对现有容器进行改制，以保证容器通用化。另外是对已经停用、报废的 EOP 器具进行结构改制以适用新车型，这同样不需要新投入制造容器，但会涉及一定的容器改制费用。如果废旧容器结构差异较大，就会面临废旧容器改制成本高的问题。如果废旧 EOP 器具因结构差异特别大或容器状态差等问题，直接再利用难度比较大，可以对该种容器进行拆解制新。

2. 相关流程制度标准建立

为保障 EOP 器具再利用方案正常实施，郑州日产先后编制《EOP 器具报废流程》《EOP 器具拆解用材标准》《容器降成本改善流程》等标准流程及制度文件，使 EOP 容器再利用流程化、标准化、制度化。

3. 改善案例展示

对 EOP 容器进行结构分析，对结构类似容器进行最小化改造后用于同平台、同类别零部件包装及储存，最大化降低新车容器投入成本。

对已经 EOP 的某车型门总成器具进行再利用改制，先对该容器进行结构分析，与仓库用巧固架结构尺寸类似、简易改造后用于仓储内小货量物资储存，单个器具投入成本降低 60%，同时仓库面积利用率得到有效提升。通过对废旧物资的再回收利用，有效地缩减了投入成本。EOP 容器改制使用案例如图 8－2 所示。

（a）EOP容器状态

（b）改制为仓储用货架

（c）仓库使用状态

图 8－2　EOP 容器改制使用案例

（三）国产外购件包装通用化率提升

根据公司车型整体商品企划信息，对国产外购件的包装进行预先规划，建立国产包装数据信息库。同车型零部件在物流文件包装规划阶段，结合包装数据信息库，对包装参数及式样进行通用化规划，使得一种容器可以满足供应商多种零部件的供应，减少供应商容器投入品种及数量，从而降低包装投入成本。

实施方策如下。

（1）修订新车包装方案评审流程，增加通用化及包装数据信息库匹配环节，从流程上、制度上最大限度减少外购件供应商包装品种及投入数量。

（2）对投入金额巨大，金额数量占到 TOP 10 的外购零部件容器（速箱、发动机、前桥、后桥、组合油管等）包装式样进行重点管控，采用统一容器本体，通过快速调整定位与夹紧机构，满足同平台多车型包装需求，提升器具通用性，在保障零部件品质的前提下有效降低容器投入数量，极大降低容器投入成本。

三、实施效果

以上三种方案具体实现方式不同，但核心思路都是通过零部件的相似性进行预先设计或代用改制，提升器具通用化程度，以降低新车容器投入数量，从而充分降低新车项目包装投入成本。

（1）冲压自制件专用容器通用化率由 60% 提升至 90%，其中，五门一盖总成容器实现100%通用化，极大地提高了容器的利用率。

（2）国产包装容器占TOP 10的零部件通用化率由75%提升至90%，大大降低了供应商容器投入品种和数量，有利于容器管理并极大缩减了包装投入成本。

（3）新车厂内容器投入费用年度降低共计63万元。其中，通过对现有车型容器进行通用化改制，年度共降低费用36万元，通过对EOP车型器具再利用，年度共降低费用27万元。

四、项目创新点

充分利用不同车型相同类别零部件之间的相似性，通过数据模型进行预先设计，在容器实际投入前的设计阶段就充分利用零部件结构特性，对现有容器进行改制，提升现有容器的通用性和利用率，减少新容器的投入和管理，降低新车项目包装投入成本。

通过同步工程在包装规划及设计上的应用，提高容器投入的精度及质量，使容器通用化率得到进一步提升。通过对EOP车型废旧容器的回收再利用，最大限度利用了EOP容器残值。

通过建立包装数据信息库，从整体上对国产外购件同类型包装进行规划管理，提高容器通用化程度，降低容器数量和品种。

五、项目对行业的贡献

通过EOP容器回收利用、留用、报废判定、拆解材料再利用等流程及相应体系文件的建立，使EOP容器的改造再利用成为可能，并流程化、具体化，从根本上解决EOP容器改制人工成本与容器制新成本的平衡问题。

通过同步工程平台、国产外购件包装数据信息库的建立，为包装通用化的实施提供了有效工具。同时，通过预先管理和统筹规划，为解决物流行业其他问题提供了有效的思维方式，为其他主机厂降低容器投入成本提供了很好的思路和成功案例。

郑州日产汽车有限公司　王梓宇、张现锋、付博文、翟永兴、李林、于双双、宫爽、孔艳鹏、王志豪、朱晴晴、曹亚龙

第三节　安吉智行 CMS 系统在绿色低碳包装物流中的应用

一、项目背景

绿色发展是构建现代化经济体系的必然要求，近年来，随着汽车行业的快速发展，围绕汽车零部件供应链的绿色发展以及国家推行的“双碳”目标，对零部件物流的提质降本增效提出了新的发展要求，其中，使用可循环物流包装也成了必然趋势。然而相较于传统的一次性包装，循环包装带来了资产、计划、调配等管理上的诸多难点。

安吉智行物流有限公司（以下简称“安吉智行”）本着以客户为中心，提高包装库存账务准确性、提高供应链信息流的传递效率、降低包装浪费的目的，着手开发入厂物流包装管理系统（CMS 系统）。目前，该系统的统筹包装范围已经覆盖客户所有基地，包括 21 个车型及 500 多家供应商，供应链箱量更是超过 100 万个。该系统实现了在满足客户生产计划需求的前提下，最大限度地减少包装投入，提升包装利用率，从而达到可持续性、绿色发展的目的。

二、项目主要内容

安吉智行通过现场调研以及与客户的沟通，锁定了入厂物流包装管理系统需求模块，经公司 IT 部门开发，搭建了含包装收发管理、库存管理、计划管理为一体的全新包装管理系统。

收发管理：规范供应链所有节点的收发箱操作，发箱之前按照实际的包装发箱情况，进行 CMS 系统的发箱操作，实现系统自动打印包装流转单据，杜绝手工单据，以便各节点的包装信息流转。接收点收到包装后，根据实收情况进行系统收箱操作。收发过程中若产生差异（部分接收、漏收等情况），或系统定期导出差异，由相应人员进行跟踪处理，以保证收发过程的数据准确性。

库存管理：通过 CMS 系统，建立入厂物流各节点的安全库存，通过系统的准确操作，并辅助以盘点，实现各节点库存的账实一致，通过 CMS 系统查询功能，可以实时查询各节点的库存情况。

计划管理：通过 CMS 系统和空箱计划管理系统相结合，使系统具备自动生成返空计划的功能，调节各节点、各基地的库存值。

三、项目成果及创新点

CMS 系统的开发搭建，在整个汽车包装管理行业内，具有旗帜性作用，是入厂物流包装管理的一大创新，具体体现在以下几个方面。

（一）CMS 系统 + 车厘子 App + 微信小程序应用平台搭建

在 S 主机厂统筹箱管理项目的实际运作中，长期以来存在着一些行业的普遍问题，主要是以下几点。

（1）运输过程不受控，针对在途包装的差异核对耗时耗力。

（2）系统收发箱及时性受操作人员素质的影响较大，易发生系统收发箱不及时，导致实物流与信息流不匹配的情况。

针对上述主要问题，安吉智行开发了面向运输驾驶员的车厘子 App 的包装承运功能模块和面向零部件供应商使用的微信小程序收发箱功能模块，并最终实现“CMS 系统 + 车厘子 App + 微信小程序”的包装管理平台搭建。

基于此平台，驾驶员使用车厘子 App 对包装进行扫描承运，将包装运输纳入系统管理过程中，通过系统对承运人信息、承运时间的记录，做到每次运输责任有据可查，同时也对上下游的收发箱操作起到系统的规范约束作用。另外，通过方便快捷的微信小程序收发箱功能，为零部件供应商的系统操作提供了便利，有效提升了系统录入的及时性。

（二）安吉智行包装管理系统与 IoT 智能管理平台对接

2021 年，安吉智行在包装的智能化管理领域不断进行试点和探索，通过“包装 + 芯片”模组的绑定，实现单包装在全供应链范围的实时监控。在此基础上，为了更加充分地应用智能化管理优势技术，更好地将智能管理方案监控到的运营数据应用到包装管理项目中。从 2021 年开始，安吉智行启动了包装管理系统与 IoT 智能管理平台的系统接口开发工作，计划在选定成熟可靠的方案基础上，实现系统对接和数据传输，最终通过包装管理系统对智能包装进行数字化管理。

（三）CMS 系统增加报警功能

CMS 系统的报警功能包括主动预警和供应商报警两个方面。

主动预警就是 CMS 系统每日根据供应商端的 Min—Max 值和其库存进行比对，对于超出 Min—Max 范围的供应商包装汇总，并邮件发送给相应的 CMC 包装计划管理员。计划管理员把此数据作为制订当日返空计划的重要参考。

供应商报警就是在具有缺箱风险的情况下，供应商主动在 CMS 系统里进行报警，并且报警信息会由 CMS 系统自动发送到相关的邮箱中。把供应商报警纳入 CMS 系统管理，在防漏、追责及统计分析等方面有了极大的效率提升。

（四）CMS 系统与 TMS 系统对接

在 S 主机厂统筹箱管理项目的实际运作初期，返空计划的制作都是根据月度生产计划来确定各节点（如供应商）的 Min—Max 值，再根据供应商端的实际库存与理论 Min—Max 值进行对比。但是，由于汽车市场竞争日趋激烈，S 主机厂的生产计划不得不根据市场需求经常做相应调整。具体到每日的生产排班，Min—Max 值变化很大，这样就容易造成 Min—Max 值并不能完全地符合供应商端的包装需求，导致供应商缺箱，影响生产。为此，安吉智行通过打通运输管理系统（TMS）与包装管理系统（CMS）之间的数据连接，根据 TMS 系统提供的拟提货的包装需求，同时比对供应商端的库存并制订返空计划，大大降低了包装短缺的发生率。

（五）CMS 系统延伸下的 CPS 系统

CMS 系统作为主机厂入厂物流包装管理系统，可以很好地满足主机厂对包装管理的需求。为了进一步满足社会化包装租赁业务的需求，安吉智行在 CMS 的基础上，开发了针对单一线路包装流转的服务系统（CPS 系统），新增了自动计费、客户管理模块，细化了订单管理的功能模块，使 CPS 系统更加能够适应社会化包装租赁的业务管理，尤其是单线路包装租赁的业务管理，方便了对包装状态的随时跟踪，及时发现 LOOPSIZE（环路尺寸）的不合理性，降低包装库存水平，并简化结算流程。CPS 系统如图 8－3 所示。

四、行业贡献

安吉智行包装管理系统的成功搭建与应用，解决了以往 S 主机厂多个基地之间的入厂物流在包装管理中存在的问题，且实现了整个供应链的包装数据可监控、可视化、可跟踪、可调配，大大增加了包装的流转效率，降低了包装的运作成本。该系统虽然是以 S 主机厂作为适用研究目标，但是其管理模式、理念、功能模块具备行业内的高度可复制性，除了 S 主机厂的四个基地，目前 CMS 系统还开放至 M 主机厂在无锡的生产基地。相信在未来，在汽车入厂物流包装管理方面，该系统必定会发挥出引领和模

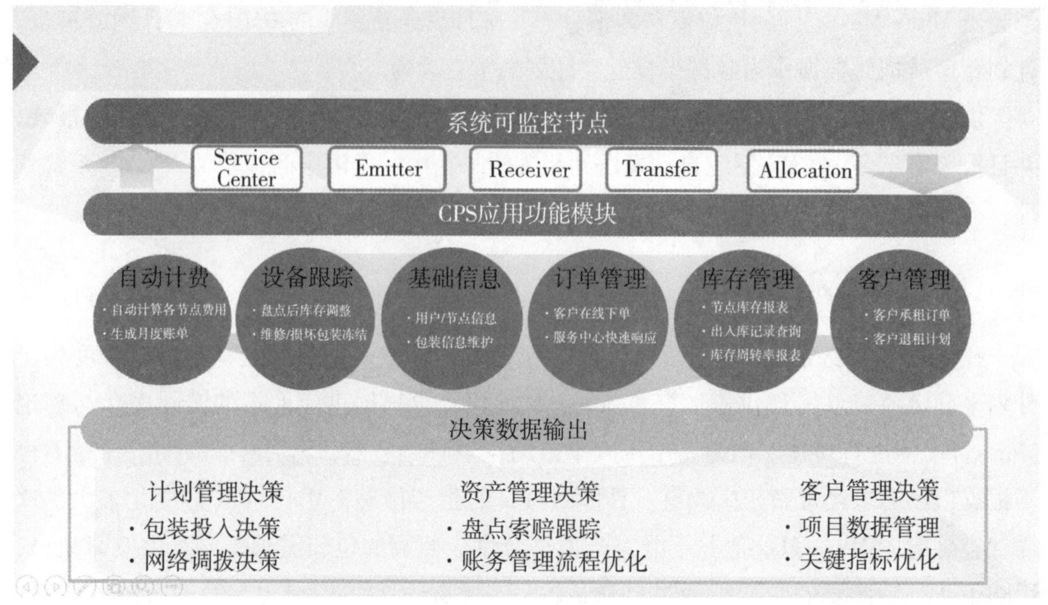

图8-3 CPS系统

范性的旗帜作用。

CMS系统的上线，在实现无纸化、降低包装丢失率等方面也起到了重要的作用。从目前运作情况来看，通过CMS的有效管理，每年可实现包装丢失数量减少约6.7万个，折合节约120万个纸包装投入，实现年度降低碳排放约1000吨，为行业在减少碳排放方面起到了积极作用。同时，CMS系统的上线可以帮助更加精益地进行包装投放和管理。

综合以上数据，CMS系统的开发上线，很大程度上满足了主机厂入厂物流的包装管理需求，且可实现年度降低至少4000吨的碳排放，为精益物流、绿色物流提供了具有实践和模范意义的创新应用。

安吉智行物流有限公司　吴迪、沈荣、刘松帅

第四节　自动化物流技术在汽车配件料车上下线环节的应用研究

一、项目背景

随着社会经济的不断发展，消费者越来越追求产品的个性化与差异化。制造业一

方面需要响应消费市场个性化、差异化的需求，另一方面又要控制成本，提高企业效益。因此，实现生产线柔性化生产就是制造领域最基本的要求。但随着产品种类的不断增加，零部件越来越多，而生产线边的空间是有限的，无法直接将零部件送到线边，只能通过单台套配送来满足生产线柔性化生产的物流配送需求。

本项目以自动化物流技术的配件料车自动上线装置为案例，可实现以点带面，为行业内物料自动上线、自动返空并实现装配工单点取件提供了良好的借鉴。

二、主要技术内容

本项目的主要目的在于提供配件料车自动上下线对接技术，以解决现有技术中的配件料车上下线需作业人员手动拉动造成步行多、作业劳动强度大等问题。

为了实现上述目的，本项研究提供了一种汽车配件料车的自动配送装置，包括安装在装配流水线上料端的料车上线装置。料车上线装置包括：上线限位滑轨，安装在装配流水线上料端的 AGV 行走路线的两侧；上线移载机构，安装在装配流水线上料端的 AGV 行走路线与装配流水线上料端的地板链之间，用于将汽车配件料车从 AGV 行走路线移动至装配流水线上料端的地板链处；上线推料汽缸，安装在上线限位滑轨的一侧，用于将汽车配件料车从上线限位滑轨推送至上线移载机构上。

另外，自动配送装置还包括安装在装配流水线下料端的料车下线装置，料车下线装置包括：下线限位滑轨，安装在装配流水线下料端的 AGV 行走路线的两侧；下线移载机构，安装在装配流水线下料端的 AGV 行走路线与装配流水线下料端的地板链之间，用于将汽车配件料车从装配流水线下料端的地板链，移动至装配流水线下料端的 AGV 行走路线处；下线推料汽缸，安装在下线限位滑轨的一侧，用于将汽车配件料车从下线移载机构推送至下线限位滑轨上。

应用本项目的技术方案，通过在装配流水线上料端安装料车上线装置，该料车上线装置包括上线限位滑轨、上线移载机构和上线推料汽缸，在上料端进行上料时，AGV 拉着装载有配件的汽车配件料车（KIT 料车）进入上线限位滑轨，上线推料汽缸动作，将汽车配件料车从上线限位滑轨推送至上线移载机构上，上线移载机构，再将汽车配件料车从 AGV 行走路线一侧，移动至装配流水线上料端的地板链（装配区）处，供装配人员使用，下线同理。该自动配送装置无须装配人员将汽车配件料车从 AGV 上拉到装配流水线上，有效降低了料车上线时的人工劳动强度，提高了料车上线的工作效率。自动化技术实现之后，作业人员无须对配件料车做出任何动作，料车自动上下线。

三、项目创新点

该项汽车配件料车自动上下线对接技术，主要创新点如下。

（1）上下线无人化：整个作业的流程无须物流人员手工推车上料和返空的作业，实现了配件料车上下线无人化。

（2）高度自动化：该物流自动化技术融合了机械设计、电气运行原理，设备运行过程顺畅，完全实现了配件料车上下线作业的高度自动化。

（3）收益多面化：本技术方案实现了显著的经济效益，不仅极大地减轻了员工作业劳动强度，而且有效地提高作业效率，降低了作业人员的安全风险。

四、项目对行业的贡献

随着制造业人力成本的不断上升，未来制造业的整体发展趋势必定是更加自动化，智能化。通常情况下，各企业都会把这种趋势同大幅投资相关联。然而，市场竞争激烈，如何有效控制生产成本是每一家制造企业不得不面对的问题。

这项自动化物流技术在配件料车上线环节的应用，使得作业环节告别了手动方式，进入了全自动时期。对生产装配作业领域而言，这项自动化物流技术有效地避免了生产作业人员的行走距离以及手动推拉料车的动作，这一环节的作业浪费减至零，也消除了因空料车下线不及时而存在的安全风险。同时，对于生产物流领域而言，实现了单台套物流配送这一主流物流方式从零部件拣配区发出，到空料车回收整个过程的全自动化。这为行业物流服务品质的进一步提升提供了很好的参考借鉴。

广汽菲亚特克莱斯勒汽车有限公司广州分公司　杨根宝、曾新明

第五节　舍弗勒智能数字工厂 AGV 平台

一、项目背景

近些年，中国汽车市场产品需求迭代周期缩短，成本竞争加剧，汽车零部件企业如何快速承接并满足整个汽车市场的快速变换，成了汽车零部件企业的大挑战。在人

工成本逐渐增高和数字化浪潮的影响下，使用数字化智能产品优化人工成本成了许多企业的共同需求。舍弗勒大中华区（以下简称“舍弗勒”）作为其中的一员，也制定了战略目标，在供应链领域积极推动自动化、智能化，以快速满足内外部客户的要求。

二、项目主要内容

未来整个工厂的运营都会在数字化系统的控制之下进行精确管控，实现全流程信息化管理。目前，生产线对零部件包材的拉动以及成品下线入库的管理信息已经全部在物流执行系统中体现。在信息化的基础上，工厂规划部门决定引入 AGV 平台，并利用这些数据进行联动，尽可能减少流程中的人工干预，让零部件和包材进入生产线的过程以及成品入库流程完全达到无人管理的目标。

在硬件上，项目一共引入了三种不同种类的 AGV 以满足不同类型物料的搬运需求。定制的重载式 AGV 最多可以满足重达 5T 的钢卷运输需求。15 台顶升式 AGV 可以配合定制的料架，根据拉动系统产生的任务将零部件、成品和包材在仓库与生产线之间运输。叉车式 AGV 可以将打包好的托盘级成品从打包台运往仓库道口。

在软件上，舍弗勒集团为了保证 AGV 方案在全球各个工厂的一致性、灵活性和可移植性，对 AGV 平台进行白盒控制管理，由中央物流和特殊设备部门进行合作开发集团层的 AGV 中间件。所有舍弗勒内部的业务数据均在 AGV 中间件进行处理加工和展示，把最终的运输需求传递给下端的 AGV 控制系统，并且实时抓取 AGV 的执行信息。舍弗勒的 AGV 中间件为各个国家品牌的 AGV 供应商提供了标准的接入方案，既考虑到了针对全球工厂 AGV 选型的一致性，也将业务数据和 AGV 管理层分开，确保了数据流程的一致性和安全性。

三、项目创新点

舍弗勒太仓新一厂的智能数字工厂 AGV 平台项目中，从软件层来看，AGV 中间件从上看要与上位的拉动系统、库存管理系统等进行连接，从下看要与下位的 AGV 控制系统以及现场的一些传感器进行耦合，并且 AGV 中间件未来会作为舍弗勒所有工厂内部生产物流 AGV 的唯一控制大脑。所以，控制系统的高可靠性、高拓展性，以及和业务的匹配程度是这个项目最大的难点。团队通过定义标准 API，基于高可靠性的 B/S 框架等方案进行开发，软件层上最终达到了业务的目标。

从规划上来看，太仓新一厂是一个典型的汽车零部件企业，不同于整车厂的生产线（节拍、工艺、生产线规划相对稳定），太仓新一厂中有若干条加工和装配线。从

AGV 本身调度以及路线的规划上看，比整车厂的 AGV 规划复杂程度要上一个台阶，于是提出了其内部动态调度的要求也就是线路、节拍、站点完全是由实时迸发出来的任务决定，系统根据最优的情况指派最近的 AGV 去完成任务。在其内部实现了从公交式调度到滴滴式调度的突破。

同时，智能数字工厂 AGV 平台也为太仓新一厂其他的搬运需求提供了服务。生产线在消耗零件生产成品的同时也会产生很多的废料以及垃圾，例如机修垃圾，包装垃圾等。在项目上线前，这些垃圾均使用人工呼叫、人工运输的方式进行管理。上线后在智能 AGV 平台内可以将生产线产生垃圾的点动态串联起来，并可以给每一条线定义时刻表。在时间轮巡触发时刻表的时间后，平台会将收垃圾任务分配给最靠近起始点的一台空 AGV，该 AGV 会根据定义好的线路将线路上定义好的点位逐个轮巡，将垃圾带回到仓库的指定位置。

四、行业贡献

经计算该项目每年可以节省成本超过 200 万元，成本的节省主要体现在工厂内部原有的物流运输人员 18 个人/天，以及原有的物流设备租赁成本（AGV 的使用维护成本已经考虑在内）。同时项目也提高了厂内的物料配送效率和准确率，以便满足生产快速换型的要求。

该方案将 AGV 的业务逻辑层和运行层分开，为一些工厂分布较散的工业集团提供了一个 AGV 统筹管理的思路，既保证了不同工厂业务上的一致性，也为各个品牌、型号的 AGV 接入到工厂中留下了标准的解决方案。项目从整个太仓新一厂的层级提供了 AGV 整体的调度解决方案，使 AGV 从公交式的静态运营达到了滴滴式的动态管理，极大地提升了运营效率，也为运营提供了非常优秀的投资回报率。

舍弗勒中国有限公司　张玉磊、赵蒙璆

第六节　基于 SLAM 导航总装车间——汽车后背门自动化转运项目

苏州佳顺智能机器人股份有限公司创立于 2007 年，是国内一家以移动机器人（AGV/AMR）为核心产品的新三板上市企业，历经多年的沉淀与成长，目前已成为我国移动机器人领域引导品牌，产品广泛应用于汽车及零部件、平板显示、新能源锂电、物流流通、食品饮料、家电等行业。

一、项目背景

随着中国汽车市场的发展和日趋成熟，汽车的质量问题越来越多地成为消费者关注的焦点。走进丰田汽车天津总装车间，可以看到每个装配工人在装配的同时都会对相应的零部件安装情况进行检验，并进行标注，保证车辆的整体质量。但是人工转运物料、半成品到相应工位耗时耗力，而且现场厂房空间有限，无法使用传统生产线来实现。从安全方面来看，很多场景存在尖锐的硬物，容易给工人带来伤害。

基于此，苏州佳顺智能机器人股份有限公司提出使用 AGV 构建柔性化生产线，助力汽车产业升级。AGV 是智能物流装备的关键核心设备。智能物流的任务是要找到一条尽可能地降低库存、提高灵活性、降低成本、缩短生产时间等方面的优化之路，也是企业智能升级的必经之路。

二、项目主要内容

（一）AGV 介绍

AGV 属于轮式移动，与步行、爬行或其他非轮式的移动机器人相比，具有行动快捷、结构简单、可控性强及安全性好等优势。与物料输送中常用的链式设备相比，AGV 的活动区域无须铺设轨道、支座架等固定装置，不受场地、道路和空间的限制。因此，在自动化物流系统中，能充分地体现其自动性和柔性，实现高效、经济及灵活的无人化生产。AGV 根据不同要素（如导航方式、负载方式等）可以分为很多种，在总装车间目前使用的是配送型 AGV（见图 8－4），AGV 使用条件如表 8－1 所示。

图 8－4　AGV 外观

表 8－1　AGV 使用条件

序号	条件	子条件	说明	备注
1	地面环境	地面承载	不小于 500kg/m^2	
		地面条件	①地面不能有水渍、油污、金属屑、粉尘等； ②台阶高度定义为在 100mm 以内的长度内，路面长平高度差的最大值；路面台阶高度的最大允许值需小于 8mm； ③地面摩擦系数大于 0.6（天然橡胶或橡胶化合物地面在 20℃、空气湿度 60% 时需刷防滑漆）； ④地面坡度小于 2°	①对 AGV 需精确定位的停车点，地面坡度必须小于 1°； ②一般 AGV 停车位置不允许出现沟槽；路面沟宽幅度的最大允许值需小于 10mm（含 10mm）
2	动力条件	动力电路	380V×50Hz×3 相	
		控制电路	AC220V×50Hz×单相	
		气源	5.0kg/cm^2	
3	环境条件	环境温度	0℃～30℃	
		环境湿度	0%～85%	
		噪声条件	小于 70db	

（二）主要技术

1. 车体规格参数——技术参数（见表 8－2）

表 8－2　AGV 技术参数

项目	规格
产品名称	SLAM 导航背负 AGV
外形尺寸	L900×W650×H300（mm）
导航方式	SLAM 导航
驱动方式	差速驱动
行走方向	前进、后退、旋转、走弧形
行走速度	0～30 米/分钟
平均速度	45 米/分钟
导航精度	±10mm
停车精度	±10mm
蓄电池	DC48V 20AH 锂电池

续　表

项目	规格
充电方式	自动/手动充电
爬坡能力	≤2°
通信方式	WiFi
负载能力	500kg
安全感应范围	≤3m
报警形式	声光报警
安全防护	障碍物传感器 + 急停按钮

2. 导航技术——SLAM 导航

本款 AGV 采用倍加福 R2000 全范围 360°2D 激光测距传感器。该传感器检测距离最远可达 30m，扫描频率可达 50Hz，适用于高速测量。还有小光斑设计，可用于小物体的检测。该传感器可用于导航定位、轮廓测量和区域监测。

3. 供电技术——锂电池（见图 8 –5）

图 8 –5　锂电池

本款 AGV 采用磷酸铁锂电池。磷酸铁锂电池循环寿命长、体积小、重量轻。电池组具有过充、过放、均衡、过流和短路等保护功能，对电池组起到全面的保护作用。电池组是根据 AGV 使用特性设计，具备大电流充电特性，特别设计大电流充电接口和放电接口分开，适合 AGV 的在线充电需求。

4. 驱动技术——双轮差速驱动

驱动装置由车轮、减速器、制动器、驱动电机及速度控制器等组成，是控制 AGV 正常运行的装置。其运行指令由计算机或人工控制发出，运行速度、方向、制动的调节由计算机控制，为了安全，在断电时制动装置则靠机械制动方式实现。

本款 AGV 采用差速驱动。AGV 转弯靠两个驱动轮之间的速差实现。这种驱动类型结构简单，灵活性高，使得 AGV 可以执行前进、后退、旋转等操作。

5. **监控系统——管理、监控和调度 AGV 搬运作业**

预判式交通管制：AGV 可通过系统了解到运行前方路况信息，提前做出最优路径规划，避免出现过多的交通管制等待。

兼容性强：一套 AGVS 系统可同时兼容 SLAM、激光、二维码、磁导航等多种导航类型 AGV。一个现场仅需一套系统即可实现对多种导航类型 AGV 的协同控制。

位置实控：系统对车间内各处点位建立绝对坐标，AGV 可通过系统知道自己的实时位置，运行更加精确。

管理容量大：系统对所监控的 AGV 数量正常可超过 1000 台。只要系统硬件符合运算速度和存储空间要求，即可无限扩容，完全能满足大工厂的大数据处理需求。

接口类型广：系统可支持 Webapi、Web Service、SQL 数据库等多种对接方式，并可根据客户现场的通信接口进行定制化开发。

操作便捷：系统包含用户界面，可供客户进行现场运行流程的设定。项目交付后，客户可自行修改地图及其他运行参数。

（三）总装车间 AGV 项目经济性

传统的生产线一般都是由一条连续的刚性传送设备组成，短则数米，长则数百米，如汽车发动机总成装配线、汽车后背门装配线等。存在的突出问题是连续的生产线需要大量设备，投资成本较高。

AGV 作为可移动的载体，不但能够实现输送作用，而且很大程度上提高了生产效率，降低了人工的劳动强度和难度，使汽车装配更加经济、高效、快捷。

（四）项目实施情况

天津丰田汽车总装车间 AGV 项目，主要是应用于汽车主机厂总装车间车门线智能升级，利用 AGV 的柔性化转运，将物料、半成品等运输到相应工位，提高转运效率，该项目应用了 11 台 SLAM 导航背负举升式 AGV、1 套“AGVS + PMS”系统，通过系统自动叫料，AGV 24 小时不间断作业，具备自主交通管制能力，确保运行安全。

1. **项目设计基础信息**

（1）翻转作业台样式。

（2）翻转作业台与 AGV 配合方式（翻转作业台由客户提供）。

（3）翻转作业台尺寸。

（4）人工借用助力臂将后背门转移至翻转作业台（助力臂由客户提供）。

2. AGV 需求（见表 8－3）

表 8－3　　AGV 需求

序号	项目	说明	备注
1	物料名称	后背门	—
2	搬运方式	背负	AGV 与翻转作业台固定
3	导航方式	SLAM 导航	—
4	料架尺寸	L2000 × W1500（mm）	以客户最终提供尺寸为准
5	满载重量	200kg	—
6	上下料方式	手动	—
7	放行方式	手动	拉绳放行盒
8	系统对接	有	与现场其他厂商磁导航 AGV 联合交管
9	通信方式	WiFi	—
10	速度要求	0 ~ 25m/min	速度可调
11	充电方式	自动充电	地充
12	线边对接	无	—

3. AGV 运行流程（见图 8－6）

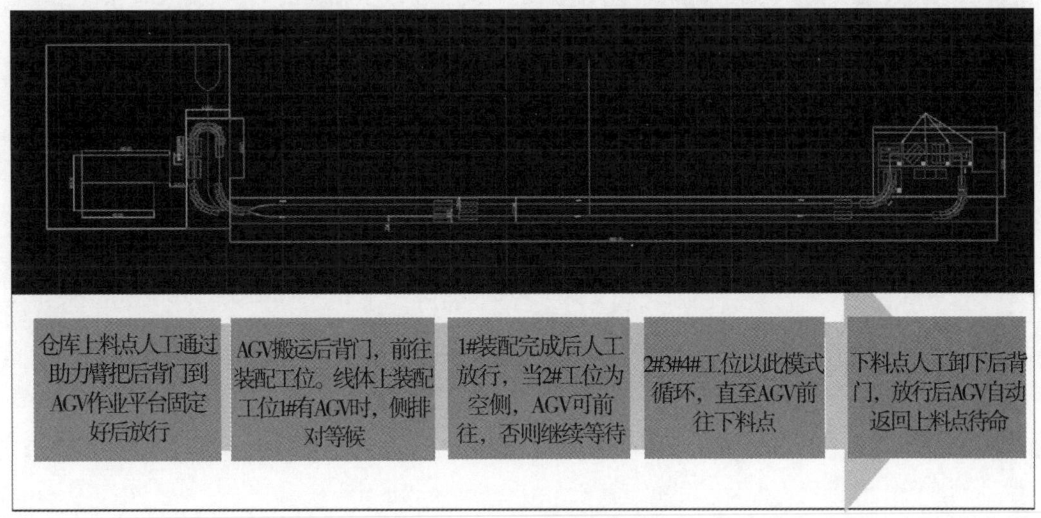

图 8－6　AGV 运行流程

4. 现场硬件布局（见图8－7）

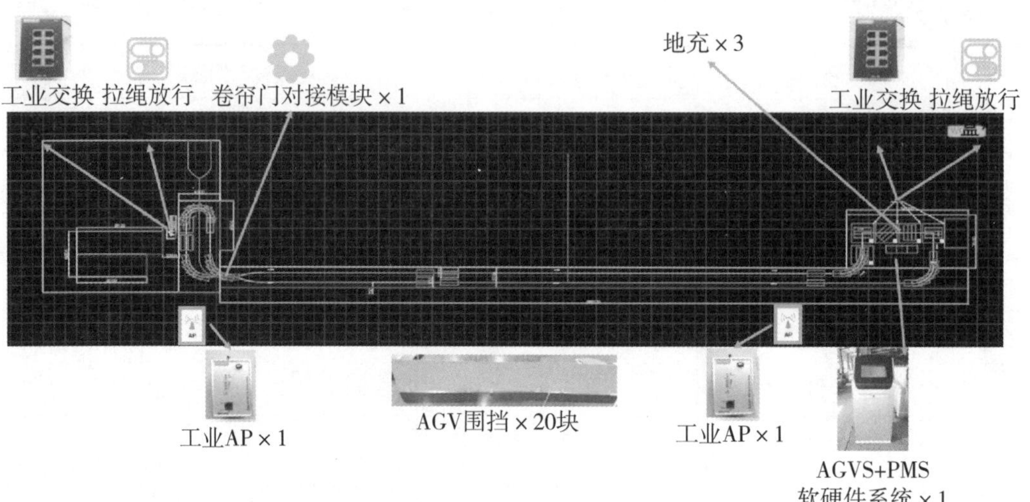

图8－7　现场硬件布局

5. 现场局部细节（见图8－8、图8－9和图8－10）

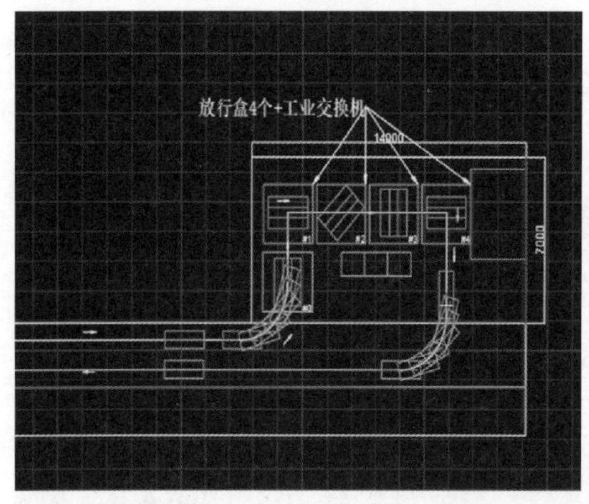

（1）从通道进入生产区及离开生产区皆采用转弯方式，节省空间。

（2）每个工位设置放行盒，当操作完成后放行AGV。

（3）AGV在工位间前进时，工作台方向随意放置，当AGV在其他位置前进时，都采用直立放置，避免出现碰撞现象。

（4）地充充电站设置在本区域。

图8－8　生产区布局

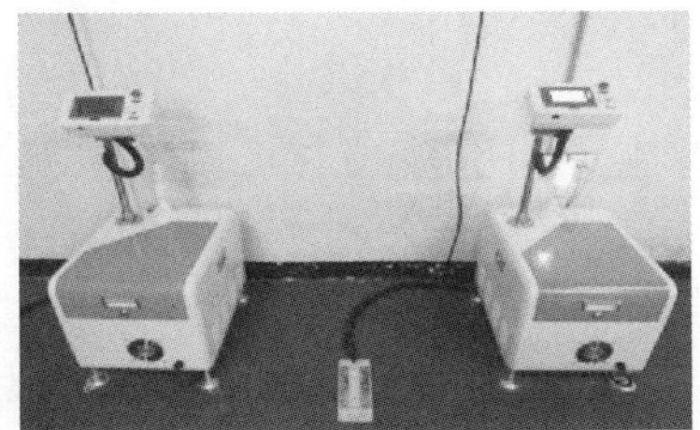

（a）AGV充电时

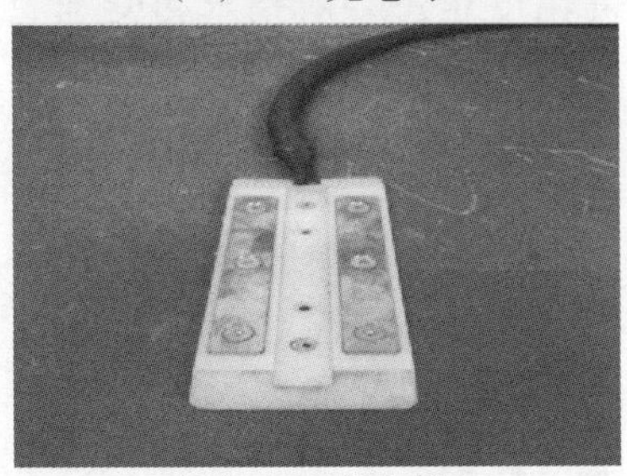

（b）AGV充电桩

（1）充电站以及AGVS系统等放在生产车间中，在工位设置3个地充，在装配操作中利用等待时间为AGV充电。

（2）地充电极采用地埋式，地面上只留有5~8mm的电极突出部分，其他部分皆通过开槽的方式埋藏在地面以下。

（3）在充电位置设置精准定位，保证到达工位后能与与电极精准对接。

图8-9　充电区布局

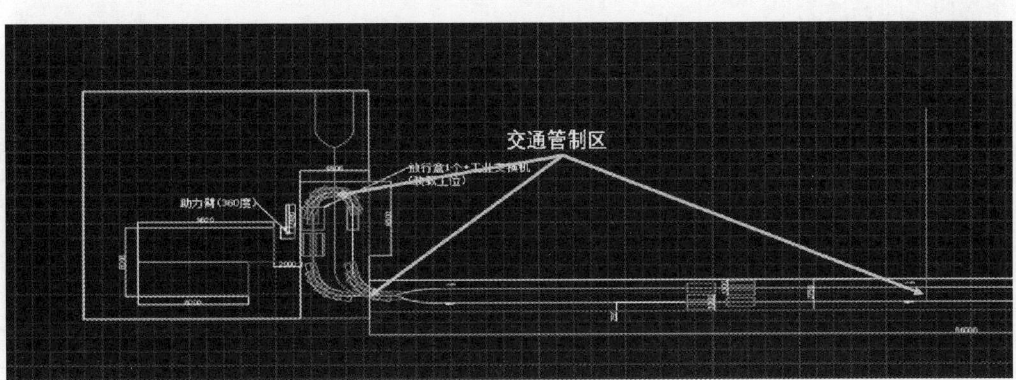

（1）在仓库区域皆采用转弯方式调整方向，既能节省空间，又提高了平稳度。
（2）交通管制采用先进先出原理，当交管区有AGV存在时，其他小车等待。
（3）通道中设置往返两条并行路线，在磁导航AGV转弯处设置交管区。
（4）在仓库中给磁导航AGV留有1.6米通道，在路线交会处设置交管区。
（5）卷帘门处宽度只允许一辆车通行，在此处设置交管区。

图8-10　仓库区布局

6. 信息交流流程

为了实现佳顺智能的AGV与天津洁仕达的AGV在天津丰田现场路线交叉的地方，实现交通管制，需要天津洁仕达的中控系统与佳顺智能的中控系统通过数据库中间表（双方都可以读写中间表的状态）协议对接，互相上传各自AGV的位置信息。通过采用先进先出的原则，洁仕达中控系统与佳顺智能中控系统通过监控AGV的位置信息，各自控制自己的AGV在交叉路口区域启、停，实现交通管制。

三、项目成果及创新

人工智能与物联网相结合已经成了工业的大趋势，AGV 属于这两项技术的产物。它以蓄电池为动力来源，通过电脑控制即可实现无人搬运，用机器人来代替人力，节省劳动力。通过高效的任务编排、调度算法优化、高精度定位导航技术和良好的人机交互体验，调度多台机器人同时工作，实现机器人和人之间的无缝对接。该项目具有以下特点。

（1）高速化：搬运机器人的高速化。

（2）无轨化：采用 SLAM 导航，无须对现场改造。

（3）柔性化：提高生产效率，缩短产品生产周期。

（4）高精度化：AGV 的运行精度、监测精度、避障精度。

（5）信息交互网络化：搬运机器人具有双向、高速的通信功能，保证信息流在各个部门之间畅通无阻。

（6）可靠性高：经过长时间的稳定运行测试，增加可靠性。

（7）多媒体技术的应用：可以直接通过操作界面菜单或是平板进行操作。

AGV 在美观度方面也十分出色，同时由于它的身材小巧，可以在各个车间穿梭往复。并且它具备充电功能，保证其能 24 小时正常运作，极大地推进了工作的动力。当 AGV 的电量即将耗尽时，它会向系统发出请求充电指令，在系统接收允许信号后自动充电。AGV 的电池寿命非常长，一般在 2 年以上，并且充电速度也很快。

四、项目行业贡献

随着互联网、物联网、仓储机器人等新技术的不断运用，物流自动化技术正在以较快的速度发生变革。自动化技术是物流领域发展活跃、进步速度快的板块之一，海外高新技术的涌进，进一步推动国内物流自动化的发展。与传统物流相比，自动化应用大大提升企业生产效率，颠覆了传统作业模式。

（一）行业推广价值

1. 安全性大大提升

人为驾驶的车辆，其行驶路径无法确定。而 AGV 的导引路径却是非常明确的，因此大大提高了安全性。此外，AGV 代替人工，可避免出现由于工作疏忽或者疲劳造成的工伤事故。

2. **节约成本**

对于企业而言，使用 AGV 最大的优势就是可以节约成本。AGV 可以 24 小时不停歇工作，在某些生产环节上可以替代 100 个劳动力，而且只需要 1 ~ 2 个人看管。这不仅大大降低了人工成本，工作效率也远比人工要高。系统的精准对接，减少了人为错误导致的物料供给问题。

3. **产量稳定**

引进 AGV 工作，使产量更加稳定。AGV 在工作的过程中，每一个操作环节的耗时是固定的，也就是说每一个成品的耗时也是固定的。这使产量得到了稳定的保障，而且产品的成品率也高。

（二）社会效益

AGV 作为目前及今后一个时期内可供选择的先进的物流自动化设备，其应用可以推动我国物流、装备制造业的发展，为我国工业自动化和物流业现代化发展提供先进的配套产品。因此，该项目的实施有着显著的社会效益。

AGV 的出现，减轻了人工劳动强度，降低了高昂的人力成本，使物流行业变得更加智能化、自动化。相信未来，AGV 将应用在更广阔的行业中，实现更加自动化的作业。

深圳市佳顺智能机器人股份有限公司　陈灵峰、潘振

第七节　基于全程可视的包装管理系统应用实践

一、项目背景

近年来，越来越多的企业致力于通过减少包装用量来实现节能减排，最经济和最有效的办法就是采用循环包装。在汽车零部件物流行业中，零部件循环包装的使用，可大大降低物流成本和库存资金积压，提高供应链的敏捷性和柔性。但是，如何有效地对零部件循环包装进行周转管理，一直是一个难点。

2017 年以来，南京长安民生住久物流有限公司（CMSCL）经过对汽车物流包装市场的初步调研了解到，一套高效的包装管理系统在国内同行市场中的应用前景非常广阔。汽车零部件物流循环包装的管理是汽车物流中的一个重要环节。科学的管理方式

可以有效地整合循环包装周转过程中的信息流和实物流，节省汽车零部件物流循环包装的使用成本和运维成本。面向未来市场前景，以“改善供应链，及时发现供应链的管控薄弱环节及因包装引起的低效行为，推进包装管理的全流程在线、可视、协同”为目标，CMSCL 开始研讨整合循环包装管控及关联活动的解决方案，帮助客户减轻资产负担，降低运营费用，2020 年年底，CMSCL 对第二代包装管理系统成功立项，即 CMS2.0，并于 2021 年 8 月底完成 CMS2.0 的研发，正式上线工作。

二、项目主要内容

（一）系统架构

为保证主机厂的生产持续进行，CMSCL 的零部件入厂物流有多种模式。

（1）对于南京地区的零部件供应商，CMSCL 采取标准的 Milk Run（循环取货）模式，直接根据主机厂生产订单时间计划循环取货，直送至生产线边。

（2）对于稍远的华东地区（沪浙皖、江苏除南京外其他地区）零部件供应商，CMSCL 采取提前 1 天取货入 DC，再配送至生产线边的方式。

（3）对于更远的地区零部件供应商，CMSCL 则采用远程取货模式，提前 1 周取货入 DC，再配送至生产线边。

与之相对应，装载零部件的循环包装也需要返回到零部件供应商，根据零部件供应商的距离远近与取货频次，CMSCL 对于循环包装返回零部件供应商也存在多种方式。

（1）一部分循环包装由 CMSCL 的员工在主机厂内进行整理，再将循环包装归位至返空暂存区，根据南京地区零部件供应商的返空计划，填写返空单据，将循环包装返回至零部件供应商，完成 Milk Run 模式的全程。

（2）另一部分循环包装首先在主机厂内由 CMSCL 的员工进行简单整理，然后发运至 CMSCL 的仓库，对循环包装的类别进行区分。针对料箱类的循环包装，CMSCL 的员工进行二次整理后，再分别归位到返空暂存区与 DC 换装备箱区；针对围板箱类循环包装和料架类循环包装，CMSCL 的员工进行整理后，再归位到返空暂存区与 DC 换装备箱区。之后，根据华东地区零部件供应商的返空计划，填写返空单据，将循环包装返回至零部件供应商。

（3）除了将循环包装返回至零部件供应商，还有部分零部件供应商的零部件包装需要在 CMSCL 的仓库内进行换装。针对这部分所需要的循环包装，根据备箱备架计划，CMSCL 员工将归位到 DC 换装备箱区的循环包装运至 CMSCL 仓库内的各换装工位，满足每个交付时间段内的循环包装数量所需。

零部件周转循环包装涉及的各区域的零部件供应商，有的使用的是专用循环包装、有的使用的是共享标准循环包装。要使包装管理系统充分发挥应有的作用，就应该得到各零部件供应商的大力支持。那么如何动员零部件供应商使用，以及保证零部件供应商能够方便应用并有很好的应用体验是关键所在。同时，还需考虑到本公司用户的操作方便性和系统的快速响应性，最终在系统架构选择上，CMSCL 采用 B/S 架构替换了原来的 C/S 架构，主要内容如下。

（1）CMSCL 内部员工用户采用 B/S 架构。

（2）零部件供应商、主机厂采用 B/S 架构。

（3）物流承运商采用微信小程序。

（4）数据库：SQL Server。

（二）实物数据流转示意（见图 8－11）

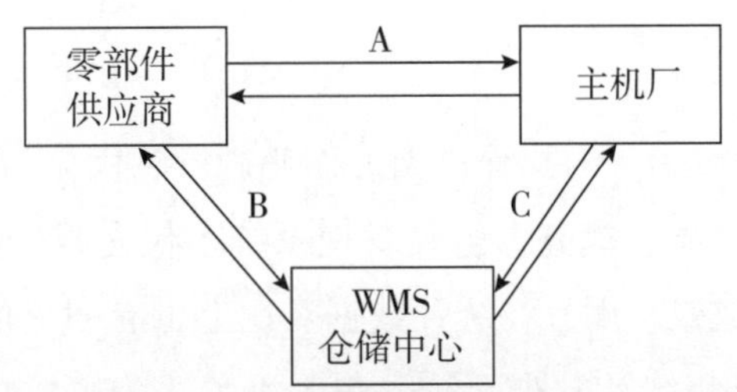

图 8－11　实物数据流转示意

确定架构之后，对数据流向逻辑关系进行了梳理：CMSCL 的主体思想是把 CMSCL 的 WMS 仓储中心、各零部件供应商、主机厂均作为循环包装的仓储中心，三个地点两两之间均有实物的对流，CMSCL 只要把握好三个地点的进出库存和两两之间的在途动态即可掌控所有的在用循环包装的动态。下面列出了实物数据流转模式。

（1）南京地区 Milk Run 模式：零部件供应商与主机厂之间的循环包装流转。

（2）华东地区 Milk Run 模式：WMS 仓储中心与零部件供应商之间的循环包装流转。

（3）WMS 仓储中心配送业务模式：WMS 仓储中心与主机厂之间的循环包装流转。

（三）设计要求

将零部件供应商、主机厂、WMS 仓储中心分别作为 3 个仓储中心进行以下设计要求。

（1）各仓储中心的进库、出库、存储的数据独立计算、统计。

（2）WMS 仓储中心需要区分未装货物的循环包装、已装货物的循环包装。

①空的循环包装入库需要做入库单据，并且采用 PDA 扫描录入以提高入库效率，

2022 年将实现通过 RFID 自动采集信息录入系统，减少手动录入的差错率。

②以循环包装移出归位位置的时间节点来标记循环包装是否被占用或为空包装，主要目的是空箱预警，为交付与返空提前做好包装准备。

③空箱预警是按订单需求计算空箱报缺，为确保交付，及时预警空包装返回。

④计算循环包装出库数量，确保零部件供应商出库与主机厂入库的数据是一致的。

⑤WMS 仓储中心出库至零部件供应商的循环包装，关联出库单，计入在途数量。由零部件供应商网上确认收到的循环包装信息，运单回收后再在系统确认，按出库单扣减库存，如回单时有数量差异，需要出具差异报告。

（3）各仓储中心的进出库必须通过电子单据支持。

（4）南京地区 Milk Run 和华东地区 Milk Run 的空循环包装通过运输系统融合，实现在途数量管理。

（四）经济指标

包装管理系统（CMS2.0）对操作层面的作业进行了优化，同时人员的管控效率也得到明显提升，管理效果显著提高。包装管理系统不仅在减轻管理人员劳动强度和缩减管理人员规模上卓有成效，而且在统计数据对比上也有明显的效果。2014 年 CMSCL 上线 CMS1.0，根据下半年统计数据显示，包装平均丢失率已由原来的 7.22% 降低至 3%。在 CMS2.0 上线后，CMSCL 根据测试结果，预估未来包装丢失率将控制在 1.4% 以内，包装管理系统上线前后的包装丢失率对比如图 8 – 12 所示。

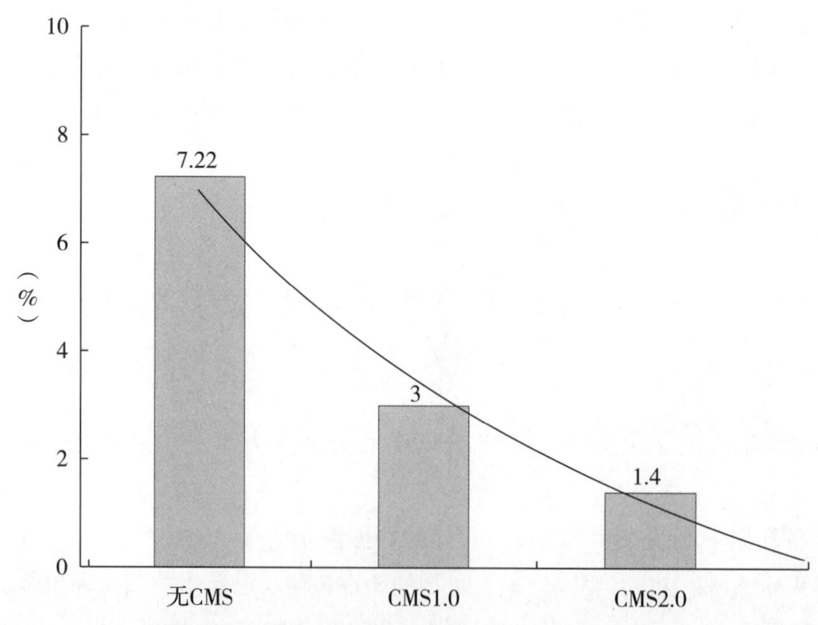

图 8 – 12　包装管理系统上线前后的包装丢失率对比

此外，通过 CMS2.0 与运输管理系统（TMS）的在途模块对接，实现了运输在途可视化管理。通过承运商司机端的微信小程序与现场返空 PDA 端的数据融合，实现了全流程作业的无纸化，节约耗材超过 30 万元/年。

综上所述，项目信息化带来显著的管理效益和经济效益。

三、项目成果及创新性

随着物联网的发展，App 已逐步渗入各个行业。同样，物联网的发展对传统物流行业也带来了重要的影响，随着 CMSCL 循环包装管理 App 的开发完善，循环包装的管理模式正在发生潜移默化的改变。

（一）项目成果

CMSCL 开发的包装管理系统（CMS2.0），无论是对于现场操作人员，还是承运商的司机、零部件供应商，返空操作均由纸质单据的开具及管理转变为在 App 上录入返空信息，确认返空信息的操作。

1. 返空单据

CMSCL 操作人员登录 App，点击“新增转移单”，通过系统内置的返空单据模板快速建立单据，将现场核对的包装数量采集到单据中，完成返空单据的最终录入工作。

2. 司机发运

CMSCL 返空人员通过 App 内单据上的“扫描”功能扫描承运商司机端微信小程序中的二维码信息，CMSCL 返空人员扫描成功后，返空单据的信息会通过网端接口传输到承运商司机端微信小程序中的返空页面中，从而实现了返空单据的无纸化转移，承运商司机端返空操作流程示意如图 8－13 所示。

图 8－13　承运商司机端返空操作流程示意

3. 零部件供应商签收

零部件供应商通过微信小程序“返空接收”扫描包装单据的二维码信息，实时接收返空数据，实现返空数据的在线确认核对，供应商端返空操作流程示意如图 8－14 所示。

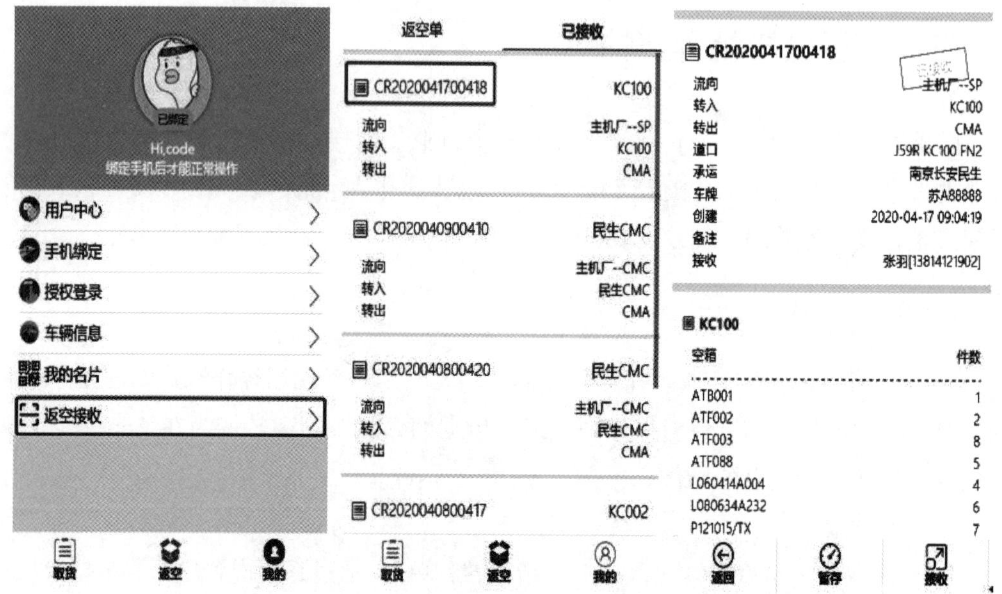

图 8－14　供应商端返空操作流程示意

（二）项目创新性

（1）实现循环包装流向自由化，实现 WMS 仓储中心、主机厂、零部件供应商数据自由流转。

（2）循环包装操作纸质单据电子化。

（3）循环包装设计流程从线下转到线上。

（4）包装商务模式中，动态租赁与静态租赁可随意切换。

（5）包装结算实现包装租赁费用自动核算。

（6）包装图纸可视化，实现包装图纸在线预览。

（7）包装管理系统网络化。

（8）包装管理系统移动化。

（9）结合 RFID 技术实现循环包装在各仓储中心的包装数量自动化校验。

（10）包装系统产品化，降低个性化需求，提高通用化水平。

四、项目在行业中的贡献

（一）操作流程简化

对比之前的包装返空流程，CMSCL 的包装管理系统 App 及微信小程序的推广大大简化了包装周转的流程，取消了不必要的业务流程，员工通过简单培训就可以进行正常作业，降低了现场员工操作的难度，更有利于行业的推广。

（二）数据共享

CMSCL 的包装管理系统提高了包装管理的时效性，例如，数据输入方式由传统的数据员手工录入，改变为现在的数据实时录入、实时查看，无延迟产生。

首先，时效性的提高带来了更为准确的数据，包括 CMSCL 员工、零部件供应商在内的各包装流转节点，均有相应的接口可以查询到包装信息，对于盘点、计划、包装报缺等工作，有了实时的数据支撑，有利于整个供应链的协同，实现精益管理。

其次，时效性的提高可以实时监控到各节点包装库存的变更，通过系统的预警报表，可以及时对报缺的包装进行预警，确保出货计划的顺利完成。

最后，得益于系统数据的闭环管理，CMSCL 的员工可以使用终端调取零部件供应商的出货数据对包装进行核实，弥补以往包装循环中缺失的收货核对环节。

（三）降本增效

一方面，CMSCL 的包装管理系统带来包装返空全流程的无纸化，周转过程中省去了纸质单据，包装转移纸质单据每月可节省约 118 盒，降低公司包装项目的运营成本，同时能够增强员工的节约意识与环保意识。此外，无纸化也将 CMSCL 的信息资源整合效力和便捷性显著提高，给同行业提供了包装管理新的实践思路。

另一方面，返空数据由返空人员从移动端输入后，无须再带回办公室进行录入，人员规模可进行适当缩减，公司的人力成本可以适当降低。除此之外，CMSCL 的包装管理系统打通了包装周转的各节点，可以实时监控各节点的包装数据，了解各节点包装库存的实时变化；通过优化调控各个零部件供应商的循环包装数量，可以有效节约新增循环包装的投入量，降低了 CMSCL 的包装成本。

（四）竞争力

在竞争激烈的市场环境下，任何企业都不得不关注自己的成本、生产效率和管理效能。面向未来的信息化浪潮，CMSCL 通过开发完善且便捷的移动端 App、成熟的网络端包装管理系统，为后续的相关业务拓展增强了竞争力。同时，随着业务量的不断新增，系统的更新迭代也在逐步加快，对于人机交互方面、外接自动化数据采集设备方面的能力也在不断优化，面向行业发展，也可为其他公司提供更好的产品服务。

南京长安民生住久物流有限公司　杜振华、邱云、张应虎、施金君、胡小祥、张羽、宫鹏伟

第八节　能运物流运包一体化管理

能运物流（以下简称“能运”）于2004年成立，总部位于上海，是一家以全链路场景实操和数字化技术为基础，构建汽车行业一体化供应链的公司，可提供“一体化供应链、入厂物流、厂内物流、销售物流、售后物流”服务，业务范围覆盖汽车物流行业全链路、全场景、全产品。运包一体化管理主要是借助自身行业经验、规模及系统为客户提供集运输、仓储与循环包装于一体的定制化解决方案。

一、项目背景

在“新四化”浪潮下，汽车消费持续升级，品牌竞争加剧，但随之而来的减产却导致单车盈利下降，行业利润空间急剧缩小，汽车物流行业降本增效迫在眉睫。为响应国家“碳中和”目标，推行绿色环保理念，越来越多的主机厂禁止使用一次性包装，可循环利用的包装将成为汽车零部件运输的主流。目前主机厂、零部件厂现行的发标模式是将运输、仓储、循环包装分包给不同的物流供应商。在这样的状况下，整体的物流流程被人为割裂，导致作业重复，且成本较高。

能运在实际的业务场景中发现，运输、仓储、循环包装三个环节是可以在同一个物流流程中统一规划实现的，这将使全链路物流效率得到极大提升。例如，将包装与运输交给同一家物流供应商运营，可杜绝空驶情况，减少多次短驳费用。同时，包装闭环管理，可以有效改善破损丢失的情况，循环包装的叠层亦可大大降低运费成本。虽然循环包装相比一次性包装投入较高，但总物流成本会下降。

二、项目内容及创新点

（一）提供全链路服务，删减多余节点

能运借助覆盖全国主要汽车产业城市的仓网，可根据客户需求，定制化实施 VMI 仓和 RDC 仓等仓储服务，并打通运输、仓储和循环包装的业务场景，实现运输中转、仓储管理和包装管理的一站式服务，对多余的物流节点实现删减和最大优化。同时，借助运包一体化信息系统，将包装业务、运输及仓储服务纳入能运整个物流解决方案中，在降低全链路成本的基础上，为客户提高物流效率。能运“运包一体化产品”模式及优势如图 8 – 15 所示。

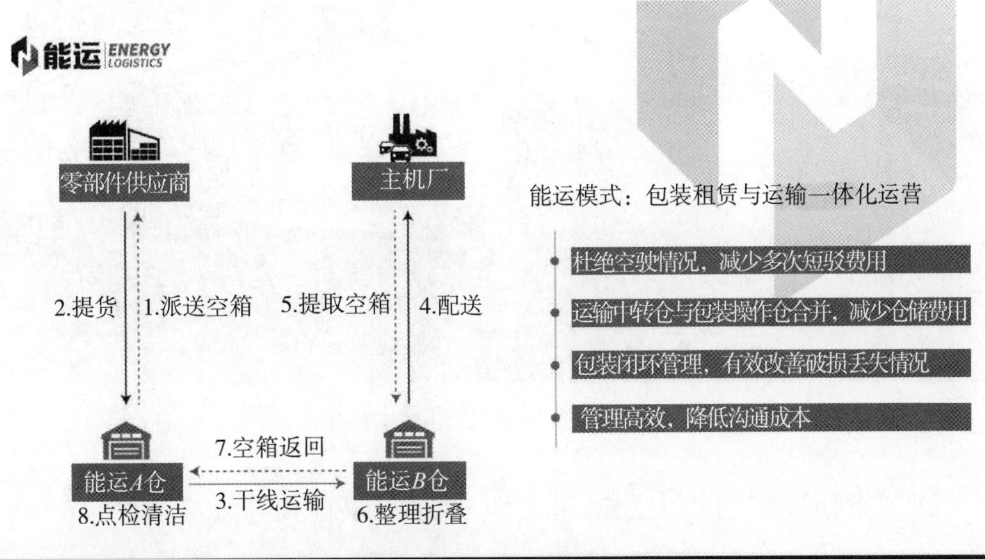

图 8 – 15　能运“运包一体化产品”模式及优势

（二）系统化管理，极大地减少了运营成本

能运利用自有系统对项目数据进行监控和分析，让货物运输和包装运输业务结合，提升车辆装载率。将循环包装箱作为最小追踪数据载体的方式，可降低货物及包装箱的丢失率与破损率。同时，在包装规格统一的前提下，不同项目乃至不同客户可以共用包装，实现当地回收、当地配货发运。在淡季或项目结束后，可转移给其他项目使用，在旺季时可借调其他项目限制包装使用，运包一体化管理使返空物流成本急剧下降，仓储成本随之拉低，包装资金占用成本降低。

（三）实现全流程货物位置、状态与运输环境等多方面监控

能运在可循环利用的绿色包装箱上安装芯片作为数据载体，利用运包一体化管理系统，配置加速度、温湿度等附加传感器，让后台人员不仅可以实时查看货物位置，还可以监控运输环境以及货物是否受到碰撞，实现货物位置、状态与运输环境等多方面监控。运包一体化操作场景如图 8－16 所示。

图 8－16　运包一体化操作场景

（四）利用云计算、大数据等技术，实现了智能化物流管理

能运的运包一体化管理系统，可结合现有的 OMS 系统、TMS 系统、WMS 系统和 BMS 系统，通过物联网技术，连接仓库、运输车辆、零部件供应商、主机厂等各大关键节点，借助循环包装的智能感知技术，对零部件及其包装实行物联网化管理，实现对零部件运输质量和包装的动态监控。利用云计算、大数据等技术，对运输中的零部件和流转中的循环包装进行实时监控和盘点，可最大限度实现整个物流流程的智能化、实时数据透明化和集约化。

在大数据处理方面，能运通过网络布局建立循环体系，促使运输（车辆物流路由监控）、仓储（包装分类、清洁、分级、维修等固定区域）产生集约化规模效益，能够创造出成本节约的机会。

（五）实时监控、智能预警

运包一体化管理系统可以在线监控跟踪循环包装的工作状态，实现智能库存管理和全程在途跟踪。当包装数量无法满足客户需求或出现偏离路径移动时，该系统能够触发预警机制，及时采取应急预案，或从周边能运物流循环包装服务仓进行实时调拨，确保零部件供应稳定。

三、实施效果

在某零部件运输项目中，运包一体化管理系统的应用让项目成本降低 15% ~20%，物流效率提升 20% 左右，包装破损率也大幅下降。

四、项目推广价值

在运输方面，运包一体化管理创新性地将零部件运输和循环包装纳入同一个物流场景中，形成闭环状态下的运包一体化操作，解决了因物流供应商和包装供应商“各自为政”，导致物流效率降低和物流成本居高不下的问题。并且将运输与包装业务结合，配上数字系统加持，可对物流业务进行流向分析，并结合往年需求波动，盘点空满箱在全国各处仓库的分布等各方面的数据，在特定时期和特定区域提前储备足够的循环包装，满足各类客户的需求，并确保产线度过生产高峰期。

上海能运物流有限公司

第九节 基于供应链成本最优的设计优化

一、项目背景

2021 年是汽车产业发生重大结构性变化形势下改革创新、提质增效、转型升级的攻关之年，行业发展仍然面临较大下行压力，需要采取切实可行的措施，增强产业持续发展的动力。

汽车行业在降本增效方面各显神通，主要可以概括为以下三类。

（1）改进或调整材料和工艺，改变零部件设计，降低制造成本。

（2）更换供应商。

（3）零部件通用及生产平台战略等。

车企中的物流工作强调均衡性，其在供应链系统中以执行为主。供应链团队仍需努力寻找新的方式方法。例如，从供应链成本最优等角度进行深入研究，联合研发、制造等部门共同探索零部件设计的合理性及其对物流包装密度的影响，这势必是降本增效的一个新思路。

汽车零部件往往呈现体积大、造型特殊和制造策略差异大等特点，在供应链前期规划过程中被重点关注。但此类零部件的设计在适用性、制造成本等方面均已得到了综合考量，往往已经是最优的呈现形式。但经上汽通用物流部内部评估，目前有多数汽车零部件由于其独特的设计，降低了物流包装密度，大大提高了物流总成本。因此，应当以优化物流成本为出发点对汽车零部件的设计进行分析并优化。

二、项目内容

近年来，随着上汽通用金桥基地生产车型逐年增多，受到生产节拍限制、工艺限制及场地面积限制等多种因素的综合影响，越来越多的零部件由供应商焊接总成后再进厂，此种策略在一定程度上大大降低了制造的成本，但有时会对物流包装、运费等造成较大影响，有必要进一步分析与优化。

从供应链成本最优角度出发，目前已经梳理上汽通用金桥基地所有车身零部件，经设计、制造、采购和物流内部等部门协同工作，推动多数重点零部件实现了设计优化，对于物流包装产生了重大影响。

（一）案例一：上汽通用A车型前围板总成设计优化

由于A车型对前舱强度和降噪有较高的要求，故需在前围板上焊接更多的支架与加强件，使该车型上此板的焊点数量远多于其他车型。在现有模式下，经综合分析，若以散件形式进厂，产线节拍难以满足，需在厂内进一步完成分拼工作，占用300m^2以上的物流面积，并增加700多万元的储备投资；若以总成形式进厂，整车全生命周期物流成本预计增加750万元，而且设备利用率不足。根据综合成本分析，最终敲定A－1车和A－2车的零部件以前围板总成的形式进厂，但这对于物流成本产生了很大的影响。

经过与内部包装方式优化对比考量，利用工厂现有资源进行零部件设计优化是最佳的优化思路。将零部件拆分为“落水槽＋前围板下板总成”两部分，并在现工位焊接后上线，可使该工位所需焊点数降低至 40 个，既可以满足生产节拍要求，又提升了焊接机器人的利用率。

经与工程、制造、采购等部门的联合协作，将总成零部件拆分成两个零部件分别进厂后，包装密度提升了 33%，单套零部件包装体积下降了 0.27 m^3，卡车装载率提升了近 100%，预计整车全生命周期供应链成本节省数百万元，此外，厂内焊接机器人利用率以及物流运作效率均有显著提升。在此种情况下，利用现有资源解决零部件设计类供应链难题更具应用及推广价值。

（二）案例二：上汽通用 B 车型后侧围内板设计优化

B 车型后侧围内板结构特殊、零部件体积大，包装密度低。目前采用总成进厂的方式，此种设计大大降低了零部件的包装密度，即使是距离较近的周边供应商，也仍会产生较大的物流运输费用，对物流总成本产生了极大影响。其独特的造型使该零部件在运输过程中无法密叠，总成进厂采用的料架尺寸为 2250 × 1150 × 1900（mm），包装数量仅为 10 个，单零件包装体积为 0.49m^3。

基于物流包装的考虑，有必要对此零部件进行优化。经与研发、制造等部门多次研讨沟通，通过将侧围内板单板、加强件、加油门的总成与散件组合进行综合成本分析，先后形成了多个优化方案："侧围内板单板 + 加强件 + 加油口散件进厂""侧围内板分总成 + 加强件散件进厂""侧围内板分总成 + 加油口散件进厂"和"侧围内板分总成 +2 个加强件散件进厂"等。从制造工艺限制、场地面积限制、更改设计难度及生产节拍限制等多角度考虑与沟通，最终选定"侧围内板分总成 +2 个加强件散件进厂"为主要优化方向，此种情形下，料架尺寸为 1460 × 1150 × 760（mm），包装数量提升为 40 个。由于赘余零部件的拆分，剩余的侧围内板单板可以实现密叠，装载量提升了 300%。经综合成本分析，整车全生命周期总物流成本节省千万余元。

三、项目成果

（一）从供应链成本角度切入零部件设计中，提高包装密度，降低物流成本

目前，制造部门越来越多地将总成零部件推到厂外供应商处焊接成总成后进厂，这将大大降低制造成本，但与此同时会降低物流的包装密度，提升物流成本。为了进一步优化零部件设计，达到降本的目的，从供应链成本最优角度切入零部件设计与制造过程中，不断优化零部件设计，实现零部件的密叠，提高包装密度，降低物流成本。

（二）利用现有资源，协调其他部门共同解决零部件设计类供应链难题

在零部件的设计优化过程中，为了满足其相应的强度及结构要求，需要增加不同的零部件设计，也会额外增加制造步骤及制造成本。为避免产生过高的制造成本，在提出设计优化方案过程中，供应链工程师需充分参与设计更改与制造工艺的讨论过程中，积极配合做好成本分析，从总价成本最优的模式出发，最大限度地降低成本。

（三）搭建零部件优化框架，收入物流知识库

零部件设计对于供应链综合成本有着巨大的影响，不同的设计方案所带来的供应链成本差异巨大，并且在项目周期内更改零部件设计的成本高，并且会影响整个项目进度。对于已经优化的案例，应不断总结经验形成全新的方法，在零部件开发伊始就将成本最优的设计方案给设计者，同时将整车通用零部件设计优化的经验推广至全车型全项目范围，输出零部件设计物流要求并收入物流知识库中。

四、行业贡献

（一）经济效益

A 车型前围板将总成零部件拆分成两个零部件分别进厂后，包装密度提升了33%，单套零件包装体积下降0.27m^3，卡车装载率提升了近100%，预计整车全生命周期供应链成本节省数百万元。B 车型后侧围内板由于赘余零部件的去除，剩余的侧围内板单板可以实现密叠，经综合成本分析，整车生命周期总物流成本节省千余万元。这两项优化可进一步推广，每落地一个物流要求，将规避全项目相同零部件的成本增长风险。

（二）社会效益

本项目的实施，提升了上汽通用汽车整体供应链规划能力，使多名工程师具备了零部件设计优化分析能力，并形成了相应的培训体系和人才梯队。同时，此项目成果不仅可以推广到整车制造企业，还可以推广到各零部件供应商，从而降低整个汽车零部件供应链总成本，具有明显的经济效益及社会效益。除此之外，对于汽车行业之外的其他制造类企业，如飞机制造、家电制造行业等，也可从物流包装角度挖掘零部件设计，降低企业供应链成本。

上汽通用汽车有限公司　薛似廷、张林洋、宋洋、许张婷、金娆、胡献忺、袁其兵、王迪

第十节　取货计划智能编排项目在华东区域应用型验证

一、项目背景

东风物流集团股份有限公司（以下简称“东风物流”）成立于2020年4月23日，系东风汽车集团有限公司所属二级控股子公司。

（一）选题背景

基于“中国制造2025”、产业转型升级等国家战略的提出与实践，恰逢人工智能、大数据、云计算、区块链和物联网等新兴技术的蓬勃发展与日臻完善，各大汽车制造商与物流服务商开始着手推动汽车供应链向智能化、数字化转型。东风物流成立伊始便将智慧物流确立为战略发展主题，但汽车供应链涉及相关方较多，且链条较长，若对全供应链进行转型升级需要投入巨量资源。通过对多种技术进行研判，最终选择人工智能作为切入点。人工智能是搭建数字化供应链的重要手段。人工智能技术可广泛应用在智能仓储选址、智能库存管理、智能仓储作业、智能运输配送、智能跟踪追溯、数据分析与预测等多方面。

（二）项目范围

项目团队对各物流板块进行梳理，发现入厂物流板块具有容器标准化程度高、取货时间可灵活调整、投入运输计划员较多等特点，因此对入厂物流各环节人力投入占比和各环节行业自动化导入情况进行了摸底，结论是计划编排环节人力占比大，且行业相关自动化技术比较成熟，同时作为供应链源头，具备指导供应链下游运作的功能。若能实现该环节的智能化、数字化，对全供应链效率、效益均能产生积极影响。因此，团队本次考虑重点在计划编制环节进行突破。

东风物流入厂物流取货主要集中在华东、华南、华中、西南四个区域，通过对上述区域进行详细分析与梳理（见表8－4），团队认为选择华东区域作为此次试点区域较为妥当，对生产运营整体影响较小，同时能取得较好效果。

表 8－4　取货区域特点

区域	供应商占比（%）	取货量占比（%）	是否分布主机厂
华东	69	31	否
华南	17	52	是
华中	7	9	是
西南	7	8	是

（三）项目痛点

东风物流集团取货计划编制流程现状如图 8－17 所示。

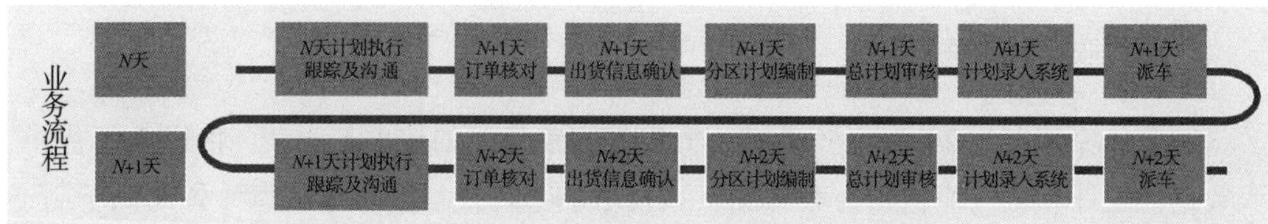

图 8－17　东风物流集团取货计划编制流程现状

当前是以人工方式进行取货计划，同时对取货订单按区域进行划分，形成各分区域的计划后，再进行汇总调整形成总计划，在此过程中存在以下痛点。

（1）取货计划多次重复编制。计划员依据订单形成线下计划，经过组长调整或整合后，在线上录入线下计划。

（2）高度依赖计划员经验。取货计划的效率与效果较易受到计划员主观意愿的影响，以及对结果的检核存在一定的难度。

（3）整体最优解损失。受到多区域求解叠加人脑的运算能力有限等因素的影响，计划员较难对结果进行多维度对比直至找到最优解。

针对上述痛点，经团队分析相关因素为人和车的效率，因此提出以下解决对策。

（1）减少计划编制时间。改线下编制为线上编制，减少计划编制次数。

（2）优化依赖人工经验编制环节。设定明确规则，减少计划编制对计划员经验的依赖。

（3）优化车辆运输效率。设定车辆整体绩效指标，以满足全局优化的要求为前提，整体求解。

二、项目内容

（一）总体思路

基于现状业务痛点及整体效率优化的要求，利用价值流分析、业务流程重构、运筹优化等方法对现有作业流程进行分解，发现计划编制环节相对独立且存在优化空间，因此利用算法系统取代人工，可提升整体效率。

（1）从功能性、安全性、便利性、成熟性、经济性 5 个方面选择符合要求的数学模型进行建模，确定函数目标以及约束条件。

（2）设定装载约束、时间约束、车辆约束、站点路顺约束，确保输出结果满足可用性要求，同时对业务特点进行定制化开发，确保输出结果的有效性。

（3）进行系统开发与封装，确保系统满足易用性、便捷性等使用要求。

（4）当生产订单传输至 TMS 后，人工选择进入算法系统的订单，从装载、排程、约束三方面对订单进行整体优化排程，输出符合业务习惯的运单。

（5）对系统结果进行应用型验证，检验效率优化目标的达成情况。

（二）数学建模

通过对业务场景的调研、分析、梳理等手段，将建模分为以下三个步骤。

1. 调研现实场景，建立数学抽象模型

在实际业务场景中，计划员合理配置多重约束条件，达成行驶路径较优且使用车辆数较少的目的。通过抽象实际业务场景，得到数学中著名问题——有装载限制、带时间窗约束的装卸货车辆路径问题（CVRPPDTW）。因此，算法采用 CVRPPDTW 作为基准模型。

但与经典 CVRPPDTW 模型不同的是：①实际业务场景存在较多约束条件，且部分约束条件必须具有灵活可调整的特性；②目标函数不同，该模型更注重结果应用的效率而不是结果数值的大小。

2. 以效率指标最大化为目的，求解抽象模型

使用混合整数规划、蒙特卡洛搜索树以及动态规划对核心模块和各个子模块进行最小化车辆数的求解。①初始化：基于模型约束和历史结果，快速得到一组解，并计算其效益，作为算法的搜索起点。②选择：将节点分成三类：未访问、未完全展开（子节点未被全部访问）、完全展开。本次选择了节点完全展开。③扩展：在选择的节点上，采用线路交换/批次订单交换的形式扩展一个新的节点。④模拟：对扩展节点的解，进行模拟计算，计算节点效益。⑤回溯：根据扩展的路径反向更新沿途各节点的平均效益。⑥循环：进入新的一轮选择——回溯的循环。

3. 契合业务场景，设定模型约束

如前文所述，实际业务场景中存在多重约束条件，若在模型求解时统一考虑，则会限制求解范围，导致最优解偏差或者无法求解。因此，在模型约束设定时，充分考虑业务要求，将全部约束条件进行区分，必须满足的约束条件为“严格约束”，如站点开放时间，站点允许车型等。划定可行域的约束条件为“非严格约束”，如避免同站点多车次同时到达，优先长途供应商就近搭载策略等。在求解过程中，算法检查“严格约束”以排除不可行的方案，运用特殊处理使算法结果尽可能满足“非严格约束”。同时，通过总结业务运作模式，识别必不可少的特殊需求，形成特殊功能。约束条件与特殊需求如表 8－5 所示。

表 8－5　约束条件与特殊需求

类型	名称	意义
约束条件	装载约束	主要把控装车时的限制条件、装载方案、装载方式
	时间约束	主要保证站点能够合理运行，货物能够及时送达
	车辆约束	主要限制何时、何地可以使用何种车辆资源
	站点路顺约束	主要限制车辆对于站点的访问顺序以及站点拼载
特殊需求	三维装载	指导装载的工具，实现有限空间的充分利用
	大货量拆分	减少部分供应商品同时在多车装载的现象
	站点流量控制	减少车辆装卸时的排队等待时间，确保在规定时间内完成装卸作业
	直送控制	区别于非直送形式，对纳时、纳期有更严格的交付要求

（三）项目实施

项目经历现状调研、需求分析、详细设计、系统开发、测试验证、试运行 6 个阶段，整体耗时 9 个月。在人力资源控制、计划控制、风险控制、费用控制和沟通过程五个方面均严格把控，并结合实际进度对项目计划进行调整，确保项目达成预期目标。针对项目中出现的潜在风险，组织专项会议研讨对策。同时，联合上海交通大学教授组建内部团队，把控项目输出量与项目方向。项目建立起完备的沟通机制，通过日会实现日事日毕，利用周会对每周工作内容进行回顾与安排。另外，通过严格把控项目经费的使用，依据相关制度进行经费使用。在此基础上，项目过程与里程碑节点实现几乎完美的推进与落实。

项目组在成立伊始建立起日例会、周例会以及专项课题研讨会的沟通制度，输出各类日报共计 153 份，各类周报共计 35 份。为项目中每个里程碑节点的达成奠定坚实的基础。

项目组严把输出物质量关，每阶段输出物需经过项目组会签方可进入下一阶段，输出各类文档共7项，符合项目合作协议中规定的数量。单个文档都经过项目组评审，交由业务单位审核，确保算法整体规则最大限度契合业务实际运作，降低因算法逻辑与业务规则不匹配导致的实际运作风险。

三、项目成果

（一）指标达成情况

1. 人员效率

计划编制总耗时由15小时下降至12.6小时，总耗时减少16%，为平衡研究、投资、质量等因素，项目不涉及系统接口对接。若实现系统对接，则计划编制总耗时由15小时下降至8.9小时，总耗时减少41%。

2. 车辆效率

选择相同订单在遵守相同的参数与规则的条件下分别进行人工和算法编制，结果显示百立方用车数由1.40下降至1.22，减少12.86%，百立方取货距离由361.5下降至330.1，减少8.69%。项目指标均达成预期设定（见图8－18）。

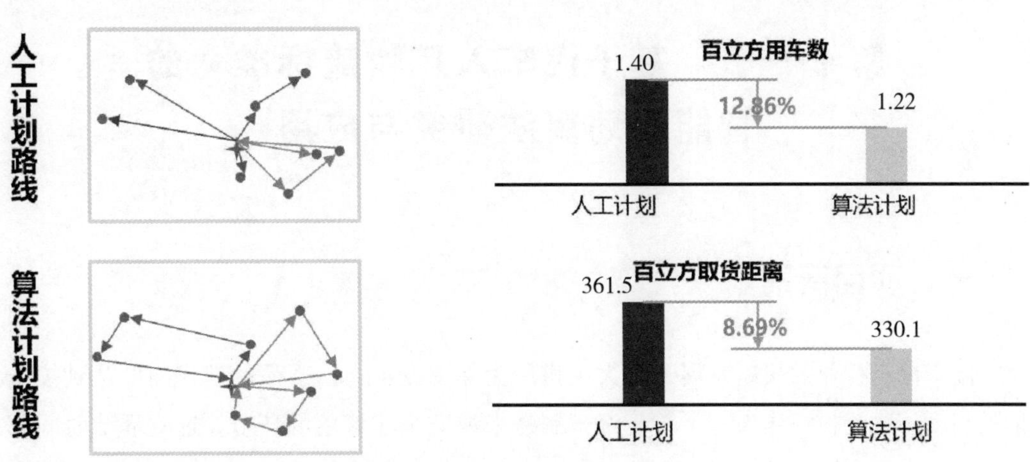

图8－18　车辆效率达成情况

（二）项目创新性

可视化：界面封装，实现参数可配置、结果可视化、操作简便化。同时满足结果检核、线路展示、指标分析等多方面的需求。

算法计划突破分区的限制，在一趟运输任务中串联多家供应商，提高了车辆单趟次的利用率。

通过增加部分车辆单趟运输里程，换取用车数的减少，可减少点对点的运输距离。

四、行业贡献

（一）推广价值

实现了计划编制的时间及计划运行效率的双优化。也实现了对计划编制流程的优化，减少对人工经验的依赖。有效论证了智能算法在入厂物流取货计划编制环节的运用可行性。

（二）经济效益

入厂物流中，在智能计划编排模式下，至少可优化 10 人，降低成本 >50 万元/年。在智能计划编排模式下，按 8% 效率提升计算，改善空间 >800 万元/年。

东风物流集团股份有限公司　谌先员、罗春龙、林明进、卢马单、彭鹏

第十一节　基于汽车入厂物流标准化的智能规划算法研究与应用

一、项目背景

随着汽车行业的快速发展，各大主机厂为保持竞争力，产品的迭代速度达到了空前的高度。物流板块作为一个对于汽车制造来说完全非增值的环节，这一环节时间越短，对新车量产周期越有利。但是，传统的入厂物流规划从生产工艺输入到规划定稿，一般需要一个月的时间，极大地阻碍了新车量产。因此，又快又好地缩短入厂物流规划时间很有必要。

物流是汽车制造的非增值环节，同时入厂物流又是操作人员密集的作业环节，因此各大主机厂针对入厂物流的资源投入的管控也是很严格的。但是，管理层在对入厂物流成本进行管控时，由于缺乏参考评判标准，通常会出现如下两个情况。

（1）管控力度不足，偏向于现场物流操作保供，担心生产停线、员工抱怨工作量增加等原因，导致现场操作资源投入过多，形成资源浪费。

（2）管控力度过高，对人员工作量饱和度、保供需求最小资源不够重视，导致资源整合过度，员工工作压力大，进而导致员工离职率上升，保供风险增加，从而形成恶性循环。

因此，对现有传统物流的规划方式以及资源测算的方式需要进行改进。

二、项目主要内容

项目总体思路如图 8－19 所示。

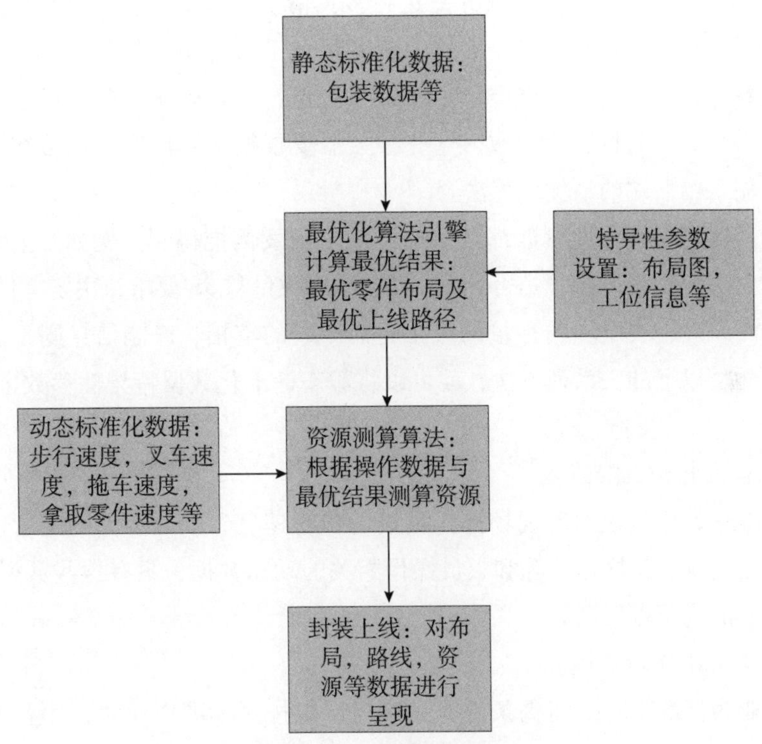

图 8－19　项目总体思路

本项目将入厂物流标准化作为算法的输入，最优化理论算法为核心计算工具，最终形成计算结果并上线，形成可供全公司物流规划工程师使用的智能规划产品，并将各个工程师的使用结果进行反馈分析，持续迭代。

（一）标准化建立

（1）算法需要标准化的数据导入才能对其进行运算，生成结果。

（2）部分员工的基础操作需要标准化的动作进行指导，才能测算得到合理的工作量。

因此，基于上述描述，本项目的标准化建立分为两个部分：静态标准化数据与动态标准化数据。

1. 静态标准化数据描述

静态标准化数据包含包装数据、产能数据、工艺数据、存量数据等静态类型的数据。这类数据中，包装数据一般在前期包装设计定稿后变动量较小，可以直接对包装设计结果（如长宽高尺寸、包装数等）进行数据清洗，清洗后的数据为后期算法可直接使用的数据。另外，还有一些经常变动或者每个工厂都不一样的数据，例如，每个零件的存量数据，零件的上线类型，零件是否翻包、是否排序，存储场地大小及形状等信息，这类数据称为特异性参数，这些参数需要根据实际情况采用传统方法进行规划，并将其输入给后端的最优化算法。

静态标准化数据特异性参数都是从最终需求出发倒推得到。例如，上线方式按照线边存储能力决定是否排序，是否 SPS；根据线边质量与 5S 要求，决定零件翻包与否；根据供应链的风险，决定厂内存量的大小；而产线的节拍、产能信息则是由生产部门直接提供。通过以上的一系列方法，就可以将静态标准化数据特异性参数全部标准化、数据化。

2. 动态标准化数据描述

动态标准化数据包含物流现场操作员工的步行速度、拿取零件的速度、叉车装卸货速度、拖车速度、排序速度等和人员操作相关的动态数据，只有这些数据标准化后，才能对所需要的资源进行测算。

（1）建立标准作业环境。

标准作业为标准工时的前提条件，只有当员工按照标准作业时，才有工时分析的意义。在本次研究过程中，首先以理论及现实相结合的方式，编写物流作业人员的标准作业指导书，然后选取实际已运行的项目，由现场管理人员对员工进行培训及指导，最后选取标准操作五星班组进行测量。

（2）工时定额测量。

通过对各种方法进行对比（见表8－6），选择秒表法作为标准工时的测量方法，该方法可以又快又准地测量结果。

表 8－6　　多种测量方法对比

方法	优点	缺点	适合场合
秒表法	最简单快速、实施成本最低	①操作单元时间都非常短，那么测量的人员也是反应不过来的；②此方法缺少二次分析、追溯的能力	量产阶段
影像法（视频法）	①使用率最高的方法，精度比秒表法更高；②它具备二次分析、追溯的能力	分析的效率低	量产阶段
预定工时法（MTM，MOST，MOD）	不需要实际生产，分析结果可以作为一个改善的基准	①每个编码的起始点、结束点、包含动作了如指掌；②长期使用会导致分析结果脱离实际	新产品导入阶段、量产阶段
标准资料法	能利用企业历史信息进行快速制定标准工时	需要企业不断地从上述几种测量方法中总结提取，形成标准资料库，需要不断补充改善	新产品导入阶段、量产阶段

为确认每个物流作业的标准作业时间，选取标准化操作 5 星级班组进行测量，且每个工种选取 5 人，每人测量 10 次，去除最长、最低及异常时间，求其平均值，得到各工作要素的标准作业时间。

（二）算法建立

本项目算法分为两个部分，第一个部分为求解车间内部上线的最优距离及最优布局。第二个部分以第一部分的最优距离和布局以及上述的动态/静态标准化数据为输入条件，计算资源的算法。

1. 最优化算法描述

以上线车辆最优化路径算法为例，车辆路径问题（VRP），主要解决的是派多少辆车走什么样的路线进行运输的问题。具体来讲，就是给定相互连通的若干有货物需求的上线点，若干车辆从待发区出发，完成对所有上线点的配送任务后回到待发区，要求所走的路线不能重复，目的是找到最小成本的配送方案。考虑不同堆叠方式有着不同的最大运载量，优化堆叠方式以达到装配量最大。

如图 8－20 所示，将标准化数据经过清洗后，初始化输入算法优化路径，再根据运载路径计算当前上线车辆装载情况，反馈给初代的算法优化路径，最终迭代算出最优值。

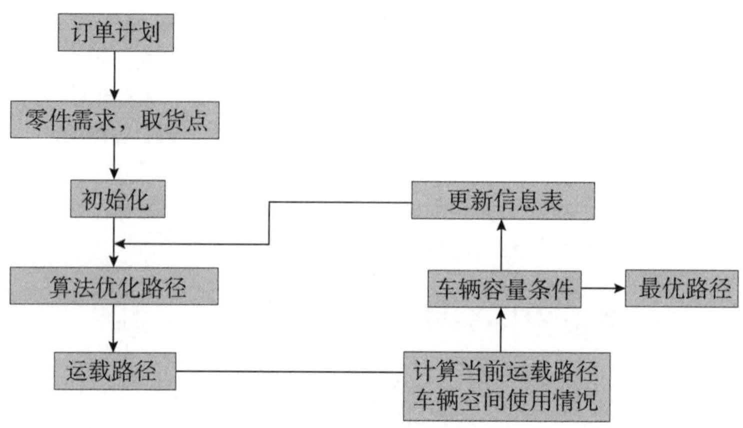

图 8－20　算法流程

2. 建立目标运载路径、配载等函数

通过建立函数完成装载任务总车辆运行距离与最大体积利用率的优化目标，完成运载路径的优化目标、配载的优化目标。

3. 资源测算算法描述

资源测算算法就较为简单，前面测算的静态标准化数据输入以及最优化算法测算的结果，就是员工的工作量，而动态标准化数据输入就是描述单位员工做某个物流要素的快慢，用前者除以后者即为所需的物流资源。

（三）结果输出

根据前期输入，可计算出最优的仓储布局情况。

最优的资源配置情况，为方便查看，以 Excel 的形式呈现。

（四）封装上线

为了使得本项目可面向客户更宽广，使用门槛更低，我们将其进行了封装上线，形成简单的在线系统。应用平台框架如图 8－21 所示。

三、项目成果

2020 年完成至现在，旧项目评估在长安福特入厂项目、渝北入厂项目、鱼嘴入厂项目、鼎捷分公司、北京分公司、合肥分公司、河北分公司等涉及的 13 个主机厂投入使用。新项目为长安 CS75PLUS、CS55PLUS、逸动 PLUS 等项目保驾护航。

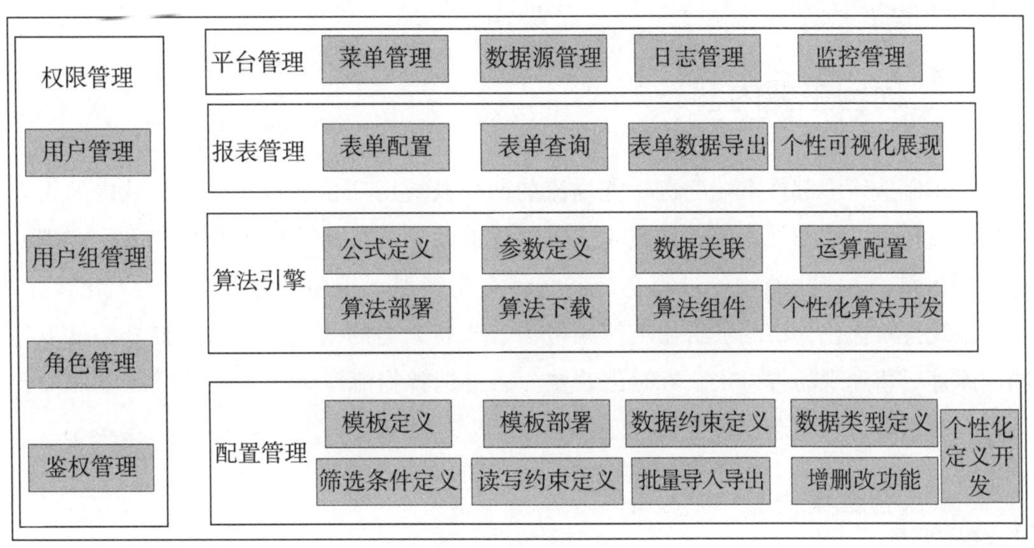

图 8－21　应用平台框架

（1）优化操作员工投入合计 139 人（共 4000 余名操作工，约提升总体效率 3.5%），提升项目规划工程师效率 30%。

（2）优化叉车合计 28 台，优化拖车合计 41 台。

（3）节约仓储面积合计 8000 平方米。

（4）分别缩短 3 款新车型量产周期 1 个月。

重庆长安民生物流股份有限公司　廖家华、黄斌、姚远、吕涛、张前祎、许强、王鹏飞、高翔、王高峰

第十二节　以精智物流打造全副武装的 3E 超级蚁

一、项目背景

随着劳动力越来越昂贵，原材料价格也在不断上涨，汽车企业需要综合运用各种手段提高企业的生产效率和管理方法，减少现阶段供需矛盾。一些发达国家汽车企业仓库内已经实现全过程系统管理，部分国内合资企业也实现了阶段性的厂区物流信息化、无人化管理。因此，企业的物流仓库是一个非常重要的设施，保定市长城蚂蚁物

流有限公司此项目的任务是汽车制造厂零部件末端配送智能物流的研发及应用。

二、项目主要内容

汽车制造厂零部件末端配送智能物流的研发及应用项目通过对限定区域内的无人驾驶物流技术、零部件无人搬运技术、零部件滑动工装（卡拉酷力）的研发，实现从仓库到车间、生产线的物流过程全部实行信息化管理，非必要岗位实现无人化运作，物流系统有效优化，物流供给在不使用电力、节省人力的情况下，运用杠杆、重力等物理原理，达到现场省力化、省时化效益。通过精智物流改善，实现了厂区零部件智运输、智搬运、智配送、智盘点，已实现节省人员 55 人。

（一）智运输

1. 原理

利用传感器（激光雷达、视觉）融合定位技术和避障技术，实现车辆无人驾驶，并将业务与系统对接，实现最优调度。货厢应用电动炮无人拖车运输，带轮工装应用小魔盘无人牵引车运输，实现既定线路的无人运输。

2. 应用效果

长城徐水园区 10 台无人运输电动炮、2 台小魔盘和日照的 2 台小魔盘全天候运行，安全运行总时长超过 6000 小时，安全运行总里程超过 15000 公里。

（二）智搬运

1. 原理

采用惯性导航、视觉导航等技术实现 AGV 精确定位。采用双轮差速驱动，支持前进、后退、旋转等运动控制，运动过程平滑柔顺，并且具有前置激光避障、前后碰撞检测、前后急停按钮等多级安全防护，实现安全可靠的运动控制。

2. 应用效果

在重庆、天津、泰州、日照、平湖、荆门等工厂均有应用，用于搬运发动机、变速器、天窗、包装单元等零部件。

（三）智配送

1. 原理

通过气动装置精准导向，滑链传送将 SPS 料箱自动进行举升，取消人工周转、搬运动作。

2. **应用效果**

日照动力线 SPS 料箱周转搬运环节，使用气动工具将空 EU 箱推到料架上，自动升到备料高度，满 EU 箱自动滑到料架上，实现空满料箱自动交换，人员每日踩踏、弯腰、拉绳次数由 1440 次降低为 0 次。

（四）智盘点

1. **原理**

集成 LES、WMS、MES 等信息系统，进行智能优化与升级，开发手机盘点功能，提升作业效率。

2. **应用效果**

运用于仓库管理中的盘点场景，实现手机智能化盘点，取代人员录入系统、核对差异过程，实现物流过程无纸化、信息化、智能化。

改善前：循环盘点（5 小时/日），需由各库管自行制作物料盘点表、电子版录入及差异核算，且计算过程中需进行 SAP、LES、MES 数据查找、导出，各库管之间存在同类业务重复作业。

改善后：循环盘点（1 小时/日），应用信息化技术，开发钉钉 App、LES（物流执行系统）数据接口，使用手机钉钉将盘点数据传输至 LES，取消盘点表制作、录入工时。LES 接收 MES 过点信息、SAP 库存数据等，差异数据一键生成，取消自行导出及人工核算差异数量的过程。

三、项目成果及创新性

（一）采用无人车后牵引钩与工装牵引杆自动对接

现阶段工装牵引与车辆牵引大多为纯机械结构，需人工摘挂。拟通过电机控制牵引升降结合无人驾驶精准泊车技术，同时设置对接反馈和对接容错机制，实现自动摘挂钩。①通过无人驾驶定位系统对自身位置的判断，发出电信号控制电机，实现后牵引钩提升；②物流车依靠自动泊车技术停靠到指定位置后，控制器下发指令实现后牵引钩落下；③同时通过电流和功率的数据反馈是否完成对接。通过以上三个步骤完成无人车后牵引钩与工装牵引杆自动对接过程，可解决无人运输过程中需前后端人员参与的问题，实现运输过程全程无人参与。

（二）无人搬运

（1）自主定位导航，采用惯性导航、视觉导航等技术实现精确定位。

（2）柔性运动控制，采用双轮差速驱动，支持前进、后退、旋转等运动控制，运动过程平滑柔顺。

（3）智能电源管理，支持多等级电量阈值控制，低电量时自主充电，完成充电后自主返回工作。

（4）多重安全防护，通过前置激光避障，前后碰撞检测，前后急停按钮等，实现安全可靠的运动控制。

（5）人机交互友好，支持液晶显示屏、声光告警提示。

（6）设备状态指示，通过双色指示灯，提示设备状态等。

（7）无线网络通信，网络覆盖区域可无障碍运行。

（三）滑动工装（卡拉酷力）

（1）生产过程省人化：零部件上线过程应用滑动对接器具，节省物流配送人员及线侧组装人员作业工时，作业组合后节省物流配送人员。

（2）组装作业手边化：总装线侧作业人员在线体固定位置拿取零部件，减少走动的时间，且搬运位置固定，实现人机工程大幅度提升，减少弯腰与探身作业。

（3）装置改造柔性化：应用第三代精益管，通过接头及螺栓连接，实现装置最大限度柔性化，改造可行性高，便于后期车型换代及改造升级。

（4）环保、再利用率高：应用铝型材替代传统管材焊接式器具，可以实现随意组合，在原材料制造及产品加工过程均实现节能减排，对环境改善有一定的促进作用。

四、项目在行业内的贡献

（1）无人驾驶系统：无人车航向误差≤1°，纵向停靠误差≤20cm，横向停靠误差≤15cm，重复定位偏差≤10cm，无人车行驶关键数据具备自动上传云端功能，并至少保留一个月，比人工驾驶配送效率提高2倍以上。

（2）无人搬运（AGV）。

（3）滑动工装（卡拉酷力）：器具通用化率达到85%，残值利用率较传统焊接式器具提升60%。

该项目的物流技术节能、环保，节省人力，系统判断比传统物流的经验判断出错率更低，还可推广应用于其他制造行业的厂内物流，促进物流行业的发展，增加技术就业岗位。

保定市长城蚂蚁物流有限公司　齐小松、焦伟周、马冀川、耿颖璞、张宇腾

第十三节　一汽富晟智能装备实验室

一、项目背景

富晟物流公司（以下简称“公司”）现有东北、华北、华东、西南、华南五大物流基地，服务内容涵盖进口备件/国产备件调达、入库接收、储存管理、出库分拨、运输服务、物流包装、物流资讯、物流装备、信息服务等一体化专业服务。立项前公司缺乏智能化、数字化的物流设备与信息系统，限制公司业务拓展。公司业务核心能力不突出、信息化无法满足公司未来发展需要。因此，公司急需进行设备的迭代与信息系统的开发，增强客户黏性，体系化管理承运商，有效分析经营数据，为公司决策提供大数据支撑，并提升核心竞争力。

二、项目主要内容

一汽富晟智能装备实验室以优化现场业务流程为出发点，以论证输出一体化智能解决方案为核心，以推动“生产＋物流”服务转型升级为目的，基于5G网络环境下数字化系统和智能化装备配合，完成整个汽车备品供应链全流程自动化设计，并融合多种基于5G的智能技术，进行了尝试和研究。公司部署在5G边缘计算服务器上的WMS智能云仓系统最大的创新是基于多仓、多货主共享云仓的理念开发，可实现多平台兼容。

在入库班组，包装工人在用手持终端完成收货后自动统计生成考核报表，不需要纸质记录，做到了自动化精准工时管理。

在仓储班组，通过WMS内置捏波算法，将无序重复的要货订单进行波次管理，按区域合并成拣货任务，优化拣货路径。仓储人员只需按照手持终端提示的波次任务进行批量拣货操作，避免了同种货品多个订单重复拣货，提高了拣货效率。

在出库班组，通过手持终端提示进行扫码，复核货品种类和数量，降低了以前人工通过纸质单据凭记忆复检封箱产生的错发、漏发的概率，保证了货品出库准确。现场管理人员可以根据系统提货单实时监控作业进度，系统实时显示未提货完成的订单，方便出库班组与仓储班组及时发现问题并沟通解决。

在库存管理方面，系统提供实时动态盘点、循环盘点功能。在生产空余时间，管理者可以随时下发盘点任务，操作者通过手持终端扫描进行存放位置、品类和数量的盘点。系统自动分析异常，管理者可随时发现账实问题并给予及时处理，避免了以往年底停产后进行人工集中静态盘点造成的人力、物力浪费，提高了账实相符率。系统还提供不同维度的动态数据报表，实时统计分析当日、当月的出入库订单、行项目数、品类数及作业异常，协助仓储管理者实时掌握备件销售趋势和仓储作业情况。

在入库质检环节，实验室采用了兼容5G网关的VR质量检测可穿戴眼镜，对待入库货品进行辅助人工质量检查。通过VR眼镜扫描零件条码，从云端数据库调取高清质量检查3D图形，在5G网络支撑下传输到眼镜上，并和实物进行自动匹配，基于AI算法判定零件是否有质量问题。

在码垛环节，实验室引进了拆码垛机器人，依托智能算法和5G网络实时调度机器人完成码垛和拆垛作业，配合料箱机器人完成入库上架作业。

在货位传送环节，采用视觉引导AGV机器人，根据地面粘贴码，按照预定归档，对托盘进行托举和搬运。

在存储环节，实验室采用的是货到人料箱机器人技术，整个箱式仓储机器人系统是在5G网络环境进行的数据和指令交互。它的应用可助力仓库进行自动化管理，实现智能搬运、拣选、分拣，接受定制化需求，适用于多种应用场景。

在高层立体储存环节，实验室采用的是四向多穿车技术，用立体仓库设备可实现仓库高层合理化、存取自动化、操作简便化。自动化立体仓库是当前技术水平较高的形式。自动化立体仓库的主体由货架、巷道式堆垛起重机、入（出）库工作台、自动运进（出）及操作控制系统组成。货架是钢结构或钢筋混凝土结构的建筑物或结构体，货架内是标准尺寸的货位空间，巷道堆垛起重机穿行于货架之间的巷道中，完成存、取货的工作。该环节具有以下几个特点。

（1）自动化：仓库作业全部实现机械化和自动化，节省人力，提高作业效率。

（2）利用率高，成本低：大幅度增加仓库高度，充分利用仓库面积与空间，减少占地面积，降低土地购置费用。

（3）单元化：采用托盘或者货箱储存货物，货物的破损率显著降低。

（4）智能化：借助计算机能有效地利用仓库储存能力，便于清点盘货，合理减少库存，节约流动资金。

（5）适应能力强：能适应黑暗、有毒、低温等特殊场合的需要。

在运输感知环节，实验室研究了天翼镖星状态跟踪方案，通过天翼镖星终端集成NB－IoT模组、加速度传感器、接近传感器、光传感器，可实现货物封箱、在仓、在途、开箱等状态的动态远程上报。RFID、二维码实现不开箱进场，封箱/开箱状态的检查。天翼镖星卡以货物为中心，基于5G网络传输，打通WMS/TMS等信息系统，具有开箱报警、震动报警、电子围栏等功能，可实现供应链全程智慧化。

在盘点环节，实验室采取的是基于5G的无人机RFID技术，仓储盘点作为仓储物流中至关重要的一项，一直都是应用人工进行货物的盘点，这种传统的盘点方式烦琐、易出错、复盘难、耗时耗力，而且有时在较大型仓库盘点中，盘点人员需上升到一个较高处，高空作业对盘点人员的危险较大。实验室针对这些问题，推出了盘点用“5G＋无人机”，可有效解决仓储盘点中的问题，且大大提高效率。针对仓库问题，专门设计出更好适应仓储系统的无人机，在仓储环境下进行自主飞行，克服了无人机依赖GPS的问题。

在后端数据分析环节，实验室采用了数字孪生技术，未来以实现数字化供应链全局可视化为最终目标，完成数字孪生可视化运营中心建设，实现企业数字化运营。

三、项目成果及创新点

通过直观有效的数字孪生可视化工具，可以快速获取供应链运营的相关信息，并全面了解供应链的所有要素，这对供应链的运行状态监控和管理至关重要。随着物联网技术的深入发展，数字孪生技术可以提供物联网设备中所有设备的运行状态信息，并为供应链网络提供端到端的流程可视化工具。数字孪生技术可使仿真技术应用不再局限于产品设计和降低物理测试成本，而是扩展到包括产品远程诊断、智能维护、共享服务、流程动态优化等领域，并在逆向供应链管理和应急物流中发挥极大的作用。

面向供应链，提供了一个数字化、智能化建设的思路和框架体系。基于这个框架，深入供应链一线实践并具备供应链科技能力的企业或者企业合作伙伴，可率先基于最切实的供应链痛点需求，建立起局部组件、系统和过程的数字孪生，进而逐步积累数据和模型，打通上下游生态相关链路，并滚动形成强大的数字孪生供应链系统。可视化运营中心是在物联网接入、大数据报表分析的基础上，将业务数据蓝图、3D可视化分析、趋势预测预警实时直观地展现，并且能够建立3D模型，通过可视化大屏和管理驾驶舱，对仓库各个库区的运营情况了如指掌，为管理人员提供异常告警和决策支撑。

四、项目意义

一汽富晟智能装备实验室可以充分进行新技术的论证，并整合各方资源进行投入，新技术论证通过后，一方面可快速应用于企业自身的生产，另一方面进行推广，产生经济效益。

伴随着5G、人工智能、物联网等技术的不断发展，工业生产已经大部分实现自动化，智能化带来的不仅仅是便捷高效、安全可靠，更是一种新的管理模式。在现有实验室的基础上，一汽富晟将进一步细化软件功能各模块的应用，结合智能物流设备在5G 网络环境下创新应用，根据实际生产业务痛点模拟真实的生产环境，简化生产作业流程，从而打造高效物流。

长春一汽富晟大众物流有限公司　王朝阳、许洪瑞、苏波、刘斌

第十四节　智能技术助力浙江吉利物流转型

一、项目背景

随着工业互联网的发展，传统物流运作发生了颠覆性变化，我国物流业将进入以质量和效益提升为核心的发展新阶段。智慧物流的发展，不但可以提高生产效率，还能降低产品成本，使物流运作更加精确化、智能化。AGV 作为智慧物流的标志性设备之一，解决了许多传统制造业面临的物流难题。吉利智慧物流项目自 2020 年启动以来，已陆续在冲压、焊装、涂装、总装和零部件等场景落地与推广。

吉利杭州湾基地、成都领克基地作为智慧物流项目试点的第一批基地，引入了大量先进的智慧物流技术，迈出了吉利物流转型的第一步。

二、项目主要内容

传统汽车制造工厂总装小零件的拣货方式为人工从库区寻找物料，再通过牵引车将物料配送至 SPS 区，具体工序为：卸货入库—储存翻包—小件超市料架箱拣—SPS 区个拣—交付上线总装。总装大件上线工序为：卸货入库—储存—排序—交付上线总装。人工拣货的方式时常发生错拣、漏拣等情况，对汽车生产效率造成很大影响。由于物流分拣作业的成本、人力耗费、时间占用都是非常高的，同时分拣作业的速度与准确性往往决定着汽车的生产效率。吉利汽车总装车间共有 2000 多个小零件需要实现人工装配，配送的及时性与准确性对总装车间来说非常重要，因此吉利汽车工厂应用了智慧物流技术来提高物料效率。

（一）小件货到人

吉利引入 70 台 360AGV 小车用于小件货到人的无人仓，高效协同的 AGV 实现了物

流系统的有机集成。通过自主移动机器人可实现自动化拣选的准确性与配送的及时性，即由自主移动机器人背负着货架运送至固定工作台，员工在固定工作台进行拣选工作，采用货到人的模式对物料进行拣选。该模式打破了传统的人工拣货模式，提升了拣选效率、降低了劳动强度。小件货到人场景如图 8 – 22 所示。

图 8 – 22　小件货到人场景

（二）转运上线（点到点搬运）

吉利杭州湾工厂 LOC 仓库共有 30 余台牵引车配送产线的物料，配送过程中存在较大安全隐患，因此，吉利杭州湾工厂一期智慧物流项目引入了 22 台 360AGV 用于总装大件的转运上线，代替了现有大件的人工加牵引车配送方式，减少车间牵引车的使用，同时也降低了安全事故的发生。待二期总装项目的成功推行后，现有人工加牵引车的配送方式将全部替换成 360AGV 配送上线，最终实现总装车间的无人化配送目标。转运上线场景如图 8 – 23 所示。

图 8 – 23　转运上线场景

吉利智慧物流项目的成功推进离不开对智慧物流技术的准确应用。目前吉利智慧物流项目的推进应用了“数字孪生 + AGV”“5G + 物联网”“5G + AGV”等先进的物流技术。在项目开发前期，项目团队充分考虑了现场 AGV、牵引车、叉车、人员混行的情况，对整体生产进行虚拟分析，经过数个月的项目前期技术交流，形成了详细的仿真视频与应急方案。该项目的开发流程新增了虚拟仿真技术，把握系统的各个模块特性、参数和功能，有助于解决设计和分析问题，方便方案的修改与完善，减少设计中的错误，节省了人力，也节省了时间，缩短了项目执行周期。

（三）运行管理中心

运行管理中心是一款致力于软件监控与问题排查的平台软件，可提供自动化指标检测和告警、批量集中部署配置、软件版本管理、高效日志分析等功能，帮助用户及时发现和解决问题，提升交付和运维效率，为业务平台提供有力的后台保障。

运行管理中心共包含 7 大模块：首页、告警处理、状态监控、系统维护、日志分析、知识库和系统管理。它们分别承担着不同的功能，帮助运维人员更高效快捷地监测软件和处理问题。

（四）物流运作监控

通过 RCS 监控客户端，对无人仓内 AGV 运作状态实时监控，从而形成实时动态仿真，系统具备无人仓内效率统计等数据中台信息，可将事后分析升级为事中监控和事前预警。

（五）物流运营系统

物流运营系统（盖娅 IoT 平台）是物流业务的平台化，实现立体库控制系统、AGV 控制系统、仓储管理系统等业务相融合，最终实现工厂生产系统的统一管理。

（六）“5G + AGV”

“5G + AGV”小车具有稳定性高、时延低的特性，WiFi 漫游切换会出现丢包，影响物流效率。LTE 网络无法满足激光导航 AGV 时延需求（30ms），“5G + AGV”能更好地赋能企业数字化转型。

5G 技术通过改良空口数据子帧长度下沉用户面应用（MEC 和边缘计算）优化组网路径等多种新技术、新架构，可实现业务的超低时延，低至 20ms 以内，响应速度更快。时延对于 AGV 运输、移动巡检等场景意义重大。AGV 运输通过 5G 网络高可靠低时延的特性，解决传统 WiFi 网络时延大、稳定性差以及覆盖弱的弊端。毫秒级的时延可以实现无人机/机器人图像实时回传和远程操控，高效完成巡检任务，避免设备失控，可以支持机器视觉和工业控制等新型工业应用场景，通过回传的视频和图像，AI算法可以实时决策、反向控制生产流程。

一方面，5G 技术的注入满足了柔性生产。5G 网络进入工厂，在减少机器与机器之间的线缆成本的同时，利用高可靠性网络的连续覆盖，使机器人在移动过程中活动区域不受限，按需到达各个地点，在各种场景中进行不间断工作以及工作内容的平滑切换。另一方面，5G 可构建连接工厂内外的全方位信息生态系统，使系统实时监控，设备实时维稳，最终实现信息可视化与共享。

三、项目成果及创新性

吉利智慧物流项目第一阶段在杭州湾、领克等基地的成功落地，目前已累计为吉利汽车集团节省了 40 名一线工作者。其中，“货到人”模式更人性化，减少了占总工时 90% 的无效行走，降低了员工工作强度，提高了整体的工作效率和准确率；后端智能调度系统和图形化拣选指示使拣选错误率降低为零；全程无人的标准化补货运输过程，让作业质量大幅度提升；系统软件协同联动、数据互通，真正做到智能运维、实时反馈，让生产运营管理水平进一步提升；新车型并入等前提变化导致的方案调整都可以通过动态库存布置、智能系统负载均衡来轻松应对，节省了大量的重复规划工作。项目固定资产回收周期小于 3 年，出库准确率提升至 100%，供产线零件及时率 100%，可以实现产线生产 0 停线。

智慧物流项目后续将在各个基地陆续铺开推广，预计在 2023 年年底可以为吉利汽车集团减少近千人，减少数百台牵引车的使用，同时可以有效地避免工厂安全事故的发生，实打实地提高企业的利润与综合竞争力，同时应用了大量的数字化管理技术，有效实现物流的智能调度管理、优化业务流程，加强物流管理的合理化，降低物流消耗。

（一）服务模式创新

智慧工厂面临的最特别的挑战是服务模式的创新，融合信息管理、智能监控终端和平台等技术，实现传统工业的智能化提升，这方面涉及很多服务模式的创新来满足企业的众多不同需求，给客户提供全新的体验。

为助力智慧工厂实现并解决以上问题，制定针对性的方案解决策略——以“货到人”为核心理念的智慧物流解决方案。

（1）拥有多种协议对接模式，可支持 REST、SOAP、TCP 等系统对接协议。若工厂设备无上层中控系统，可提供控制模块，将 I/O 信号、RS232 串口、RS485 等转换成可直接通信的网口信号。

（2）机器人监控客户端可用于监控移动机器人及其任务执行状态，包含运行控制、控制干预、告警、任务监控等功能模块，方便设备维护人员及时发现设备和任务异常，主动干预，保障物流业务运行。

（3）对于业务不同场地情况，移动机器人可选择二维码导航、激光 SLAM 导航、VSLAM 导航或混合导航模式。

（4）对于智慧工厂服务模式的创新，实行机器人云运维平台。它具有智能数据统计和分析，主动提醒的功能，及时告知工程师发现并解决现场设备故障等问题，并提供问题解决方案。云运维平台部署在云端，无须用户值守，现场只做数据接入即可。

（二）开发模式创新

对于一个非常复杂的系统，采用数字孪生方式去仿真是非常重要的。打破传统的设计方式，增加虚拟仿真环节，把握系统各个模块的特性、参数和功能，有助于解决设计和分析问题，方便方案的修改与完善，减少设计中的错误，节省了人力，也节省了时间，缩短了项目执行周期。

（三）生产模式创新

打破传统人工拣配物料的方式，采用智能 AGV 送料，实现从“人找货”到“货到人”的模式创新，解决了找货难、找货时间长、货物盘点负责等传统问题，加之以立体库、无人叉车、无人仓等现代物流设备技术，实现了机器换人，提高效率。同时，AGV 任务的可视化、统计信息可视化、告警信息可视化，做到了对生产的过程监控，减少差错率，提升了效率，提高了生产质量。

四、创新项目在行业中的贡献

汽车物流正向信息化转变，智慧物流代表了高度互联和智能化的数字时代，物流的智能化通过互联互通、数字化、大数据、智能装备与智能供应链五大关键领域得以体现；随着生产设备的逐渐增多、生产过程日益复杂、人力成本快速上升以及系统管理的要求越来越高等因素，如何加快迈入智慧物流全新模式引起了制造企业与其他行业大厂的广泛关注，以智慧物流为最终目标的新一轮产业革命是传统工厂扭转制造业低质低效，实现降本增效，成为物流发展的主要趋势。未来，必定是物流与制造进行深度融合的时代，通过智慧物流沙盘展示了我们对未来的构想蓝图。

吉速物流成都工厂　董庆峰、于书田、郑侠

第十五节　降本增效，iFA 活动中的工厂库房布局改善

郑州日产汽车有限公司（ZNA）成立于 1993 年 3 月，是国家高新技术企业。郑州日产聚焦皮卡和越野型 SUV 车型，具有产品研发—供应链管理—生产制造—营销服务的全价值链业务体系。

一、项目背景

汽车制造业作为劳动密集型产业，用工难、用工成本增加等问题逐渐凸显。随着全国汽车市场销量增速放缓，各主机厂正在积极寻求降本增效方案。其中，生产物流作为工厂生产中的重要一环，在公司的降本增效活动中发挥着越来越重要的作用。2020 年开始 ZNA 提出大力推进 iFA 活动的战略规划。通过开展 iFA 活动，对冗余岗位进行优化整合，递减人工成本。以最小化投资或不投资，提高自动化比例，降低制造成本，提升工作效率。

郑州日产中牟工厂（以下简称“工厂”）于 1993 年建成，占地面积 1169 亩，年产能 18 万台。受当时物流规划思路影响，工厂内制造区与物流园区相对独立，各库房距生产车间距离较远且布置较分散。为提升产能，工厂于 2015 年新建了总装二车间。受场地限制，总装二车间并未新建物流库房，仅配套建设了卸货雨棚。卸货雨棚面积无法满足全部总装零件的仓储需求，大量零件仍需存放在原有库房，物流运距大幅上升，厂内物流路线交叉严重。

结合公司战略规划，工厂现有库房不能满足 2021 年仓储面积需求。虽然计划活用闲置厂房作为物流库房使用，但仍有超过 10000m^2 的面积缺口。厂内一次物流平均运距高达 600m，通过近年的持续改善降低至 200m 左右，但仍需投入大量物流人员、车辆进行零件厂内转运，造成物流运行成本长期偏高。

本项目旨在根据工厂整体，对厂内一次物流供给及集配进行集约改善，顺利实现降本增效的目标。

二、项目主要内容

对厂内库房面积使用情况进行摸排，发现以下问题。

（1）部分零件货量偏高，在库天数远超设定值，呆滞物资无法及时清理，造成库位面积浪费。

（2）料盒类零件存放方式多以托盘平铺为主，造成库房空间利用率低。

（3）零件分库标准不统一，同供应商、同类型零件多库存放，影响卸货、供给效率。

针对以上问题，工厂基于生产现状，制订了详细的解决方案，分别予以解决。

（一）在库货量削减

在库零件按到货模式可分为外购件、自制件、KD 件三大类。

外购件平均在库天数标准为 2.5 天，其在库货量主要由“CATS 系统提前度”“在制台数”“定量库存”和“单次纳入货量”构成。前期工程生产异常较多，为避免生产调整后缺件待料，部分零件“CATS 系统提前度”设定较高，导致货量远超在库天数标准。同期化生产实施后，工厂整体生产计划执行率大幅提升并趋于稳定。因此对所有在用零件的“CATS 系统提前度”进行逐个确认并调整至合理值，确保零件在库货量有效降低。

自制件主要指车体冲压件，受各冲压机床排产及模具更换时间影响，车间在生产一些冷僻件时仍按固定批次量进行生产，造成库存积压。结合研发对部分冷僻件进行合并，减少差异件种类，并根据整车实际上线计划按需进行冷僻件冲压生产，有效解决了自制件库存积压的问题。

KD 件虽然零件点数较少，但是受海外供应商生产、运输影响，零件在途天数较高，经常出现集中发货、集中清关、集中到货的情况。为保证 KD 件集中到货时，验收分拣作业可以正常实施，KD 库额外规划有大面积的到货验收区，导致库房面积严重浪费。合理利用清关时间，并协调物流送货车辆资源，使集中到货的 KD 件可以在一周内尽可能地均匀到货，避免了集中到货对库房作业的影响，到货验收区面积大幅减少。

通过对影响各类零件库存的关键因素进行重点管控，成功实现了零件的在库削减，减少了库房面积浪费。

（二）物流货架导入

中小件（到货包装为料盒或纸箱）、小货量大件（到货包装为铁质器具或围板箱）在库房内的存放方式多以平铺为主，造成库房空间利用率较差。结合工厂实际生产情况以及车型企划需求，对所有在用零件货量进行计算。按零件种类及货量，识别出平铺存放的零件主要为小货量大件、中小件以及呆滞物资。针对不同零件，共导入 4 种物流货架进行存放。

高位货架用于存放小货量大件，使原本平铺存放的零件可以堆放 3 ~4 层。巧固架用于存放整托到货的中小件，巧固架可以上层进行整托堆垛，下层进行零件分拣，在提升部品堆高的同时也提高了分拣作业效率。斜坡料架用于存放小货量中小件，这类零件以冷僻件为主，在库时间较长，斜坡料架的使用有效提升了零件先进先出的便利性。工厂内有部分超龄但状态完好的闲置 KD 笼，本着修旧利废的改善理念，对其进行利旧使用，将呆滞物资装笼后集中堆放。

通过合理导入物流货架，减少在库零件平铺存放，提高库房空间利用率。货架分类如表 8 –7 所示。

表 8 –7　　货架分类

序号	货架种类	存放件特点
1	高位货架	小货量大件
2	巧固架	整托中小件
3	斜坡料架	小货量中小件
4	KD 笼	呆滞物资

（三）零件库房调整

在库货量削减以及物流货架导入完成后，结合同期化生产，对在库零件库位标准进行重新测算，提前对各库房零件库位需求进行测算，绘制零件级库位规划布局图。并根据零件供给车间、货量、使用频次等因素，对各库房存放零件进行调整。

1. 新总装库房调整方案

（1）KD 件实现均匀到货后，到货验收区大幅减少，对 KD 库库位布局进行优化压缩。因 KD 库距离各车间均较远，因此作为 KD 件、标准件、冷僻车型总装件存放库房。

（2）利用 KD 库阁楼货架，将国产标准件并入 KD 标准件库区，统一存放至 KD 库。因公司车型企划调整，将排产极少车型总装件集中存放至 KD 库布局优化后的空地化区域，进行集中管控。

（3）新总装雨棚距离新总装车间最近，因此作为新总装高流速大件库房使用。结合外购件在库货量削减结果，对新总装雨棚进行库位优化，将分散在各库房的高流速总装大件全部压缩至新总装雨棚，提高了卸货、供给效率。

（4）新总装车间附近的闲置厂房通过改造后作为新总装拣配库使用。依托厂内空地化结果，将新总装中小件从原有库房前置至新总装拣配库，有效减少了厂内一次物流运输距离。

2. 旧总装库房调整方案

（1）旧总装车间产量减少后，依据排产计划对所需零件进行在库货量削减，并重点将小货量零件全部使用物流货架存放。

（2）国产二库存放有大量呆滞物资，利用闲置 KD 笼进行装笼存放，在处理前集中存放至远离车间的备件库房。

（3）将旧总装车间所需零件集中存放至理料区及国产二库，其中，高流速大件存放在距车间较近的理料区，中小件存放在国产二库。

3. 车体库房调整方案

（1）车体件各库房较为分散，在考虑零件种类、使用车间、使用频次等因素后，对各库房存放零件进行整合。其中，冲焊大棚用于存放焊接车体外购件、冲压大棚用于存放冲压自制件，附件库用于存放车架外购件，其余库房用于存放各产量较少车型车体件。

（2）结合在库货量削减，对冲焊联合库房库位进行优化压缩，新焊接大件前置至车间附近。

（3）将分散在各库房的焊接中小件集中存放、管理。

（4）冷僻车型车体件、冲压备件等低流速件移转至车体外围库房。

三、项目创新点

通过零件在库货量削减、物流货架导入、零件库房调整等优化方案的顺利实施，成功实现空地化面积 12400m^2，完成公司 2021 年战略规划目标。

通过库房调整，除 KD 件、标准件外，常用零件全部前置至供给车间周边，厂内一次物流平均运距由 278m 降低至 183m。

iFA（integrated Factory Automation），即通过物流（线）的改善和低成本自动化实现成本递减。通过 iFA 活动的推进实施，可有效实现各企业降本增效的目标。

本项目属于 iFA 改善中对物流（面）的改善，在仅投入部分物流货架的前提下，通过统筹考虑工厂范围内物流的整体作业，从卸货、入库、集配、供给、返空等物流全链条作业进行优化改善，实现降本增效的改善目标。在保持现有工厂布局不变的前提下，通过在工厂内开展库房空地化活动，可有效提高库房面积利用率。

项目顺利实施后，与之前零件分散在厂内各库房相比，常用件全部靠近供给车间存放，高货量高流速零件更是前置至供给车间 100m 范围内，各班组管控零件更加集中，厂内物流运行效率显著提升，顺利实现厂内物流岗位优化 4 点目标，活用了人员与设备，有效支撑了物流改善对 LCPU 降低的贡献。

四、项目对行业的贡献

通过在库房空地化活动中引入 iFA 的方式方法，使物流改善可以从工厂整体物流的角度检讨、实行改善方案，不再拘泥于某个工位、某条线体、某个车间，最大限度地实现改善效果最大化。同时本项目除投入部分物流货架外，未产生额外投资，降本增效成果显著。这为其他主机厂库房面积利用率及一次物流改善提供了很好的思路和成功案例。

郑州日产汽车有限公司　王梓宇、付博文、翟永兴、张现锋、
李林、于双双、宫爽、王明欣

第十六节　长沙超级卡车工厂“货到人”智能仓储项目

一、项目背景

工业 4.0 背景下，物流领域面临着更大的挑战，人工成本逐年增加，传统物流方式已不符合当前发展主题，未来“AI + IoT”必是汽车制造行业物流发展趋势。目前各汽车制造企业生产物流中均已大批量引进智能自动化场景，北京普田物流长沙分公司超卡（超级卡车）工厂 RDC 库“货到人”项目即是其中之一。2021 年北京普田物流长沙分公司超卡工厂引入移动机器人 60 台、叉车 AGV1 台、空箱立体库 1 套，携手海康机器人联合创新，打造了汽车行业首例 RDC 库“智能仓储”解决方案，实现厂级协同的智慧物流系统。

二、项目主要内容

生产物流各岗位中，理货员数量是最多的，占总生产物流人数的 41.26%。理货员浪费时间最多的操作是找料，如何快速找料是提升效率的关键，这是优化的重点。目前行业内理货使用最多的智能方法有 DPS、KIVA、ANDON、语音拣选、机器人拣选，DPS、KIVA 多用于中小件，ANDON 多用于器具大件，语音拣选适合各种零部件拣选，机器人拣选多用于料盒拣选。

库管员（保管员）数量次之，占总生产物流人数的18.49%。库管员浪费时间最多的操作是入库清点，如何快速实现入库是提升效率的关键。目前行业内入库使用最多的智能方法为RFID入库。使用RFID需要供应商、VMI、RDC联动，有条件的情况下VMI到RDC的运输车辆使用飞翼车，飞翼车带电子锁，没有保管的密钥，任何人打不开车厢。循环使用的器具带有源RFID标签，物料与RFID标签绑定，物料入库时，收货口读写器自动读写RFID信息，将物料接收入库，库管员抽检部分物料，出现短缺对VMI进行考核。

叉车工与牵引工占总生产物流人数的20.55%，叉车工的职能分两部分：装卸车、大件配送转运，牵引工的主要职能为配送转运。对于装卸车职能目前行业内还没有很好的降本增效的方法，部分物流行业已经开始用自动化智能化设备进行测试。叉车和牵引车配送转运可以用AGV、CGV、AMR替代，减少人员。叉车配送可使用车载终端指示需求物料的信息，让叉车司机能够迅速找到物料并及时配送至需求位置，可大大提高配送效率。

在这种背景下，有两点值得关注：其一，移动机器人在智慧物流系统中应用得越来越广泛，不仅在3C制造业的仓储及生产线供线环节有规模化应用，在汽车及零部件制造企业的生产线供线环节也有广泛应用；其二，智慧物流系统作为智能工厂的组成部分，与其他智能系统对接，形成了一体化的解决方案。

鉴于此，具有高度智慧化、柔性化的移动机器人系统成为北京普田物流长沙分公司物流升级的首选。为此，北京普田物流长沙分公司成立了专门的项目小组在国内外进行一系列的考察调研，最终决定携手海康机器人，共同打造北京普田物流长沙分公司超卡工厂RDC库“智能仓储”项目智慧物流解决方案。自2021年11月16日开始，分阶段逐步将小件工段的综合、落厢、内饰、底盘、分装等4041个SKU的物料导入“货到人”智能仓储区域。经过4个月的运营，排除系统问题30余项，操作问题18项，上架问题300余项，来货问题100余项，现已正常运行。

所谓“货到人”系统，简单来说就是在物流中心的拣选作业过程中，由自动化物流系统将货物搬运至固定站点以供拣选，即货动人不动。随着拆零拣选作业越来越多，货物储存单元也由过去的以托盘为主转向料箱，搬运设备负责将货物自动送到拣货员面前，拣选工作站完成按订单拣货。“货到人”系统大幅度减少了拣货员的行走距离，不仅实现了高于“人到货”模式数倍的拣选效率，大幅度降低了劳动强度，同时在储存密度、节省人力等方面拥有突出优势。因此，“货到人”系统已经成为物流配送中心非常重要的拣选方式。一般“货到人”系统主要由调度系统、搬运设备、工作站三大部分组成。调度系统是核心，其智能化水平决定了整个“货到人”系统的存取能力。

无人叉车储存系统是由高位无人叉车作为主要存取设备，经人工叉车的无人化改装具备通信模块、导航模块、控制模块、人机交互模块、避障模块、自动充电模块等，结合 WMS、WCS、RCS 等管理调度系统，满足无人化作业需求，适用于托盘包装的自动存储。

无人牵引车对普通牵引车进行智能升级，可替代人工驾驶牵引车的运输作业，两端器具装卸作业及发车指令需要人工辅助；在线边投料环节推行订单到人模式（见图 8－24），使用“转运车＋车载终端”的方式，降低人员劳动强度，推动无纸化交接。整体订单到人作业流程：①生产拉动任务；②RDC 拣选备货；③完成备货后放置待发区；④牵引物料配送至线边；⑤牵引车司机，根据车载终端指示进行投料并回收空箱；⑥完成整单任务后，牵引车转运空料箱至 RDC 空箱缓存区；⑦卸下空箱，进入下一次作业。

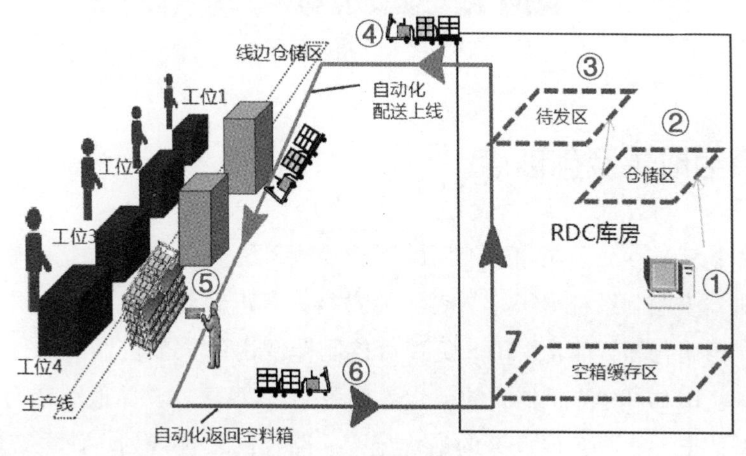

图 8－24　订单到人模式

如果需要解决两端的装卸器具作业，还需要配备同轨台车，需要对现有作业模式的始发点和目的地进行设备安装。同轨台车可以解决传统 DOLLY 车带来的以下问题：①传统 DOLLY 车拖运节数的增多，会导致转弯半径增大，物流通道随之变宽，库房成本增加；②传统 DOLLY 车只有两个万向轮，自由度受限，作业人员需要一定作业空间来调整小车入位方向；③传统 DOLLY 车转弯时存在安全隐患，驾驶员需要多次确认后续小车轨道是否偏离航线；④传统 DOLLY 车托运节数有限，因此配送频次较多。

空箱立体库（见图 8－25）采用“机械手堆垛、辊式传送带”等自动化方式储存空料箱，优化空箱整理作业人员，降低空箱储存面积，提高整体作业效率。料箱、器具管理颗粒度为厂家、品种、数量。

图 8－25　空箱立体库

三、项目成果及创新点

北京普田物流长沙分公司超卡工厂的智慧物流系统主要集成了福田汽车的 LES 系统，海康的机器人控制系统 RCS，二者无缝对接，真正做到了生产与物流管理的系统化、一体化、透明化和智能化。RCS 负责可控制范围内的全部机器人的任务分配、调度及运行维护。RCS 可建立机器人的“世界模型”，将厂区、仓储地图转换成机器人能够识别的模型数据，从而实现任务的最优分配、路径的最优规划，使系统能发挥最佳的工作效能。北京普田物流长沙分公司超卡工厂 RDC 仓占地面积约 10000m^2，由 AGV、无人叉车、空箱立体库、订单到人、辊式传送带分拣等集成智能调度管理系统组成，设备系统具备 24 小时/天，7 天/周的运行能力。选择资源效率最大化的原则设计。在项目规划时，经过提炼各种复杂的业务场景，解决 8 大类、112 个系统相关问题。

在引入移动机器人系统后，将传统 RDC 仓“人找货”的固有零部件储存、分拣、排序的人工模式，转化为高效、便捷、智能的“货到人”拣选和排序出库模式，不仅解决了传统仓储管理的问题，更实现了对汽车零部件的智能化仓储信息管理、自动化准确排序、人性化拣选出库，明显提高了汽车部零部件超市的工作效率。机器人采用行业领先的“视觉导航 + 惯性导航”技术，定位精度达到毫米级；支持自动跟随，柔性运动，使生产线布局更加灵活；具有自动避让障碍功能，能够交互指示灯、交通灯、交通道闸等，确保运动过程中人、机安全。大平面举升盘保证了搬运大尺寸料箱的平稳性，并拥有优秀的抗偏载、防倾斜的安全性和稳定性。在智慧物流解决方案中，对机器人的实时监管值得一提，这对能否保障整个系统顺畅运行至关重要。管理者可通过大型拼接屏了解机器人的实时状态和效率，人工使用配备的平板电脑也能够完成在线移动监管。根据数据报表、热力图分析，可以实时规划机器人的行走路径。

超卡工厂 RDC 仓“货到人”解决方案实施后效果显著，成效可总结为以下五点。

（1）“货到人”模式更人性化，降低了员工工作强度，减少了占总工时 30% 的无效行走。

（2）RDC 仓提高了汽车零部件超市整体的工作效率和准确率，后端智能调度系统和图形化拣选指示使拣选错误率降低为零。

（3）全程无人的标准化补货运输过程，让作业质量大幅度提升。

（4）系统软件协同联动、数据互通，真正做到智能运维、实时反馈，让生产运营管理水平进一步提升。

（5）相对于传统物流超市具有更高的柔性，新车型并入等前提变化导致的方案调整都可以通过动态库存布置、智能系统负载均衡来轻松应对，节省了大量的重复规划工作。

从现阶段运营数据来看，对“货到人”区保管员进行岗位合并，从 10 人合并至 5 人，将理货员进行人员优化，由传统模式的 26 人优化至 13 人，同时根据现有日产量 100 台左右的情况下，下架员 1 人拣选 2 个工作站，效率提升 400% 以上。采用智能空箱立体库方式进行空料箱的入库、整理及出库管理，减少空箱整理人员 2 人。同时 RDC 库小件物料全部采用 KLT 标准料箱存储，不需要人工再次翻包装作业，质量质损率降低；“货到人”存储，每个仓位一箱物料，不存在料箱堆垛压到零部件情况。系统自动统计仓位零部件图号，实现 100% 质量追随。

四、项目对行业的贡献

通过项目成功的实施，不难看出“货到人”具有较高的拣选效率和储存效率，同时又能大幅减少人工、降低劳动强度。不仅仅电商、医药、服装、日化等行业正在朝着机器人全自动拣选努力，越来越多的汽车行业也选择“货到人”系统。对于物流中心而言，无论从作业成本、人力耗费还是时间占用角度来看，拣选作业历来都是重中之重，特别是随着零部件品种越来越多，拆零拣选作业量越来越大，要求也越来越高。拣货作业的速度与准确性往往决定着订单履行效率与客户服务质量，因此，如何加快拣货速度越来越受到企业的关注。为了应对多品种、小批量、多批次的海量订单拣选挑战，以及越来越明显的人力成本压力，采用自动化物流系统成为大势所趋。

北京普田物流有限公司　张伟、娄学彬

第十七节　“物联网”助力汽车物流能效管理模式突破

一、项目背景

2002 年 11 月 18 日正式挂牌成立的上汽通用五菱汽车股份有限公司（SGMW）是大型中外合资汽车公司。SGMW 在国内拥有柳州河西总部、柳州宝骏基地、青岛分公司和重庆分公司四大制造基地，形成南北联动、东西呼应的发展格局。

2021 年，受煤炭价格上涨、能耗双控及经济转型等因素影响，能源消耗受限对国内各大制造企业都提出了严峻的考验。而传统的物流能源及设备效率都处于粗放管理的模式，过程不清晰、监管不透明、追查无路径。因此，一方面各大企业纷纷走向转型之路，另一方面传统能源及效率管理模式也急需突破，走出一条智能化、可视化的能效管理模式是必由之路。本项目以物联网技术、SaaS 技术与物流设备及能源管理相结合，在能效管理可视化、透明化、自动化等方向寻求突破，在节能环保及能效提升上实现成本和效率的双赢。

二、项目创新主要内容

（一）项目技术

汽车物流能效管理模式优化主要依托于物联网技术，通过信息传感设备，按约定的协议，将任何物体与网络相连接，物体通过信息传播媒介进行信息交换和通信，以实现智能化识别、定位、跟踪、监管等功能。同时结合传感器技术、无线传输技术，依托 Python 语言的数据分析功能实现。此项目包含两大应用方向，第一方向为能源管理系统，第二方向为设备效率管理系统。

（二）项目应用

1. 能源管理系统

利用物联网技术，采购智能电表将替换传统电表，利用互感原理采集电表数据。同时搭载 4G 通信网络，自主开发能源管理系统，实现实时监测、数据上传、智能分析、集中监测、在线预警、远程合闸等功能。

通过在线报表，多维度分析当日当时用电量波动趋势，即时发现差异并均衡优化。借助尖峰平谷用电趋势分析功能，均衡大功率设备充电及用电时段，抑峰平谷。开发手机端小程序，管理者随时随地可通过手机查阅及控制用电设备，同步掌握第一手用电信息。

2. 设备效率管理系统

利用电流传感器（监测电流通断时间点）和无线I/O模块进行信息收集，通过4G网进行数据传输，通过Python进行数据爬虫和数据分析进行数据加工及处理。搭建覆盖物联网感知层、传输层和应用层全过程的系统，有效实现物流设备整体和单台运行效率的监控。

叉拖车运行监控系统通过采集车辆运行信号，区分车辆负载情况，进一步分析不同条件下全部设备的平均效率和近期效率的走势，同时可以选择某台设备进行分析，一方面进行用电分析及设备养护，另一方面协助工程师评估设备运行效率及工作负荷，实现均衡工作及效率提升。

飞翼车运行监控系统可以采集车辆停止、怠速、运行等状态，通过GPS及传感器实时监控车辆位置及车速状态。数据通过4G信号实时上传服务器，并通过程序语言抓取，再进行运算以获得车辆运行效率形成报表，支持调度中心合理分配车辆资源，确保最优。

三、项目发现及创新点

通过物联网技术为汽车零部件仓储能源管理及设备效率提升提供一种有效路径。

（一）自动化用电监控的新方法

传统用电管理模式需人工定期抄表，工作烦琐，且无法把握实时的用电情况，对异常情况难以追本求源。能源管理系统将事后分析转化为即时分析，用电数据可实时获取、上传，并保留记录，同时通过异常报警功能，有效借助信息技术和SaaS平台实现自动和在线跟踪，减少人工抄表、分析、追踪等工作量。

（二）数字化设备管理的新模式

传统物流设备运行效率仅靠人工跟踪记录运行时间，无设备运行瞬时数据、无车辆运行负荷数据，在效率计算上费时费力，在设备保养和维护无数据参考。通过传感器自动采集、上传数据，数据具备实时性，也可依据数据趋势判断车辆状态，及时开展预防性维修，提升设备寿命，减少效率损失。

（三）运输车辆管理的新技术

传统飞翼车管理依靠人工呼叫传递和采集信息，无 GPS 定位，无车速监控，车辆运行不受控、安全风险高，另外车辆运行效率也无法被真实监控。现在可通过设备管理系统实时监控，可有效保证车间运行安全、规范，同时规避驾驶人员消极怠工及车辆违规运行的风险。

（四）物流仓储精细化管理新探索

能效管理系统是物联网应用领域与物流设备及能源管理的结合尝试，将物联网、云端数据、物流运行逻辑相结合，实现自动报表、实时刷新，将管理工作与现代化技术手段结合，开拓了物流仓储精细化管理的新维度。

（五）物流仓储效率管理的新思路

不再局限于传统的物流运行效率即人员效率的思路，丰富了人员效率计算的单一模式。通过信息化手段以设备负载数据计算空载、满载情况，抓取物流设备及人员真正有效的运行效率（满载而非空载运行），以此优化运行路线及工作流程，以求减少空载，消除隐性浪费。

四、项目收益

（一）经济效益

借助能源管理系统实现均衡有效的能源使用，依据 2021 年 9—10 月数据，月均节约用电 30000 度，折合金额 29.5 万元/年。

能源优化产生无形效益，人工启停能源及抄表管理工时，优化 1 名能源管理协调员，可优化成本 65000 元。

自主开发设备运行监控系统，仅采购传感器和无线 I/O 模块等硬件设备，相较于市场设备监控系统，单台设备监控成本降低 80%，同时通过均衡设备效率，优化设备采购成本 72 万元。

（二）项目推广情况

当前能源管理系统已推广至重庆分公司各车间，可自行通过 PLC 控制电控设备及能源启停，并实时分析数据。能源管理系统及设备效率管理系统在 SGMW 四基地物流内部共享和推广。设备效率管理系统获得 GMIO 缩短制造周期评审专家认可和点赞，已由 SGMW 重庆工厂分享到 SGM、韩国 GMK、亚太区 Asaka。

（三）行业贡献

SGMW 重庆物流团队秉承在实践中运用和推广的理念，追求实效、办实事，讲究落地效率。由主机厂物流团队自主开发能源管理系统及设备效率管理系统，这在国内行业属于首创。同时提出“真实的效率”概念，对物流设备运行设置增值概念，提高设备增值运行的比例，消除平时不易见的潜在浪费。

能效管理系统开发实施后，不仅对仓储能源及设备管理大有助益，也同步提升了现场物流工程师团队的创新及开发能力，对 Python 语言、物联网技术掌握程度都大大提升。通过自主研发去实现数字化管理，具有低成本、高价值的特色，也能为公司培养储备现代化人才，且能效管理系统开发理念和系统可复制性强，所需技术均为市面成熟技术，易于学习和掌握，对行业推广和使用具有极大价值。

上汽通用五菱重庆分公司　于强、黄春笋、张海峰、刘聪、贾玉龙、李伟、王廷林、赵俊才、高书萍、赖登强 、樊小维、刘诗婷、张家豪、闫学谦、曾凡健、罗鸿程、令狐云海、屈涛

第十八节　汽车零部件公铁联运管理和服务研究

一、项目背景

我国现阶段公铁联运的货物种类主要集中在集装箱、铁路商品车（主要是轻型车）和零担运输，汽车物流行业的货物主要涉及商品车整车运输和少数零部件的零担运输，零部件的批量运输还处于研究阶段。经过实践验证，根据不同零部件的发运量、包装密度选择集装箱或棚车运输，是经济性较高的一种运输方式，相较于公路运输具有一定的成本优势。

SGMW 总部位于广西柳州，重庆基地投产后，随着产量的提升和车型迭代，广西和重庆之间对流一级供应商零部件年运输量：重货达 18000 吨/年、轻货超过 12 万方/年（二级及以下零部件暂未统计在内），年运输费用达 2000 万元，运输成本较高，具有很大的成本优化空间。2019 年 1 月，中新（重庆）多式联运示范基地在重庆两江新区鱼复园区多式联运基地奠基。其西南出海通道中，重庆作为始发站，途经柳州，由

钦州港出海至新加坡等东南亚国家，为公司公铁联运创造了有利条件。

二、项目主要内容

项目团队充分分析重庆基地生产的零部件在柳州的分布情况，对比铁路运输的周期、质量、成本，结合本地仓库管理、物流操作，搭建铁路运输的成本模型和路线，促进中铁特货和安吉物流的合作，分别负责长途运输和仓储短驳业务，实现“公转铁”的切换，降低物流成本。

（一）物料需求计划和发运仓储的协同

（1）根据车型生产的月计划和日滚动计划，分解零部件的需求清单，计算单个零部件每日的需求量。

（2）根据铁路发运的平均周期，设定本地仓库的最大最小存量，最大存量为2到3倍的发货周期量，最小存量为1倍发货周期的存量。

（3）根据生产计划的需求及本地仓库的需求，制订集装箱的发运计划。

（4）根据发运计划和长途运输的托盘化包装制订集装箱的配载计划。

通过以上4步实现物料需求和发运仓储的协同。

（二）集装箱配载技术

根据铁路集装箱动载平衡的发运要求和运输托盘化包装的尺寸、重量，制订托盘在集装箱内的配载方案，利用捆扎带进行固定，并使用缓冲气囊进行零部件间的限位，保证零部件质量，提升集装箱内的装载率。

（三）运输包装标准化

基于公路飞翼车和铁路集装箱的尺寸，制定标准化尺寸的托盘和围板箱，可以在长途运输中堆垛2层，仓库堆垛3层以上，有效提升集装箱的装载率和仓库的利用率。集装箱装载围板箱如图8－26所示。

三、项目成果及创新点

（一）经济效益

以某一家供应商为例，该供应商原“公路运输＋仓储＋短驳”的物流成本为500元/吨，月转运量100吨，每月物流成本50000元；更改为公铁联运后每月物流成本为

图 8－26　集装箱装载围板箱

46000 元，相比公路运输，物流成本降低 8%。

该项目目前在重庆分公司的渝桂线路启用，目前已包含部分零部件和售后配件运输，并已推广至青岛使用，后续可继续推广至江浙沪的公铁联运。

（二）项目发现

1. 公铁联运需要结合国家政策和公司采购中心的一体化策略推进

无论是成本、时效，还是规模，单独的某个区域、某家供应商零部件运输业务量不足以支撑起铁路的专线运输，必须和国家政策结合起来，争取更大的成本降幅；必须采取一体化的策略，考虑零整协同运输，提升规模化，降低铁路运输的时效。公铁联运一体化的推进策略如图 8－27 所示。

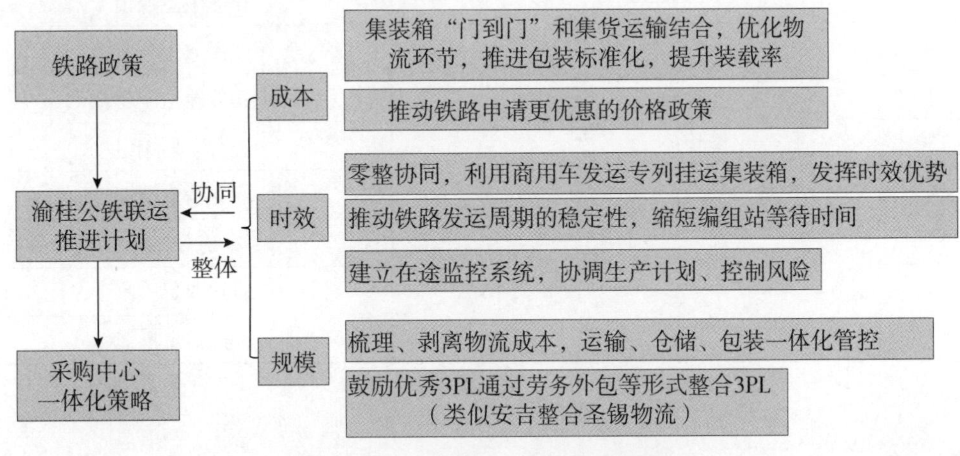

图 8－27　公铁联运一体化的推进策略

2. 公铁联运需要有详细的过程控制方案，以保证线路可以正常运行

必须从发货、转运、仓储、翻包、配送等环节，对涉及的“人机料法环”五个方面有完整的应急预案，从而保证项目的顺利实施。

（三）项目创新点

1. 用铁路集货运输替代多家供应商分散的公路运输

现有供应商发货采用不同的干线运输承运商或快递公司发货，物流成本较高。铁路运输成本远远低于公路运输，柳州发往重庆的时效与公路运输相差无几，采用铁路运输后可以大大降低物流运输的成本。且铁路集装箱发货周期受节假日、雨雪天气影响较小，相对公路运输更稳定。公铁联运运行控制细则如表 8－8 所示。

表 8－8　公铁联运运行控制细则

步骤	分段	流转地点	流转环节要点
1	前端	供应商 A	确认发货需求
2			通知发货零部件
3			准备发货物料
4			确认发货单据
5		城市 A 仓库	集装箱配载规划
6			去铁路端取集装箱
7			发车提货铅封
8			物料确认转运
9			零部件储存和按需发货
10			在途信息反馈
11	中端	城市 A 火车站	车站提取空集装箱
12			满集装箱送至车站
13			进行车厢编组
14			在途信息反馈
15		城市 B 火车站	站点卸货
16			通知取货验收
17			在途信息反馈

续　表

步骤	分段	流转地点	流转环节要点
18	后端	城市 B 仓库	确认货物与铁路交接
19			提货并按线路转运
20			拆除集装箱确认质量
21			空集装箱返还到铁路
22			零部件储存和按需发货
23			在途信息反馈
24		供应商 B	接收并确认物料
25			签字验收

2. 主机厂生产计划和供应商生产、发运、仓储的协同精益化管理

供应商的发货计划是根据未来一个月的生产或者零部件供应商的产出量安排，中转仓库存放的存量部分已超过 1 个月的生产量甚至更久，而实际生产需求的零部件存量较少。因此，项目组根据日滚动计划，在中转仓库设置 Min – Max，满足铁路转运周期的同时降低整个供应链的库存。

四、项目对行业的贡献

汽车零部件通过铁路集装箱运输，在零部件物流运输中属于率先破局。解决了铁路运输的周期长、铁路发运计划和生产计划不匹配、集装箱装载率低的问题。通过专业的物流仓储管理服务商和中铁特货的合作，强强联合，优势互补，有效地降低物流成本。另外，引入新的运输模式，和公路运输形成良性竞争，避免外部运输行业公路一家独大的情况，同时为零部件运输提供一个新的选择，降低物流的风险。

上汽通用五菱汽车股份有限公司重庆分公司　张茂林、黄春笋、汪洲、刘聪、赵俊才、李伟、王廷林、米晓芳、杨胜举、韦小丽、钟浪、韦秋阳、赖佳、刘亚兰、冉东生、范爽、罗欢、黄俊淇、井启蓉

第九章　汽车整车物流创新成果

第一节　整车物流多式联运模式的创新与优化

一、项目背景

随着GB 1589新国标实施后，公路运输成本攀升，整车物流行业发展趋向多式联运，铁路、水路运输比例不断提升，铁路运输成本优势明显，公铁联运已逐渐占主导地位，ZNA（郑州日产）的零散订单较多，配板等待时间长，特别是西南、东北地区返程资源短缺，配板困难，运输交期问题日益凸显。

二、项目内容

前期通过对标DFN（东风日产）郑州工厂、考察运输路线及中转站、拜访承运商、收益测算、试运行等，对比区域运量、运距、价格等因素，以环保、效率、降本为规划出发点展开。

（一）多式联运项目特点

为确保节约运输成本的同时，保证运输交期，郑州日产汽车有限公司在现有运输资源的基础上，优化物流运输模式，主要做法如下。

（1）选择路径最优与功能最优的铁路站台和水运港口，便于后端仓储存放和分拨资源配载。

（2）前期借助行业多式联运的发展情况，与周边主机厂对标，选择具有优势的区域进行收益测算，并展开试运行，充分把握时效性及安全性。

（3）区分紧急订单和非紧急订单，凭借云南中转库优势，进行批量运输，减少前端配板或中转编组等待时间。

（4）根据计划量下达情况，提前锁定后端公路分拨运力，保证商品车到站后及时进站。

（二）响应行业环境，侧重多式联运发展

1. 铁路辐射线路

截至2021年铁路覆盖的区域扩展至13个，形成了西北以乌鲁木齐、兰州所辐射城市；东北以沈阳、哈尔滨所辐射蒙东城市；西南以四川、云南、西藏为主要辐射区域；并将在未来继续推广区域覆盖，为多式联运铺开网络。

2. 水路运输线路

江运的覆盖区域为湖北、四川、重庆、云南、贵州。水运网络布局初步形成，未来将继续研讨广州、海南辐射区域、福建辐射区域等。

3. 多式联运比例逐年提升

随着铁路线路的覆盖，公司内部也着力于加快多式联运的业务开展，销售部提前将经销商建储车进行区分，集中下单，集中铁路发运。铁路运输从2020年下半年到2021年，运输比例提升至20%，2022年计划提升至30%。

（三）整合运输资源，提升多式联运效率

整合铁路和水路运输，选择具有交期和价格优势的运输方式统一运输，如云南集中采用铁路和公路运输，取消水路运输。

中转库车辆和大批量非紧急订单车优先选择多式联运，由于ZNA以皮卡车为主，现有JSQ6平均每节车厢装8台，同省签单以8台或8的倍数进行配板，提升配载效率。

前端资源整合，主要借助周边主机厂资源或内部同省车辆共同搭载运输。末端整合主要借助铁路中转站，比如东北集合到沈阳站，新疆集合到乌鲁木齐三坪站，资源整合后再经公路运输至经销店。

（四）在途车辆精细化管理，提升客户满意度

多式联运运输环节较多，前端和后端分段运输，要求在途信息监控的及时性和全面性，保证运输交期，提升客户满意度。

对标同行业，实施标准化管理。郑州日产制定并实施《整车物流多式联运管理办法》《公铁联运项目推进业务基准书》《商品车装卸作业指导》《承运商运输考核管理办法》《质损车辆应急处理办法》等。

三、项目效益

（一）经济收益

2021年铁路运输的车辆与公路运输的车辆相比，降低运输费用110万元，单台降低成本427元。2021年水路运输商品车，节省运输费用49万元。预定库存车与经销商提前沟通，批量运输至铁路中转库存放1个月，每台车按外租仓储费为8元/台·天，每年节省仓储费用为24万元。

（二）环保效益

板车运输产生大量的汽车尾气，不利于环境保护。现替代的铁路运输具有节能环保、污染少的特征，适合商品车大批量长距离运输，所以铁路运输具有环保效益。

四、项目创新与优化点

（1）前端与周边主机厂商品车联合运输，后端集合到中转站集中运输，缩短整体运输周期。

（2）同省份零散订单车均可配板运输至铁路中转站，节省了零散订单的补空位费用。

（3）借助铁路全天候的优势，解决了因新冠肺炎疫情、自然灾害等带来的运输问题。

（4）对于要发运的批量待发车，可借助铁路中转库存放，大大缓解了工厂的仓储压力，节省仓储成本。

五、项目对行业的贡献

积累成熟的技术管理经验，推动运输模式融合，与周边主机厂多方协同，共享运输资源，共同降低运输成本。多式联运的创新应用，顺应汽车物流发展趋势，响应国家打赢蓝天保卫战的行动计划。

多式联运实现了运输方式的管理技术创新，打通了公铁水的运输通道。运输模式的互补发展，必将成为商品车物流运输的一大特色，有利于企业的长远发展。

郑州日产汽车有限公司　王喜影、许飞、王平智、马亚楠、兰超、李红斌、蒋敏、杨阳

第二节　乘用车整车运输模式选择与分配研究

一、项目背景

我国汽车物流成本占销售额的比例为10%～15%，目前汽车物流服务仍处于初级发展阶段，汽车产业高标准的物流要求与自身低水平发展的矛盾日益显现。在生产阶段，智能装备技术、信息技术的融入取代了部分人工作业，有效降低了物流成本。相对于零部件业务，整车业务略显粗犷，可应用的智能装备有限，多通过算法、数字化平台实现降本。

商品车是最终的交付产品，是之前所有生产与物流作业质量的体现，因此整车物流对业务与服务质量的要求更加严格，主要有以下几点。

（1）业务量波动大，受影响因素多。销售情况直接影响整车物流运输业务量，为减小库存与资金占用，主机厂多以订单拉动形式开展生产，同时为提高交付时效，生产具有一定的提前周期。经销商为减少商品车的库存压力与资金压力，通过订单向主机厂拉动商品车供应，主机厂将订单整理传递至整车物流运输商。因此，整车物流业务的主要影响因素为市场需求，而市场需求受各种外界环境影响，如当地购买政策、主机厂与经销商的促销策略、商品车价格调整等。

（2）业务网络与销售网络息息相关。商品车运输源于市场需求，因此销售网络将直接作用于业务网络，当地的社会人文因素、购买力、地理环境等对销售起到影响的因素，都将一定程度影响整车物流业务网络。中国土地面积辽阔，人口分布不均衡，东部沿海城市经济发展相对较快，西部地区相对较为缓慢，人均收入的不均衡导致了消费能力与消费观念的巨大差异，成为影响销售、影响整车物流业务的关键因素。同时，随着我国制造能力的增强，出口业务水平的提升，整车物流网络中心与密度也将更加向沿海口岸城市倾斜。

（3）专业性强，服务质量要求严格。整车运输对象为商品，将直接影响到客户满意度，从而影响物流业者的市场竞争力，因此整车物流对物流执行者的专业性与服务质量要求都有着较高的标准。商品车体积、重量较大，操作难度较大，运输过程中需要专业的设备进行固定与防护，如两脚四带等，要求物流业者严格按照作业标准操作，保证商品车的运输质量。由于整车具备商品的特性，因此受市场需求多样化的影响，随着市场经济的发展，客户对商品的交付时效、交付质量都有着极高的关注程度。数字化、信息化的发展带来了透明化的用户体验需求，在客户提交订单后，整个商品车的物流过程将受到额外关注，起运时效、运输效率、质量控制、过程管理等要求都将成为整车运输业务的 KPI。

（4）业务形式多样，影响因素颇多。物流业务主要由储存与运输两大支撑要素构成。商品车整车物流业务作为汽车物流业务的一部分，在储存与运输两大环节具有业务多样化的特点。储存方面，由于商品车体积较大的特点，多采用露天场地、地面平铺的形式，但对于一些购买力强、土地面积稀缺、储存成本较高的地区，如北京、上海、深圳等城市，正在逐渐往立体化储存的形式转换，通过对上层空间的利用，解决面积不足的难点，降低单位面积成本。同时通过分拨中心地理位置的迁移，可将商品车的储存成本有效转化为运输成本，在总成本上实现优化。而运输业务更是具有多样化的特征，公铁水三种运输方式具有不同优劣势，多式联运的组合运输模式更是为物流业者提供了较多的选择与降本路径。而受气候等不可抗力的影响，运输模式也有着一定的限制。因此，多样化特点下的运输模式选择成了物流业者愈发关注的课题。

二、运输模式分析

物流中的运输模式主要有公路运输、铁路运输、水路运输（内河及海运）、航空运输、集装箱运输以及管道运输。以上多种运输模式在汽车物流中均有一定的应用，其中，航空运输是成本最高、时效性最好的运输模式，在大批量生产中受成本限制应用较少，但针对特种需求，如加急订单、进口备件等对时效性要求较高，而对成本要求相对宽松的订单常予以采用。集装箱运输具有其独特性，一方面可由公路、铁路、水路运输承载，可在以上运输模式之间自由切换，另一方面已形成世界级标准化，在不同国家地区具有普遍性与通用性；但其成本相对较高，运输过程涉及空箱对流周转，因此集装箱在零部件、高端商品车整车、备件进出口业务中应用较多，大批量生产模式下的汽车物流业务应用较少。针对整车物流业务波动大、网络布局范围广泛、专业性高的特点，公路、铁路、水路以及多式联运仍是市场主要采用的运输模式。

（一）公路运输

公路运输主要是通过汽车或卡车等工具实现货物的位置转移。由于公路网络广泛，路网遍布各层级城市与地区，公路运输具有极高的灵活性，且直达性较高，可以满足运输时间、运输目的地等多样性需求。同时基于发达的路网与运输设备，公路运输速度较快，最高时速可达 120km/h。公路运输还具备投资少、应用简单的特点，物流业者可通过较少的投入与简单的培训完成运输前的准备工作。但公路运输单位运力小，受环境、政策的影响较大，如冰雪自然灾害、环境污染、政策要求、国家地区政治限制等。并且公路运输成本较高，除最初投资外，油价、过路费、税收都是构成运输成本的要素。虽然有以上缺点，但是其高灵活性、高可达性仍使由于公路运输成为汽车物流中最为广泛应用的运输方式。在商品车整车运输中，多采用轿运车的形式实现运输目的。商品车由作业人员驾驶至轿运车上，进行固定与防护，轿运车司机驾驶轿运车通过公路路网完成批量商品车的运输工作。轿运车状态如图 9－1 所示。

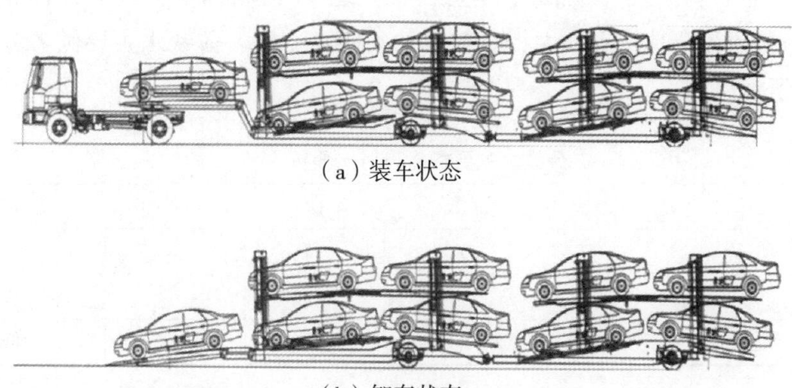

（a）装车状态

（b）卸车状态

图 9－1　轿运车状态

由于公路运输受运力限制，单位商品车的运输成本相对较高，市场采用率正在逐渐缩小，但其高可达性、高灵活性可满足客户“0”公里的需求，衔接其他运输方式，利于形成多式联运脉络，高运输速度可满足客户交付时效的要求，因此公路运输仍是商品车运输的主流选择。

（二）铁路运输

我国国土广袤，铁路网络高度发达，为铁路运输创造了一个良好的应用环境，使铁路运输运力大、运输速度快、稳定性高的特点愈发明显。铁路运输适用于运输距离较远的两地周转需求，运输速度相对较快，具备轨道交通高可靠性的特点，运输平稳，受天气、环境等因素影响较小。基于良好的铁路路网建设基础与较为强大的运力条件，铁路运输以一个较低的单位运价备受物流业者青睐。但铁路运输具有一定局限性：一方面基于轨道交通实现运输，可达性难以与公路竞争，另一方面受路网管制要求，运输时间也受到一定的约束。铁路运输最大的优越性在于运速与运价均衡，是商品车国内内陆运输中较为主要的运输方式，实现站台与站台间的整车转移，而站台外的运输任务则由公路运输承担。

（三）水路运输

水路运输主要是指以船舶为主要运输工具的运输方式，有远洋、沿海、内河几种运输形式。水路运输最大的优势在于其具有极高的运力，在大运量、长距离的运输背景下优势愈发明显，能够以极低的成本实现运输任务。但其主要缺点为时效性差，限制条件多。相对于公路与铁路运输，水路运输时间最长，受运输节点能力（港口吞吐量）、气候等因素影响最大，因此水路运输在某些地区具有一定的季节性。商品车的水路运输多以滚装船为载具，实现大批量整车的长距离水运。公铁水主要优劣势对比分析如表 9－1 所示。

表 9－1　公铁水主要优劣势对比分析

运输模式	运价	运量	时效性	可达性	灵活性	稳定性
公路运输	高	小	高	高	高	一般
铁路运输	较低	较大	一般	一般	一般	高
水路运输	低	大	低	低	低	低

（四）多式联运

多式联运是由两种或两种以上的运输方式组成的联合运输方式，在一定程度上优化资源，能够实现成本与时间上的均衡配置。多式联运在长距离的干线上采用水路或铁路运输，以较低成本完成大批量货物的运输任务，再配合公路运输，实现多种运输方式全程无缝衔接，既满足低成本的运营要求，又满足交付时效以及客户“0”公里收货的个性化需求。一般货物的多式联运多以集装箱的形式展开，充分利用集装箱的标准化、通用化特点，减少不同运输方式之间转换的装卸时间以及货损风险。而商品车的独立性与标准性，正匹配多式联运对货物的要求。

三、运输模式选择

（一）运输模式选择的意义

基于商品车整车物流特点，合理选择商品车运输模式是有效组织物流业务的重点课题。一方面，整车物流成本主要由储存成本与运输成本两部分组成，科学组织运输可有效降低物流运输成本，提高物流业者经营利润，提高供应链的整体效益；另一方面，合理的运输模式可满足订单赋予的时间约束，提高商品车交付率，进而提高客户满意度。并基于以上两点，从战略层面实现市场占有率的增加。

（二）常用运输模式选择方法

（1）直观选择法。直观选择法是基于主观对各种运输模式优缺点的理解，结合自身业务特点，对运输模式进行主观上的直接选择。应用直观选择法可快速选择运输模式，但由于缺乏定量分析，其结果的优越性较差，是一种定性的判断方法。一般情况下，直观选择过程可配合专家打分法，从而减少主观色彩的占比，在较短时间内得出相对合理的选择。

（2）线性规划法。在路线选择性较少、简单的点到点运输模式选择需求中，常用线性规划法来进行选择。线性规划法是理论上最为完善且应用较为广泛的运输模式选择方法，主要针对如何配置资源问题，以实现经济性最优的目标。

（3）总成本最优法。总成本既包含狭义上的经济成本，又包含广义上的时效性、客户满意度、安全性等指标。

在市场化整车物流业务中，物流业者更多关注商品车运输的经济效益以及交付及时性。在不考虑质量损失的前提下，满足以上两个指标，即可实现较高的客户满意度。因此，下文基于国内某著名物流企业业务现状，提出运输模式选择与分配模型，可满足大多数商品车整车物流企业的运输模式选择需求，对物流业者运营降本具有积极意义。

（三）运输模式选择与分配模型

在建立运输模式选择与分配模型前，首先要确定建模目的与模型目标。一般公司会将成本最优或利润最优作为模型建立的最初目标，本节将以成本最优作为建模求解的目标，若采用利润最优形式，则需引入收入参数，将成本函数进行转化即可。

确立成本最优目标后，应分析成本构成，以充分考虑构成要素，准确建立成本模型。在商品车整车物流中，总成本一般包括运输成本、储存成本、短驳成本以及时间成本。

在路线较少、运输模式选择空间较小的业务中，通常用线性规划模型即可满足运输模式的最优化选择。例如，从 A 地前往 B 地，共有 k 条路线，每条路线的单价与里程信息具备，但每条路线受运力限制，因此需将总订单量 L 合理分配至 k 条路线，建立模型。

通过对模型的求解，可得到总成本最低目标下的各路线运量分配方案。

在较为复杂的运输网络中，各中转节点可存在于多个生产基地运往多个目的地的多条路线中，分配方案较为复杂，但整体规划原理和模型构建逻辑，与简单模式下的运输模式选择方法相同。多生产基地、多目的地运输网络图例如图 9 – 2 所示。

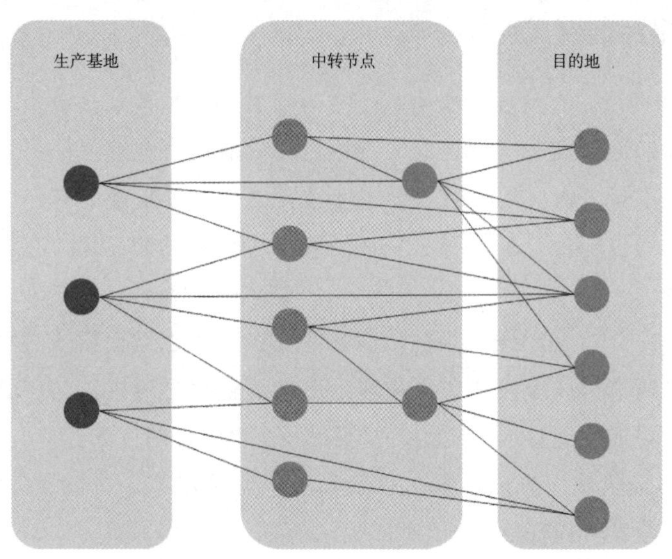

图 9－2　多生产基地、多目的地运输网络图例

在这种复杂的运输网络下，各个节点通往下一节点的运输单价、里程均有差异，且各中间节点具有一定的能力限制。因此可化整为零，先求出单一生产基地发往单一目的地的各条路线的运输成本，利用快速排序、归并、快速查找等算法，在不考虑节点能力限制的条件下，找到最优的运输模式，以此类推，递归地找到全部最优运输模式，再通过约束条件筛选超出能力的节点。

最后将超出节点运力的运量，按照简单模式下的运输模式分配方法进行分配。若分配后某节点运力仍有不足，则继续进行下一级别的分配。也可纳入分配比例系数 λ_i，直接将超出运力的运量分配至尚有运力富余的路线中，并通过退火算法持续对 λ_i 进行调整，以优化运输网络的总运输成本。

（四）考虑时间约束的运输模式选择与分配模型

为提高客户满意度，商品车交付及时率也是重点的运输业务 KPI 之一。通常情况下主机厂将根据目的地位置和运输条件对订单完成的总时长进行约束。如果订单交付是刚性条件，则需在运输模式选择与分配模型中加入时间约束条件。

在该条件的约束下，运输模式选择与分配模型在求解的过程中会规避超出时间限制的分配方案，同时基于公铁水各运输模式特点，在很大程度上将排除低成本的运输方案。

在常规的商品车整车物流业务中，订单的完成时间并不是十分严格，实际运输时间在一定程度上超出订单要求的总运输时间也是被允许的，只是需要付出客户满意度等额外代价。在这种情况下则需考虑时间成本。

四、项目对行业的贡献

商品车整车物流具有一定的独特性，依据其商品属性与在汽车市场中的角色，以及公铁水运输模式的特点，合理选择运输模式，可有效降低整车运输成本，提高商品车交付及时率与交付质量，从而提高客户满意度，增加物流服务的竞争力与市场占额。建立科学的运输模式选择与分配模型，采用定量与定性相结合的形式分析并选择运输模式，合理分配订单，是实现商品车整车物流业务降本增效的有效方法。本节建立的模型基于实际运输业务的成本构成模型，对整车运输模式的选择与分配具有一定的参考意义。

一汽物流有限公司　高金宝、李智昊、祁英、高跃峰、王婉聪、王丽娜

第三节　防错技术在整车仓储运输应用与实践

广汽乘用车是广汽集团的全资子公司。目前主要涵盖了汽车工程技术研究及开发、整车、动力总成、汽车用品 4 项核心业务。除广州番禺的生产基地外，在杭州、宜昌、新疆均设有工厂，形成了大自主生产基地布局，年产能达 80 万辆，累计投资约 335 亿元，累计销量超过 260 万辆，员工总数超过 1 万人。

一、项目背景

2021 年中国汽车销量达 2627. 5 万辆，整车仓储及发运体量大。发生错漏情况后挽回成本普遍高、流程复杂，容易对客户满意度造成不良影响，因此近年来整车及相关物流企业对防错技术的重视程度不断提升。

现阶段国内汽车及物流相关企业并未建立系统化的防错技术方案，自动化程度低，普遍因防错不到位而造成一系列问题，未从源头进行控制。车辆错发等造成的问题会增加处理成本，同时问题反馈和对应措施时效较长，易造成人力物力的浪费，并且影响车辆终端销售、上牌及客户满意度，对品牌形象产生负面影响。

二、项目主要内容

汽车制造商品车装载发运阶段，证书需按对应车辆放置，目前普遍应用的防错技术较为简单，机械化水平低，常采用配送防错、目视化检核等方法进行防错，易发生车辆到店证书缺失、车辆到店证书和车辆不符、证书污损不全等问题，且会出现因车辆销售信息不一致而导致错送等问题。

（一）光学字符识别技术简介

光学字符识别（OCR）。光学字符识别检查图片里的字符，然后通过字符分辨技术从图片里的字符中辨识并生成电子文本。光学字符识别技术主要包含以下步骤。

（1）预处理，主要包括对图片的降噪、灰度化、二值化、倾斜校正。二值化的过程帮助了识别模型确定文字区域的位置。

（2）将文本区域定位，以便后续进行识别。

（3）文字识别，对单字符提取特征，基于特征利用分类器分类，并基于一定策略进行优化后处理。

（二）基于光学字符识别技术的防错解决方案

本解决方案是一种仓储物流运输车辆的装载防错系统及其方法，包括 MES 系统（制造执行系统）、GRT 系统（销售管理系统），还包括识别处理系统和与所述识别处理系统通信连接的手持终端、门禁装置，GRT 系统也与识别处理系统通信连接，门禁装置位于车间内整备区与装载区之间。本发明能够实现车证一致性的准确性，提高工作效率，还能够提高客户满意度。系统示意如图 9 – 3 所示。

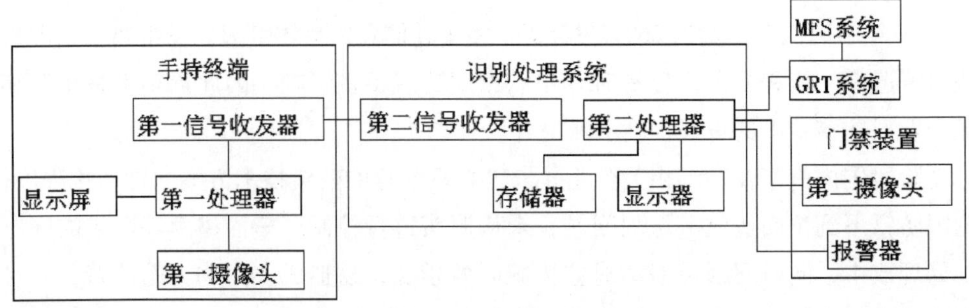

图 9 – 3　系统示意

手持终端包括第一处理器和与第一处理器通信连接的第一信号收发器、第一摄像头、显示屏，所述第一信号收发器与识别处理系统无线通信连接。

识别处理系统采用光学字符识别技术对获取的照片信息进行内容提取，包括第二处理器和与第二处理器通信连接的第二信号收发器、存储器、显示器，第二信号收发器与第一信号收发器无线通信连接。

门禁装置包括门体和设置于门体上的报警器、第二摄像头，报警器、第二摄像头均与识别处理系统通信连接。

GRT系统存储车辆标识备案信息和之对应匹配的证书文件备案信息、车辆运输人员备案信息，方法包括如下步骤。

（1）使用手持终端获取位于整备区内车辆的车辆标识信息和证书文件信息，以及获取车辆运输人员信息，然后将获取的信息传输至识别处理系统。

（2）识别处理系统判断车辆运输人员信息、车辆标识信息、证书文件信息是否均存在于GRT系统。若上述信息均存在，则执行（3），否则对当前车辆进行报错处理。

（3）识别处理系统判断车辆标识信息与证书文件信息、车辆运输人员信息是否均对应匹配；若上述信息均匹配，则对车辆标识信息进行标记，然后执行（4），否则执行（5）。

（4）车辆通过门禁装置时，门禁装置获取车辆标识信息并传输至识别处理系统，由系统进行是否已被标记的判断，若是，则将当前车辆运输至装载区完成检核，否则将车辆返送回整备区并执行（1）。

（5）识别处理系统对应处理不匹配的信息，然后返回（3）。

在（1）中，所述车辆标识信息包括车架号信息、铭牌信息。证书文件信息为合格证信息。证书文件信息还包括一致性证书信息、环保证书信息、燃油标签信息。

在（5）中，当有且仅有车架号信息不对应匹配时，则将当前车辆返回（1）再次对当前车辆进行核对。当有且仅有铭牌信息不对应匹配时，则在当前车辆上重新粘贴与车架号信息匹配的铭牌，然后返回（3）。

当有且仅有证书文件信息不对应匹配时，确认当前证书文件信息是否出现脏污，若是，则重新打印证书文件并返回（1）再次进行核对，否则根据证书文件备案信息查找正确的证书文件，然后返回（3）。

当有且仅有车辆运输人员信息不对应匹配时，则按照GRT系统中存储的信息进行车辆运输人员的重新分配，然后返回（3）。

MES系统存储有车辆标识备案信息和之对应匹配的证书文件备案信息。在（2），报错处理包括以下内容。

若当前车辆出现车辆运输人员信息不存在于GRT系统时，则根据运输商反馈的信息来对缺失的车辆运输人员信息进行补充录入或变更，然后执行步骤（3）。

若当前车辆出现车辆标识信息或证书文件信息不存在于 GRT 系统时，查询缺失的信息是否存在于 MES 系统中，若存在，则根据 MES 系统中存储的信息补充录入至 GRT 系统中，然后执行（3）；若不存在，则将当前车辆移出所述整备区。

三、项目成果及创新点

通过手持终端获取车辆标识信息与证书文件信息，再利用 GRT 系统内存储的车辆标识备案信息、证书文件备案信息以及车辆运输人员备案信息，在识别处理系统内进行第一次车证匹配检核。由于 GRT 系统内存储的每一车辆标识备案信息均有与之对应匹配的证书文件备案信息、车辆运输人员备案信息，因此，若获取的车辆标识信息、证书文件信息、车辆运输人员信息与 GRT 系统内存储的车辆标识备案信息、证书文件备案信息对应匹配，则认为当前车辆与证书一致，完成第一次车证匹配检核。若不对应匹配，则在识别处理系统以及手持终端显示告警信息以警示相关操作人员。完成第一次车证匹配检核的车辆经过门禁装置进行二次检核，二次检核的目的是核验当前车辆是否已经过第一次车证匹配检核，防止漏检现象的发生。若当前车辆通过二次检核，则将当前车辆从整备区运送至装载区，完成所有核验作业。获取车辆运输人员信息进行人员核验能够具有防错的效果，可进一步提高检核的准确性。

四、行业推广价值及经济效益

基于光学字符识别技术的系统性防错解决方案具备以下特点，使得该方案易于推广，同时具备较高的经济效益。

（1）技术新颖：科学技术的不断发展，导致各方不断应用新型技术。在造车新势力的影响下，汽车市场竞争激烈。应用新技术，提前解决未来可能出现的问题，是当下提升客户黏度的一大助力。

（2）可操作性高：本方法应用图像识别信息，再通过比对方式实现一致性控制，可操作性高。

（3）提升工作效率，节省企业成本：原先核对车证所需工时为 56 秒，应用此方法后，核对车证工时只需 26 秒，缩短 30 秒，按照年销量 35 万台计算，每年可节省 2916.7 工时，按照每工时 50 元计算，一年可节省成本 14.58 万元，该效果可随年销量增加而增加。

（4）准确率高：应用此方法后，通过两道工序的管控，现场再无可能出现车证不一致的现象，大大提升了运输准确率，可消除因车证不一致而导致的错误，从而挽回成本。

（5）适用范围广：该方法主要适用于仓储物流运输领域，无论是车厂、还是仓储物流商，或是外贸运输商均可适用。

利用基于光学字符识别技术的系统性防错解决方案，可有效提升仓储物流发运防错准确率，使企业减少车辆及附件错漏事件的发生，减少针对车辆错漏事件的挽回成本，提升车辆发运效率，降低人工成本，从而实现帮助企业降本增效、提升核心竞争力的目标。

广汽传祺汽车销售有限公司　李勇、陈晓朝、鲜继伟、施超

第四节　中都物流基于5G+北斗厘米级高精度定位技术的智慧仓储应用实践

一、项目背景

整车物流仓储包括大量室外场景作业，目前多数库区业务作业环境及自动化水平不一，使整车物流仓储面临许多问题。为解决整车物流仓储管理问题，中都物流有限公司（以下简称“中都物流”）将5G、北斗高精度定位技术、数字孪生技术等应用于整车物流仓储场景，设计搭建一体化智能仓储管理平台，旨在通过高精度定位技术、数字仿真技术、物联网技术实现在整车仓储作业流程管控无人化、作业过程及效率分析数据化、库区布局及异常预警智能化、库区运营管理成本精益化，通过信息技术与物流业、中高端制造业的创新融合，最终实现行业整体降本、增效、提质。

目前，国内整车物流及仓储管理逐步向信息化、智能化发展，其中，多数以RFID、普通GPS定位技术为辅助应用技术。然而，传统RFID尽管具备简单可靠、便携耐用、快速读写等特性，但受限于信号接收传输距离，多用于室内场景应用，如在室外使用，则需要在现场布置大量的信号接收基站，实施难度大、管理复杂、成本高。普通GPS技术尽管应用广泛，但其定位技术精度差、稳定性弱，且定位精度约为10米，在车内导航信号易丢失的情况下很难满足高定位精度要求。

二、项目主要内容

（一）项目核心技术

5G已在多领域获得普遍应用，相比4G，5G更具有高速率、低功耗、低时延、高安全性等特点，智慧物流也是5G线下产业融合的重点领域。

无人化、智能化是智慧物流发展趋势，但在进入完全无人化之前，作业自动化是前提条件。结合当前技术发展路线和现有技术储备，边缘计算是在靠近物或数据源头的网络边缘侧，融合网络、计算、存储、应用核心能力的分布式开放平台，就近提供边缘智能服务，满足行业数字化在敏捷连接、实时业务、数据优化、应用智能、安全与隐私保护等方面的关键需求。

数字孪生技术将云计算、物联网技术等融入数字孪生中，将数据与真实场景相关联，把生产作业环节的海量数据与时间、空间和地理位置相联系，并通过物联网及5G传递到云端，从而将现实世界投射到数字世界里，再通过三维可视化重构后展示在用户面前，形成现实世界与虚拟世界在物理维度和信息维度上的虚实交融。

（二）设计总体思路

中都物流一体化智能仓储管理平台通过应用5G、北斗高精度定位技术、数字孪生技术等新一代信息技术，建立整车物流库区仓储软硬件一体化管理系统，解决传统整车仓储作业效率低、过程管理缺失、安全管理盲区、运营决策体系不足等问题。

一体化智能仓储管理平台采用先进的北斗高精度定位专利技术，通过在仓储区内布设1个北斗卫星接收定位基站，配合内置北斗高精度定位标签的PDA（手持终端），可实时精确地定位员工作业位置，通过5G将人、车、库的位置信息实时传输至物联网平台，并通过数字孪生技术，将作业人员、车辆、库区等信息实时显示在仓储控制中心大屏上，便于管理人员精准完成安全区域管控、人员在岗监控、车辆实时轨迹监控等监测工作。项目实施系统如图9-4所示。

三、项目成果及创新点

（一）位置地图服务

借助数字孪生技术，三维建模高度还原整车仓储库区布局的复杂工作环境，以及作业设备外形、纹理等精密细节显示，实现高精度、超精细的可视化渲染，支持设备

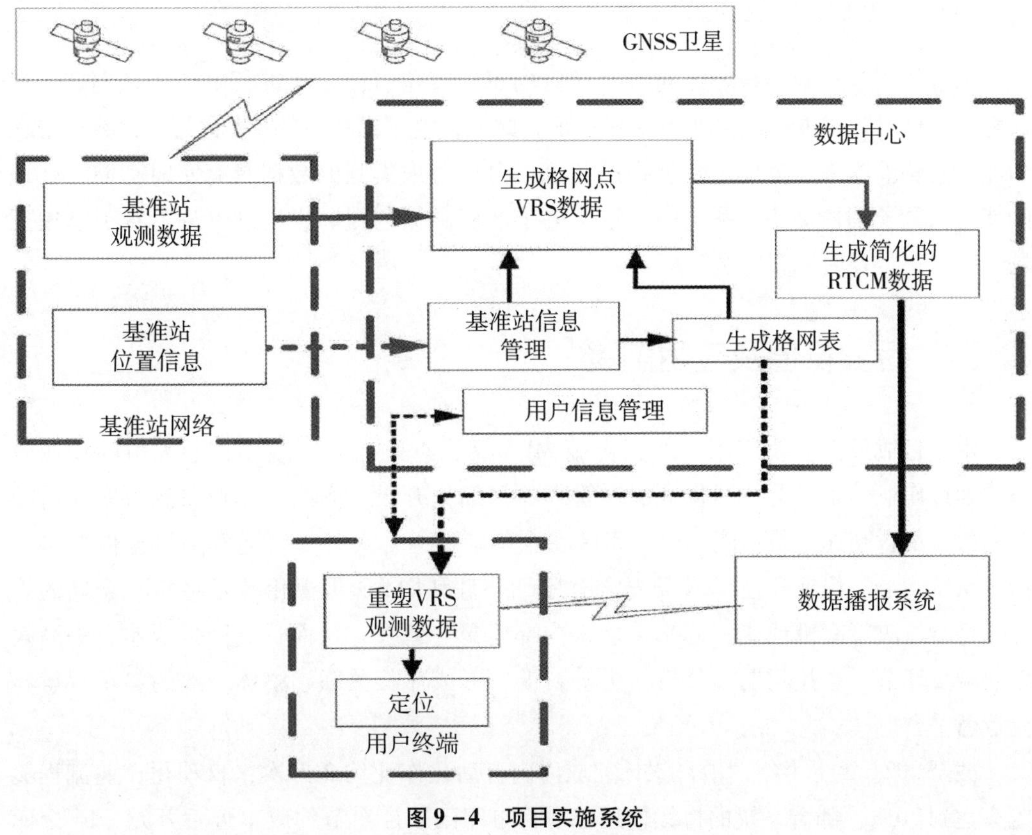

图9－4　项目实施系统

组态结构、复杂动作的全数据驱动显示，对人员、车辆的位置分布、类型、环境、运行状态进行真实复现，并可在人员作业、车辆异常时实时告警，辅助管理者直观掌握现场运行状态，及时发现安全隐患。

（二）实时轨迹显示

传统仓储管理系统仅是对作业结果的记录，无法做到对作业过程的分析，中都物流一体化智能仓储管理平台可以记录作业全程的数据，通过对作业过程的数据分析，有利于形成作业习惯、库区布局和异常预警的分析数据，服务于库区的精益化管理。

（三）作业流程自动化

作业人员使用特定PDA设备（内置北斗高精度定位标签）绑定任务，任务绑定完成后，作业人员只需把商品车停入指定库位即可，系统将自动感知作业状态，自动完成作业流程。作业过程无须人工参与。

（四）电子围栏及告警管理

通过使用电子围栏技术，对整个库区的每个库位、作业区进行电子区域划定，实体电子区域可通过库区编号实现明显标识。此外，电子围栏在 IoT 平台具备大数据处理功能，能够准确采集定位设备上报的状态信息，对采集到的数据具有实时存储、处理的能力。电子围栏支持在系统中自定义电子区域和颜色提示，辅助管理者直观掌握现场运行状态，及时发现安全隐患。

四、行业价值及应用前景

本项目成果已成功应用于北京奔驰 MFA 库，有效提升了现场作业人员的作业效率。通过作业结果线上数据化，实现管理的精细化升级。商品车作业轨迹可实时监控并回放，配合超速记录功能，提高库区安全作业监管。另外，轿运车通过摄像头自动抬杆系统入场，保证轿运车入场安全有序，并且利用 3D 可视化技术将整车仓储的管理、运行、决策有机地统一起来，加入内部监督与管控，从而达到降低成本、提高效率、减少环节、查找问题、分析得失等目的，形成互相关联、整体一致的整车智慧仓储运营平台。

截至 2021 年上半年，项目累计完成库内自动化作业约 2 万次，自动化作业流程覆盖率达到 70%。随着系统的持续使用，项目单库区预计年节约成本近百万元，14 个库区年累计节约成本约 1000 万元。

中都物流将面向汽车产业链上下游推广供应链一体化管理系统，打造新型智能化管理生态平台。此外，考虑应用场景的可延拓性，还将积极推进平台与其他生产运营系统之间更广泛的数据与业务连接，实现跨平台、跨系统的互联互通共享。未来，预期应用场景将扩展至一般货物，如集装箱、大型机械设备等室内外仓储堆场智能管理场景。

中都物流有限公司

第五节　基于“物联网大数据 + 火眼算法模型”的物流车疫情排查

保定市长城蚂蚁物流有限公司（以下简称“蚂蚁物流”）是长城汽车股份有限公

司的全资子公司，总部设立在河北省保定市，员工总人数超过5000人。蚂蚁物流作为汽车物流行业智能化技术应用的先行者，始终深深地根植于“数字生态共同体”，积极探索新兴数字化技术，努力与业内同人共同推进汽车物流行业的数字化转型。

一、项目背景

国内新冠肺炎疫情此起彼伏，针对新冠肺炎疫情暴发地区的防控措施物流企业需要高度重视。随着新冠肺炎疫情频繁暴发，搭建以“物联网大数据＋火眼算法模型”赋能的业务系统刻不容缓，同时，也是为疫情防控提供有力支撑的关键平台。此次新冠肺炎疫情是物流企业管理水平、运营水平和危机处理水平的一次大检查，有助于推动物流企业的数字化转型，促使更多的物流企业建立能够快速响应且更有弹性的数字化供应链体系。

蚂蚁物流在整车装运环节的梳理中，排查出以下几个薄弱点。

（1）轿运车入厂前司机需提报多个信息码，如健康码、行程码等，海量码信息整理、核查流程操作烦琐，不能进行精准排查，并且无辅助验证手段。

（2）车辆入厂前，司机自主进行病毒消杀，无法有效追溯消杀过程。

（3）车辆入厂后，消毒人员实施接触性防疫消毒。

（4）公司整体的疫情防控信息化手段落后，如途经疫情防控区域轿运车的病毒消杀过程均通过线下人工传递、Excel表记录、线下照片视频留存等。整车发运的疫情防控亟须通过大数据核算、移动终端设备等信息化手段，全面提升车辆排查防控的精准性及消杀过程的操作效率。

二、项目主要内容

在物流车疫情排查的创新与实践中，蚂蚁物流积极探索、应用新技术，通过“物联网大数据＋火眼算法模型”将线下人工传递、Excel表记录、线下照片视频留存等业务流程实现了数字化、少人化办公，从而使员工提高效率和生产力，从重复、烦琐、附加值低的工作中释放出来，使其能够专注于更高级别的活动，创造更多的商业价值。

（一）轿运车疫情排查算法技术介绍

蚂蚁物流依托“物联网大数据＋火眼算法模型”，打造了轿运行业首例智能疫情防控系统，该系统能够智能锁定到街道，精准排查新冠肺炎疫情风险车辆并快速落实防疫措施。面对海量信息，线上传递安全信息不仅省时、省力，而且让管理触达更精准，有助于保障公司人员生命健康安全，为疫情防护措施提供有效系统支撑。

（二）项目目标

本项目的核心目标是降低企业运营成本、提高人员办公效率，开拓轿运车辆疫情防控新模式。主要包括以下内容。

（1）利用“物联网大数据 + 火眼算法模型”将烦琐且高重复性工作交给机器人处理，将员工从低价值工作中解放出来，缩短工作时间、提高工作效率，从而降低企业的运营成本，提升员工创新能力。

（2）整合各个相关业务流，通过自动化的手段将业务流程的上下游串接起来，形成小规模的业务闭环。同时，通过火眼算法将不同信息孤岛里的数据来回传输，建立一整套基于数据流转的信息通道，提升各业务线的执行效能。

（3）以快速筛选数据的数字化能力，在短时间内提供显著和可持续的数据价值，同时使企业已有的安全管理快速响应，较大程度上降低总体安全风险，从而实现效率和成本的节约。

（三）业务现状分析

（1）在轿运车疫情排查业务中，大量环节的数据都需要人工进行处理，如数据导出、数据整理、数据合并、数据输出与分析等环节的数据，处理过程烦琐、工作量大、重复性极强，且人工处理效率低下。

（2）随着业务量的增长，传统依靠人工处理新冠肺炎疫情排查数据的方式已经无法满足业务的需求，比如，经常存在新冠肺炎疫情排查数据处理不及时、数据遗漏等情况，影响正常业务进程。

现有新冠肺炎疫情排查业务的具体操作流程如下。

（1）自有及供方轿运车司机根据整车调度的发运指令信息，将司机本人的河北健康码、国务院通信大数据行程卡等手机界面信息截屏发送给业务经理。

（2）由业务经理统一进行整理汇总，并将司机的“人员线路轨迹记录表”登记，统一发送给蚂蚁物流整车调度进行备案。

（3）蚂蚁物流整车调度将收集的信息逐一进行审核确认。

（4）将所有的资料信息留存，并按周期反馈给公司安全卫生科审查。

（5）整车调度生成调派任务单据时，需要备注“车辆需消毒”字样的信息。

（6）通过调度单据的“备注栏”展示，整车发运现场通过此信息进行识别，并针对疫情防控区域车辆进行单独区域派遣。

（7）整车发运现场打印出需消毒明细。

（8）整车发运现场车辆消毒人员根据需消毒明细，进行新冠肺炎疫情区域车辆的消毒。

（9）消毒后，进行纸质版登记记录、留存，并按周期将“整车发运现场疫情车辆消毒记录表”传递给公司安全卫生科。

（四）解决方案介绍

面对越来越大的人工成本压力和数字化转型挑战，蚂蚁物流轿运车疫情排查的作业流程，以蚂蚁定位数据平台（北斗平台）为载体，融入整车物流疫情防控区域运力排查业务环节。系统通过判断车辆是否进入疫情防控区域，解决人工操作浪费、信息传递流程繁复、工作效率低下等不增值活动，实现疫情防控区域运力排查系统化、数据化、自动化等，具体如下。

（1）轿运车疫情排查操作流程改善前，疫情防控区域车辆排查、消毒过程中的数据信息，如大数据行程卡、人员线路轨迹记录表、发运现场消毒记录表等，由纸质版单据进行传递。轿运车疫情防控排查操作流程改善后，更改为系统信息线上管理，通过“哈弗 e + App”进行数据信息传递。

（2）轿运车疫情排查操作流程改善前，车辆疫情排查所需人员为 4 人，轿运车疫情防控排查操作流程改善后，车辆疫情排查所需人员为 1 人。

（3）轿运车疫情排查操作流程改善前，车辆疫情排查流程用时 150 分/日，轿运车疫情排查操作流程改善后，车辆疫情排查流程用时 10 分/日。

（4）轿运车疫情排查操作流程改善前，疫情车辆健康证明传递次数为 4 次/板，轿运车疫情排查操作流程改善后，疫情车辆健康证明传递次数为 1 次/板。

（5）轿运车疫情排查操作流程改善前，需排查车辆占比为 100%，工作量大且筛查效率低，轿运车疫情排查操作流程改善后，需排查车辆占比为 5%，工作量小且筛查效率提升。

（五）实施及推广阶段

（1）以蚂蚁定位数据平台（北斗平台）为载体，融入整车物流疫情防控区域运力排查业务环节，通过蚂蚁物流整车发运 V－TMS 系统展示途经新冠肺炎疫情防控区域被锁定及禁用的车辆信息明细。

（2）自有及供方轿运车司机根据整车调度的发运指令信息，将司机本人的河北健康码、国务院通信大数据行程卡、72 小时内核酸检测阴性证明等手机界面信息截屏发送给业务经理，业务经理上传至 V－TMS 系统。

（3）由业务经理统一进行整理汇总，并将司机的“人员线路轨迹记录表”登记，统一通过 V-TMS 系统 PC 端发起被锁定及禁用车辆的启用申请。

（4）蚂蚁物流整车调度通过 V-TMS 系统 PC 端的“疫情区域车辆排查”界面信息逐一进行审核确认（见图 9-5）。

图 9-5　V-TMS 系统“疫情区域车辆排查”功能详情界面

（5）审核通过后，自有调度及供方调度根据营销公司订单信息，进行运力匹配，生成相应的调度单信息。

（6）整车调度生成调派任务单据时，系统自动增加“疫情区域车辆”字样的备注信息。

（7）通过调度单据的“备注栏”展示，整车发运现场通过此信息进行识别，并针对疫情区域车辆进行单独区域派遣。

（8）整车发运现场进行车道委派后，需消毒明细自动推送至“哈弗 e+App”现场端的“现场角色”中。

（9）整车发运现场疫情车辆消毒人员根据“哈弗 e+App”需消毒明细，进行疫情区域车辆的消毒。

（10）消毒后，通过“哈弗 e+App”现场端“现场角色”中的“疫情车辆消毒”功能模块将现场消毒照片记录上传到系统后台。

（11）上传后，统一留存至 V-TMS 系统 PC 端的“发运现场疫情消毒记录”表中。

三、项目创新点

国内新冠肺炎疫情此起彼伏，常态化疫情防控仍不能松动，针对新冠肺炎疫情暴发地的疫情防控措施需高度重视，整车物流行业运力流动性大，途经疫情防控区域车辆及人员需重点防控。

蚂蚁物流通过物流车疫情排查项目，借助“物联网大数据＋火眼算法模型”的力量在信息化时代往前迈了重要的一步。“物联网大数据＋火眼算法模型”的应用可快速并且准确处理任务，减少人力成本，给员工更多的创新机会。

以蚂蚁定位数据平台（北斗平台）为载体，融入整车物流疫情区域运力排查业务环节，通过系统判断车辆是否进入疫情防控区域，避免人工操作浪费、信息传递流程繁复、工作效率低下等不增值活动，实现疫情防控区域运力排查系统化、数据化、自动化。

（1）系统化：承运司机的国家大数据行程卡、健康码等通过信息系统进行信息共享与传递。

（2）数据化：以车辆、人员、在途地理位置、疫情防控等级等资源信息为关键抓手，进行信息采集、分类、传递、跟踪等一系列处理，支持业务动态跟踪、风险实时预警、管理快速决策。

（3）自动化：构筑基于整车物流疫情防控期间运力筛查的“人车场”新三角，业务流程及信息触发全部数据化，借助移动化手段变“线下传递”为“App 信息联通”，实时将信息共享给整车发运现场消毒人员。

四、社会效益

（一）新技术的尝试，推动物流行业提高企业的运营管理效率

在信息化时代的浪潮中，物流行业也进入智能自动化的新时代。在人力资源如此紧缺的时代，物流行业重复而烦琐的信息系统也占据着非常庞大的人力资源。

蚂蚁物流采用“物联网大数据＋火眼算法模型”，有效地将人力资源从烦琐的工作中解放出来，同时也规避了一些由于人为因素所产生的流程工作的失误。

（1）数据智能排查，车辆轨迹精准锁定到街道，不放过任何一个风险运力，让问题车辆无一遁形。

（2）运力防控云平台，精准锁定问题运力、车辆消杀过程视频记录等。

（3）面对海量信息，不仅省时、省力，而且让管理触达更精准，同时还能提升企业关键流程可视化，让工作有据可查。

（二）快速完成系统的火眼算法模型对接

以蚂蚁定位数据平台（北斗平台）为数据源，以 V－TMS 系统为载体，优化整车

物流疫情区域运力排查业务环节，通过系统判断车辆是否进入疫情防控区域，具体改善效果对比如表 9－2 所示。

表 9－2　　火眼算法模型改善效果对比

项目	改善前	改善后
车辆疫情排查流程用时	150 分/日	10 分/日
需排查车辆占比	100%	5%
疫情车辆健康证明传递次数	4 次/板	1 次/板
车辆疫情排查所需人员	4 人	1 人
标准化	—	5 项

（三）多技术组合应用，提高整个物流行业的发展

（1）标准化：在整车物流行业运力疫情防控流程方面进行探索与创新，为行业提供可借鉴经验与标准范本。在标准、规范的业务基础上，通过北斗数据中台与运力管理引擎，实现途经疫情防控区域车辆排查环节自动化，提高整体疫情筛查效率。

（2）信息化：在复杂环境情况下可实现敏捷响应与正确决策，实施疫情运力调派精准化，提升人员、车辆、场地等资源筛查及消毒流程效率，解决运力由人员识别效率差的痛点。

（3）管理转型：北斗平台负责抓取近 15 日轿运车在途轨迹，筛选出途经疫情防控区域的车辆，数据筛选等重复性业务交给系统处置，增值与管理业务交由运力调度负责，真正发挥调度人员管理职能。

（4）数据连通：内部数据通过系统接口全部打通，建立数据支持下的中控后台，大中台，小前台的架构。

（四）行业贡献

蚂蚁物流“物联网大数据＋火眼算法模型”的实施，为物流行业及其他行业提供了借鉴意义。“物联网大数据＋火眼算法模型”的应用，可实现节员增效以及提升企业信息化的目的。

保定市长城蚂蚁物流有限公司　何壮、杨宁、许胜杰、刘晔

第六节　移动化管理，长久物流“澳优油品管理系统”助力企业降本增效

一、项目背景

拥有庞大车队的物流企业如何从油品管理角度实现降本增效，对车队进行管理，已经成为企业收益的关键突破点。加油是颇受人为因素控制的一环。可以说，油品管理在一定程度上提高了物流企业车队的加油效率，从而提高了物流企业的运输效率与经济效益。目前，加油成本占运费的30%～40%。在高额的加油成本中，许多物流企业受困于以下痛点。

（1）每一单业务都需要与司机结算油费。

（2）围绕油卡一系列手工操作很烦琐，需要专人进行登记、寄卡、收卡、退押金等工作。

（3）全流程都是线下操作，十分不便，且不利于疫情防控。

（4）油品资金沉淀巨大，资金利用率低。

（5）油价和操作不透明，司机加油随意性高，加油成本居高不下。

这些都为利润不足的物流企业带来了极大的运营压力，面对如此情况，许多物流企业束手无策。在数字化管理的时代，加油站如何帮助物流企业实现高效率、优管理、降成本、全透明的油品管理是一个新的课题。

长久物流“澳优油品管理系统”是物流行业的“互联网＋能源＋物流”的专业服务平台，是为物流企业提供油品在线采购、在线分油、在线开票等一站式服务的综合性管理服务平台，为物流企业提供基于线上的申请油卡、油卡管理、在线分油、在线对账、在线开票、在线充值等全流程服务，并针对企业油品消耗提供多维度的统计分析工具。

二、项目主要内容

长久物流“澳优油品管理系统”依托全国强大的商用车车联网技术，通过精准的数据基础、专业的位置服务，为货主、承运人提供一站式系统解决方案。该系统具备完善的网络物流信息平台和与业务相适应的信息数据交互和处理能力，通过现代信息

技术对车辆燃油、运输油耗、燃油结算等各个环节，实现全过程的透明和动态管理。

（一）六大核心管理模块

长久物流设计并开发油品管理系统，可为物流企业提供针对运输任务的六大核心模块："业务在线""收支在线""资产在线""运力在线""客户在线""决策在线"。

1. 业务在线

以车辆燃油为基础，面向物流企业车辆运输成本综合性管理，结合物流企业实际运输任务、车辆燃油数据，可在线实时查询运输业务，并针对单次任务的燃油成本进行综合性统计分析。

2. 收支在线

包括企业燃油所有的收支记录、返利记录，以及针对单项记录的定向分析。

3. 资产在线

针对企业自身资产配置及管理，综合性管理企业资产，对资产的动态变化进行综合性管理。

4. 运力在线

对企业所属的所有运力在途数据、任务流向数据、运力实时燃油动态阈值以及变化进行跟踪。

5. 客户在线

客户管理人员的动态配置及管理。

6. 决策在线

针对综合性分析数据，为企业管理者提供决策入口。

（二）数据分析支撑决策

以燃油为基础，为物流企业提供了多维度、精细化的实时在线统计工具，通过数据分析、对比，为企业管理者提供决策依据。

三、项目创新点

长久物流"澳优油品管理系统"，为物流企业提供了完整的车队服务产品方案。长久物流"澳优油品管理系统"拥有自己的管理后台，自助管理旗下车队卡，无须到加油站打印企业报表，能实时远程查看、对账、统一开正规发票等，丰富全面的功能覆盖了车队管理的全流程服务，有效解决了传统车队加油的许多弊病。

在移动互联网新媒体时代下，微信公众号具有一定的商业价值。长久物流"澳优油品管理系统”更是在不断研究微信公众号的商业价值。微信公众号既解决了加油站线上的数字身份问题，又带来了多种传播模式。

长久物流“澳优油品管理系统”在功能上继承了传统 PC 端的大部分功能，通过将后台系统与加油站微信公众号绑定，结合加油站站点服务和手机 App 的灵活性，使司机只需关注加油站微信公众号即可浏览某地域范围内的油品信息。不仅如此，该产品还具备在线充值、专车认证、在线开票、油站导航、订单支付等功能。

本产品采用典型的 C/S 网络架构，由客户端微信、微信公众号、服务器、“澳优油品管理系统”云平台四部分组成。正常工作时，微信公众号相当于一个消息转发器，消费者通过手机、平板、电脑等终端发送请求给微信公众号，微信公众号收到用户请求后将其组装成 XML 格式的数据，通过 POST 方式提交给服务器；服务器获取请求后从“澳优油品管理系统”云平台中提取数据并响应给微信公众号，微信公众号再将数据响应给用户，从而完成指令。

所有业务处理模块全在此实现，是整体应用系统建设的基础保障。一方面接收并处理用户请求，为用户提供在线注册、登录、下单、付款等功能；另一方面为商家提供管理后台，在 PC 端以网页形式展现，包括添加和删减油品、处理订单、对注册用户进行分组管理、对后台数据库进行修改和维护等。

开发该产品的意义在于能够通过软件系统来实现用户在手机微信实现加油订单的查询、开票、参加优惠活动，以及支付功能，提高加油效率和加油站服务灵活性，使车队司机不用到收银台排队，不用下车即可办理业务；另外，也增加员工服务需求的受理渠道，增加业务量，同时结合微信消息推送的功能，紧密接触用户的同时对用户进行营销。车载加油的移动化、轻量化、快速化符合长久物流致力打造的人、车、加油站智能交互的新体验，满足了市场发展的相关要求，对加油站智能发展具有很强的现实意义。

（一）多端随时移动化管理，不受终端限制

当下，一些中小型民营加油站还在依靠人工纸质登记，即便有些环节采用电脑做记录，但大多是一些不能与客户进行交互的系统，数据共享程度不高。“澳优油品管理系统”可自定义不同的消费记录形式，将车辆消费记录实时发送至司机或车队指定人员手机，在手机、电脑端实现线上管理车队，不受时间、地点的限制，对车队进行有效监测，如有异常及时发现，保证每一笔交易有迹可循。

（二）自定义灵活开卡，一键管理

企业在开通车队卡的流程中，可以灵活自定义开卡，并设置卡的类型，如对油品

种类进行限制，配置汽油卡或柴油卡等。实现对持车队卡消费车辆的油品限制，加强了车队细致管控。

“澳优油品管理系统”采用一个总账户对应多个子账户的管理模式，总卡一人储值，全部可以使用。管理者仅需通过加油站微信公众号预设的菜单，一键完成绑卡、解绑、调额等一系列工作，可实现自助充值、余额分配、分组、设置付款模式等便捷化车队管理。车队实时消费从主账户扣除，只要保障账户余额充足即可，司机账户没有费用沉淀，实现了整体意义上的降本增效。

（三）结账方式灵活多样

针对“先消费，再结账”“先充值，再消费”等实际合作方式，推出多种管理方式，减轻企业的资金压力，方便企业更好地管理车队。通过统一的平台将所有资源连接起来，轻松实现了人脸支付、车牌付、ETC 付等一系列无感支付功能，帮助加油站降低管理成本，提升了加油站的收银效率，用户还可及时享受加油站推出的各种优惠活动，提高消费体验。

（四）智能化报表管理，安全性能高

“澳优油品管理系统”的应用，可实现加油数据实时在线，后台报表一键导出，使数据在线化、透明化，有效降低加油成本、时间成本，提高了效率，帮助车队管理者减轻了经营压力。

企业可以在移动端随时随地自主查账，并且自定义输出报表，为加油站提供自助对账条件。

四、项目社会效益

长久物流“澳优油品管理系统”通过利用互联网技术，整合全国范围内的燃油及物流企业，打破原有物流行业的“熟人经济”与“物流区域化”限制，提高组织优化、集约化程度，降低社会和企业的物流成本。在这一过程中，长久物流“澳优油品管理系统”不仅为物流网络货运市场的发展提供了实践经验，而且其自身也将通过不断创新研发，为行业提供更加精准的物流企业运营管理解决方案。

（一）体验革新：一套系统即可打通加油站所有数据

在用户端，“澳优油品管理系统”的应用也带来了全新体验。在传统加油站体系中，零管系统、油机系统、会员系统、开票系统等往往互相割裂，不仅效率比较低，

导致许多资源浪费，而且给员工使用和加油站管理带来诸多不便。

随着技术的发展和加油站管理的迭代升级，这种传统模式已经越来越难以满足加油站对高效率管理的要求。"澳优油品管理系统"可打通多个系统，实现数据互通。

（二）价值革新：全面提升车队加油服务价值

传统加油站与"澳优油品管理系统"加油站的区别在于传统加油站的人力物力的消耗比"澳优油品管理系统"加油站高得多。随着车辆的保有量越来越多，加油站的数量也随之上升，越来越多的加油站需要提升智慧化水平，以更高的效率带给车队更好的服务。

北京长久物流股份有限公司　王少楠

第七节　颠覆传统轿运平台差价模式，便捷运车助力汽车跨域高效流通

一、项目背景

随着新车市场销售渠道的逐步下沉，二手车限迁政策的取消和二手车交易量的提升，汽车交易半径扩大，汽车经销商、消费者与车源遍布全国各地，异地整车、支线整车的二次、三次运输需求日益攀升。汽车整车物流的发展正朝着散车即时发运的方向倾斜，同时又面临着货源散、运量散、运力匹配困难、询价难的问题。而市面上针对散车运输的轿运车承运人及平台鱼龙混杂，往往会在中间加收高额且不合理的差价，增加了运输成本。

传统零散轿车运输市场用户与运力极度分散，且缺少有效的组织和规划，运力空驶、轿运车承运人长时间找货的情况普遍发生。如果承运人自主寻找货源，通常需要付出高昂的成本。如果选择传统轿车运输平台和承运人接单，信息的不对称和平台的中间差价往往会导致运输价格难以匹配二手车商、汽贸等高频运车用户的预算，以至于车货匹配困难。

二、项目主要内容

针对零散轿车运输市场“运输成本高、运力匹配难”的痛点，运车管家基于自身运力的资源优势和散车即时发运的丰富经验，行业首推汽车整车物流智能化撮合服务平台，提供全新便捷运车服务，无中间商赚差价，实现车货快速智能匹配。有车辆运输需求的用户可随时随地通过移动系统与专线承运人快速直接沟通，扫除供需双方之间的盲点，从而提高车货匹配效率，降低用户运输成本，促进汽车交易快速流通。

基于大数据、云计算技术，运车管家自主研发了智能车货匹配平台，实现了从运车需求发布到供需双方沟通的全程数字化，通过专有算法在线路优化、运力匹配等领域实现智能决策。结合承运人自主竞价的交互模式，做到一个订单多家有限报价。

当用户有车辆运输需求时，只需通过运车管家客户端，根据自身需求输入起点、终点和车型等运车信息，即可一键获取多家承运人报价，无须到处询价。同时，客户端将直观展示报价承运人的联系信息，用户可直接与承运人沟通并直接交易，平台在整个过程不加收用户费用，最大化降低用户运输成本。

当用户发布运车需求后，平台依靠强大的车货匹配算法，直接自动推送给合适的承运人。承运人只需订阅专线，即可实时接收精准的运车询价信息，并自主完成报价。车货匹配完成后，承运人不仅可以与用户直接沟通，及时掌控运单情况，还可以直接与用户结算，消除漫长账期的后顾之忧。

运车管家汽车整车物流平台自 2021 年 9 月上线以来，运车询价量已突破 157900 单，成单量 37899 台，全新服务模式广受车商与合作物流企业好评。截至目前，运车管家已整合 3700 多家物流企业，可调动 44000 多台运力资源，车辆托运业务覆盖全国 2600 多个行政区县。

三、项目创新点

（一）重新定义轿车运输平台服务模式

运车管家颠覆传统轿车运输平台的差价模式，创造性推出全国首家汽车整车物流智能化撮合服务平台，在车货匹配的基础上，供需双方可直接沟通、直接交易，让用户与承运人第一时间以透明路径对接，从而让运输价格更透明、更合理，快速满足用户车辆运输需求，同时也为承运人提供稳定可靠的货源渠道，打造出多方共赢的全新商业模式。

（二）自主研发智能车货匹配“大脑”

运车管家以平台方式整合海量运力资源，同时基于大数据、云计算等前沿技术，自主研发智能车货匹配平台，实现从运车需求发布到供需双方沟通全程数字化。通过系统强大的专有算法，线路优化、运力匹配等领域实现了智能决策，轿运行业车货匹配时间缩短到秒级，推动汽车整车物流服务体系全面升级。

（三）差异化市场定位

运车管家以科技驱动和创新服务，打造了行业内首家针对二手车商、汽贸等高频运车用户的汽车整车物流智能化撮合服务平台。从智能匹配、多家比价，到直接交易，最大化降低用户的运输成本和时间成本，帮助用户快速找到满意的承运人，助力汽车异地交易降本提速。

（四）平台化运营模式

在汽车物流行业率先采用平台化运营模式，整合社会各类轿运车运力资源，集合新车经销商、二手车商、私家车主等丰富货源，打造了一个连接人、货、车三个维度的数据平台。智能车货匹配平台通过快速匹配全网运力，为发车人提供高效优质的物流服务，也为承运物流带来稳定可靠的货源渠道，解决传统汽车整车物流行业运力空载、空闲，以及用户长时间找车等问题，降低运输成本，打造多方共赢的商业模式。

四、项目社会效益

（一）颠覆传统轿运平台差价模式，助力汽车跨域高效流通

运车管家智能车货匹配平台，去掉传统轿车运输（以下简称“轿运”）平台不必要的中间环节后，用户和承运人可以第一时间以透明路径对接并直接进行交易，最大限度实现运输价格透明化，倒逼运输定价趋向合理。同时，用户可通过平台进行多家比价，使二手车商、汽贸等对价格要求严苛的用户可以快速找到满意的承运人，从而有效降低用户运输成本和时间成本，助力汽车跨域高效流通。

（二）大幅提高车货匹配效率，赋能汽车整车物流行业

运车管家智能车货匹配平台用科技的手段带来更高效的运力组织和规划，使原本分散在全国各地的“轿运物流企业”“小板救援”“城市代驾公司”“个体司机”等被平台有效整合，并精准配置用户的多元需求，解决了传统汽车整车物流行业运力空载、

空闲、承运人恶意竞价等问题，促进汽车整车物流行业良性发展。智能车货匹配平台通过打通用户与承运人之间的信息壁垒，进一步提升车货匹配效率，降低运力空载率，缓解漫长账期给承运人带来的资金压力，为汽车整车物流行业降本增效。

（三）引领汽车物流行业走向数字化、智能化

运车管家为汽车整车物流行业搭建了一个高效的智能化撮合服务平台，线上自主研发了智能车货匹配平台，线下最大化整合全国合规有效运力资源，构建了覆盖全国的汽车整车物流网络，实现车货快速匹配、数据实时在线。该项目有利于促进商务部倡导的智慧物流体系建设、平台建设、供应链体系建设等工作的顺利实施，有助于推动全社会商品物资的大流通，为汽车整车物流行业走向数字化、智能化作出有益的贡献。

北京运车网网络科技有限公司

第十章　汽车售后备件物流创新成果

第一节　零件分解系统开发与电气设备控制运用

一、项目背景

广汽本田的售后零部件（以下简称“零件”）由广汽本田中心仓库根据特约店订单需求进行发货，广汽本田中心仓库由富田－日捆储运（广州）有限公司（以下简称“富田－日捆”）负责管理，华南片区的特约店共计152家，被包含在13条发货路线中。发货时首先按照发货线路订单分别将零件从仓储货位中拣取出来，再根据不同特约店分拣捆包，最后装车发货。

为节省人员及作业场地投入，富田－日捆成立了专门项目小组研发分拣系统，并结合电气设备控制，实现分拣工序整合与简化，以达到节约人员及场地的目的。

（一）关键词说明

（1）售后零部件：由广汽本田指定，可以面向客户销售的汽车售后使用的零部件，也称“零件”。

（2）分拣：指将各特约店订购的零件区分装箱，并粘贴发货地址标签的作业过程。

（3）地址标签：由系统打印包含订购方收货地址信息的捆包凭证。

（4）AS400系统：用于售后件电子数据处理的系统。

（5）拣货传票：由系统打印出来的拣货凭证。

（6）周转箱：用于装载广汽本田售后件的胶箱，特约店发货周转使用。

（二）分拣作业流程

（1）拣货人员根据拣货传票的需求拣取零件，完成拣货后，零件经输送链运输到出库作业区。

（2）分拣人员从输送链分流口搬下零件，并用车转移至分拣区。

（3）分拣人员查看零件上的拣货传票，并根据拣货传票的分拣号依次将对应零件放置在对应编号的分拣笼中，重复此动作直至该批次零件分拣完毕。

（4）完成整个批次的分拣后，将分拣笼转移至电脑扫描台旁边。

（5）扫描拣货传票，确认零件号与数量无误后，将零件放入提前准备好的纸箱内，重复此动作直至该纸箱装满或者该批次零件全部装完。

（6）满箱或者该批次零件全部装完后，操作 AS400 系统指令打印地址标签，并将地址标签粘贴在箱外。

（7）将分拣笼转移到分拣区对应位置，进行下一批任务。

（三）分拣作业存在的问题

（1）在人工成本方面，分拣时不仅需要人工核对零件票据，还需要人工将按店分好的零件移动到工作台，再将零件票据扫描录入系统并打印地址标签。目前，分拣装箱平均作业效率仅达到 52.6 行/人/时，需求投入 8 人次/日。

（2）在作业场地方面，分拣占用作业场地较大，达 $192m^2$，影响场地周转。

（3）在作业品质方面，分拣过程的票据、数量等都是人工核对，容易导致零件误发，如 2020 年上半年有 4 起误发。

二、项目主要内容

（一）总体思路

为了解决分拣过程中工时、场地及品质三个方面的问题，考虑现场实际情况，富田－日捆提出“零件分拣系统开发与电气设备控制运用”解决方案。通过电气设备智能化控制，实现分拣作业系统化、自动化，从而提高作业效率，节省作业场地，提高作业品质。

（二）项目目的及目标

（1）实现分拣工序合并，提高作业效率 10%。

（2）提高场地利用率，分拣场地占用面积减少 50%。

（3）提高作业品质，发货错误率减少 50%。

（三）项目实施过程

1. 开发零件分拣系统

根据分拣流程所需功能自主开发零件分拣系统，与原作业系统实时信息对接，实现分拣操作功能。

（1）基础信息维护：分拣号维护、货架灯维护、分拣号对应货架灯、手持终端对应灯颜色维护。

（2）作业记录：分拣记录查询、货架实时零件查询、捆包记录查询。

（3）用户管理：用户管理、角色管理、权限管理。

零件分拣系统流程如图 10－1 所示。

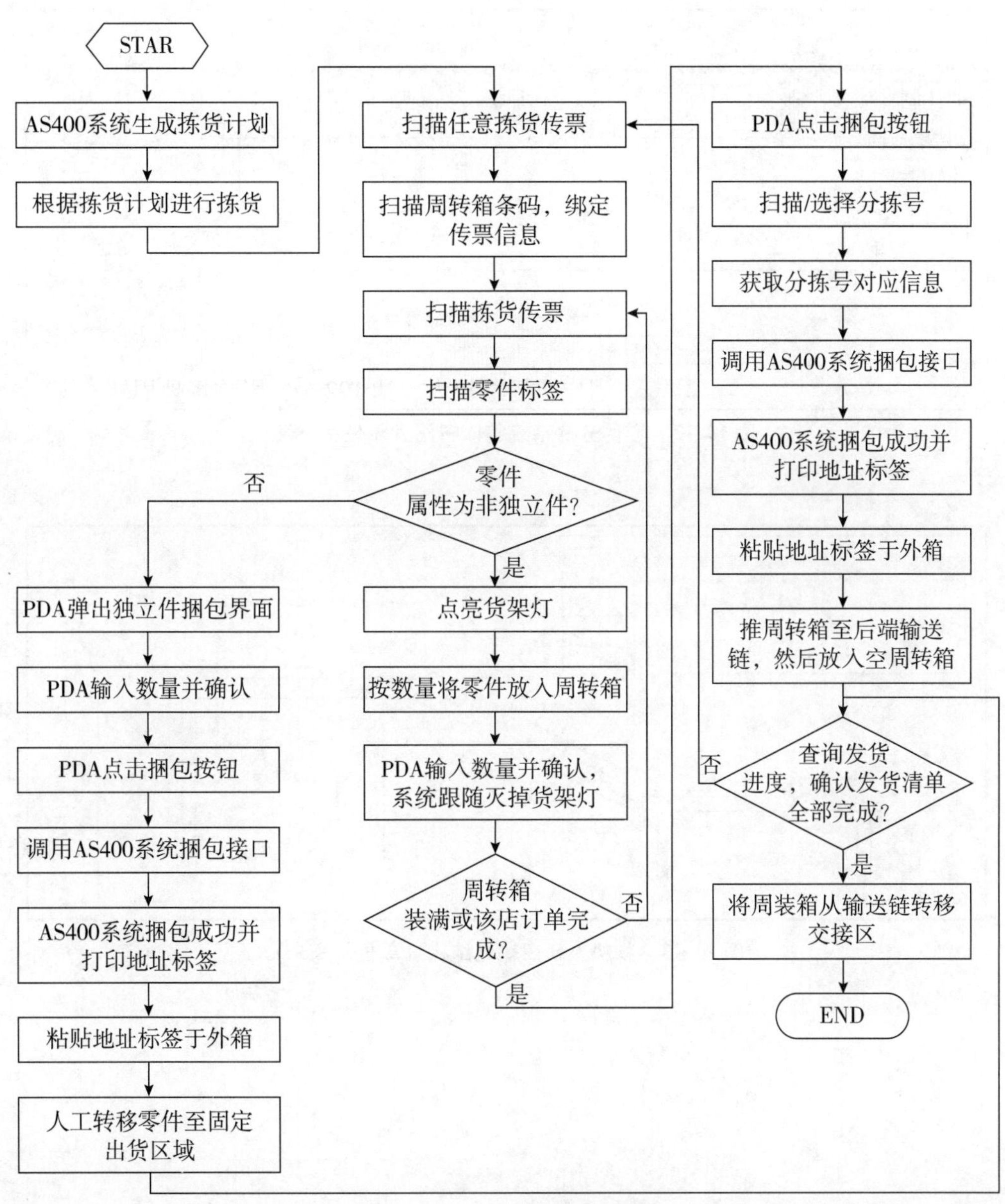

图 10－1　零件分拣系统流程

2. 重新布局设计作业场地

考虑现场的实际布局，在出库发货区输送链设备的物料流出末端连接零件分拣系统。

3. 智能化电气设备设计

（1）设计图纸具体如图 10－2、图 10－3 和图 10－4 所示。

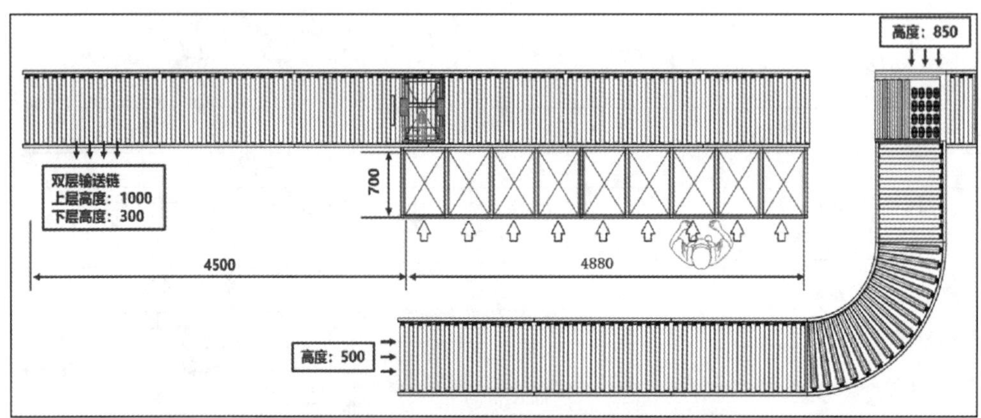

图 10－2　零件分拣系统整体布局（单位：毫米）

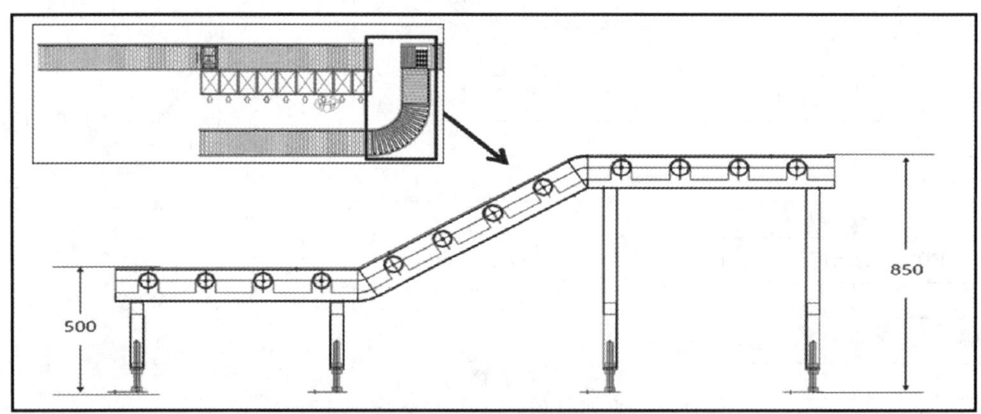

图 10－3　物料入料口输送结构（单位：毫米）

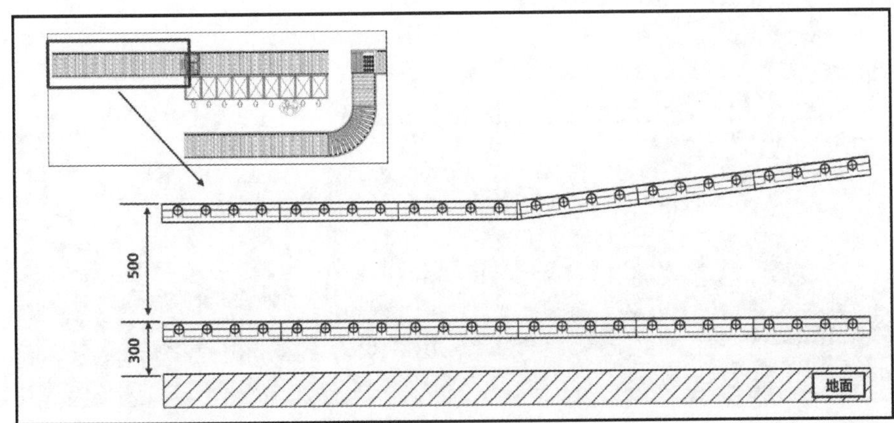

图 10－4　物料出料口输送结构（单位：毫米）

（2）根据整体设计需求，完成硬件配套设施安装。整体结构如图 10－5 所示。

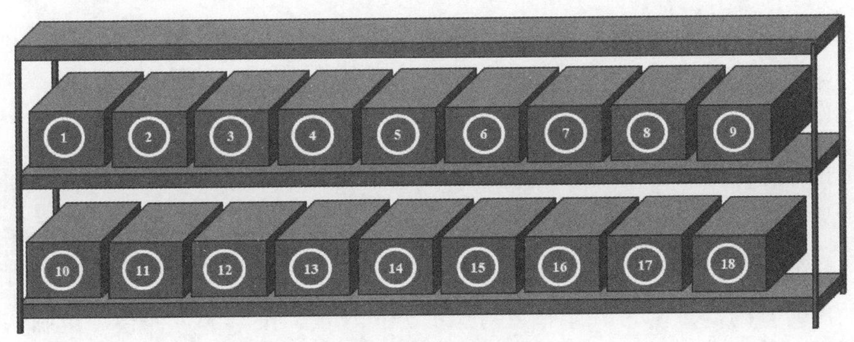

图 10－5　整体结构

（3）设备配件需求（见表 10－1）。

表 10－1　设备配件需求

名称	数量	备注
输送线	共 4 条	出货双层输送线（共 2 条，9 米/条）、下坡输送线、出货单层输送线
分拣货架	1 组	共 2 层（每层可放 9 个周转箱，箱长 650mm × 宽 440mm × 高 350mm）
输送链滚轴	1 组	共 1 组（需满足全线上下层累计 18m 输送链动力需求）
架配套（包括货架灯及其工控机）	18 组	共 18 组，货架灯分 3 种颜色，位于对应箱子的上方
PDA	3 个	共 3 个

（4）硬件安装效果如图 10－6 所示。

图 10－6　硬件安装效果

（5）系统功能展示。

①周转箱绑定：每批次零件对应的分拣号第一次分拣时，需要先进行箱号绑定，用 PDA 扫描拣货传票，弹出周转箱或纸箱绑定画面，扫描货架上箱子的唯一编码即可，或点击终端画面上“纸箱”前的圆圈，选择对应的纸箱箱号，然后按“绑定”键进行确认。

②分拣操作：进入主菜单后，点击分拣管理，系统自动跳入分拣管理界面，然后再点击“零件分拣”，系统进入零件分拣界面；用 PDA 扫描拣货传票，货架上与拣货传票对应的分拣号亮灯提醒；确认拣出零件数量与传票上的拣货数量一致，将零件放入对应的周转箱内，并在 PDA 上输入对应的分拣数量，按“分拣保存”键确认；完成分拣后，按灭对应的灯，然后再对下一行零件进行循环操作，直至周转箱内的零件放满或整批零件分拣完毕；零件分拣系统对应的周转箱放满后或整批零件分拣完成后，在捆包管理界面点击进入捆包操作界面，并输入对应的分拣号，然后调出对应的分拣信息，确认传票张数与分拣行数是否一致，一致后按“捆包”确认键，打印机自动打印地址标签。

（四）项目实施效果

1. 改善前后流程对比

在完成拣货后，零件经过输送链、下坡输送线到达分拣输送线；用 PDA 扫描拣货传票，对应绑定周转箱位置的货架指示灯亮起，零件放入对应周转箱后，货架灯灭灯，完成一行零件分拣周期；周转箱满箱后或者该店同批次零件完成分拣后，通过 PDA 控制打印地址标签，并将地址标签粘贴在对应周转箱上。

（1）改善前作业流程（见图 10－7）。

图 10－7　改善前作业流程

（2）改善后作业流程（见图 10－8）。

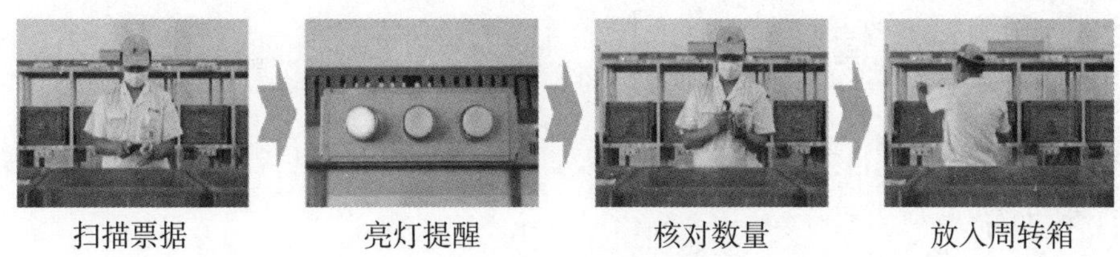

扫描票据　亮灯提醒　核对数量　放入周转箱

图 10－8　改善后作业流程

2. 改善效果

改善前后对比如表 10－2 所示。

表 10－2　改善前后对比

项目	改善前	改善后
作业效率	52. 6 行/人/时	61. 5 行/人/时
作业要员	8 人次/日	6 人次/日
作业场地	$192m^2$	$72m^2$
作业品质	错误 4 起/年	实施至今未出现误发情况

3. 经济效益

改善后作业效率由 52. 6 行/人/时提升到 61. 5 行/人/时，提升 16. 9%，投入人次由 8 人次/日削减至 6 人次/日，平均节省人工成本 19. 0 万元/年；在作业场地方面，分拣环节占用作业场地面积由 $192m^2$ 削减至 $72m^2$，场地占用面积减少 62. 5%，折合节省场地成本 6. 9 万元/年。本次项目投入费用 48. 0 万元，按 5 年折旧计算，可产生收益 16. 3 万元/年。经济效益计算如表 10－3 所示。

表 10－3　经济效益计算

节省成本	人工成本：2 人次 ×9. 5 万元/年 =19. 0 万元/年 场地成本：48 元/m^2 ×$120m^2$ ×12 个月 =6. 9 万元/年 节省成本：19. 0 万元/年 +6. 9 万元/年 =25. 9 元/年

续 表

收益	投入费用：48.0 万元 年折旧费：48.0 万元/5 年 =9.6 万元/年 节省成本：25.9 万元/年 收益 = 节省成本 − 年折旧费 =25.9 万元/年 −9.6 万元/年 =16.3 万元/年

三、应用推广情况

本次改善提案通过自主创新、自主开发，能够做到深入现场，结合现场实际需求，最终顺利按期导入。

在提案实施过程中，与现场作业人员充分沟通，了解现场实际需求，最终的零件分拣系统能够贴合现场，满足作业需求。在作业品质方面，利用亮灯提醒功能，减少误操作发生，项目实施至今未出现误发情况。

在应用推广方面，该零件分拣系统由公司自主开发，完全贴合现场实际需求，该系统与现场作业高度吻合，具备更高稳定性及更高可靠性。另外，在系统监控管理上，具备安全监控以及用户操作跟踪机制，确保完善的客户数据保密机制。该零件分拣系统适用于汽车售后件智能化分拣作业，具备一定的可推广性，能为企业作业提升效率，达到加快作业进度、节省人工成本的目的，从而提高企业效益。

四、项目发现、发明及创新点

本项目对传统仓储分拣业务流程进行创新，解决了传统作业中人工操作烦琐、出错率高等问题；创新性地导入分拣货架配套电气设备，结合系统自动化控制建立一套微型现代化、自动化控制作业流水线，同时额外节省了仓储作业面积。本项目研发主要技术创新点为以下方面。

（一）创新点一：分拣流程的系统化、自动化

项目系统首次引入标准 B/S 网络应用程序架构（Browser/Server）技术，并结合 A/S安卓移动应用程序架构（App/Server）技术形成了一套 AB/S 应用系统架构体系；本次项目采用了 Javaweb 网络应用与 Android 应用开发技术，实现分拣流程系统化与自动化。取消原本手工分拣判断、审核等繁杂操作，达到提高管理效率、准确率的目的，同时简化员工的作业流程，使操作人性化。

（二）创新点二：电气设备系统智能控制

项目根据现场作业场地、员工作业路线设计，首次导入分拣货架配套电气设备，通过 Web Socket 编程技术与系统形成 TCP 协议通信，从而实现系统对接与控制。与传统的电信号控制设备不同，本次创新性地使用了网络技术控制设备，在保证了数据安全性的同时，提供了更强的互动性，实现分拣流程中电气设备系统智能控制；通过系统智能控制设备的状态，为员工提供精准的任务指示与提示，降低作业任务难度，提高效率。

五、项目对行业的贡献

该零件分拣系统与传统的分拣作业相比，通过整合上下工序，实现快速分拣作业，并减少仓库作业场地浪费，具备可推广实施的可能性。若向同行业推广该系统设备应用，能为企业作业现场提升效率，从而提高企业效益。

富田－日捆储运（广州）有限公司　罗祖文、周建生、何志峰、罗烈俏、吴家颖

第二节　基于智能语音识别技术的汽车售后备件拣选集成领域的应用

一、项目背景

（一）行业背景

（1）汽车物流行业竞争激烈：人工成本每年以8%的幅度上升，人口密集型物流行业成本逐年上升，以汽车物流为主的东风物流面临着巨大的挑战，故提出物流自动化智能化的减员增效要求。

（2）汽车售后备件物流量与日俱增：成品车销售市场已趋于饱和，全国汽车保有量趋于稳定，而随着使用年限的增加，汽车维修维保的需求与日俱增，汽车售后备件物流量不断提升。而人工成本增加的同时，招人难的问题也日益严重。为满足服务需求，现有员工只能以加班加点的方式应对，作业劳动强度接近上限。

（3）智能化设备技术成熟：随着科技的发展和技术的进步，智能化设备的品种不断丰富，功能日益完善，价格日益低廉，且能根据顾客需求提供定制化产品。

（4）作业模式传统：扫描识别技术已运用多年，但是移动式扫描设备往往体型巨大且较重，作业员往往需要完全占用一只手去全程操作，作业不便利性的问题一直存在。

（5）PDA 扫描拣货作业动作及行走路径存在可优化空间。

（二）运作背景

某主机厂售后备件仓库覆盖某片区 600 多个网点，采用 DOQD 的配送模式，故对备货的时效性要求严格。现仓库分为阁楼区、高位区、地面区，其中，阁楼区的存储 SKU、订单数量占整体的 80% 以上，但其备货过程为纯手工作业，作业员手持 PDA 扫描拣货卡，根据 PDA 上屏幕显示的信息，推动手推车到达指定库位拿取指定数量的备件并扫描，最后装入指定的容器中并粘贴发货标签，完成备货。现场作业流程示意如图 10－9 所示。

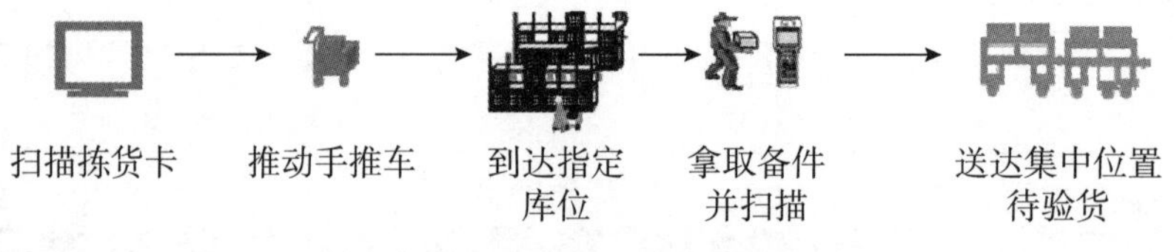

图 10－9　现场作业流程示意

整个阁楼区备货为纯手工作业，故存在以下问题亟待解决。

（1）作业安全隐患：作业员在行走过程中需要查看屏幕并按键操作，无法实时观察周围环境，易与并行作业员及周围货架发生碰撞，造成人员受伤。

（2）备货损耗：作业员全程需要单手拿取 PDA，仅能单手进行货物的拿取，而阁楼区货物大小不一，形态各异，存放高度最高处达 2m，单手拿取易造成货物跌落损坏。

（3）作业动作烦琐：从扫描拣货卡到最终货物装入容器，总计 20 个动作，其中需要扫描 4 次，键盘输入 1 次，拿取货物 1 次。

（4）劳动强度大：目前作业模式为单网点单订单备货，不同网点需求的同一种货物无法同时拿取，必须待上一网点订单全部完成后，才可进行下一网点的备货任务。存在长距离迂回行走，作业员日均行走两万多步，单次平均备货行走 25m。

随着人工成本和土地成本的上升，人口红利、土地优势将逐渐消失。基于上述问题，以日益成熟的智能化设备来优化作业流程，降低作业强度，提升作业效率，已是必然趋势。而兼顾订单合并、路径优化、释放双手以及流程优化的智能语音解决方案成为最优选择。

二、项目主要内容

此智能语音解决方案已于2020年9月导入该主机厂某战略库的阁楼区备货环节，通过释放作业员双手、优化拣选路径、降低劳动强度、减少货损，以及利用后台数据统计分析作业员效率、提出改善建议，最终实现物流备货环节的高质高效化运作。

（一）项目主要技术指标

（1）语音识别率：设备降噪96%，不能识别出当前作业员之外的其他声音，且作业员正确语音指令的识别率一次99%，二次100%。

（2）条码识别率：扫描指环能识别所有类型的一维条码。

（3）路径优化功能：能将多个订单合并，并智能分区，同时按照库位布局进行通道内Z字形路径、通道间U字形路径优化。

（4）信息交互：识别指令后，系统反馈的时间 $<300ms$，网络丢包率为1%。

（5）设备使用寿命：设备正常使用寿命为5年，IP防护等级为56。

（6）设备续航能力：不可拆卸，设备连续作业时间 $\geqslant 10h$，电量充满时间 $<4h$。

（二）项目流程设计

具体作业流程如下。

（1）任务获取：通过订单管理系统获取客户订单，并按波次截单，打印出一维条码拣货卡（含订单号、初始库位、订单行），同时将订单信息传递给语音管理系统。

（2）拣货任务触发：作业员使用扫描指环扫描拣货卡上的一维条码，获取订单号，通过蓝牙传递给终端，终端通过2.4G无线网络将订单号传递给语音管理系统，语音管理系统从数据库中匹配订单号，获取订单信息后传递给终端。

（3）语音播报：终端根据获取的信息，按照既定流程控制耳机播报拣货指令。

（4）拣选应答：作业员根据指令进行正确的拣选动作后，向耳机口述正确的应答指令。

（5）智能复核：耳机将获取的音频传递给终端，终端识别作业员表达的内容，如正确则播放下一个指令。如此反复，直至拣货完成。

（6）任务回传：拣货完成后，终端将收集到的备货信息（作业员名称、每个指令完成的时间点、作业行数、异常信息等）传递给语音管理系统，语音管理系统实时将备货信息传递给仓储管理系统，并开始统计作业员效率、识别率、作业总时长等运营指标。

（7）库存扣减：仓储管理系统根据语音管理系统回传的备货信息，实时更新库存数据、订单状态，数据库采用私有云的方式在仓库搭建服务器，确保数据的安全性。

（三）主要技术参数

主要技术参数如表 10－4 所示。

表 10－4　　主要技术参数

序号	类型	内容	要求
1	软件功能	统计分析	满足正常、异常情况使用，可生成效率统计、故障报警等报表；报表可根据需要进行数据类型选择，并可打印
2		路径优化	对合并后的订单，可根据现场库位布局及库区划分进行备货行走路径优化
3	语音识别	识别率	需满足所有方言100%识别（单次），且不能识别除当前使用者外其他人员的声音
4		模糊识别	①能将语音信息（正常字词和模糊字词）实时转换为文本及其对应信息 ②模糊字词能根据实际使用情况发音需求进行调整，例如，B 转换为“波”，D 转换为“的”等
5		离线识别	若当前拣货单未完成且当前网络无法满足设备使用需求时，可通过语音设备离线完成剩余任务，当网络满足要求再将备货统计及状态信息自动统一上传
6	指环识别	识别成功提示	当指环成功识别条码后，需通过指环振动和亮灯、指环振动和蜂鸣器响进行提示
7	人机交互	反应时间	作业员反馈信息后，设备反馈的时间≤0.2s
8		稳定性	正常使用时，人机交互过程中耳机、终端或指环不允许出现卡顿问题
9	蓝牙连接	距离限定	当耳机和终端或指环和终端之间的距离≤2m 时，不允许耳机或指环掉线
10		掉线提示	当耳机掉线时，终端上的蓝牙设置处可查看耳机连接情况；当指环掉线时，可通过查看终端上的蓝牙设置处查看指环连接情况，或者耳机提示指环掉线
11		重连	自动重连，当自动重连失败后可通过手动连接

续　表

序号	类型	内容	要求
12	网络连接	网络接入	在阁楼非重保区网络信号强度至少 -70dBM 的环境下，丢包率 <1%，平均延时小于 20ms
13		掉线提示	通过耳机提示“嘟嘟……”声
14		重连	自动重连，当自动重连失败后可通过手动连接
15	数据保持功能		当设备无法正常使用时，作业员重新登录后，系统可语音提示有未完成任务，作业员确认后继续剩余作业
16	后台统计	电量提示	指环、耳机或终端电量少于 10% 时，通过耳机语音提示：“耳机/终端/指环电量低于 10%”
17		设备管理	统一界面对语音智能终端、无线蓝牙耳机、扫描指环进行统一管理、实时状态监控追踪（包括设备电池电量、智能终端的使用时间、使用者编号、与之配对的蓝牙耳机编号等）
18		报表	后台系统自动生成个人效率统计、效益对比、异常处理报表，可将数据导出并选择性打印

（四）使用反馈

（1）优化作业流程：优化扫描 3 个动作，消除设备手动 1 个操作，优化 1 个库位扫描动作。

（2）释放双手：可双手作业，提升备货稳定性，降低备货货损。

（3）减少行走距离：合单后分拨，通过路径优化，减少 33% 的行走距离。

（4）提升备货准确率：从 99% 提升至 99. 99%。

（5）提升作业效率：单台设备至少提升作业效率 17%。

三、项目成果及创新性

（一）汽车售后备件物流作业智能化

目前，在汽车售后备件物流领域，已实现了 AGV、伸缩机、自动包装流水线的运用。应用语音管理系统后，通过智能语音识别及智能路径优化，真正实现了从自动化到智能化的突破，提升了作业效率，确保了作业品质，降低了劳动强度。

（二）语音识别方式的突破

传统的语音识别方式为通用性模板匹配，无法针对个人的口音、说话习惯、语气等进行定制化识别，往往导致在作业过程中无法有效识别个人的长文字口音，甚至会误识别机器噪声及他人话语而干扰作业。对此开发出个人语音模板，能根据作业中的常用词语将个人发音录制模板，从而实现精确识别，确保识别准确率。

（三）智能化分析统计运作情况

本项目改变仓储管理系统只记录数据不分析的现状，通过后台系统自动生成个人效率统计、效率变化趋势，通过历史数据对比差异，指导管理人员进行重点管理，包括教育指导、作业区域调换或者人员变更等，从管理层面再次提升整体作业效率。

四、项目对行业的贡献

（一）社会价值

本项目具有先进性、运用范围广等特点，此智能语音解决方案首次实际运用于汽车售后服务备件物流领域，并已向其他仓库推广。通过前期设备的选型、系统的开发、现场环境的改造、流程的设计、POC 测试的改进，最终达到所需的效果，技术资料成熟、落地实施经验丰富。其研究成果能运用于备件物流的其他作业环节、备件物流的其他仓库，甚至可平行推广于其他汽车物流内可导入智能化设备的领域。

（二）经济应用价值

智能语音拣选设备现已在备件物流的某战略库阁楼区正式使用，实现减少约 25% 的作业员、备货效率提升 17%。后续将纵向推广于备件物流的高位区、地面区等备货区域以及到货分拣、收货入库、上架仓储环节。

东风物流集团股份有限公司　盖雪莹、罗春龙、王建新、刘波、李晓磊、沈锐鸿、刘颖

第三节　Python 数据可视化解决方案在售后备件物流调研中的运用

一、项目背景

长安马自达在全国重点省会城市设立了数个 PDC（配件配送中心）。主、分库分别负责近三百家的经销商零部件发运工作。配送工作由主机厂人员与第三方物流共同执行。对经销商的售后备件物流配送是 PDC 日常运作中非常重要的一部分，配送结果直接关系到经销商的满意度。长安马自达为了保证对经销商的服务，每季度执行一次对全体经销商的物流配送调研。按原先的手工方案工作量大，分析时间长，最终报告所展现的信息不便于相关人员阅读。

通过对经销商的满意度调研，可以了解主机厂在售后备件物流配送服务上的优缺点，更好地贴近终端用户，使改善的方向更加符合用户的需求，为客户提供更全面、更优质的物流服务，树立企业良好形象，实现企业与客户双赢。

二、项目内容

利用微软公司的整合办公平台 Office 365 Forms 进行物流配送调研问卷的收集工作。企业以外的人员通过电脑、手机、平板，随时随地通过链接或者二维码回答问题。同时，所有创建的数据，都保存在企业的团队中，未授权的人员无法获取该数据。

利用微软公司的整合办公平台 Office 365 PowerBI 对问卷进行数据可视化分析。

Python 有丰富的第三方库可供使用者调用。在这个项目里就是用了“结巴”（jieba）这个分词库。利用它将所有的用户评价语言拆分成一个一个的词组。再计算词组出现的频度。

机器人流程自动化（RPA）系统是一种应用程序，它通过模仿最终用户在电脑的手动操作方式，提供了另一种方式来使最终用户手动操作流程自动化。

三、项目执行方式

1. 过去的操作方式

用 Word 软件制作调研问卷，通过电子邮箱发送给各经销商；收到反馈后再用 Excel 进行汇总并做分析报告；最后通过邮箱分享给相关人员。

2. 改善后的调研方式

调研方式为网络调研，通过 Office 365 办公套件里的 Forms 作为调研问卷的编写工具。这种方式简单快捷，便于问卷发放（可以通过短信、邮件、微信发送调研问卷链接或二维码），同时也便于后期的数据处理和保存。

3. 调研问卷的设计

采用了多种的问题类型，包括封闭式、开放式、半开放式。多数题目都配有解释性意义的图片，帮助被调查者理解题意。

4. 调研结果收集整理和分析报告的输出

调研问卷发出后每天关注反馈的情况，将尚未反馈的经销商筛选出来。通过 RPA 一对一地给经销商发提醒邮件。催促两次以上未反馈的，给经销商的服务经理再发一封催促的电子邮件。反馈样本数量达成以后，在 Forms 的后台将反馈问卷下载。通过 Office 365 的 PowerBI 可视化数据分析工具连接 Excel 数据源建立数据模型，编写 DAX 数据分析表达式并用 Python 语言做文本分析，最后在图表区绘制交互式的数据报表。

四、推广情况

（一）案例一：通过调研报告的词云分析改进配件包装

在第一季度的调研报告中，包装工程师发现有一家经销商反馈某一种车型的“汽滤包装大，有点浪费”。

根据上述信息，包装工程师深入库房实地查看并测量尺寸（见图 10－10），随后进行包装箱替换测试（见图 10－11）。最终发现的确如经销商所言。

图 10－10　包装工程师现场测量

设计尺寸更适合的包装方案，经过计算，体积可以减少近一半，全年可以减少运输体积 49m^3。

包装工程师与该零部件的供应商取得联系，变更了包装设计，节省了物流运费。

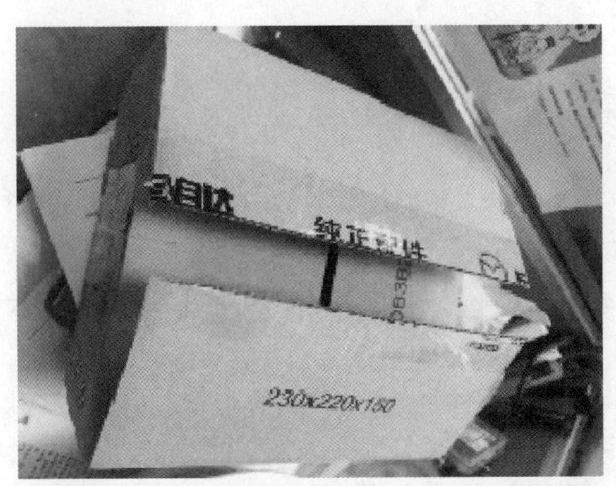

图 10－11　包装工程师进行包装箱的替换测试

（二）案例二：通过调研报告关键词调整配送时段

在第二季度经销商调研问卷中，第三方物流公司物流专员在阅读调研问卷时看到某一家经销商反馈送货时间希望稳定在 8：30—12：00，不希望在中午休息时间收货。

物流公司安排专人联系经销商，再次了解诉求。为满足经销商的要求，更换了运输模式，改为郑州—许昌直送模式。之后每日关注到货情况，终于将送货时间稳定在要求的时间范围内，满足了经销商的工作需求。

五、项目对行业的贡献

本项目运用 Python 对物流配送数据进行可视化分析，从之前的人工调查转变为编程进行的数据统计与分析。客观上提高了物流质量数据分析的效率，同时通过 Python 编程汇总统计关键词，有助于主机厂发现配送中的关键问题与容易忽略的偶发问题，也便于主机厂基于数据分析做出客观的物流配送质量评价。

长安马自达汽车有限公司　陶京、陆玲、周金琼

第四节　智慧“双眸”，守护仓库安全——安眸智能视觉管理系统在汽车售后库安防管理中的应用

一、项目背景

近年来，国家持续推动人工智能与实体经济的深度融合，安防行业作为 AI 技术落地应用较为领先的领域率先受益于 AI 技术的成熟发展。在技术迭代更新的推动下，智慧化成为安防行业发展的主流形式，也越来越聚焦于城市及行业安防场景中的实际应用情况。

本案例是智能安防在汽车行业中的应用。客户是某知名品牌汽车的售后库，对该品牌汽车在中国的整体售后业务至关重要，未来也将成为该品牌全球物流网络中的关键角色，服务整个亚洲地区。客户售后库零件较多，总价值高，目前存在不少安全隐患，工厂原有的安防停留在实时监测、事后取证的地步，安全和效率都有待提升，智能安防系统对于其售后库来说至关重要。

二、项目主要内容

安眸智能视觉管理系统（以下简称“安眸”）基于传统安防监控，结合强大的人工智能、云计算等技术，面向客户售后库场景，帮助客户把低效率、高成本追溯式被动监控提升为智慧主动监控。安眸基于大脑学习平台、高性能计算平台、智能大数据平台构造低成本、高性能、可扩展的视觉计算系统，构建客户工厂智能视觉网络，打

造客户工厂的智慧“双眸”。

为客户打造的安眸是将单一的安防系统进行融合集成，形成统一管理。整套系统涵盖了仓库视频监控、停车场管理、入侵报警等多个模块。该系统不只是对各个子系统进行简单堆砌，而是在满足各子系统功能的基础上，寻求内部各子系统之间、与外部其他智能系统之间的结合。

安眸通过感知物理世界中的人、机、料、环等的基础属性及行为特征信息，同时挖掘内在的关联多维图谱，实时监控作业过程中的安全隐患问题并提出告警。安眸通过智能视频分析技术，对视频画面进行自动检测分析，将监控目标与环境分离，智能过滤掉与目标不相关的各种无用的、干扰的信息，提取目标的关键特征信息，并与预置的先验信息进行比较，分析目标行为并发出报警，可以提高对异常目标或目标异常行为的防控能力和效率。秉承“全时域、无盲区”的原则，安眸与仓库内视频监控布防首尾相连，无缝对接，实现对非法入侵物体的自动跟踪监控。安眸可实现统一数据库、统一管理界面、统一授权、统一安防管理业务流程等，同时考虑将各安防系统资源作为信息化基础数据，满足客户售后运营管理的业务需求，辅助客户业务流程优化。安眸为客户深度赋能，提供云—边—端一体化的无感切换体验。

安眸立足于真实业务场景，挖掘仓库监控管理的痛点并提供切实可行的解决方案，帮助仓库实现智能化管理，助力打造智慧仓库。该系统结合实际业务操作流程、定制化设计深度学习算法和自研的神经网络模型，实现对特定工序的实时监控分析，规范作业行为，降低货损事件，保障人货安全，提高流转效率。安眸对客户监控数据进行智能分析后，多维整合视频与业务，并在仓库数据仪表盘生成告警数据，便于管理人员了解仓库运行情况。安吉智能针对客户的痛点，针对整个仓库禁区、停车场、收货区/作业区等重点区域进行部署，24 小时不间断识别监控，实现对货物、车辆及人员的管理。客户主要选择使用安眸智能视觉管理系统中的区域告警、夜间告警、区域安全、停车超时检测几大板块功能。

（一）区域告警功能展示

前端摄像头搭载 AI 识别算法，对人员进行检测、跟踪，实时预警区域内违规人员入侵事件。当有可疑人员进入监测范围内，可对其自动识别，输出报警信号。

（二）夜间告警功能展示

客户目前主要依靠安保人员查看监控和定时巡逻来管理仓库夜间的情况。但是，安保人员长期盯着监控看容易疲倦困顿，巡逻时也有可能由于疏忽导致对徘徊、逗留在仓库内的可疑人员的遗漏。安眸将被动监控转换为主动监控，在指定时间段内不间断地监控仓库夜间的情况，一旦发现人员立刻发出告警提示安保人员（见图 10－12）。

图 10－12　夜间告警

（三）停车超时检测功能展示

客户的停车场、发运道等常有车辆长时间停滞，导致发运效率、车位利用率较低，安眸可定位并追踪场内各个车辆，当车辆被判定为长时间未移动，安眸会在系统中记录超时车辆的停车道次、时间。

客户在部署实施安眸智能视觉管理系统以后，受益明显。

1. 保障人员安全

系统实行 24 小时实时安防监控，按需加载监控区域，通过“视频＋AI”，实现全场景防护，保障人员安全。安眸在第一时间进行预警提示，极大地提高了安全保障，避免重大意外事故的发生。

2. 提高管理效率

系统通过“PC 端＋微信移动端”，双重监控告警模式，实现园区安防远程管理。当区域内人流量过多时进行告警，降低新冠肺炎疫情风险。系统采用多权限分级告警推送方式，提高信息处理效率。

3. 降低人力成本

系统不间断监控，有效减轻工作负担，降低员工数量。通过服务器或云端记录，可以时刻保存进出记录，分析现场员工行为、设备行动轨迹，便于现场管理和数据分析，提高用工效率，减少浪费。

三、成果及创新性

安眸通过对大量数据、信息的采集、分析、处理和更新，实现自动化和智能化，使信息传递标准化和实时化，同时也在潜移默化地推动着主动化管理、标准化管理的变革。针对人员管理、车辆管理、安全着装规范识别、生产机械安全监控、危险行为监测和环境监控 6 个大的场景，系统都可以达到较高的识别准确率，消除人工巡检存在的隐患。

安眸基于自研深度学习 AI 算法引擎，形成数据采集标注、深度学习算法迭代、视频数据结构化、模型部署自主化，实现 AI 数据闭环，为港口、园区、仓库等物流业务中的核心元素人员、货物、设备提供安全保障。整体架构包括运行环境、感知层、网络层、计算层、业务层和应用层。

1. 运行环境

计算层的背后是强大的 AI 智能算法引擎和 AI 数据闭环（前端硬件与算法）。前端硬件包括高清网络监控相机、智能视觉设备（如 3D 点云相机、红外温度传感器、高清工业相机等）；AI 智能算法引擎包括自研智能视觉算法，具备多目标实时跟踪算法、物体检测分类识别算法、动态行为识别算法、re－ID 算法、人脸识别、GPU 视频解码加速等。系统运行环境为 Linux 系统物理服务器与边缘计算单元，数据层包括数据 MySQL（持久化存储）、Redis 集群（缓存）。

2. 感知层

感知层由多种传感器构成，利用多种不同的传感器，获取被感知物体在不同状态下的各种要素（属性、环境、行为等）并进行自动识别。系统对感知信息的实时性、精确性要求都非常高，若采用人工方式实现，不仅人工成本不可估算，精确度上人工也很难达到，尤其是一些测量数据，如果采用人工方式会存在严重的安全隐患。由此可见，在感知层各种各样的传感器至关重要，它们是数据的获取来源，更是获取高质量数据的重要保障。

3. 网络层

网络层将末端设备连接起来，通过安全级别较高的专用网络（或者对数据处理后通过移动网络），使末端设备获取的信息得以传输。网络层为传感器获取的各类数据提供信息传输通道。网络层对信息的安全性和完整性提出了更高的要求，高质量的数据是下一步各类数据融合处理的前提条件。

4. 计算层

计算层通过 AI 智能识别、智能分类、深度学习检测、轨迹跟踪、动作行为识别等，提供各类适合的算法、计算框架以及相关的高层封装。可提供算法包括回归类算法、聚类算法、推荐类算法、决策树算法、神经网络算法、深层神经网络算法、增强学习算法等，实现对人员、货物、设备等元素的图像提取与识别管理，通过后台大数据分析平台智能分析，为安全管理、工业运营管理人员提供实时数据。

5. **业务层**

业务层采用 API 或者 gRPC 接口对外提供 PaaS 服务，具体包括人员管理系统、叉车管理系统、货物与设备管理系统、智能身份识别系统、智能行为分析系统、智能行为预测系统，可实现实时数据计算，利用返回结果实现业务降本增效。

6. **展示层**

展示层为安眸智能视觉系统平台。

7. **应用层**

应用层能够对不同来源的各类数据进行数据融合处理和综合分析，具备智能化的分析处理能力。应用层不仅能处理当前系统面临的安全隐患，针对未来系统规模扩大和数据信息增长带来的各种安全隐患，也能够快速地、合理地处置。

四、行业贡献

本项目的完成是安吉智能继港口智能重卡示范运营项目后又一重要成果，安眸——基于仓库的智能视觉安防管理平台，进一步推进物流仓储从人力密集向科技密集转变，解决仓库行业相关综合管理成本居高不下的矛盾。通过场景与 AI 相结合，安眸借助人工智能分析技术及应用终端的边缘计算能力，对环境感知、智能控制、智能决策等多个领域同步实现突破，实现安防模式的数字化转型，从根本上改变传统园区、仓库的安防运营管理模式。

紧跟上汽集团整车和零部件生产基地的全国化布局，为上汽每个整车生产基地提供一体化、智能化的供应链解决方案和相关配套服务，保障上汽供应链及生产安全，提供专业高效的一体化智能服务。未来，安吉智能将根据客户实际需求，持续实现安防与客户业务的深度融合，开发并衍生更多定制化功能模块，助力客户实现更加智能化的安防管理。

安吉智能物联技术有限公司　蔡甲申、王才杰、张四欣、钦戈乐、王晓旭、彭媛媛

第五节　基于智能语音识别技术的东风日产汽车售后备件 OTD 优化策略

一、项目背景

汽车售后备件物流的业务涵盖市场需求预测、备件订购、物流规划、仓储、包装、品质等全价值链体系。随着汽车后市场的发展，客户对汽车售后备件物流时效的要求越来越高。目前，东风日产已在全国 43 个城市布点，其中，战略总库 3 个、分库 6 个，RDC 配送中心 34 个。备件 OTD 是指从专营店下单、打单到备件到店的时间，东风日产订单实时满足率为 99%，订单采用 DOQD（每日订单快速送达）的专车配送模式，专车配送比例达 96%，24 小时送达网点的覆盖率为 87%，整体交期约为 27 小时，偏远地区交期约为 60 小时，一直处于行业领先的水平。

但是从 2020 年开始，受新冠肺炎疫情影响，整个订单供应和物流保障体系都受到了严重冲击，如何保证现有水平并加强对风险的预防，是亟须解决的课题。

二、项目主要内容

（一）思路构想

在成本可控的前提下，为了在最短的时间内最大限度地满足客户需求，助力备件销售目标的达成，东风日产提出了“关注重点的少数”，从强内功、提能力、补短板、重沟通 4 个方面，针对交期在 24 小时以上的订单，从备件供应、库内作业、物流运输三个方面展开分析。

（1）专营店订单是否实时满足，未满足的如何紧急协调。

（2）库内作业调整，对库内作业时间长的订单做重点解析，找出短板进行改善。

（3）物流运输路线优化，对低频路线和零担网点，分析货量、距离、频次、服务性之间的关系，在成本可控的前提下确定改善对策。

（二）对策方案

1. 供应保障体系的完善

供应诊断体系：东风日产目前有 800 多个备件供应商，供应水平参差不齐，特别是备件供应体量、供应商的配合度存在很大差异，为此制定了订单跟踪→生产计划→供应管理→出货管理→包装管理→品质管理的全流程的诊断体系，确保整体满足率。

供应商分级管理机制（见图 10－13）：根据管控的结果，从风险和销量两个维度，对供应商按照 A0 级一般供应商、A1 级杠杆供应商、B0 级瓶颈供应商、B1 级战略供应商进行分级，分别按照正常管理、降库存、保供应、风险控制进行日常管控。

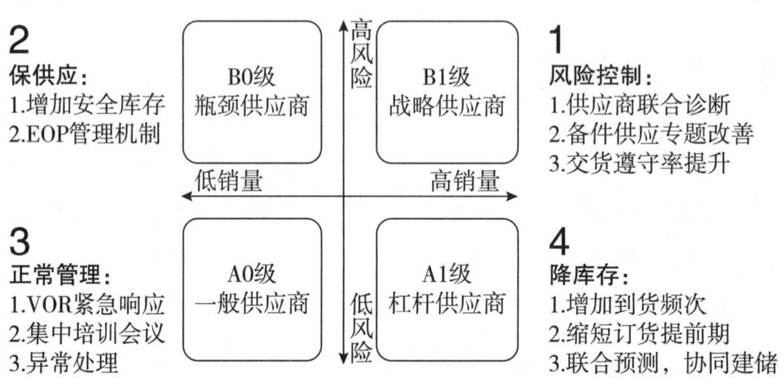

图 10－13　供应商分级管理机制

库存前置的探索：早期东风日产采用“战略库＋分库”两级建储，配送中心只承担分拨任务。但随着专营店渠道的不断下沉，特别是二级网点正在逐步纳入物流配送体系中，分库距离网点远的弊端就显示出来。中心库—分库—RDC 配送中心三级库存结构能够很好地解决该问题。

以海南为例，备件需要从广州仓库→湛江过海→海口 RDC→专营店。其中，过海时间受天气、演习、管制等多因素限制。根据历史订单数据，针对网点需求较为稳定的、过海受限制条件多的备件先在 RDC 建储，网点订购后，备件从 RDC 直配网点，然后再由中心库向 RDC 补充库存。

2. 紧急需求的快速响应

备件订单基于历史需求（主要参考照过去 6 个月的数据）模型来预测未来的需求，对于未实时满足的订单需通过快速通道解决。

（1）需求异常波动的应对：以郑州特大暴雨期间东风日产约有 7000 台车受损，其备件的需求急速攀升为例。

①根据近年来整理的水浸车备件清单，提前准备库存。

②与地区营销部、售后服务部、专营店建立联合保障团队，发挥团队优势。

③每日统计专营店的需求清单，实行按需管理，确保专营店维修备件优先到店。

④每日进行到店跟踪反馈，避免物流延迟。

（2）缺件的紧急挽回：以受新冠肺炎疫情影响造成的芯片短缺为例。

①实行按缺管理，制定需求—订单推移表。

②根据专营店的缺件清单，实时调整备件的订单，确保芯片的最大利用率。

③根据网点的缺件紧急程度，调整专营店订单分配顺序。

（3）EOP 备件的对策：根据国家规定，车型停产后，备件供应需要保障 10 年。

①建立了采购—售后—供应链管理部三方的 EOP 保障供应的机制。

②对 EOP 困难件实行“一品一策”的管理方案。

③对 EOP 未满十年的，采用多途径保证供货，包括一次性批量采购、涨价保供、二次开发、替代供应商、替代件全球资源寻找，保障 100% 的满足供应。

④对于 EOP 已满十年的，能提供的在最大限度内保障供应，确实无法供货的，通过专营店间资源共享、指导专营店通过社会途径采购的方式解决。

3. 仓库作业时间调整

理想状态是专营店 N 日下单，仓库 18：00 打单，夜间开展出库作业和在途配送，“*N*+1”日 9：00 前配送到店，最大限度满足专营店下单和到店的需求。但是在实际操作中，为了平衡仓库现场的作业量，目前仓库采取 3～5 个打单时间，特别是中心库订单和分库补货订单在同一波次作业，集中在 8：00 打单。*N* 日审核到中心库订单，实际在“*N*+1”日作业，订单在仓库等待 1 天。为了缩短等待时间，将 3 地中心库往 8 个仓库发货的订单打单时间统一由 8：00 调整到 14：00，整体缩短在库等待时间。经过 1 个月的试运行，华南中心库现场作业状况良好，而郑州和华东仓库出现了作业量分布不均的问题，最终分别调整了 6 条线路和 5 条线路。

4. 物流路线调整

（1）低频路线的调整。

随着保有量和网点数量的增加，东风日产原低频路线的订货量在逐步增加，又叠加东风物流业务整合，原东风旗下各公司的备件业务整合到一个事业部，整合后的事业部以原东风日产的广州飞梭云为运作主体，兼并吸收了神龙、乘用车等业务，使订货量进一步增加。

东风日产从日均货量、配送距离、运输车型等多方面进行分析，针对日均货量已大幅度提升，达到升频条件的路线，再测算路线的 E/S（运输费用/销售金额），调整了 4 条路线的配送频次。

（2）零担路线的调整。

零担路线主要由于专营店地处偏远、货量低，单一品牌无法实现专车配送。东风日产通过走访调研，发现汽配零担市场正在发生一些转变，城市间的汽配零担专车专线正在发力。以西安—延安、呼和浩特—锡林浩特的零担为例，“西安快”和“安能物流”等零担承运商，已经承接了多个品牌（广汽、东本、路虎等）的备件配送业务。

多品牌拼车配送，基本可以做到 N 日集货，N 日配送，“$N+2$”日到店，在备件防护、到店交接送货过程中，都在参考主机厂的服务标准。由于有货量保证，车辆积载率高，成本管控很好，与普通的零担物流成本相比差别不大，区域间的规模优势正在凸显。结合这一趋势，东风日产已经调整了拉萨、延安、锡林浩特等路线的零担承运商。

5. 数字化推动

面对 10 万多的在库品种、日均 4 万多的订单量，东风日产已经无法使用手工报表进行检核。顺应东风日产近年开始进行数字化转型，备件 OTD 缩短的项目也已完成数据采集、数据治理、数据运营、数据智能。

三、项目对行业的贡献

（一）数字化赋能

1. 数据采集

数据采集通过业务在线化、系统集成化、设备网联化、外部数据合作四个维度实现。全链条专营店销售→需求预测→供应商采购→供应协同→仓储→运输→客诉管理（含索赔/质量）实现系统 100% 覆盖，将备件物流主系统与周边营销系统对接，并且将仓库内的智能设备（PDA 扫描、库位标签识别、运输车联网 GPS）联网，确保数据的完整性。

2. 数据治理

数据导航构建多张物流宽表，覆盖东风日产的日常数据分析、数据运营类中的改善项目和辅助决策项目。数据治理可确保数据规范、来源统一、定义一致、质量可靠、使用安全，形成全景的企业数据资产目录，便于查找和检索，最终实现员工自助式的数据分析工作台。

3. 数据运营

（1）利用结果系、过程系的各项报表对物流链全过程进行监控。

（2）对数据进行分析，结合具体情况给出处理方式。

（3）管理配套动作，当指标未达到时，触发相关人员进行对策解析和挽回。

4. 数据智能

通过数据采集、数据治理、数据运营后，可达到数据智能化，管理者可据此提前预判运营变化、科学部署生产资料，从而助力全物流链条柔性生产、成本最佳、服务最优。

（二）多级库存结构的探索

随着市场竞争越来越激烈，客户对服务的要求越来越高，在距离客户最近的地方建储，最快地响应客户的需求，是东风日产的思考方向。

东风汽车有限公司东风日产乘用车公司　严奉新、吴文浩、梁小光、佘渊、
胡加、陈建林、何锦光

第十一章　汽车物流综合创新成果

第一节　物流运作预测性智能调度系统开发与应用

一、项目背景

近年来，宏观经济进入承压期、汽车行业进入变革期、国内市场进入调整期，在“三期叠加”的严峻考验下，各大车企在销售、利润等多项重要经营指标上都面临着巨大的挑战。劳动力成本不断上涨等因素导致了车企物流成本逐年上升；汽车工厂高生产节拍、高柔性化的特点对工厂物流运作造成巨大冲击；物料接收、仓储、分拣、配送等环节运作信息不透明，传统物料拉动管理系统无法满足现场运作需求，致使人员、设备等存在等待浪费，造成工厂物流运作效率低、及时性不够、成本压力大。

人工智能作为21世纪的尖端技术之一，近年来飞速发展，上汽通用汽车物流部创新突破，尝试融合数据采集技术、室内定位技术等物流前沿应用，通过智能算法、大数据分析等方式实现运作效率的提升，打造汽车物流行业少人化/无人化运作新模式。

物流运作预测性智能调度系统通过智能化手段，串联起工厂内“数据孤岛”，将工厂内物流的运作数据全面数字化、透明化、智能化，同时基于人工智能算法模型的建立，为工厂物流运作人员提供最优的操作指引，为物流自动化设备提供全局整体利用最优解，推进智能物流运作一体化。

二、项目主要内容

（一）工厂预测性任务生成

对接工厂的生产相关系统，实现物料配送任务的预测性发布。在整车进入工厂后，系统基于所有车型的配置信息，对车辆所需装配的上万个零部件，自动拆分到每一个装配工位，形成拉动需求。同时结合生产线旁实时物料的库存信息及整车在工厂内的实时位置信息，精准推测出每一种车型使用对应物料的需求时间，精确到秒级，最终形成一个总装车间生产物料需求任务池。

（二）移动设备数据采集与设备定位

1. 移动设备数据采集器

对传统移动设备进行整体改造，移动数据采集器及相关配套传感器的安装，使传统拖车具备自动数据采集、传输功能。

（1）员工通过刷卡来启动设备（刷卡时，移动数据采集器会将员工的卡号与上游系统进行交互，确认员工是否具备驾驶权限），并实现人员与车辆的绑定。

（2）移动数据采集器内部集成了陀螺仪、加速度传感器、速度传感器等，从而可以获取到移动设备的运动方向、空闲忙碌状态、行驶速度等运作数据，并通过 WiFi 网上传到上游系统，进行大数据分析整理。

2. 室内定位技术

率先在汽车工厂物流端使用 UWB 室内定位技术，UWB 本身具备低功耗、高宽带及对信道衰落不敏感等特点，不会影响厂内 WiFi 的正常运行；并且 UWB 信号持续时间短，有利于从发送端和接收端进行时间戳的精准获取，从而实现厘米级定位，为后续人员、设备路线规划及通道流量分析等提供了数据支持。

（三）智能调度模型

该模型使用启发式算法里的节约算法求解，配合使用插入法、贪婪算法做取货和返空箱处理，其核心思想是依次将运输问题中的两个回路合并为一个回路，使每次合并后的总运输距离减小的幅度最大，直到达到一辆车的装载限制时，再进行下一辆车的优化。基本思想是达到高效率配送，使配送的时间最小、距离最短、成本最低。

本项目场景中，拖车从库位到工位/缓存区的送货路线采用节约算法优化；为了在 10s 内从数千万个组合中选取最优解，在算法结构设计中使用最短路线规划、线边库存数据处理、任务时间窗口预处理等一系列优化工作来满足项目需求。

（四）自动化设备集成应用

在金桥凯迪拉克工厂中，上汽通用通过集成使用自动化设备来取代传统的人工运作模式。在这些自动化项目中，上汽通用积极在原设备调度及控制逻辑中进行大量的创新。

（1）在 Final 线 AGC 项目中，上汽通用率先打通 AGC 调度系统与生产系统之间的信息“壁垒”，通过实时的车间生产队列，精准预测及刷新每一筐物料的需求时间。在AGC调度系统中，技术人员通过整合高超的算法能力，融合运用机器学习、多智能体博弈等AI关键技术，实现了多路径最优规划、多任务负载均衡以及多AGC交通动态调度管理的全局智能调度功能，进一步提升现场AGC利用率，从而极大地减少了车间内相关设备数量的投入，降低了项目成本。

（2）在KIT智能零部件配载中，上汽通用集成六轴机器人、高速桁架机械臂、高精度视觉相机、滚子链、振动盘等，在可编程逻辑控制器集中调度下互联互通、精准配合，实现零部件自动补给、料盘自动堆解垛、料盘自动流转、零部件柔性抓取、终检相机智能防错的全过程自动化集成，实现变速箱微小零部件的自动配载，精益现场运作成本。

（3）在车身线束智能分拣中心项目中，上汽通用结合业务需求，协同IT共同对WMS进行定制化开发。

①WMS将油漆及总装车间的车辆信息进行整合，从而实现厂内库存及运作的最优组合。

②WMS基于大量的运行数据分析，自动对物料的需求优先级进行智能划分，并对库存进行冷热分区管理（见图11－1），将高频零部件放在热区，从而实现设备开动率的最大化。

③拉动供应商进行WCS系统的定制化开发，实现“上接WMS”“下连AGC、堆垛机及机运线”，实现了车身线束的全业务无人化运作。

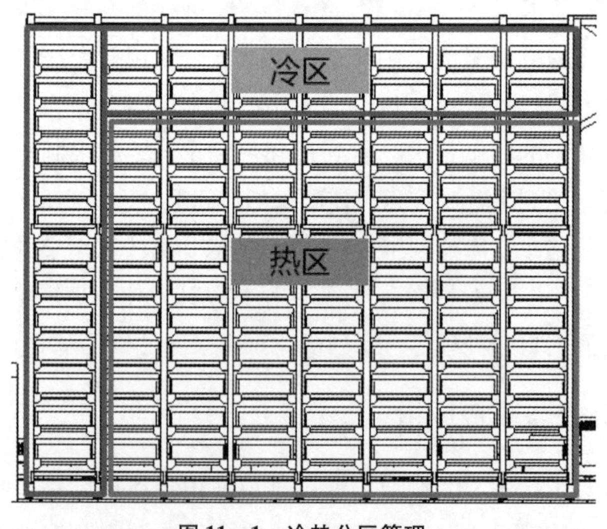

图11－1　冷热分区管理

（五）项目收益

上汽通用通过串联整个物流运作环节中各类数字化的信息数据，打造了一个全局数字化的厂内物流运作模式，实现了对现场运作效率的可视化展现，精准快速地捕捉潜在的效率提升点并加以优化，从而实现现场整体效率的提升，降低物流运作成本，同时基于智能平台开展了一系列自动化项目，逐步推进工厂的少人化及智能化。

三、项目成果及创新点

在汽车厂内物流运作环节，其创新点总结如下。

（1）模式创新：首次在工厂内通过人工智能组单下发的模式来取代原先人工承包制的模式，深化人工智能在物流行业内的应用，进一步提升物流运作效率并提高物流运作环节的数字化成果。

（2）新技术的引入：通过引入移动设备数据采集器及 UWB 室内定位技术，实现了对厂内物流设备的实时运作数据采集。

（3）自动化项目人工赋能：上汽通用整合物流部、IT、设备规划部、安保部等公司资源，成立联合项目小组，通过给自动化设备安装一个更智能的大脑，赋予设备更高的柔性化能力，从而实现了设备的全局智能调度配送模式、微小零部件的智能配载、仓储区域的智能分区等相关功能，进一步挖掘了设备的能力及运作效率。

四、行业贡献

该项目的开发与应用是上汽通用的厂内物料运作过程向高度信息化自动化升级的体现，实现了各类物料配送、拣选、仓储等需求的智能分析与组合。通过智能预测及匹配相关资源，自动规划取料配送路线、拣选物料种类、仓储库位，实现资源合理高效配置。同时该项目对于汽车行业厂内物料运作模式的转型也具有借鉴意义。

上汽通用汽车有限公司　沈杰、张敔、罗诚、吴渊拯、石磊、夏磊杰、李逸、张彦

第二节　基于 RPA 技术的物流数据自动化维护实践与创新

一、项目背景

新冠肺炎疫情之下，全球企业大都面临着两个严峻的挑战：一是人力成本飙升使企业经营成本不断增加；二是业务的快速发展导致企业内部流程纷繁复杂，工作效率的提升跟不上业务的发展要求。

以汽车物流行业的“PFEP 变更”场景为例，PFEP 变更是物流规划工程师根据车型迭代、节拍变化、工艺调整、包装、库位或存量优化等原因编写 PFEP 变更申请表，再据此对物流系统的数据进行更新维护，最后将 PFEP 变更申请群发邮件通知相关区域的人员。这项看似简单的工作却存在较多痛点（见图 11－2）。

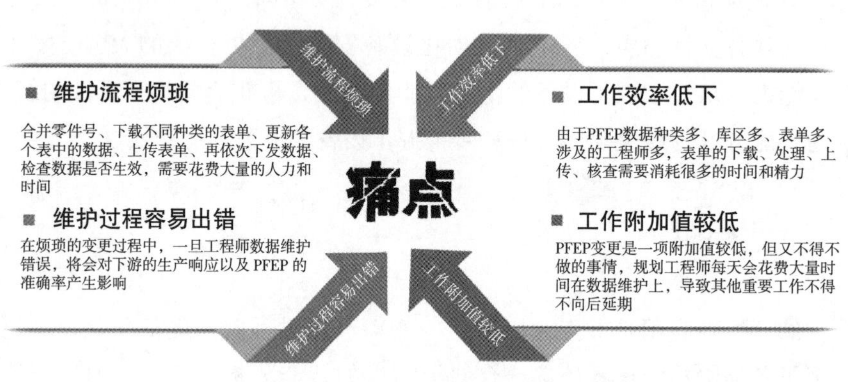

图 11－2　“PFEP”数据维护痛点

项目团队以低成本为前提，基于 Python 编程语言和 RPA（机器人流程自动化）技术，自主开发软件程序实现物流 PFEP 变更数据自动维护、物流 PFEP 汇总表自动生成、物流超级 BOM 变更数据自动推送三大功能，是传统生产物流服务领域中减少重复劳动、降低人工失误、提升工作效率、降低运营成本变革的重要实践与创新。

二、项目主要内容

（一）所属科学技术领域

本项目基于 RPA 技术，在 Windows 系统下利用 Python 编程等预先配置的自动执行脚本完成一系列需要人工处理的流程，从而实现业务处理的自动化。利用 Java、C ++ 、JavaScript 等语言编写的银河数据平台和帆软报表实现物流超级 BOM 变更数据自动推送，实现变更信息的及时获取，帮助企业从前端预防问题，改变出现问题再解决的被动局面。

（二）程序搭建架构

本项目基于 RPA 技术，利用 Python、Java、C ++ 、JavaScript 等预先配置的自动执行脚本完成一系列需要人工处理的流程，从而实现业务处理的自动化，PFEP 变更和 PFEP 汇总表刷新可以在十几秒内自动一键完成，代替人工重复劳动，减少手工错误，提高工作效率和准确率。本项目自动获取 BOM 变更信息，可以通过提前维护拉动方式，改变出现问题再解决的被动局面；消除因拉动方式为空所导致的现场操作、物流、IT 工程师人员紧急响应，减少因紧急下发 BOM 数据引起的其他连锁问题。RPA 物流数据维护自动化程序架构如图 11 -3 所示。

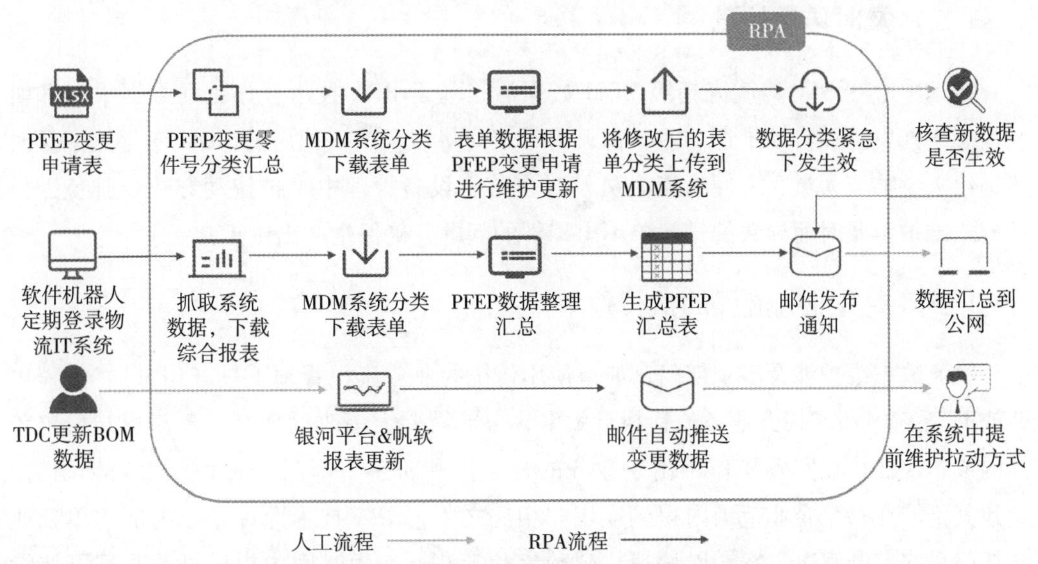

图 11 -3 RPA 物流数据维护自动化程序架构

（三）经济效益

在业务处理中，应用 RPA 技术能够低成本高效率的完成各项作业，实现全天候不间断稳定工作。通过自动化维护物流变更数据以及自动化生成 PFEP 汇总表，将原来平均由 8 个工程师每天花费 1 小时的工作量减少到总共不到 10 分钟就可以完成，实现一键维护数据、一键生成报表，显著减少人员的重复性工作，节省了 2 名物流人员，节约成本 30 万元/年。通过提前维护物流拉动数据，可以减少非周期性停线，预计可以减少停线损失 16.6 万元/年，总共可以节约经济效益 46.6 万元/年。

三、项目创新点

（一）实现显著降本增效

本项目自主编程、自主开发，以零投入、零成本方式实现流程自动化操作，对于物流数据维护这类重复烦琐的工作，通过 RPA 技术实现了显著提效，较人工操作处理速度提升了 48 倍，并且 RPA 数字员工严格遵守设定程序，永不疲倦、永不犯错。它们操作规范，始终如一，工作准确率高达 100%，实施自动变更后，PFEP 准确率提升至 99% 以上，自动维护程序可以一边提效，一边释放人力去进行其他工作，降低企业成本。

（二）及时传递信息

技术中心在 SAP 修改完超级 BOM 数据后，基于 RPA 技术，在银河数据平台和帆软报表中开发邮件自动推送功能，每天定时定向将涉及重庆工厂的 BOM 变化数据及时传递给下游物流人员，方便物流人员及时在移动设备管理中维护拉动方式，避免因拉动方式维护不及时而导致的排序单不出零件的问题，确保生产出单正常。

（三）提升业务流程的执行效率

物流数据维护涉及多个部门，如果使用传统的业务流程管理工具（BPM）、流程再造或 IT 系统升级来提升业务流程执行效率，可能需要大幅改动现有业务流程并付出较高的成本，往往在实际操作中由于业务的复杂性和跨多个部门等种种原因遇到阻力，导致其不能在整个企业范围内得到应用。相比之下，RPA 技术允许企业内部的单独业务部门采取定制解决方案，以快速构建数字化流程，在短时间内提供显著并且可持续的价值，同时较大程度上降低总体风险。通过在部门层面构建和部署，企业人员可以快速处理重复性高且烦琐的业务流程，从而实现效率和成本的节约，同时尽量保持灵活性。

（四）非侵入式集成不影响现有 IT 系统的功能与稳定性

与传统的 ERP、OA、CRM 等 IT 系统不同，RPA 数字员工是以外挂的形式部署在业务系统中，不需要相关的业务系统开发接口，也无须改变当前系统架构，就能够实现多业务系统的集成，从而在帮助企业提升效能的过程中，保持企业已有的 IT 系统功能平稳、运行可靠。

RPA 部署不需要开通任何平台的任何访问权限，自身不存储系统数据，对企业来说更加安全高效稳定。RPA 技术能够在不改变现有 IT 架构的情况下，模拟人工操作数据下载、上传、下发等动作，实现系统间数据互联，提升企业业务融合水平。

（五）RPA 技术与系统无缝结合

RPA 技术具有非常强的灵活配置性，通过代码优化，编写非常贴近自身流程的自动化程序，既可实现和人工操作一样的与系统无缝结合，也可以改变人工操作流程烦琐的缺点，较短的开发周期和较低的开发成本让程序快速落地，为员工打造更轻松更有吸引力的工作体验。

四、项目对行业的贡献

本项目基于 RPA 技术，通过自主编程、自主开发程序实现物流数据自动化维护。这在汽车物流行业属于首创，是一次创新创造、卓越执行的全新实践。物流数据的及时、准确维护是物流高效运作的基础，借助 RPA 数字员工，物流人员得以从重复性、低价值、易出错的数据维护工作中解放出来，有更多时间和精力去做有更高价值的工作；借助 RPA 数字员工，物流人员可以及时地获取上游物流数据的变化，主动地维护下游拉动数据；借助 RPA 数字员工，物流人员可以在不改变现有 IT 系统的架构和功能的情况下，灵活配置代码，开发贴近自己部门的业务，实现无缝结合。

在今后的实践过程中，还可以深挖 RPA 技术在汽车物流领域的应用场景，更深入探讨如何将 RPA、AI、大数据等技术融合，使 RPA 技术可以辅助或取代更广泛的业务流程操作，赋能员工数字化能力，助力物流管理由数字化向智慧化转变。

上汽通用五菱重庆分公司　米晓芳、黄春笋、汪洲、刘聪、赵俊才、李伟、
王廷林、杨胜举、韦小丽、张茂林、钟浪、韦秋阳、赖佳、刘亚兰、
冉东生、范爽、罗欢、黄俊淇、井启蓉

第三节　基于 SOA 架构的自动化物流结算平台的应用

一、项目背景

武汉东本储运有限公司（以下简称“东本储运”）成立于 2004 年 4 月，主要为东风本田汽车有限公司提供专业的零部件物流、整车物流、备件物流全方位一体化的物流解决方案，致力于成为全汽车物流价值链服务提供商。

物流企业的一切活动最终体现为经济活动。企业的物流活动包括运输、储存、装卸搬运、包装、流通加工、配送和信息处理等多个环节，决定了物流企业会计核算分为多个环节：运输环节核算、储存环节核算、装卸搬运环节核算、包装环节核算、流通加工环节核算和配送环节核算。核算工作是业务结算的前置环节。

东本储运作为专业的第三方汽车物流企业，根据主营业务划分的各个板块，将主营业务成本分为运输成本、仓储成本、劳务成本，其中，运输成本包括零部件调达运输、零部件配送运输、整车运输、备件运输。业务结算工作直接与公司运营成本挂钩，至关重要。在东本储运未实施自动化结算管理之前，存在业务成本核算工作量大、业务成本结算效率低、信息流通不畅等问题。

二、项目主要内容

自动化结算管理以实现四大业务领域运输和仓储成本自动结算为目标，通过引入中间件，实现财务系统与四大业务系统的数据自动传输，并从业务系统中可查看结算结果，跟踪结算异常，为准确高效核算财务成本提供了业务信息支撑。系统功能架构如图 11－4 所示。

其中，ILMS（入厂物流系统）、PLMS（厂内物流系统）、SLMS（整车物流系统）、ASLMS（备件物流系统）、财务系统为五个各自独立、分布运行的业务系统，ILMS、PLMS、SLMS 和 ASLMS 为关键业务系统，需实时提供共享数据给财务系统，财务系统需接收共享数据并将处理结果反馈给业务系统。系统之间彼此独立，形成信息孤岛，无法实现信息交换和共享。

传统的点对点集成应用模式是在已有系统之间建立点对点连接。这种方案由于每两个节点之间都要有连接，随着应用的增加，连接数量成倍增长，导致集成的工作量

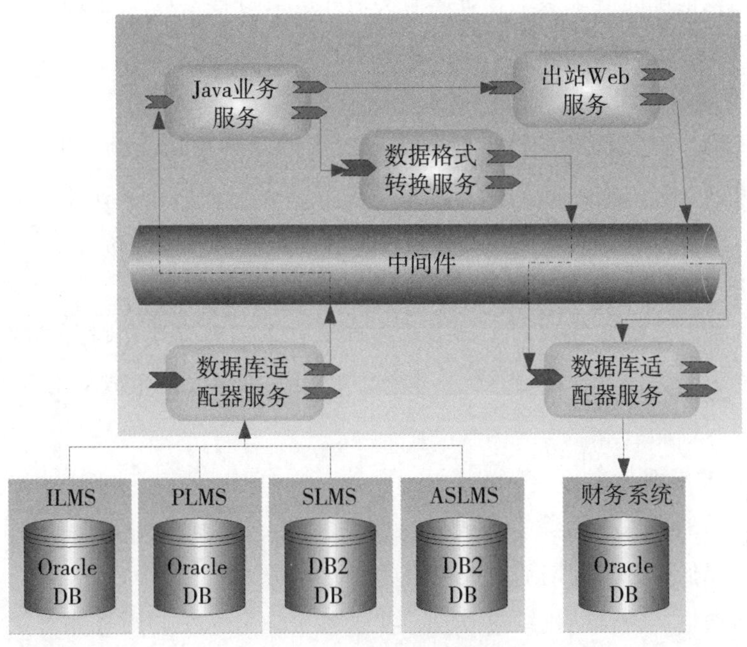

图 11-4　系统功能架构

庞大，维护代价昂贵，网络负载随之增大，错误率也随之增加，更重要的是，节点之间缺乏必要的协同能力，也不利于整个应用系统的扩充。

东本储运引入基于 SOA（Service - Oriented Architecture）架构的应用集成模式，即面向服务的体系架构，在完成服务的接入、服务间的通信和交互基础上，还提供安全性、可靠性、高性能的服务能力保障，消除应用系统点对点集成瓶颈，降低集成开发难度，增进系统开发和运行效率，便于业务系统灵活重构，快速适应业务及流程变化需要。

三、项目成果及创新性

（一）经济效益

1. 运输实绩核对效率提高

在推进自动化结算过程中，ILMS 实现对运输任务的运单化管理，通过 PDA 扫描记录运输实绩，并根据结算周期自动生成月度报表，减少人工干预。业务核对人员只需要处理个别异常情况，核对时间从 24 小时/月降低到 5 小时/月，核对效率大大提高。

2. 承运商确认效率提高

系统导入前，业务部门通过邮件和电话形式与承运商确认每月运输实绩和费用。

导入后，承运商能随时登录系统查看运输实绩并进行每日核对，减少核对工作量积压，提高了确认效率。

3. **财务核算效率提高**

系统导入前，财务核算员根据业务部门提出的结算申请，查看电子版业务明细，过程复杂且耗时。导入后，通过在系统自动生成结算凭证后，可在各个业务系统中查看业务明细，快捷方便，且数据均已经过审核确认，效率大大提高。

4. **结算准确度提高**

系统导入前，运输实绩核对、运输费用计算、承运商确认和财务核算均由人工完成，难免存在人工失误。导入后，价格审核、费用核算、凭证生成均由系统自动完成，结算准确度大大提高。

5. **缩短开发周期**

中间件技术的引入，消除了应用系统点对点集成瓶颈，使应用开发工作量减少，实现难度大大降低，开发周期随之大幅缩短。

东本储运通过实施自动化结算管理，实现各个业务系统与财务系统结算数据的无缝连接。系统导入后，财务核算有更完整更集中的业务数据支撑，业务系统能第一时间获取财务结算信息，大大提高了数据传递效率，提升了信息共享度，更赢得了下游承运商公司的长久信赖，稳定了合作关系。

（二）项目创新点

本项目深入分析了传统结算的弊病，提出了自动化统一结算平台的构想，并完成了系统实施，实现了公司业务数据的自动化提取、上下游系统对账、财务凭证的自动化生成，大大降低了传统结算所需的时间，提高了资金周转效率，为整个汽车物流供应链创造了价值。

本项目使用SOA架构，突破企业内网的限制，实现与供应链上下游伙伴业务的紧密结合。在此架构中，可以灵活地对服务进行配置，避免了功能的重复研发，保证了系统的灵活性与可扩展性。

四、项目在行业中的贡献

财务成本核算作为一个企业的核心，成本核算信息的收集工作、成本核算过程的准确性和及时性显得尤为重要。东本储运实施的自动化结算管理，能通过与业务系统关联，传递业务结算信息（运输成本和仓储成本），自动生成结算凭证，且业务明细均能在系统中完成审批，做到有据可查，为财务结算提供完备的数据支撑。该功能已在东本储运得到有效的应用实践，对同性质企业及同类型应用场景具有借鉴意义和推广价值。

作为项目成果，自动化统一结算平台的应用效果获得了客户东风本田和承运商的认可，随着东风本田四工厂的建成，将在更大范围内应用整套管理模式。

武汉东本储运有限公司　蒋小伟

第四节　最佳机器人流程自动化实践——敏实集团物流中心数字化转型探索

一、项目背景

（一）大势所趋

近年来，新一轮科技革命和产业变革席卷全球，人工智能、大数据、机器学习、云计算等技术正在不断地改变着人们的生活和工作。物流业也步入转型升级的新阶段。在新一代信息技术的推动下，相当多的物流企业已经建立了 ERP、TMS、WMS、OMS 等专业的业务处理系统。敏实集团将机器人流程自动化（RPA）与物流供应链结合，极大地提高了物流行业的工作效率。

（二）智能制造与交付

在敏实集团未来工厂的设计方案中，公司管理层强调要在实物流/信息流精益的基础上，将调度对象、过程状态、流程规则数字化，支撑进度信息实时可视、信息处理自动化，业务决策及调度过程智能化，更好地实践公司的数字化战略。

（三）转型升级

目前敏实集团基本建成了横向集成、纵向贯通的一体化信息工作平台，为集团物流数字化提供了有力支撑。但在物流团队的日常工作中，仍然有许多高度重复的人工操作，亟待得到优化。一是流程中存在高度重复的人工操作，需要耗费大量的人力和时间；二是在某些流程的数据处理中，人工操作可能存在错误风险，导致客户投诉，影响客户满意度并产生罚金；三是人工投入大量时间处理日常事务，可能无法及时响应业务的变化和拓展，且业务快速扩张使工作负荷不断增大，人工成本持续攀升。如何结合公司实际情况，有效提升工作效率，创造价值，推动物流日常管理工作转型升级，是集团亟待思考的问题。

二、项目主要内容

本项目聚焦日常业务处理和订单发货等实际业务，通过前台和后台的物流机器人建设，促进系统高度集成，提升业务标准化和自动化水平，防范订单交付风险，为集团数字化转型添砖加瓦。

项目具体建设内容包括四个方面。一是实现日常发货数据的自动上传，节省工作时间，实现录入“零错误”。二是根据提货数据下载流程，机器人按设定好的规则自动登录各个系统下载文件，并对下载的文件按规则重命名，统一归档。人工操作时需要定期登录关务系统或客户系统下载大量文档资料，操作单一且机械，占用了大量工作时间，且附加值低，通过机器人解放双手，把时间运用到更加有价值的工作中。三是实时监控集团在途集装箱状态，并进行延迟预警，避免了关务人员与货代公司大量反复的日常沟通，以及潜在的遗漏风险，实现在途集装箱的及时预警。四是对现有流程进行再造，并结合组织变革，为组织赋能。

三、目标和思路

（一）总体目标

充分应用RPA、图像识别、仿生学等新技术，优化现有业务流程，用机器人辅助人工处理业务，有效解决人工操作过程中重复性工作多、手工处理准确性差、跨系统流程效率低等问题，推动集团物流工作加快实现四个转型。

1. 加快管理转型

通过机器人对人工的替代，可以将更精益、明细的管理要求有效落地，减少人为干预，促进物流系统深度融合，提升物流交付精益管理能力，推动管理转型升级。

2. 加快队伍转型

引入新的机器人，降低人力负荷，使物流人员得以从事更具创造力、更具价值的客户沟通工作，形成更强的生产力。

3. 加快数字化转型

通过合理的流程整合与优化，机器人将提升公司的智能化水平，减少人工干预，促进业务流程数字化水平提升，有效防控集团交付风险，大幅提升工作效率。

4. 流程再造和组织赋能

优化运作流程，实施流程再造和组织变革，为组织赋能。

（二）建设思路

物流机器人建设工作是公司物流工作的一次重大变革和转型尝试，是一项系统性工程和创造性工程，为确保建设成果有用好用、风险可控，在开始项目建设之前，采用了行业领先的机器人实施方法论，对各单位业务场景进行了筛选，根据不同业务的实际情况，选取不同技术实现手段，并确定了先试点后推广，分批推进落地的实施策略。

四、实施案例分享

（一）案例一：在线信息收集

目前，敏实集团有大量的在途集装箱需要及时更新各个时间节点的最新状态。在上线机器人之前，工作人员需要对所有在途集装箱进行不定期更新，通过与货代确认、到船公司网站查询等方式进行零星信息收集，难免跟踪不及时，导致客户库存低位，需要空运补货。另外，集装箱的物流状态难以跟踪，船公司网站繁多，数据查询及效率低。上线机器人后，机器人对接关务系统，自动导出在途集装箱信息并查询状态，并将最近的物流状态回传至关务系统，通过 BI 展示进行实时监控，同时对延迟集装箱进行升级预警，确保所有在途数据的实时可控。

（二）案例二：发货标签自动打印

在上线机器人之前，业务人员需要整理 ASN 数据，并逐条输入 ASN 数据，占用大量白天工作时间。并且在录入 ASN 数据时容易输错，导致发货数据不准确。在上线机器人后，业务人员只需要准备发货明细数据，机器人每隔半小时会根据发货明细数据自动登录网站录入数据并返回处理结果，数据录入实现“零错误”。

机器人在客户系统中填写数据生成发货标签，订单完成后通过邮件的形式通知业务人员。业务人员确认信息无误后传递至工厂仓库，仓库工作人员直接打印发货标签，最后完成发货。

（三）案例三：发货报关全流程

目前业务人员需要登录关务系统中新建出口信息、生成报关单、核注清单、下载文件等，这些烦琐操作占用大量工作时间。通过机器人为以上连续的工作任务定义衔接操作和判断标准，机器人每隔固定时间会自动操作SAP，并根据SAP中生成的DN登录关务系统完成单证制作，并将下载好的文件和处理结果反馈给用户，完成一系列的工作任务，降低了人工在不同任务中的干预程度。

在流程设计测试的过程中，业务人员严格按照标准要求操作，在实现机器人自动化的同时，基于机器人的工作原理，对业务及数据的规范化标准化程度要求高，一定程度上推动现有业务流程优化；业务流程优化与技术引入相辅相成，互相促进，最终实现管理和效率提升的总体目标。

五、项目实施效果

（一）精益管理能力增强

一方面，物流机器人建设需要标准化的流程才能实现，这促使敏实集团整合原先割裂或冗余的流程，横向提升了业务的耦合度和标准化水平；另一方面，公司已有标准化程度较高的业务可以通过物流机器人弥补人工操作的缺点，从而提升了业务的自动化水平。

本项目改变了现有业务处理的模式，交付人员和关务人员将不再是流程节点的操作者和数据的搬运工，而是负责监控和审查工作，将更多的精力放在例外事项的处理和有针对性抽检审查等风险防范工作，这有助于大幅提升工作效率以及降低物流交付风险。具体来看，公司通过实施物流机器人，主要实现了四方面提升。一是信息处理的标准化，机器人可集中化处理所有工作，保证同一套逻辑、同一个规范、同一类产出。二是业务过程可溯，有序归类基础数据、过程数据和结果数据，所有流程的关键自动化作业在执行过程中都可以被监控和记录，满足合规审计需求。三是业务流程高效，在执行期间，机器人有效利用空余时间或夜间作业执行全量预警监测工作，将具体时间缩短至原有的50%以下，不占用业务人员的工作时间。四是人工价值体现，机器人替代人工执行取数和计算等重复机械工作，释放人工被占用的无效时间，重点关注预警结果，专注决策和管理工作。

（二）提质增效收益显著

一是标准化及优化业务流程，通过项目推进识别出流程的优化与标准化空间，树立了统一的流程标准，同时利于业务知识的迁移。二是提升数据质量，机器人按照既定逻辑运行，不会出现人为操作的失误，且随着业务发展数据量的增加，机器人执行工作的完整性、准确性和及时性将得到更大的发挥。三是前瞻技术转型，通过实施流程自动化，本项目展示了机器人解决方案的价值所在，使用户对机器人的交互模式、技术可行性有了更深的理解，对公司技术转型及业务智能化有更清晰的方向，帮助探索、发现、挖掘数字化转型的更深价值和切实可行的方案。四是资源配置优化，通过应用信息技术识别更多跨流程、跨职能的应用场景，分析投入产出比。

（三）商业推广前景宽阔

物流机器人具有灵活配置、部署快速和低投入高产出三大特点，具有很强的可复制性和推广价值。一是灵活配置，支持逻辑灵活拓展，可增添常规公司、科目代码、单据类型等多种字段，同步支持多维度逻辑配置功能，迎合业务的发展升级需求。二是部署快速，支持快速地跨多个系统的流程整合和数据抽取，在不影响原有系统架构和数据结构的情况下，可以实现流程的自动化流转。三是低投入高产出，机器人轻量级实施的上线方式无须复杂的系统集成或者庞大的硬件支出，可以在短时间内获得较高的投资回报率，并驱动新的业务创新。

物流机器人在流程范围和试点地市的筛选时，就充分考虑到其适用性和普遍性。例如，“发货报关全流程”就普遍适用于集团内部所有工厂的出口报关业务，目前该流程已在试点工厂平稳运行，适用于大量重复单一的常规性业务处理，不影响既有业务系统功能和接口集成关系，即使不同的系统集成关系复杂，仍可以从业务流程角度快速部署，具有很好的推广性。

（四）助力物流人员转型

随着物流机器人的部署上线，基层物流人员也已适应新的工作状态和角色分配，无论对于公司还是个人，都将从这一过程中受益。随着虚拟员工（机器人）队伍的逐渐稳定，物流人员学会如何更好地运用数字化技术，与机器人协作完成工作。机器人流程自动化等相关技术带来便利的同时，也将让物流人员不再固守现有的经验、攻略指导，而是更加主动地学习探索新的知识和应用理念，以紧跟技术变革的步伐，有利于投入更高附加值的工作中。

六、敏实物流机器人未来规划

在项目的实施过程中，集团数字化转型团队结合供应商的实施经验，采用“传帮带”的合作方式，将 RPA 技术实施落地的经验传授于企业，帮助企业建立自身的持续开发运维能力，最终组建集团内部的 RPA 团队，并横向拓展至其他业务团队，实现能力迁移。

敏实集团物流部　杨勇、余珂、张丞

第五节　上汽通用五菱跨地区产能提升物流柔性创新实践

一、项目背景

2020 年 7 月，上汽通用五菱汽车股份有限公司（SGMW）旗下 GSEV 新能源汽车宏光 MINI EV 面市。作为 SGMW 推出的首款四座新能源车，上市第 3 个月，月销量破 2 万辆并持续迅猛增长，实现上市 200 天卖出 20 万辆、平均日销 1000 辆的奇迹。市场需求的快速增长，让该车型需在最短时间内完成 SGMW 3 个基地 4 条生产线的投产，零部件供应链物流组织运作模式面临巨大的考验。

本项目为物流柔性化的探索实践，于 2020 年 9 月初正式立项，通过多式联运创新、仓配一体化、包装精益化管理、满足柔性制造的物流管理等方式，使宏光 MINI EV 车型生产项目从青岛基地快速导入宝骏基地，建立柔性物流通道，保障车型的顺利转产，助力公司年度产能目标达成（为公司保密政策，下述数值浮动约 10%）。各工厂宏光 MINI EV 产量如图 11 - 5 所示。

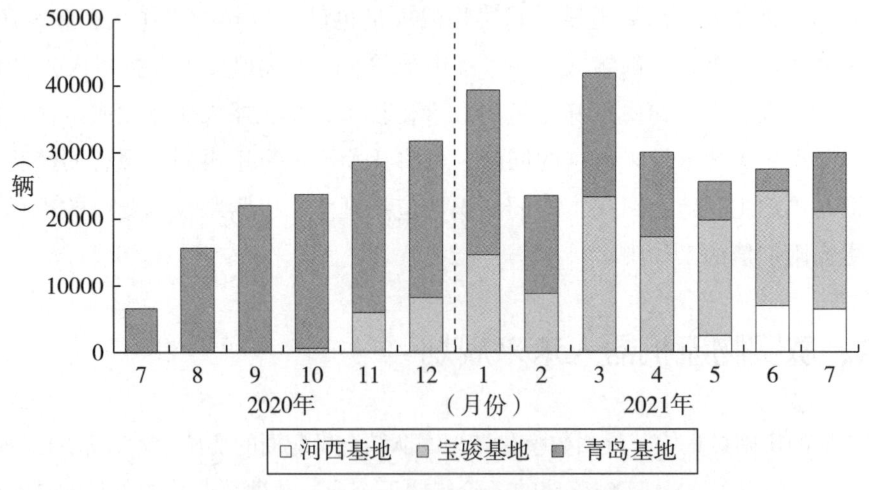

图 11 - 5　各工厂宏光 MINI EV 产量

二、项目主要内容

（一）多式联运

宏光 MINI EV 在青岛基地投产后持续热销，柳州分公司宝骏基地及河西基地的投产迫在眉睫。为保障零部件资源符合投产要求，团队建立青岛—柳州—宝骏及河西基地运输的快速柔性通道，基于产销分布匹配、公铁协同、循环包装、快速本地化等降本措施，开启了青岛—柳州两地循环的铁路、公路、航空运输通道，提升了物流综合能力。

多式联运通过集装箱进行直达运输，青岛至柳州本地仓库途中换装使用专业机械装卸，无须拆箱、装箱，减少中间环节。各运输环节和运输工具紧密配合，衔接紧凑、中转迅速，大大减少停留时间，保障零部件安全、迅速、准确运抵目的地。

此外，团队还创新地将两地的整车物流与零部件物流融合，通过轿运车改造实现一车多运、一车多用的降本措施，降低轿运车空车返回比例，实现运输降本的共赢场面。另外，团队首次使用铁路棚车进行零部件转运，提升了物流综合能力，打通南北多式联运大通道，建立起国内规模最大的 KD 物流体系。

（二）仓配一体化

为满足收货、仓储、拣选、包装、配送等功能集合，团队成立仓配一体化管理小组，该小组负责 KD 仓库的管理运作。

小组根据适应性、协调性、经济性、战略性原则，在 2 周内调查走访 5 家物流仓库中心，选择位于柳东新工汽车产业园花岭工业区一处仓库，距主机厂 5.6 公里路程。小组联合采购中心迅速完成 12800m^2 厂外仓库租用合同签订、仓库规划及配套资源配置等前期导入工作。

本地仓库定址后，仓库操作人员及入厂配送车辆资源成了最大瓶颈。为此，团队进行多方联动，搭建球形组织，联合多家三方物流公司及劳务公司组织车辆及人员资源。项目运行 3 个月，形成具有 21 辆飞翼车、190 位操作员工的稳定团队，单月本地入厂配送超过 4500 趟次，拆箱超过 50000 个，实现最大化产出。

2021 年 6 月，该仓库首次作为反向 KD 仓库，实现从柳州打包零部件长途运输至青岛基地生产。

（三）包装精益化管理

在多式联运中，青岛至柳州、柳州本地仓库至主机厂存在两种及以上的交通工具相互衔接，为保障零部件运输过程的质量管理及满载率管理，包装标准化变得尤为重要。

基于包装精益化指标的要求，长途方面包装均使用标准尺寸系列：12 种木箱箱型，7 种循环箱型（6 种围板箱型号，1 种铁箱型号）。其中，循环箱包装使用比例达到 58%，远超以往国内 KD 车型循环箱使用比例。基于包装标准化及循环化的背景，管理成本进一步降低，厂地利用率也大幅度提升。

通常一个项目周期中，入厂上线包装设计及制作需要 3 个月，而宏光 MINI EV 快速投产需求把入厂上线包装的准备周期缩短至 2 周。因此，为了快速响应生产，团队从减少过度包装、取消翻包环节、推动原包装上线、包装共享使用、跨基地包装柔性等方面着手，减少专用料架投入和制作，不仅提升在本地仓库 KD 件转移拆包、生产的效率，也减少翻包对零部件质量的影响，缩短项目包装开发、投入时间和费用。宏光 MINI EV 跨地区生产项目总计完成 210 种包装数据分析，确认 114 个零部件采用原包装上线，项目入厂及上线包装成本较以往同类车型下降 65%。

（四）满足柔性制造的物流管理

在宝骏基地中，为满足产量需求，制造系统除在新能源车间全线生产外，仅用 3 周改造启用一条只生产燃油车的总装生产线，并在 1 个月内将该总装生产线速由 30JPH 提升至 40JPH。新能源车与燃油车混线生产模式具有多品种小批量的特点，新增零部件对厂内物流的场地压力和拉动模式提出挑战。

基于客观环境限制，团队选取 12 种内外饰零部件在供应商端按照生产节拍的要求排序送到厂内，再由 AGV 或无人小 E 自动配送，实现排序前置，节省厂内仓库面积 900m^2；同时结合新生产线具有多品种小批量的特点，利用生产制造系统 MES 上各工艺车间过线点位采集过车信息，按过车信息的生产队列拉动零部件填充仓库，实现精准拉动，有效降低当前层级拉动（按消耗拉动）带来的厂内仓库存量和积压压力。

该项目的物流模式在上汽通用五菱车型转产项目中是具有重要意义的，可为后续车型生产提供最佳实践。

三、项目成果及创新性

（一）项目成果

本项目根据飞翼车和叉车资源配置紧张的瓶颈，运用 SLT－02 缩短交货周期原则，将 12 种高频转运零部件进行厂内二次缓存拆包，减少料架投入总计 120 台，飞翼车 2 台；有效减少零件预警次数，有效减少停线时间约 112.6 分钟/年；同时通过场地及逻辑联动规划，节省了仓库面积。

同时基地内多部门协同，3天完成270种零部件包装设计、2天完成方案验证，用时仅17天，实现宏光MINI EV跨地区生产项目从青岛基地导入柳州基地，完成翻包装作业指导书28份，指导KD车间翻包装工作；按周完成汇报材料，形成汇报材料17份，解决造车包装问题37例，为宝骏基地今后同类型造车提供参考。

本项目中首次创新使用铁路棚车货运，累计完成近2000个集装箱，货运量达231600m^3；首次创新使用轿运车进行零部件转运，累计完成超过300个轿运车运输，货运量达35000m^3。项目累计节约运输成本3394万元，累计转运货量超过860000m^3。

项目原包装上线率55%，减少翻包料架投入成本300万元。大件物料原包装上线环节创新提出可拼接DOLLY，节约64.8万元。

随着球形组织的迅速搭建，生产不同阶段的瓶颈点迅速被突破。采用厂内外库房联动规划、提升车辆满载率、减少叉车转运流程、减少包装料架需求等手段，截至9月，项目完成总计225种零部件保供，助力170000余辆汽车生产，节约包装器具投入成本。

（二）创新成果

铁路棚车运用：首次创新使用铁路棚车进行零部件转运，提升了物流综合能力，打通南北多式联运大通道，建立起国内规模最大的KD物流体系。

整零结合：青岛—柳州整车物流与零部件物流融合，根据两地轿运车单程满载率低的情况，首次实现轿运车一车多运、一车多用的降本措施。

四、行业贡献

本项目的多式联运、包装标准化、轿运车改造兼运零部件、本地仓库的仓配一体化、本地物流资源的调用等都形成了丰富的工作经验，为后续跨地区车型柔性物流管理提供了实践基础。

上汽通用五菱汽车股份有限公司　李琦嵘、覃瑞、蔡雪灵、周雯芸、罗媛媛、钟修进、苏艳辉、王东杰、李秀敏

第六节 铁路 JSQ 整车运输车与棚车混编挂运项目行业发展情况

一、项目背景

随着国内铁路运输网络不断完善，在国家“公转铁”“多式联运”等政策的引导下，铁路运输模式装载量大、运作成本低、能源消耗少等优点日益凸显，国内铁路运输货量占比正在逐年增加，越来越多的汽车零部件及整车物流为了实现长途运输环节降本，开始尝试由单一汽运模式向多式联运模式转化。

目前，汽车行业入厂物流及商品车运输主要采用汽运方式，具有灵活度大、资源丰富的特点。但是汽运方式也存在着单车运输货量有限、不节能环保、运输方式单一、异常天气/路况应急能力低的问题，且汽车行业各零部件供应商多为分散式运输，存在着很大的资源浪费，但受铁路班列装载量限制以及零部件入厂物流低库存、高时效特性要求，亟须拓展铁路新型运输组织方式，响应国家节能减排号召，实现长途运输过程降本增效。

二、项目主要内容

（一）主要技术应用

本项目依托现有华北至西南线路技术班列基础及铁路多车型编制技术，推动实施棚车与 JSQ 车型混合挂运，提升整体站到站时效。通过整合业务资源，联合相关铁路部门推动装载商品车的 JSQ5/6 车型与装载零部件的棚车（P63/P64/P70 等）两种车型混合挂运。

（二）项目实施过程

1. 应用场景选取

本项目结合长城汽车股份有限公司（以下简称“长城汽车”）整车生产基地、零部件供应商以及整车销售网点位置分布及货量情况，识别运输距离≥1000km 线路，推动零部件、商品车站到站采用铁路混编班列模式发运，铁路场站两端短驳过程采用汽运方式短驳，满足点到点运输时效，保证货物运输安全。

2. 运输方案概述

（1）前端取货。

零部件：依托公司内部现有短驳运输资源，送货至指定装卸货场/铁路月台。

商品车：采用“地跑”模式将商品车运送至铁路指定装卸场站。

（2）铁路装载方案。

结合外包装尺寸、铁路棚车内径、物料特性及铁路装载要求，确定零部件铁路发运过程装载防护方案，具体情况如图 11－6 和图 11－7 所示。

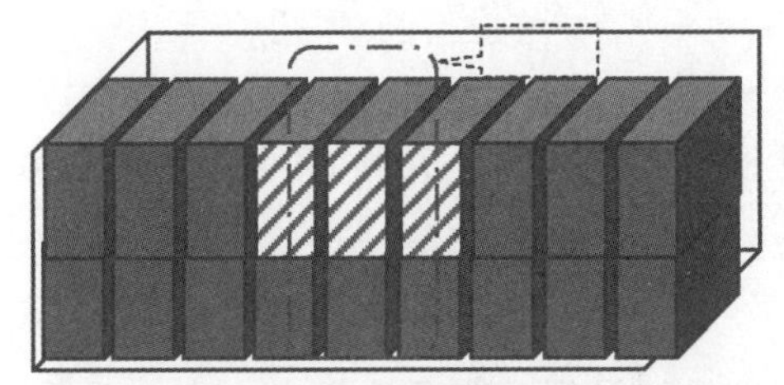

图 11－6　装载示意

图 11－7　实际装载效果

（3）干线运输。

场站选取：结合商品车、零部件货量分布、周边场站业务范围及作业能力，采用就近原则确定对应货物铁路装卸场站。

编组方案：按照铁路规定，货物列车编组满轴换长≥70.0，JSQ6 型车单辆换长 2.4，棚车单辆换长 1.5，40 英尺通用集装箱车辆单辆换长 1.2，华北—西南线路内现有 80321 次技术班列，开行最低标准调整为 JSQ6 型车≥25 辆，依据商品车和零部件发运计划合理调配，实现货运技术班列整体换长≥70.0，满足货运班列开行条件。

（4）末端配送。

商品车：采用“地跑”形式或轿运车运输至指定收货地点。

零部件：采用汽运方式运输至指定收货地点。

（三）经济指标（见表 11－1）

表 11－1　经济指标

项目指标	成本维度	时效维度	降低碳排放
应用效果	零部件单台运费降低 7%	运输时效提升 57%	依托铁路资源运输大宗货物，有效减少碳排放

三、项目成果及创新性

铁路干线有效利用公司业务资源优势，将汽车零部件集装箱、棚车、商品车 JSQ 混编发运，以到站解组、分别配送的方式，实现更为稳定的时效及更高效的计划能力，搭建整车与零部件协同、产品创新、资源共享的铁路运营平台。

汽车行业各零部件供应商多为分散式运输，单独采用货车将零部件从生产地运输至使用地，存在巨大的资源浪费。与传统的汽运方式对比，多车型混编的公铁联运模式，具备以下优点。

1. 整合业务资源，提升时效稳定性

考虑零部件入厂低库存、高时效特性要求，整合业务资源，实现 JSQ5/6 商品车运输车与棚车混编发运，提升干线运输时效稳定性。

2. 减少能源消耗，实现降本增效

铁路运输中单次运量大、单位货量运输过程碳排放量低，能源消耗小，成本更低，单台运费降低 7%。

3. 提升运输过程安全系数及异常应对能力

铁路运输过程中受自然条件限制小，连续性强且能够保证全年运行，不受季节、天气及特殊日期限制，同时铁路运输过程中运输环境单一，整体货物安全性更高。

四、项目在行业内的贡献

铁路运输为推动我国经济物流的发展创造了条件，铁路运输属于低能耗运输，其成本相对较低。与公路运输相比，油价的波动对其影响也较小，整体来说在内部消耗、外部营销方面，铁路运输都可以实现其价格的成本优势。在当前的各种物流方式中，铁路运输的价格优势一直是其得以快速发展的重要因素之一。铁路运输的低价格趋势，也是我国现代物流发展的基本方向之一，选择铁路运输已经成为当前运输业的主流，为公司节约了大量的运输成本。大型生产制造企业的物流需求大，经济运输往往成为它们的必然选择。

随着国家环保的要求，公转铁政策及公路合规性的趋严，零部件铁路运输是未来的发展趋势。零部件铁路集装箱、棚车与 JSQ 的混编，对于满足零部件物流时效的要求具有战略性意义，为零部件物流公转铁的实现提供了具体的路径。

保定市长城蚂蚁物流有限公司　焦伟周、苏建浩、宋迎涛、赵锋

第七节　中通创新大零担模式

中通快递（以下简称中通）是一家以快递为核心业务，集跨境、快运、商业、云仓、航空、金融、智能、传媒等生态板块于一体的综合物流服务品牌企业。中通一直致力于帮助客户削减成本，提升效益，帮助社会解决问题，降低物流成本，实现“工厂到用户”的全链路管理。2021 年国内业务量达 223 亿件，同比增长 31%，是全球首家包裹量超过两百亿的快递公司，业务规模连续六年稳居行业第一，已建成全国最广、深、密的民营快递网络系统。

一、项目背景

在运输市场上，整车运输模式仅有 1 次装卸，操作较为简单，全程为点到点的运输，所以运输时效远远短于零担时效。而零担运输方式是在货源地先用小车将分散的货源进行合理拼货配载，拼成整车进行运输，到目的地货站后还需要将不同的订单换装小车进行末端配送，操作环节更加复杂，不仅增加了操作时间，也提高了货物的破损率。综合考量来看，虽然零担运输目前来看是相对经济的运输方式，但这种传统的运输方式与客户期望的服务水平和时效有一定差距。

理论上来说，Milk Run（循环取货）模式是零担模式中最优的模式。如果运输起始端不同的取货地址和末端不同的交货地址聚合度都很高，那么理论上可以派一辆车将这些订单全部取货，然后开始长途干线运输，到地址聚合度较高的末端后循环串点送货，同样减少了 2 次换车，即减少 2 次装载和 2 次卸货，也可以降低综合成本，但要受到很多现实条件的制约。

二、项目主要内容

（一）创新模式介绍

经过多年的快速发展，中通的货运量有了很大提升，但由于订单的不均衡，中通的班车仍有一定的空载资源量，而且有些线路的空载较常态化，公司也有意向将这些空置资源对社会开放。

中通转运中心从功能上看，属于货物的集散中心。对于出港而言，已经将取货点聚合度高的订单都整合在了转运中心，因此这些订单的第一站全部为目的地转运中心。如果把转运中心发往同一目的地的订单视为一票，从分段运输的角度看，第一段可以假设为一票，此时如果客户有一票大订单，取货地址距离转运中心较近，目的地也距离转运中心较近，客户的订单和转运中心的这票假设订单，就是 2 票订单，同时满足了取货地和送货地聚合度高的要求，也可更大概率实现车辆的满载。

这称之为中通创新大零担模式，通过这种模式，减少了 2 次装载及 2 次卸货的环节，减少换车等待时间，降低货损货差，整体的时效相对传统零担运输方式减少 4 ~ 12 小时，不仅获得了时效的提升，同时也节约了成本。

（二）创新模式技术路线

首先，要对班车资源进行分析筛选。这一步首先要根据历史数据对中通全网的班车运输路线进行分析，筛选出班车资源常态化空置的线路班车。但这些空置资源的班车不一定是真的空载，有可能是路由规划存在问题导致的空载，所以接下来要对这些空载较多的路线进行优化，路线优化在此不做过多讲述。总之，通过优化后的空载路线才是真正可以开放的班车空载资源。

其次，对这些资源进行定向销售。中通的班车全部都是厢式货车，不能两侧装卸，装卸有一定的要求，货物的重量有一定要求。一般而言，中通班车都是大厢式货车，太少的货物派车不划算，太多货物不如走整车，因此只有大零担货源最适合中通大零担创新模式。在距离方面，中通转运中心在全国分布区域大、分布广，但也呈现出东多西少的分布态势，因此不但要结合商品的特性，还要结合货主与转运中心的距离，以及是否在路由线路附近，综合判断方案是否可行。

再次，结合客户的需求对中通开放的资源进行匹配分析。根据需求侧的要求和供给侧的资源进行分析，对订单情况、货物特性、运输时效要求、服务要求、取货地点及现场情况进行分析，制定相应的物流运作方案，向客户展示新业务模式带来的效益，争取客户的支持和配合。

最后，制订详细的项目实施计划，协调公司内部相应资源实施准备，与客户对接人进行操作要求确认，项目实施前对双方相应的干系人进行培训，确保项目的顺利进行。

三、项目成果及创新点

（一）项目成果

本项目取得了良好的效果，在中通快运方面，该模式的应用使车辆整体满载率提升了1%左右，同时客户享受到整车的时效和服务，满意度大大提高。部分中通班车大零担业务的班车满载率从30%左右提升到80%以上，效果非常显著。

以米其林轮胎从沈阳到广州的大零担业务为例。客户将从沈阳工厂发货至广东的标段交给中通。针对大票订单，中通先派车去工厂提货，将货物装车至车厢的最前部，然后回到距离仅5公里的转运中心，将即将同样发往广州、佛山等地的货物分别进行配载。以广州为例，经过长途干线到达广州转运中心，将配载的货物卸下来，剩下的米其林轮胎不卸货，直接由大车送至最终的交付地。中通创新大零担模式整体运输流程如图11－8所示。

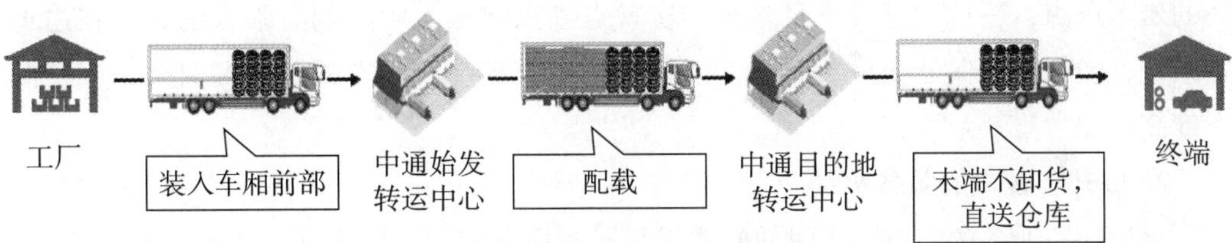

图11－8　中通创新大零担模式整体运输流程

（二）创新点

标准物流服务与合同物流服务差异较大，中通创新大零担模式是一种标准物流与合同物流成功融合的物流模式。标准物流服务与合同物流服务比较如表11－2所示。

表11－2　　标准物流服务与合同物流服务比较

项目	标准物流服务	合同物流服务
服务模式	收、发、转、派，流程单一，缺一不可	模式灵活，以客户需求为导向
特点	标准化、模块化、每个环节操作简单，流水线作业	整体模式标准化，各个模块具有差异，操作复杂，客户需求灵活多变
适用范围	小B端与C端用户	大客户，业务场景复杂多样

合同物流专注于为客户提供整体或者部分物流业务外包解决方案，涉及仓、运、配以及部分增值服务，需要契合客户的产品属性，运输模式也灵活多样；与标准物流相比，在大票零担和整车方面有相对优势。标准物流服务企业在面对大客户的个性化需求时，与自身原有模式的矛盾会非常突出，灵活性较差。因此两种物流模式融合虽然是现在物流发展的趋势之一，但两者的融合一直比较困难，中通创新大零担模式为标准物流与合同物流的融合提供了一种解决方案。

四、项目在行业中的贡献

（一）经济效益

中通创新大零担模式应用以来，取得了良好的经济效益，具体体现在三个方面。

1. 提升了物流交付时效

传统零担物流业务从客户处提货后需要将货物短驳到货站进行拼车，等待其他相同线路的货物，不确定性强，甚至有些要等好多天才能发车。而中通采用转运中心之间的班车资源，一日一班或一日多班，实现点到点运输。中通拥有强大的运输在途追踪系统，能很好地保证交付及时性，使零担的货物享受到整车的服务和时效，客户满意度高。

2. 提升了客户的服务水平

零担运输业务的痛点除了时效问题就是运输质量问题，因为在零担运输的过程中，在不发生倒货的情况下至少有 3 次装载、3 次卸货，每一次的装载和卸货不但增加了货物破损的风险，而且也有可能造成货物丢失和装错货的风险。对操作人员来说，每次货物不一样，操作要求不同，其操作的规范性也面临着挑战。因此，最好的运输方式还是传统干线运输方式，点到点运输，减少货物的搬运与移动，这也是目前客户满意度最高的物流模式，而对采用中通创新大零担模式的整票货物而言，其本质就是整车业务逻辑。

3. 降低了中通与客户的物流成本

这种创新模式从整条业务流程来看更符合整车的物流模式，可以按整车方式进行报价，这对中通和客户双方是一个双赢。对中通来说，公司的干线班车满载率得到了提升，降低了公司整体的单位运输成本。从客户角度来说，其零担业务的供应商一般按零担业务操作、按零担市场报价，相较于中通的报价高很多，采用中通的模式成本会降低很多。

（二）对汽车物流行业的价值

目前中通创新大零担模式已经在汽车零部件及轮胎行业有较多的应用，都取得了较好的经济效益。

对汽车物流来说，汽车零部件行业产前物流取货较为分散，Milk Run 模式虽然在汽车物流行业得到广泛的应用，但毕竟汽车供应链链条太长、供应商众多，还有许多供应商的取货不适用采用 Milk Run 模式，零担物流仍是这部分货源运输的主要方式。对于汽车售后零部件市场来说，其市场较为分散，有大量的业务需要零担运输。

中通在全国有大量的转运中心和班车资源，有零担需求的货主可以与中通进行资源匹配，中通为其开放班车资源，提供堪比整车运输服务的时效与价格，中通提高货物装载率，货主享受到低成本和高质量的服务，双方实现共赢。

（三）对社会的价值

中通一直致力于帮助客户削减成本，提升效益，为社会创造价值，中通大零担创新模式是中通最新推出的一种服务产品，希望通过创新模式来帮助客户提高物流交付能力并降低物流成本，进而帮助客户增强企业竞争力。

中通供应链管理有限公司 许陈飞、张少凯

资料汇编篇

第十二章　汽车物流行业重要文件汇编

2021 年全国物流运行情况通报

2021 年，物流运行稳中有进，社会物流总额保持良好增势，社会物流总费用与 GDP 的比率稳中有降，“十四五”实现良好开局。

一、社会物流总额保持良好增势

2021 年全国社会物流总额 335.2 万亿元，按可比价格计算，同比增长 9.2%，两年年均增长 6.2%，增速恢复至正常年份平均水平。

从构成看，工业品物流总额 299.6 万亿元，按可比价格计算，同比增长 9.6%；农产品物流总额 5.0 万亿元，增长 7.1%；再生资源物流总额 2.5 万亿元，增长 40.2%；单位与居民物品物流总额 10.8 万亿元，增长 10.2%；进口货物物流总额 17.4 万亿元，同比下降 1.0%。

二、社会物流总费用与 GDP 的比率小幅回落

2021 年社会物流总费用 16.7 万亿元，同比增长 12.5%。社会物流总费用与 GDP 的比率为 14.6%，比上年下降 0.1 个百分点。

从结构看，运输费用 9.0 万亿元，增长 15.8%；保管费用 5.6 万亿元，增长 8.8%；管理费用 2.2 万亿元，增长 9.2%。

三、物流业总收入实现较快增长

2021 年物流业总收入 11.9 万亿元，同比增长 15.1%。

国家发展改革委

中国物流与采购联合会

交通运输部关于服务构建新发展格局的指导意见

交规划发〔2021〕12号

各省、自治区、直辖市、新疆生产建设兵团及计划单列市交通运输厅（局、委），部属各单位，部内各司局：

为深入贯彻落实以习近平同志为核心的党中央关于构建以国内大循环为主体、国内国际双循环相互促进的新发展格局重大战略部署，充分发挥交通运输在构建新发展格局中支撑保障和先行作用，提出以下指导意见。

一、总体要求

（一）指导思想。

以习近平新时代中国特色社会主义思想为指导，深入贯彻党的十九大和十九届二中、三中、四中、五中全会精神，坚定不移贯彻新发展理念，坚持稳中求进工作总基调，以推动高质量发展为主题，以深化供给侧结构性改革为主线，以改革创新为根本动力，以满足人民日益增长的美好生活需要为根本目的，统筹发展和安全，巩固拓展疫情防控和经济社会发展交通运输成果，把握节奏、优化结构，内提质效、外保安畅、内外连通，着力“强网络、建体系、抓创新、促开放、优治理”，实现“扩大循环规模、提高循环效率、增强循环动能、保障循环安畅、降低循环成本”，加快建设交通强国，支撑扩大内需战略，推动形成强大国内市场，为构建新发展格局提供有力支撑保障，为全面建设社会主义现代化国家当好先行。

（二）基本原则。

——坚持当好先行。牢牢把握交通“先行官”定位，进一步解放思想、开拓进取，发挥好交通运输在国民经济中的先导性、基础性、战略性和服务性作用，为构建新发展格局和全面建设社会主义现代化国家当好先行。

——坚持服务人民。坚持以人民为中心，把实现好、维护好、发展好最广大人民根本利益作为发展的出发点和落脚点，建设人民满意交通，提升便民惠民水平，为人民群众带来更多的获得感、幸福感、安全感。

——坚持改革创新。深化交通运输重点领域改革，推动政策创新、机制变革、规制完善，实现创新驱动发展。提升交通运输治理水平，破除交通运输在服务构建新发展格局中的制度性障碍。

——坚持开放合作。提高对外开放水平，推动交通运输在更大范围、更宽领域、更深层次对外开放和国际合作，利用好国内国际两个市场两种资源，助力构筑互利共赢的产业链、供应链合作体系。

——坚持系统观念。加强前瞻性思考、全局性谋划、战略性布局、整体性推进，提升交通运输服务构建新发展格局的系统性、协同性，强化跨部门、跨区域、跨领域协作，形成更大合力。

——坚持安全发展。坚持总体国家安全观，统筹发展和安全，增强机遇意识和风险意识，树立底线思维，主动堵漏洞、强弱项，保障交通运输关键领域安全可控，有效防范化解各类风险挑战。

（三）发展目标。

经过多方共同努力，现代化高质量的国家综合立体交通网加快形成，现代交通物流体系加速完善，交通运输跨界跨业融合深度发展，交通运输开放合作水平显著提高，统一开放的交通运输市场加快建立，交通运输成为形成完整内需体系的坚实支撑、国内国际双循环相互促进的重要纽带、产业链供应链安全稳定的保障基石，交通运输在构建新发展格局中的支撑保障和先行作用充分发挥。

二、完善综合交通网络，扩大循环规模

（四）建设现代化高质量综合立体交通网。以高效率为导向，推进国家综合立体交通网主骨架建设，打通综合运输大通道“堵点”，增强区域间、城市群间、省际、城乡间以及国际间交通运输联系。稳步推进高速铁路建设，加强中西部地区干线铁路建设。推动高速公路、普通国省道待贯通路段建设和拥挤路段扩容改造。促进区域港口合理分工、协同发展，推进国家内河高等级航道网建设。推动形成分层衔接、覆盖广泛的航路航线网络。加强邮路建设，完善寄递网络。

（五）加快提升城市群、都市圈交通承载能力。以京津冀、长三角、粤港澳大湾区、成渝地区双城经济圈等为重点，加快构建以轨道交通、高速公路为骨干的一体化、多层次、便捷顺畅交通网。强化城市群重要节点城市间、都市圈中心城市与周边地区间的交通运输联系，推进运输服务同城化、一体化、城乡运输均等化。在具备条件的区域引导干线铁路、城际铁路、市域（郊）铁路和城市轨道交通“四网融合”，建设城市轨道交通应急演练中心。完善快速公路网络，提升重要节点城市间、中心城市和卫星城市间、城市与郊区新城间以及人口稠密县域间的通达水平。强化部门协同，保障公路与城市道路顺畅衔接。建立健全城市群交通运输协同发展体制机制。

（六）推动完善农村交通基础设施网络。推动“四好农村路”高质量发展，推进具备条件的地区较大人口规模自然村（组）通硬化路，加强通村公路和村内主干道连接，鼓励农村公路建设项目尽量向进村入户倾斜，提升农村公路通达深度。以通乡镇公路升级改造为重点，构建便捷高效的农村公路骨干网络，加强农村公路与国省干线公路、城市道路以及其他运输方式的衔接。鼓励地方根据特色产业发展和出行需求，合理确定农村公路建设标准，提升城乡运输服务水平，推进农村第一、第二、第三产业融合发展，服务农业农村现代化，集中支持一批乡村振兴重点帮扶县交通发展，实现巩固拓展交通运输脱贫攻坚成果同乡村振兴有效衔接。改善农村地区水运基础设施条件，推进开发性铁路建设、通用机场建设。

（七）推进综合交通枢纽提档升级。加强部门协同，注重规划指导和存量资源利用，调动地方人民政府积极性，推进一体化、智能化、绿色化的综合交通枢纽系统建设。推进国际铁路枢纽场站、国际枢纽海港、国际航空枢纽、国际邮件快件处理中心建设，打造具有国际影响力的国际性综合交通枢纽集群。以国家级综合交通枢纽城市为重点，推动建设一批辐射范围广、设施设备先进、集疏运系统完善、服务优质、与产业衔接紧密的综合交通枢纽，有效支撑区域经济发展。鼓励通过完善接驳服务或设施改造等方式盘活存量站场资源，实现综合交通功能。推进区域综合交通枢纽建设。因地制宜发展枢纽经济。

（八）促进形成优势互补的区域格局。补齐西部地区交通基础设施短板，推进西部陆海新通道高质量发展，提升承接产业转移交通能力，打造形成东西双向互济对外开放通道网络。推动东北地区交通运输提质增效，强化与京津冀等地区通道能力建设，推进与周边国家互联互通，打造面向东北亚对外开放的交通枢纽。发挥中部地区承东启西、连通南北地理位置优势，推进中部地区大通道大枢纽建设。引导东部地区率先建成现代化综合交通体系，推动沿海港口发挥在国内国际双循环相互促进中的战略链接作用。增强交通运输对京津冀、长江经济带、粤港澳大湾区、长三角、黄河流域、成渝地区双城经济圈等区域融入新发展格局的支撑。

（九）稳定和拓展交通投资空间。做好交通项目“保在建、促新开、强储备”工作，努力保持交通投资规模合理增长。优化交通投资结构，加大对国家综合立体交通网建设的支持力度。按照“强基础、增动能、利长远”的原则，推进川藏铁路、西部陆海新通道、沿边沿江沿海通道、跨海跨湾通道、综合交通枢纽等重大项目建设。稳定和扩大交通资金来源，完善车购税、成品油消费税等交通专项资金政策，推动发行国家公路建设长期债券，争取政府债券、金融信贷和社会资金支持交通运输发展。

三、构建现代物流体系，提高循环效率

（十）进一步优化运输结构。以多式联运为重点，以基础设施立体互联为基础，努力推动形成“宜铁则铁、宜公则公、宜水则水、宜空则空”的运输局面，发展绿色运输，推进大宗货物及中长途货物“公转铁”“公转水”，优化运输结构取得更大进展。深化多式联运示范工程，推广多式联运运单，推进多式联运“一单制”。发展铁路和内河集装箱运输，形成与产业布局相适应的大宗物资、集装箱多式联运骨干通道。完善港站枢纽集疏运体系。推进多式联运信息共享，完善多式联运标准规范。培育全过程负责、一体化服务、网络化布局的多式联运经营人。

（十一）推进交通物流与制造业深度融合。提升交通物流服务制造业的能力，推动运输链融入供应链、产业链，提升价值链。完善港站枢纽布局，加强与产业集聚区衔接，培育壮大交通运输经济产业集群。引导和鼓励交通物流企业发展高品质、专业化、全链条定制物流服务。支持发展面向大型厂矿、制造业基地的“点对点”直达货运列车。鼓励发展面向高附加值制造业的航空运输服务。加快实施“快递进厂”工程。

（十二）持续提升专业物流服务能力。促进冷链物流发展，提升设施设备水平，强化冷藏保温车运输管理，完善冷链运输标准规范，推动形成全程温控、标准规范的冷链物流服务体系。促进电商物流发展，提升邮政快递服务能力，完善农村邮政快递服务网络，建设上接县、下联村的递送节点。完善城市快递末端服务体系，持续推广智能快件箱（信包箱）和末端公共服务站投递，规范末端投递行为。促进农村物流发展，推进“快递进村”，推动邮快合作，促进快递服务直投到村。完善县、乡、村三级农村物流网络，引导乡镇客运站拓展商贸、物流、邮政快递等功能，推广农村物流服务品牌。提升城市配送效率，深化城市绿色货运配送示范工程创建，创新配送模式，推进配送车辆标准化、清洁化、专业化发展。

（十三）加快建设应急物资运输保障体系。完善应急物资运输任务执行机制，分级制定交通运输保障应急预案。以规模化、网络化、专业化物流企业为重点，推动建立国家和地区应急运输储备力量。依托综合交通枢纽、国家物流枢纽以及国家区域性公路交通应急装备物资储备中心等资源，推动建立层次清晰、分工合理的应急物资运输设施体系。构建互联共享的应急物资运输信息系统，建设部省两级应急运输指挥调度平台。

四、坚持创新驱动发展，增强循环动能

（十四）推进新型交通基础设施建设。加强第五代移动通信技术（5G）、人工智

能、物联网、卫星等在交通运输领域的应用。推进交通基础设施数字化建设和改造，积极发展智能铁路、智慧公路、智慧航道、智慧港口、智能航运、智慧民航、智慧邮政、智慧地铁、智慧物流，完善标准规范和配套政策。推进自动驾驶、智能航运、高速磁悬浮技术研发与试点示范工作，推进无人机基地智慧寄递网络、地下物流配送系统、交通运输天地一体化信息网、综合交通大数据中心、重点科研平台建设。

（十五）促进新业态新模式发展。发挥好“交通 +”优势，激发新业态新模式发展活力。在规范中进一步促进道路定制客运、网络预约出租汽车、小微型客车分时租赁、互联网租赁自行车等的发展。引导即时寄递发展。深化高铁快运试点，优化开行线路，改善高铁车站设施条件，发展专业化载运工具，推动高铁快运发展。规范网络货运发展，推广无人配送、分时配送，推动物流组织模式创新。鼓励高速公路服务区根据自身特色和条件，适度拓展文化、旅游、消费以及客运中转、物流服务等功能。鼓励创建以交通资源为特色的自主品牌体育赛事活动。

（十六）促进消费扩容提质。鼓励具备条件的综合客运枢纽、大型地铁站结合实际引入商贸、餐饮、购物、寄递服务等关联性消费产业。推进联运票务一站式服务，创新旅客联运产品，提升旅客联程运输水平。不断满足老年人、残疾人等群体需求，提高无障碍便利出行服务水平。鼓励发展邮轮经济、水上旅游、旅游专列、低空飞行旅游、通用航空。推进运输装备迭代升级，推广应用新能源汽车。推进新能源、清洁能源动力船舶发展。换代升级普速列车客车。拓展交通一卡通和 ETC 的使用范围。

（十七）培育交通运输产业链优势。加强自主创新，瞄准新一代信息技术、人工智能、智能制造、新材料、新能源等世界科技前沿，加强前瞻性、颠覆性技术研究，推动交通运输科技高水平自立自强。强化汽车、民用飞行器、船舶等装备动力传动系统研发，突破高效率、大推力/大功率发动机装备设备关键技术。发展时速 160 公里及以上快捷货运列车及高铁动车组货柜。合理统筹安排时速 600 公里级高速磁悬浮系统、时速 400 公里级高速轮轨（含可变轨距）客运列车系统、低真空管（隧）道高速列车等技术储备研发。

五、推进更高水平对外开放，保障循环安畅

（十八）建设面向全球的运输服务网络。发展多元化的国际运输通道，进一步完善口岸铁路、口岸公路、界河航道等布局。推动中欧班列境内“卡脖子”路段升级改造，推进中欧、中亚班列集结中心建设和改造，打造欧亚国际运输走廊。推动西部陆海新通道、中欧陆海快线高质量发展。深化与“一带一路”相关国家的交通合作。强化与 21 世纪海上丝绸之路沿线国家合作，推进海外港口建设经营。建设世界一流港口和世

界级港口群、机场群，推进长三角共建辐射全球的航运枢纽。服务区域全面经济伙伴关系协定（RCEP）实施，增强交通运输保障能力。实施自由便利开放的运输政策，加快海南自由贸易港建设。

（十九）建立安全可靠的国际物流供应链体系。发挥国际物流保障协调工作机制作用，推动《关于推进现代国际物流供应链发展的指导意见》落地实施，保障产业链供应链安全稳定。增强国际航空货运运力，鼓励扩大全货机规模。加快国际寄递能力建设，畅通国际寄递物流供应链。培育壮大具有国际竞争力的现代物流企业。建设国际物流供应链服务保障信息系统，促进供需信息有效对接。确保“出口货物出得去，进口货物进得来”。

（二十）提高国际运输应急处突能力。提升交通运输保障国家经济安全的能力，做好应对极端情况下的预案。构建“陆海空天”一体化水上交通运输安全保障体系，提高体系的安全性和韧性。提升国际运输通道安全风险防控和应急保障能力。提升我国战略性物资国际运输保障能力。健全双重预防机制，有效防范化解重大风险。

六、优化政府治理，降低循环成本

（二十一）深化重点领域改革。强化交通运输领域反垄断和防止资本无序扩张工作，实施统一的市场准入负面清单制度，推动形成统一开放的交通运输市场。推动交通运输国有企业混合所有制改革，深化铁路行业竞争性环节市场化改革，推动邮政普遍服务业务与竞争性业务分业经营。健全交通运输民营经济、中小企业发展政策制度。深化收费公路制度改革。建立常态化交通运输政企沟通机制。

（二十二）进一步优化营商环境。持续深化交通运输“放管服”改革，加强和规范事中事后监管。各自建立中央层面设定的交通运输行政许可事项清单。扩展“证照分离”改革试点覆盖面。推进部省政务数据和相关信息互通共享，实现跨省高频服务事项“一网通办”。构建以信用为基础的交通运输新型监管机制。巩固交通运输领域降费成果，持续减轻企业负担。优化交通运输领域市场化法治化国际化营商环境。

（二十三）推动行业治理高效能。坚持法治引领，深化交通运输法治政府部门建设。健全适应综合交通运输一体化发展的体制机制，深化铁路、公路、航道管理体制改革。深化交通运输综合行政执法改革。推动铁路、公路、水路、民航、邮政等领域法规制修订。加快综合交通运输、现代物流、安全应急、绿色交通、新基建、新业态新模式等重点领域标准制定。

七、保障措施

（二十四）坚持党的全面领导。要深入学习领会构建新发展格局的重大意义和深刻内涵，增强“四个意识”、坚定“四个自信”、做到“两个维护”，提高把握新发展阶段、贯彻新发展理念、构建新发展格局的政治能力、战略眼光、专业水平。

（二十五）强化规划政策支持。要将本单位的工作纳入服务构建新发展格局中统筹考虑和谋划，加强规划对接和政策支持，确保党中央、国务院决策部署落到实处。对于符合交通强国建设试点要求的重点工作，交通运输部将按程序纳入试点。

（二十六）加强人才队伍建设。围绕服务构建新发展格局需求，培养具有国际竞争力的青年科技人才后备军。加强创新型、应用型、技能型人才培养。大力弘扬劳模精神、劳动精神、工匠精神，努力建设高素质劳动大军。

（二十七）切实抓好贯彻落实。各级交通运输主管部门要加强组织协调，强化部门联动，细化实化举措，针对重大事项制定实施方案，在工作中调动各方积极性，形成服务构建新发展格局的工作合力。

交通运输部

2021 年 1 月 22 日

关于加快推动制造服务业高质量发展的意见

发改产业〔2021〕372 号

各省、自治区、直辖市及计划单列市，新疆生产建设兵团有关部门：

制造服务业是面向制造业的生产性服务业，是提升制造业产品竞争力和综合实力、促进制造业转型升级和高质量发展的重要支撑。当前，我国制造服务业供给质量不高，专业化、社会化程度不够，引领制造业价值链攀升的作用不明显，与建设现代化经济体系、实现经济高质量发展的要求还存在差距。为加快推动制造服务业高质量发展，现提出以下意见。

一、总体要求

（一）指导思想。以习近平新时代中国特色社会主义思想为指导，全面贯彻党的十九大和十九届二中、三中、四中、五中全会精神，坚定不移贯彻新发展理念，以推动高质量发展为主题，以深化供给侧结构性改革为主线，充分发挥市场在资源配置中的决定性作用，更好发挥政府作用，聚焦重点领域和关键环节，培育壮大服务主体，加快提升面向制造业的专业化、社会化、综合性服务能力，提高制造业产业链整体质量和水平，以高质量供给适应引领创造新需求，为加快建设现代化经济体系，加快构建以国内大循环为主体、国内国际双循环相互促进的新发展格局提供有力支撑。

（二）发展目标。力争到2025年，制造服务业在提升制造业质量效益、创新能力、资源配置效率等方面的作用显著增强，对制造业高质量发展的支撑和引领作用更加突出。重点制造领域服务业专业化、标准化、品牌化、数字化、国际化发展水平明显提升，形成一批特色鲜明、优势突出的制造服务业集聚区和示范企业。

二、制造服务业发展方向

聚焦重点环节和领域，从6个方面加快推动制造服务业发展，以高质量的服务供给引领制造业转型升级和品质提升。

（三）提升制造业创新能力。发展研究开发、技术转移、创业孵化、知识产权、科技咨询等科技服务业，加强关键核心技术攻关，加速科技成果转化，夯实产学研协同创新基础，推动产业链与创新链精准对接、深度融合，提升制造业技术创新能力，提高制造业产业基础高级化、产业链供应链现代化水平。提升商务咨询专业化、数字化水平，助力制造业企业树立战略思维、创新管理模式、优化治理结构，推动提高经营效益。加快工业设计创新发展，提升制造业设计能力和水平，推动中国制造向中国创造转变。（科技部、工业和信息化部、国家发展改革委、商务部、知识产权局按职责分工负责）

（四）优化制造业供给质量。支持企业和专业机构提供质量管理、控制、评价等服务，扩大制造业优质产品和服务供给，提升供给体系对需求的适配性。加快检验检测认证服务业市场化、国际化、专业化、集约化、规范化改革和发展，提高服务水平和公信力，推进国家检验检测认证公共服务平台建设，推动提升制造业产品和服务质量。加强国家计量基准标准和标准物质建设，提升计量测试能力水平，优化计量测试服务业市场供给。发展面向制造业的研发、制造、交付、维护等产品全生命周期管理，实现制造业链条延伸和价值增值。鼓励专业服务机构积极参与制造业品牌建设和市场推广，加强品牌和营销管理服务，提升制造业品牌效应和市场竞争力。（市场监管总局、商务部、科技部、工业和信息化部、国家发展改革委按职责分工负责）

（五）提高制造业生产效率。利用5G、大数据、云计算、人工智能、区块链等新一代信息技术，大力发展智能制造，实现供需精准高效匹配，促进制造业发展模式和企业形态根本性变革。加快发展工业软件、工业互联网，培育共享制造、共享设计和共享数据平台，推动制造业实现资源高效利用和价值共享。发展现代物流服务体系，促进信息资源融合共享，推动实现采购、生产、流通等上下游环节信息实时采集、互联互通，提高生产制造和物流一体化运作水平。（工业和信息化部、国家发展改革委、交通运输部、商务部按职责分工负责）

（六）支撑制造业绿色发展。强化节能环保服务对制造业绿色发展的支撑作用，推进合同能源管理、节能诊断、节能评估、节能技术改造咨询服务、节能环保融资、第三方监测、环境污染第三方治理、环境综合治理托管服务等模式，推动节能环保服务由单一、短时效的技术服务，向咨询、管理、投融资等多领域、全周期的综合服务延伸拓展。发展回收与利用服务，完善再生资源回收利用体系，畅通汽车、纺织、家电等产品生产、消费、回收、处理、再利用全链条，实现产品经济价值和社会价值最大化。（生态环境部、工业和信息化部、商务部、国家发展改革委按职责分工负责）

（七）增强制造业发展活力。更好发挥资本市场的作用，充分利用多元化金融工具，不断创新服务模式，为制造业发展提供更高质量、更有效率的金融服务。发展人力资源管理服务，提升人才管理能力和水平，优化人才激励机制，推动稳定制造业就业，助力实现共同富裕。加大数据资源开发、开放和共享力度，促进知识、信息、数据等新生产要素合理流动、有效集聚和利用，促进制造业数字化转型。（证监会、银保监会、人民银行、人力资源社会保障部、网信办、国家发展改革委按职责分工负责）

（八）推动制造业供应链创新应用。健全制造业供应链服务体系，稳步推进制造业智慧供应链体系，创新网络和服务平台建设，推动制造业供应链向产业服务供应链转型。支持制造业企业发挥自身供应链优势赋能上下游企业，促进各环节高效衔接和全流程协同。巩固制造业供应链核心环节竞争力，补足制造业供应链短板。推动感知技术在制造业供应链关键节点的应用，推进重点行业供应链体系智能化，逐步实现供应链可视化。建立制造业供应链评价体系，逐步形成重要资源和产品全球供应链风险预警系统，完善全球供应链风险预警机制，提升我国制造业供应链全球影响力和竞争力。（工业和信息化部、商务部按职责分工负责）

三、加快制造服务业发展专项行动

以专项行动和重点工程为抓手，统筹谋划、重点突破，实现制造业与制造服务业耦合共生、相融相长。

（九）制造服务业主体培育行动。围绕制造业共性服务需求，加快培育一批集战略咨询、管理优化、解决方案创新、数字能力建设于一体的综合性服务平台。支持制造业企业按照市场化原则，剥离非核心服务，为产业链上下游企业提供研发设计、创业孵化、计量测试、检验检测等社会化、专业化服务。鼓励制造服务业企业按照市场化原则开展并购重组，实现集约化和品牌化发展。培育一批制造服务业新型产业服务平台或社会组织，鼓励其开展协同研发、资源共享和成果推广应用等活动。（国家发展改革委、工业和信息化部、国资委按职责分工负责）

（十）融合发展试点示范行动。深入推进先进制造业和现代服务业融合发展试点，培育服务衍生制造、供应链管理、总集成总承包等新业态新模式，探索原材料、消费品、装备制造等重点行业领域与服务业融合发展新路径。进一步健全要素配置、市场监管、统计监测等方面工作机制，打造一批深度融合型企业和平台。遴选培育一批服务型制造示范企业、平台、项目和城市，推动服务型制造理念得到普遍认可、服务型制造主要模式深入发展。（国家发展改革委、工业和信息化部、统计局按职责分工负责）

（十一）中国制造品牌培育行动。完善国家质量基础设施，加强标准、计量、专利等体系和能力建设，深入开展质量提升行动。充分调动企业作为品牌建设主体的主观能动性，建立以质量为基础的品牌发展战略，不断优化产品和服务供给，促进制造业企业提升质量管理水平。持续办好中国品牌日活动，讲好中国品牌故事，宣传推介国货精品，在全社会进一步传播品牌发展理念，增强品牌发展意识，凝聚品牌发展共识。（市场监管总局、工业和信息化部、国家发展改革委、商务部、知识产权局按职责分工负责）

（十二）制造业智能转型行动。制定重点行业领域数字化转型路线图。抓紧研制两化融合成熟度、供应链数字化等亟须标准，加快工业设备和企业上云用云步伐。实施中小企业数字化赋能专项行动，集聚一批面向制造业中小企业的数字化服务商。推进“5G + 工业互联网”512 工程，打造 5 个内网建设改造公共服务平台，遴选 10 个重点行业，挖掘 20 个典型应用场景。在冶金、石化、汽车、家电等重点领域遴选一批实施成效突出、复制推广价值大的智能制造标杆工厂，加快制定分行业智能制造实施路线图，修订完善国家智能制造标准体系。开展联网制造企业网络安全能力贯标行动，遴选一批贯标示范企业。（工业和信息化部、国家发展改革委、市场监管总局按职责分工负责）

（十三）制造业研发设计能力提升行动。推动新型研发机构健康有序发展，支持科技企业与高校、科研机构合作建立技术研发中心、产业研究院、中试基地等新型研发机构，盘活并整合创新资源，推动产学研协同创新。大力推进系统设计、绿色设计和创意设计的理念与方法普及，开展高端装备制造业及传统优势产业等领域重点设计突破工程，培育一批国家级和省级工业设计研究平台，突出设计创新创意园区对经济社会发展的综合拉动效应，探索建立以创新为核心的设计赋能机制，推动制造业设计能力全面提升。（科技部、工业和信息化部、国家发展改革委按职责分工负责）

（十四）制造业绿色化改造行动。开展绿色产业示范基地建设，搭建绿色发展促进平台，培育一批具有自主知识产权和专业化服务能力的市场主体，推动提高钢铁、石化、化工、有色、建材、纺织、造纸、皮革等行业绿色化水平。积极打造家电销售和废旧家电回收处理产业链，探索实施家电企业生产者责任延伸目标制度，研究开展废弃电器电子产品拆解企业资源环境绩效评价，促进家电更新消费。（国家发展改革委、工业和信息化部、生态环境部按职责分工负责）

（十五）制造业供应链创新发展行动。探索实施制造业供应链竞争力提升工程，逐步完善战略性新兴产业供应链关键配套体系，巩固制造业供应链核心环节竞争力。开展制造业供应链协同性、安全性、稳定性、竞争力等综合评估，研究绘制基于国内国际产业循环的制造业重点行业供应链全景图。鼓励企业积极参与全球供应链网络，建立重要资源和产品全球供应链风险预警系统。研究国家制造业供应链安全计划，建立全球供应链风险预警评价指标体系。（工业和信息化部、商务部按职责分工负责）

（十六）制造服务业标准体系建设行动。深入开展信息技术、科创服务、金融服务、服务外包、售后服务、人力资源服务、现代物流、现代供应链、设施管理等服务领域标准化建设行动，推动制造服务业标准体系逐步完善。持续完善工业互联网标识解析体系、网络互联、边缘计算、数据规范体系和工业 App 等共性标准，支持涉及安全健康环保的技术要求制定强制性国家标准。（市场监管总局、国家发展改革委、工业和信息化部、商务部、人民银行等部门按职责分工负责）

（十七）制造业计量能力提升行动。构建国家现代先进测量体系，加快国家产业计量测试中心和联盟建设，培育计量测试等高技术制造服务业，聚焦制造业“测不了、测不准”难题，加强计量测试技术研究和应用，加大专用计量测试装备研发和仪器仪表研制，提升制造业整体测量能力和水平，赋能制造业产业创新和高质量发展。（市场监管总局、国家发展改革委、工业和信息化部、科技部按职责分工负责）

四、保障措施

（十八）强化组织保障。充分发挥服务业发展部际联席会议制度作用，加强统筹协调和工作指导。各地区、各有关部门要强化主体责任，形成合力，细化实化工作任务和完成时限，建立高效协同的工作推进机制，确保制造服务业发展取得实效。（国家发展改革委牵头负责）

（十九）优化发展环境。持续放宽市场准入，进一步破除隐性壁垒。支持从制造企业剥离的制造服务业企业按规定申请认定为高新技术企业和技术先进型服务企业。鼓励制造服务业企业积极承接离岸和在岸服务外包业务。（国家发展改革委、科技部、商务部按职责分工负责）

（二十）扩大开放合作。推动服务业新一轮高水平对外开放，积极引进全球优质服务资源，鼓励研发设计、节能环保、环境服务等知识技术密集型服务进口。积极推动我国技术质量标准和规范走出去，持续完善检验检测和认证认可国际合作交流体系，加快推进与重点出口市场认证证书和检验结果互认。以“一带一路”建设为重点，鼓励供应链管理、咨询、法律、会计等专业服务与制造业协同走出去，增强全球服务市场资源配置能力。（国家发展改革委、商务部、市场监管总局、司法部、财政部按职责分工负责）

（二十一）加强用地保障。各地可根据实际情况，以“先存量、后增量”的原则，在国土空间规划中明确用地结构和产业用地指标。在符合国土空间规划和用途管制的前提下，推动不同产业用地类型合理转换，探索增加混合产业用地供给，鼓励各地探索创新产业用地模式，适应制造服务业发展。（自然资源部牵头负责）

（二十二）强化人才支撑。加快制造服务领域创新型、应用型、复合型人才培养培训，充实壮大高水平制造服务业人才队伍。紧跟制造服务业发展趋势和市场需求，深化新工科建设，调整优化院校专业结构，加强校企合作，探索中国特色学徒制，推动产教深度融合。总结推广学历证书+若干职业技能等级证书（“1+X”证书）制度试点经验。完善技能人才评价制度，推动人才评价与使用紧密结合，打破身份、学历等限制，贯通制造服务业人才职业发展通道。进一步落实高层次人才引进政策，加大引进海外制造服务业高层次人才、领军型创业创新团队。（人力资源社会保障部、教育部、国家发展改革委按职责分工负责）

（二十三）拓宽融资渠道。引导金融机构在依法合规、风险可控的前提下，加大对制造服务业企业的融资支持力度，支持符合条件的制造服务业企业开展债券融资，有效扩大知识产权、合同能源管理未来收益权等无形资产质押融资规模，创新发展供应链金融，逐步发展大型设备、公用设施、生产线等领域的设备租赁和融资租赁服务，开发适合制造服务业特点的金融产品，鼓励创投机构加大对制造服务业的资本投入。支持符合条件的制造服务业企业到主板、创业板及境外资本市场上市融资。（人民银行、银保监会、国家发展改革委、证监会按职责分工负责）

（二十四）构建协同发展生态。加强区域协作，增强产业布局协同性，实现功能互补、错位发展，形成一体化发展的制造服务业生态圈。支持制造服务业集聚发展，完善配套功能，优化集聚生态。依托龙头企业构建产业链增值服务的生态系统，推动上下游企业开展协同采购、协同制造、协同物流，促进大中小企业专业化分工协作，构

建创新协同、产能共享、供应链互通的生态链。（国家发展改革委、工业和信息化部按职责分工负责）

国家发展改革委
教育部
科技部
工业和信息化部
司法部
人力资源社会保障部
自 然 资 源 部
生 态 环 境 部
交 通 运 输 部
商务部
人民银行
市场监管总局
银保监会
2021 年 3 月 16 日

交通运输部 国家发展改革委 财政部
关于印发《全面推广高速公路差异化收费实施方案》的通知

交公路函〔2021〕228 号

现将《全面推广高速公路差异化收费实施方案》印发给你们，请结合实际，认真组织实施。

交通运输部
国家发展改革委
财政部
2021 年 6 月 2 日

全面推广高速公路差异化收费实施方案

为贯彻落实 2021 年《政府工作报告》部署要求，进一步提高高速公路网通行效率和服务水平，促进物流降本增效，制定本方案。

一、总体要求

以习近平新时代中国特色社会主义思想为指导，深入贯彻落实党中央、国务院决策部署，进一步深化交通运输领域供给侧结构性改革，坚持系统观念，统筹全路网资源，深度挖掘空间，因地制宜施策，创新服务模式，强化技术支撑，完善政策引导，全面推广高速公路差异化收费，持续提升高速公路网通行效率，降低高速公路出行成本，促进物流业降本增效，让社会公众更多分享高速公路改革发展的红利。

全面推广高速公路差异化收费应坚持以下原则：

——坚持政府引导、合力推动。突出政府引导作用，加强顶层设计和沟通协调，引导高速公路经营管理单位自主积极参与，协同科学高效推广差异化收费，不断提升公路网资源综合利用效率。

——坚持因地制宜、分类施策。鼓励各地因地制宜、因路制宜，深入分析研究测算，分类精准施策，在不削弱高速公路偿债能力的基础上，探索实施适合本地特点的差异化收费模式和配套政策措施，充分发挥调流、降费、提效的功能，努力实现多方共赢。

——坚持改革创新，完善机制。着力推进收费公路制度和管理服务创新，强化联网收费系统技术支撑，探索建立收费标准动态调整机制，简化审批流程，强化政策引导，不断优化完善高速公路差异化收费长效机制。

二、重点任务

各地应在深入总结高速公路差异化收费试点工作经验的基础上，充分考虑本地公路网结构及运行特点等因素，选择适合的差异化收费方式，创新服务模式，科学精准制定差异化收费方案，全面推广差异化收费。

（一）分路段差异化收费。进一步优化完善分路段差异化收费模式，稳步扩大差异化收费实施范围。重点在普通国省干线公路或城市道路拥堵严重但平行高速公路交通流量较小的路段、平行高速公路之间交通量差异较大的路段以及交通量明显低于设计能力的路段，实施灵活多样的差异化收费，利用价格杠杆，均衡路网交通流量分布，提高区域路网整体运行效率，促进区域物流运输降本增效。

（二）分车型（类）差异化收费。继续深化分车型（类）差异化优惠政策。强化技术创新和管理创新，结合实际情况，对不同车型（类）普通货车或国际标准集装箱运输车辆、危险货物运输罐式车辆等专用运输车辆实施差异化收费，提高专业运输效率，支持物流运输转型升级，促进实体经济发展。

（三）分时段差异化收费。重点针对交通量波峰波谷明显、承担较多通勤功能的高速公路路段，在不同时段执行差异化的收费标准，引导客、货运车辆错峰出行，缓解高峰时段交通拥堵，均衡路网时空分布，提升路网通畅水平。

（四）分出入口差异化收费。通过大数据分析论证，重点针对邻近港口和大型工矿企业的高速公路出入口、交通量差异较大的相邻平行路段、城市周边高速公路项目等特定区间、特定出入口实施分出入口差异化收费，扩大精准调流降费的实施效果。

（五）分方向差异化收费。重点针对资源省份货物单向运输特征明显的高速公路，可对上行方向和下行方向实施差异化收费，利用价格杠杆，引导车辆科学合理地使用公路资源。

（六）分支付方式差异化收费。进一步完善 ETC 电子支付优惠模式，通过加大 ETC 电子支付优惠力度，鼓励引导车辆安装使用 ETC 不停车快捷通行高速公路，提高路网通行效率，促进物流提质增效。

三、实施步骤

（一）方案制定阶段，2021 年 6 月底前。各地交通运输、发展改革和财政主管部门要高度重视，组织协调高速公路经营管理单位，总结试点经验，全面分析排查，选择具备条件的高速公路，深入分析测算，科学制定差异化收费方案，确保符合相关法规规定和公平竞争审查制度要求，报省级人民政府依法批准后实施。

（二）组织实施阶段，2021 年 9 月底前。各地交通运输、发展改革和财政主管部门要督促指导高速公路经营管理单位，按照省级人民政府批准的方案，认真组织实施，切实做好政策发布和宣传解读、费率调整等相关工作；结合收费公路车辆通行费优惠政策调查月报制度，按月上报差异化收费政策实施情况；加强动态跟踪，及时妥善解决出现的问题，确保差异化收费工作科学规范开展，并取得切实成效。

（三）总结评估阶段，2021 年 12 月中旬。各地交通运输、发展改革、财政主管部门要根据实施情况，组织开展第三方评估，分析评估方案的实施成效，适时优化完善相关政策措施，建立完善高速公路差异化收费长效机制，形成总结评估报告并于 12 月 15 日前报交通运输部、国家发展改革委、财政部。

四、保障措施

（一）强化政策支持保障。各地在制定和实施推广高速公路差异化收费政策工作中，要坚持以现行收费标准为基础、差异化下浮的原则，要统一规范优化调整收费政策，防止收费标准频繁调整变化，保障全国高速公路联网收费系统安全稳定运行。对经营性高速公路实施差异化收费的，应按照合同或协议约定，落实相关保障政策，依法保护各方合法权益。

（二）探索定价方式改革。各地可结合实际，在具备条件的地区，选择部分经营性收费高速公路开展通行费定价方式改革试点，将现行政府定价调整为指导价，以现有政府定价收费标准为上限，赋予高速公路经营管理单位一定的定价自主权。

（三）加强政策宣传解读。各地相关部门和单位要加强高速公路差异化收费政策宣传解读和收费标准信息公开，充分利用地图导航等工具，强化通行路径推荐和车辆通行费估算功能，进一步提高收费透明度，服务公众高品质出行。

实施过程中遇到重大问题要及时向省级人民政府和交通运输部、国家发展改革委、财政部报告。

国务院办公厅关于印发推进多式联运发展优化调整运输结构工作方案（2021—2025 年）的通知

国办发〔2021〕54 号

各省、自治区、直辖市人民政府，国务院各部委、各直属机构：

《推进多式联运发展优化调整运输结构工作方案（2021—2025 年）》已经国务院同意，现印发给你们，请结合实际，认真组织实施。

国务院办公厅

2021 年 12 月 25 日

（此件公开发布）

推进多式联运发展优化调整运输结构工作方案（2021—2025 年）

为深入贯彻落实党中央、国务院决策部署，大力发展多式联运，推动各种交通运输方式深度融合，进一步优化调整运输结构，提升综合运输效率，降低社会物流成本，促进节能减排降碳，制定本方案。

一、总体要求

（一）指导思想。以习近平新时代中国特色社会主义思想为指导，深入贯彻党的十九大和十九届历次全会精神，立足新发展阶段，完整、准确、全面贯彻新发展理念，以推动高质量发展为主题，以深化供给侧结构性改革为主线，以加快建设交通强国为目标，以发展多式联运为抓手，提升基础设施联通水平，促进运输组织模式创新，推动技术装备升级，营造统一开放市场环境，加快构建安全、便捷、高效、绿色、经济的现代化综合交通体系，更好服务构建新发展格局，为实现碳达峰、碳中和目标作出交通贡献。

（二）工作目标。到 2025 年，多式联运发展水平明显提升，基本形成大宗货物及集装箱中长距离运输以铁路和水路为主的发展格局，全国铁路和水路货运量比 2020 年分别增长 10% 和 12% 左右，集装箱铁水联运量年均增长 15% 以上。重点区域运输结构显著优化，京津冀及周边地区、长三角地区、粤港澳大湾区等沿海主要港口利用疏港铁路、水路、封闭式皮带廊道、新能源汽车运输大宗货物的比例力争达到 80%；晋陕蒙煤炭主产区大型工矿企业中长距离运输（运距 500 公里以上）的煤炭和焦炭中，铁路运输比例力争达到 90%。

二、提升多式联运承载能力和衔接水平

（三）完善多式联运骨干通道。强化规划统筹引领，提高交通基础设施一体化布局和建设水平，加快建设以“6 轴 7 廊 8 通道”主骨架为重点的综合立体交通网，提升京沪、陆桥、沪昆、广昆等综合运输通道功能，加快推进西部陆海新通道、长江黄金水道、西江水运通道等建设，补齐出疆入藏和中西部地区、沿江沿海沿边骨干通道基础设施短板，挖掘既有干线铁路运能，加快铁路干线瓶颈路段扩能改造。（交通运输部、国家发展改革委、国家铁路局、中国民航局、中国国家铁路集团有限公司等按职责分工负责，地方各级人民政府落实。以下均需地方各级人民政府落实，不再列出）

（四）加快货运枢纽布局建设。加快港口物流枢纽建设，完善港口多式联运、便捷通关等服务功能，合理布局内陆无水港。完善铁路物流基地布局，优化管理模式，加强与综合货运枢纽衔接，推动铁路场站向重点港口、枢纽机场、产业集聚区、大宗物资主产区延伸。有序推进专业性货运枢纽机场建设，强化枢纽机场货物转运、保税监管、邮政快递、冷链物流等综合服务功能，鼓励发展与重点枢纽机场联通配套的轨道交通。依托国家物流枢纽、综合货运枢纽布局建设国际寄递枢纽和邮政快递集散分拨

中心。（交通运输部、国家发展改革委、财政部、中国国家铁路集团有限公司牵头，海关总署、国家铁路局、中国民航局、国家邮政局等配合）

（五）健全港区、园区等集疏运体系。加快推动铁路直通主要港口的规模化港区，各主要港口在编制港口规划或集疏运规划时，原则上要明确联通铁路，确定集疏运目标，同步做好铁路用地规划预留控制；在新建或改扩建集装箱、大宗干散货作业区时，原则上要同步建设进港铁路，配足到发线、装卸线，实现铁路深入码头堆场。加快推进港口集疏运公路扩能改造。新建或迁建煤炭、矿石、焦炭等大宗货物年运量150万吨以上的物流园区、工矿企业及粮食储备库等，原则上要接入铁路专用线或管道。挖掘既有铁路专用线潜能，推动共线共用。（交通运输部、国家发展改革委、生态环境部、国家铁路局、中国国家铁路集团有限公司等按职责分工负责）

三、创新多式联运组织模式

（六）丰富多式联运服务产品。加大35吨敞顶箱使用力度，探索建立以45英尺内陆标准箱为载体的内贸多式联运体系。在符合条件的港口试点推进“船边直提”和“抵港直装”模式。大力发展铁路快运，推动冷链、危化品、国内邮件快件等专业化联运发展。鼓励重点城市群建设绿色货运配送示范区。充分挖掘城市铁路场站和线路资源，创新“外集内配”等生产生活物资公铁联运模式。支持港口城市结合城区老码头改造，发展生活物资水陆联运。（交通运输部、中国国家铁路集团有限公司牵头，国家发展改革委、商务部、生态环境部、海关总署、国家铁路局、中国民航局、国家邮政局等配合）

（七）培育多式联运市场主体。深入开展多式联运示范工程建设，到2025年示范工程企业运营线路基本覆盖国家综合立体交通网主骨架。鼓励港口航运、铁路货运、航空寄递、货代企业及平台型企业等加快向多式联运经营人转型。（交通运输部、国家发展改革委牵头，国家铁路局、中国民航局、国家邮政局、中国国家铁路集团有限公司等配合）

（八）推进运输服务规则衔接。以铁路与海运衔接为重点，推动建立与多式联运相适应的规则协调和互认机制。研究制定不同运输方式货物品名、危险货物划分等互认目录清单，建立完善货物装载交接、安全管理、支付结算等规则体系。深入推进多式联运“一单制”，探索应用集装箱多式联运运单，推动各类单证电子化。探索推进国际铁路联运运单、多式联运单证物权化，稳步扩大在“一带一路”运输贸易中的应用范围。（交通运输部、中国国家铁路集团有限公司牵头，商务部、司法部、国家铁路局、中国民航局、国家邮政局等配合）

（九）加大信息资源共享力度。加强铁路、港口、船公司、民航等企业信息系统对接和数据共享，开放列车到发时刻、货物装卸、船舶进离港等信息。加快推进北斗系统在营运车船上的应用，到2025年基本实现运输全程可监测、可追溯。（交通运输部、中国国家铁路集团有限公司牵头，国务院国资委、国家铁路局、中国民航局、国家邮政局等配合）

四、促进重点区域运输结构调整

（十）推动大宗物资“公转铁、公转水”。在运输结构调整重点区域，加强港口资源整合，鼓励工矿企业、粮食企业等将货物“散改集”，中长距离运输时主要采用铁路、水路运输，短距离运输时优先采用封闭式皮带廊道或新能源车船。探索推广大宗固体废物公铁水协同联运模式。深入开展公路货运车辆超限超载治理。（交通运输部、中国国家铁路集团有限公司牵头，国家发展改革委、工业和信息化部、公安部、财政部、自然资源部、生态环境部、市场监管总局、国家铁路局等配合）

（十一）推进京津冀及周边地区、晋陕蒙煤炭主产区运输绿色低碳转型。加快区域内疏港铁路、铁路专用线和封闭式皮带廊道建设，提高沿海港口大宗货物绿色集疏运比例。推动浩吉、大秦、唐包、瓦日、朔黄等铁路按最大运输能力保障需求。在煤炭矿区、物流园区和钢铁、火电、煤化工、建材等领域培育一批绿色运输品牌企业，打造一批绿色运输枢纽。（交通运输部、中国国家铁路集团有限公司牵头，国家发展改革委、自然资源部、生态环境部、国家铁路局等配合）

（十二）加快长三角地区、粤港澳大湾区铁水联运、江海联运发展。加快建设小洋山北侧等水水中转码头，推动配套码头、锚地等设施升级改造，大幅降低公路集疏港比例。鼓励港口企业与铁路、航运等企业加强合作，统筹布局集装箱还箱点。因地制宜推进宁波至金华双层高集装箱运输示范通道建设，加快推进沪通铁路二期及外高桥港区装卸线工程、浦东铁路扩能改造工程、北仑支线复线改造工程和梅山港区铁路支线、南沙港区疏港铁路、平盐铁路复线、金甬铁路苏溪集装箱办理站等多式联运项目建设。推动企业充分利用项目资源，加快发展铁水联运、江海直达运输，形成一批江海河联运精品线路。（交通运输部、中国国家铁路集团有限公司牵头，国家发展改革委、国家铁路局等配合）

五、加快技术装备升级

（十三）推广应用标准化运载单元。推动建立跨区域、跨运输方式的集装箱循环共用系统，降低空箱调转比例。探索在大型铁路货场、综合货运枢纽拓展海运箱提还箱等功能，提供等同于港口的箱管服务。积极推动标准化托盘（1200mm × 1000mm）在集装箱运输和多式联运中的应用。加快培育集装箱、半挂车、托盘等专业化租赁市场。（交通运输部、中国国家铁路集团有限公司牵头，工业和信息化部、商务部、市场监管总局等配合）

（十四）加强技术装备研发应用。加快铁路快运、空铁（公）联运标准集装器（板）等物流技术装备研发。研究适应内陆集装箱发展的道路自卸卡车、岸桥等设施设备。鼓励研发推广冷链、危化品等专用运输车船。推动新型模块化运载工具、快速转运和智能口岸查验等设备研发和产业化应用。（中国国家铁路集团有限公司、工业和信息化部牵头，交通运输部、海关总署、科技部、国家铁路局、中国民航局、国家邮政局等配合）

（十五）提高技术装备绿色化水平。积极推动新能源和清洁能源车船、航空器应用，推动在高速公路服务区和港站枢纽规划建设充换电、加气等配套设施。在港区、场区短途运输和固定线路运输等场景示范应用新能源重型卡车。加快推进港站枢纽绿色化、智能化改造，协同推进船舶和港口岸电设施匹配改造，深入推进船舶靠港使用岸电。（交通运输部、工业和信息化部、国家发展改革委、住房城乡建设部、生态环境部、国家能源局、中国国家铁路集团有限公司等按职责分工负责）

六、营造统一开放市场环境

（十六）深化重点领域改革。深化“放管服”改革，加快构建以信用为基础的新型监管机制，推动多式联运政务数据安全有序开放。深化铁路市场化改革，促进铁路运输市场主体多元化，研究推进铁路、港口、航运等企业股权划转和交叉持股，规范道路货运平台企业经营，建立统一开放、竞争有序的运输服务市场。（国家发展改革委、交通运输部、市场监管总局、国家铁路局、中国民航局、国家邮政局、中国国家铁路集团有限公司等按职责分工负责）

（十七）规范重点领域和环节收费。完善铁路运价灵活调整机制，鼓励铁路运输企业与大型工矿企业等签订“量价互保”协议。规范地方铁路、专用铁路、铁路专用线收费，明确线路使用、管理维护、运输服务等收费规则，进一步降低使用成本。规范海运口岸的港口装卸、港外堆场、检验检疫、船公司、船代等收费。（国家发展改革委、交通运输部、中国国家铁路集团有限公司等按职责分工负责）

（十八）加快完善法律法规和标准体系。推动加快建立与多式联运相适应的法律法规体系，进一步明确各方法律关系。加快推进多式联运枢纽设施、装备技术等标准制修订工作，补齐国内标准短板，加强与国际规则衔接。积极参与国际多式联运相关标准规则研究制定，更好体现中国理念和主张。研究将多式联运量纳入交通运输统计体系，为科学推进多式联运发展提供参考依据。（交通运输部、司法部、商务部、市场监管总局、国家统计局、国家铁路局、中国民航局、国家邮政局、中国国家铁路集团有限公司等按职责分工负责）

七、完善政策保障体系

（十九）加大资金投入力度。统筹利用车购税资金、中央预算内投资等多种渠道，加大对多式联运发展和运输结构调整的支持力度。鼓励社会资本牵头设立多式联运产业基金，按照市场化方式运作管理。鼓励各地根据实际进一步加大资金投入力度。（财政部、国家发展改革委、交通运输部、国家铁路局、中国民航局、国家邮政局、中国国家铁路集团有限公司等按职责分工负责）

（二十）加强对重点项目的资源保障。加大对国家物流枢纽、综合货运枢纽、中转分拨基地、铁路专用线、封闭式皮带廊道等项目用地的支持力度，优先安排新增建设用地指标，提高用地复合程度，盘活闲置交通用地资源。加大涉海项目协调推进力度，在符合海域管理法律法规、围填海管理和集约节约用海政策、生态环境保护要求的前提下，支持重点港口、集疏港铁路和公路等建设项目用海及岸线需求；对支撑多式联运发展、运输结构调整的规划和重点建设项目，开辟环评绿色通道，依法依规加快环评审查、审批。（自然资源部牵头，生态环境部、住房城乡建设部、交通运输部等配合）

（二十一）完善交通运输绿色发展政策。制定推动多式联运发展和运输结构调整的碳减排政策，鼓励各地出台支持多种运输方式协同、提高综合运输效率、便利新能源和清洁能源车船通行等方面政策。在特殊敏感保护区域，鼓励创新推广绿色低碳运输组织模式，守住自然生态安全边界。（国家发展改革委、公安部、财政部、生态环境部、住房城乡建设部、交通运输部等按职责分工负责）

（二十二）做好组织实施工作。完善运输结构调整工作协调推进机制，加强综合协调和督促指导，强化动态跟踪和分析评估。各地、各有关部门和单位要将发展多式联运和调整运输结构作为“十四五”交通运输领域的重点事项，督促港口、工矿企业、铁路企业等落实责任，有力有序推进各项工作。在推进过程中，要统筹好发展和安全的关系，切实保障煤炭、天然气等重点物资运输安全，改善道路货运、邮政快递等从业环境，进一步规范交通运输综合行政执法，畅通“12328”热线等交通运输服务监督渠道，做好政策宣传和舆论引导，切实维护经济社会发展稳定大局。（交通运输部、国家发展改革委、中国国家铁路集团有限公司牵头，各有关部门和单位配合）